Schwarzwald Mitte-Nord

Zwischen Karlsruhe und Freiburg mit Nationalpark Schwarzwald

Lisa Aigner

GPX-Daten zum Download

www.kompass.de/gpx

Kostenloser Download der GPX-Daten der im Wanderführer enthaltenen Wandertouren. Mehr Informationen auf Seite 3.

AUTORIN

Lisa Aigner • geboren in München, ist in und mit der Natur aufgewachsen. Mit den Bergen vor der Haustüre war sie schon früh auf Schusters Rappen unterwegs. Während des Studiums der Ethnologie und Wirtschaftsgeografie hat sie dann die Leidenschaft für lange Wanderungen für sich entdeckt – sowohl in kleineren als auch größeren Gebirgen. Als freiberufliche Autorin für den KOMPASS-Verlag entdeckt sie für ihre Projekte immer neue Gegenden, auf die sie ohne ihre Arbeit nie gestoßen wäre.

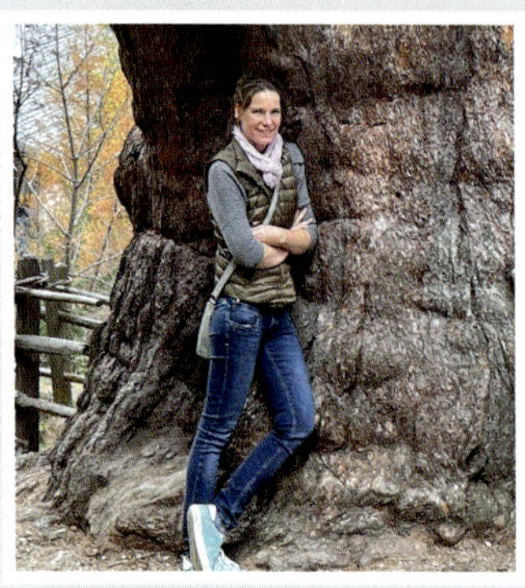

VORWORT

Vielseitig, spannend und voller Höhepunkte, nicht nur geografisch – so lassen sich Nationalpark und Naturpark Schwarzwald gut umschreiben. Sie bestechen durch landschaftliche, kulinarische und kulturelle Vielfalt und sind ein herrliches Terrain zum Wandern. Der Schwarzwald ist das höchste deutsche Mittelgebirge, höchster Berg im nördlichen Schwarzwald ist die Hornisgrinde. In der Mitte ragt der Kandel aus Gneis und Granit auf. Unser Wandergebiet liegt zwischen der Schwarzwaldhochstraße und dem Murgtal. Kulturell hat der Schwarzwald einiges zu bieten: Es gibt Burgen, Schlösser, Ruinen und Kirchen zu sehen und zu bestaunen. Fachwerkstädte wie Schiltach oder Gernsbach laden zum Bummeln und Genießen ein. Darüber hinaus gibt es einige touristische Attraktionen, denen man sich auch zwischendurch mal zuwenden kann wie die Caracalla-Therme in Baden-Baden oder der Baumwipfelpfad in Bad Wildbad. So bietet der Schwarzwald mit Natur- und Nationalpark für jeden etwas. Das macht die Regionen für viele Touristen wohl auch so attraktiv. Umso besonnener sollte jeder Besucher mit der Natur umgehen. Die Wege nicht verlassen, keine Blumen rupfen, im Wald nicht herumschreien, seinen Müll wieder mitnehmen – einfach ein wenig achtsam mit seiner Umwelt umgehen, das sollte für jeden Besucher selbstverständlich sein. Dann werden wir auch noch weiterhin Freude an den selten gewordenen Tier- und Pflanzenarten haben, die in den vielen Schutzgebieten innerhalb der Region einen Rückzugsort gefunden haben.

Lisa

ORIENTIERUNG MIT GPS

Für Navigationsgeräte und Apps haben wir auf unserer Webseite alle Touren im GPX-Format zum Download bereitgestellt:

www.kompass.de/gpx

Hier findet man alle weiteren Informationen. Einfach das richtige Produkt auf der Seite auswählen, die Daten herunterladen und auf das Zielgerät oder in die gewünschte App importieren.

Mehrwert mit Spaßfaktor: Ob vorab zur Planung, als Sicherheit für unterwegs oder zum Erinnern und Archivieren der gegangenen Tour. Die digitale Wanderroute ist in vielerlei Hinsicht wertvoll. Ein Blick auf die Daten hilft Neues zu entdecken und liefert Inspirationen für die nächsten Touren. Alle Wandertouren aus diesem Führer stehen im GPX-Format kompakt und genau zur Verfügung.

Was ist ein GPX-Track? GPX ist ein Datenformat für Geodaten. Das Wort GPS steht für Global Positioning System (Globales Positionsbestimmungssystem). Mit einem GPX-Track bekommt man die rote Linie, also den Wanderpfad, als geografische Koordinaten.

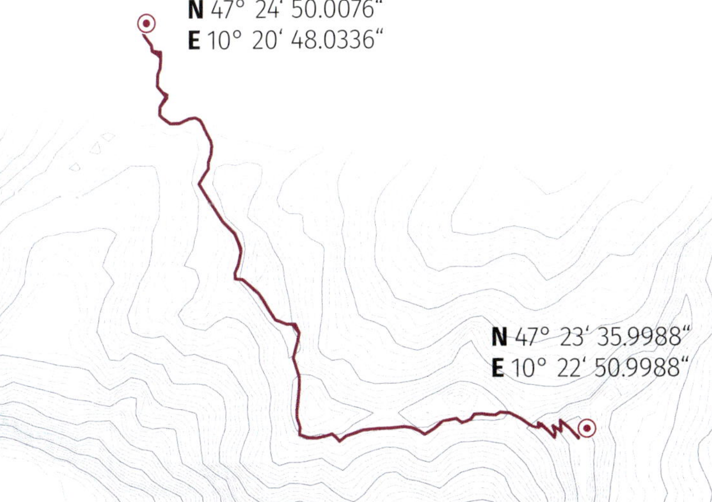

INHALT UND TOURENÜBERSICHT

AUFTAKT

ANHANG

km	h	hm	hm									
18,5	4:50	50	270	✓	✓		✓		✓	✓	✓	886
10,7	3:20	505	505	✓			✓	✓			✓	886
13,6	3:45	500	500	✓				✓			✓	886
2,1	0:50	50	50	✓	✓		✓		✓		✓	886
11,1	3:00	525	492	✓							✓	886
11,5	3:15	420	429	✓			✓	✓				886
19,4	6:20	872	987	✓	✓			✓			✓	886
10,8	2:50	430	430	✓	✓				✓			886
14,9	4:00	530	110	✓	✓	✓	✓	✓	✓		✓	886
8,8	2:30	430	430	✓	✓		✓	✓	✓		✓	886
8,5	2:20	288	287	✓			✓		✓		✓	886
12,6	4:30	430	430	✓				✓				886
14,8	4:10	440	440	✓	✓		✓	✓	✓		✓	886
12,1	3:20	475	475	✓	✓		✓	✓			✓	886
8,8	2:20	255	255	✓	✓	✓	✓				✓	886
16,3	4:30	657	657	✓	✓		✓		✓		✓	886
15	4:35	650	650	✓	✓		✓	✓			✓	886
13	3:40	445	445	✓	✓		✓		✓		✓	886
9,5	2:45	345	345	✓			✓		✓		✓	886
10,2	2:50	310	336	✓	✓				✓		✓	886

INHALT UND TOURENÜBERSICHT

km	h	hm	hm									
10,3	2:50	415	415	✓					✓		✓	886
13,5	3:35	280	280	✓	✓		✓		✓		✓	886
14,1	4:15	580	580	✓			✓		✓		✓	886
8,9	2:35	500	500	✓	✓						✓	886
10,1	3:00	520	520	✓	✓				✓		✓	886
8,9	2:25	225	225	✓	✓		✓		✓		✓	886
11,2	3:00	400	400	✓			✓		✓		✓	886
12,9	3:40	590	590	✓			✓	✓	✓		✓	886
6,4	1:45	235	235	✓					✓		✓	886
11,3	3:15	505	527	✓	✓				✓	✓	✓	886
24,7	6:30	950	950	✓	✓		✓	✓			✓	886
10,5	3:30	530	400	✓			✓		✓		✓	886
15,5	4:25	710	680	✓	✓		✓	✓			✓	886
11,2	3:10	730	730	✓	✓		✓	✓			✓	886
13,1	3:40	670	670	✓			✓	✓			✓	886
17,7	5:05	745	745	✓				✓			✓	886
12,8	3:30	419	419	✓			✓	✓			✓	886
11,3	3:05	297	297	✓			✓		✓		✓	886
8,1	2:30	235	235	✓			✓	✓	✓		✓	886
13	3:30	400	400	✓	✓		✓	✓	✓		✓	887
7,8	2:10	380	380	✓	✓		✓	✓	✓			887
10,5	2:55	209	240	✓					✓			887

INHALT UND TOURENÜBERSICHT

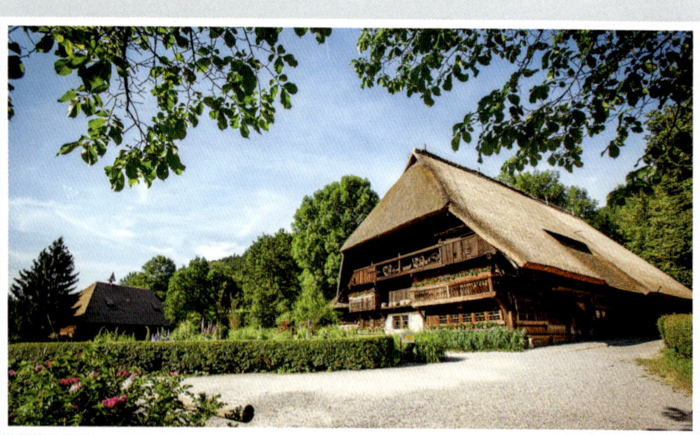

Der Vogtsbauernhof

km	h	hm	hm									
13,6	3:45	420	420	✓			✓	✓	✓		✓	887
19,3	5:45	1005	1005	✓	✓		✓	✓			✓	887
8,7	2:20	460	460	✓	✓			✓			✓	887
8,7	2:35	340	340	✓	✓				✓		✓	887
12,1	3:20	522	522	✓	✓			✓	✓		✓	887
11,7	3:15	377	377	✓			✓				✓	887
8,3	2:15	470	470	✓	✓						✓	887
14,8	4:00	540	540	✓	✓		✓	✓	✓		✓	887
11,8	3:15	135	400	✓	✓			✓	✓		✓	887
7,3	2:00	242	242	✓					✓			887
17,8	4:40	641	641	✓			✓	✓	✓		✓	887
10,7	2:45	385	385	✓			✓	✓			✓	887
12,5	3:30	420	420	✓	✓		✓	✓	✓		✓	887

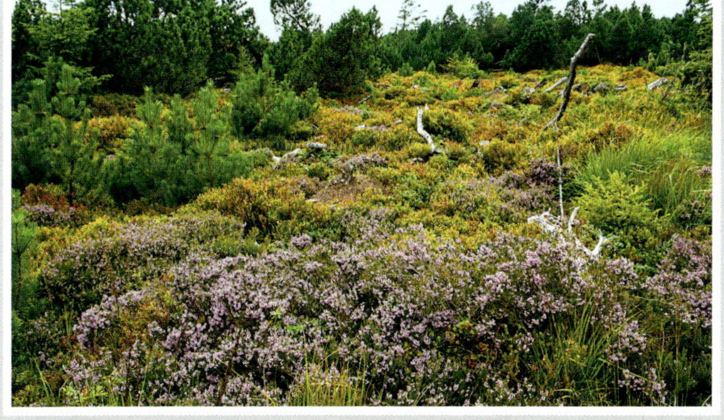

Bergheide

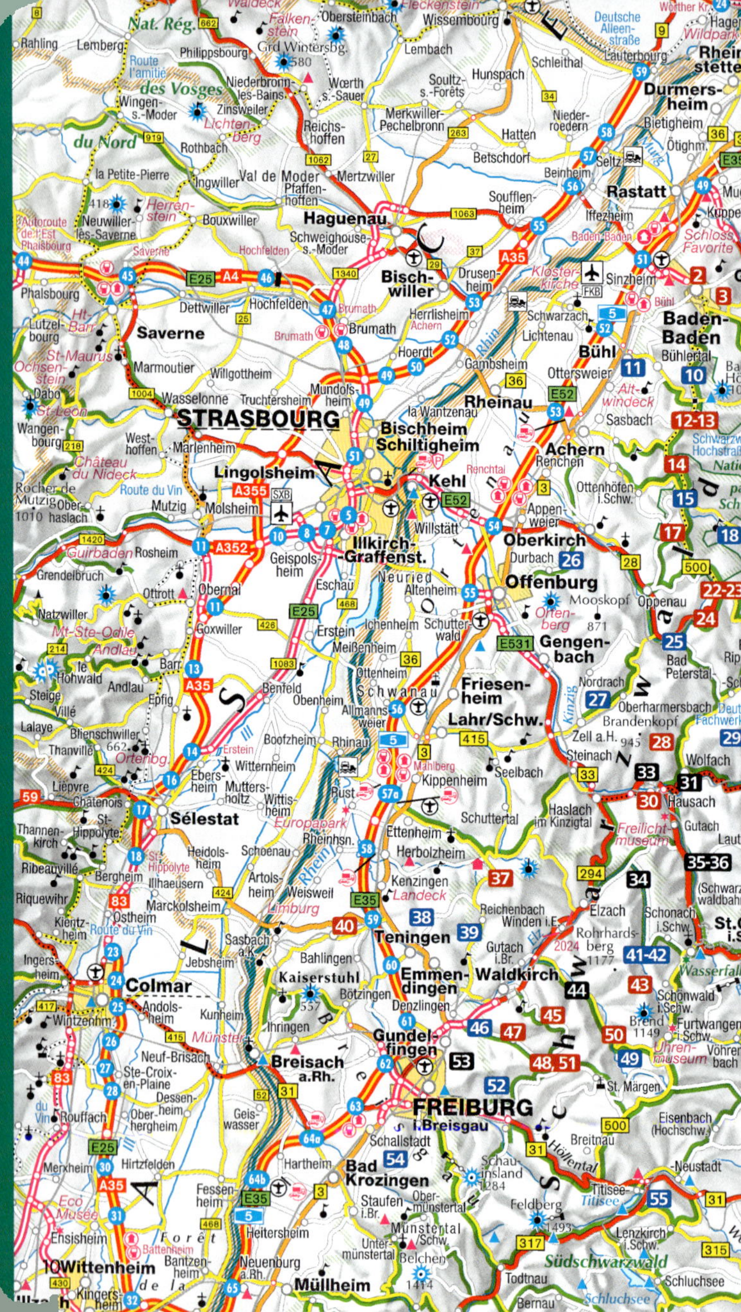

Nat. Rég.
Route l'amitié
des Vosges
du Nord
Rahling
Lemberg
Philippsbourg
Falkenstein
Obersteinbach
Fleckenstein
Wissembourg
Deutsche Alleenstraße
Wörther Kr.
Hagen
Wildpark
Rheinstetten
Grd Wintersbg.
580
Lembach
Schleithal
Lauterbourg
Niederbronn-les-Bains
Wœrth s.-Sauer
Soultz-s.-Forêts
Hunspach
Durmersheim
Wingen-s.-Moder
Zinswiller
Lichtenberg
Reichshoffen
Merkwiller-Pechelbronn
Niederroedern
Bietigheim
Hatten
Ötighm.
Rothbach
Betschdorf
Seltz
Murg
la Petite-Pierre
Ingwiller
Val de Moder
Pfaffenhoffen
Mertzwiller
Beinheim
Rastatt
Soufflenheim
418
Herrenstein
Autoroute de l'Est Phalsbourg
Neuwiller-lès-Saverne
Bouxwiller
Haguenau
Schweighouse-s.-Moder
Iffezheim
Kupper
Baden-Baden
Schloss Favorite
Saverne
Hochfelden
A35
Klosterkirche
Sinzheim
Bischwiller
Drusenheim
FKB
Phalsbourg
Dettwiller
Hochfelden
Brumath
Herrlisheim
Achern
Schwarzach
Bühl
Baden-Baden
Ht-Barr
Lutzelbourg
Saverne
Brumath
Lichtenau
Bühl
Bühlertal
St-Maurus
Ochsenstein
Marmoutier
Hoerdt
Rhin
Gambsheim
Ottersweier
Dabo
Willgottheim
Altwindeck
St-Léon
Wasselonne
Truchtersheim
Mundolsheim
Rheinau
la Wantzenau
Wangenbourg
STRASBOURG
Bischheim
Schiltigheim
Sasbach
Westhoffen
Marlenheim
Achern
Schwarzwald Hochstraße
Château du Nideck
Lingolsheim
Renchen
Kehl
Renchtal
Rocher de Mutzig
1010
Route du Vin
Ober-haslach
Mutzig
Molsheim
SXB
A355
E52
Ottenhöfen i.Schw.
Appenweier
Willstätt
Illkirch-Graffenst.
Oberkirch
Rosheim
A352
Guirbaden
Durbach
Grendelbruch
Geispolsheim
Neuried
Offenburg
Ottrott
Obernai
Eschau
Altenheim
Mooskopf
Oppenau
Natzwiller
Ortenberg
871
Goxwiller
Erstein
Ichenheim
Schutterwald
Gengenbach
Mt-Ste-Odile
Andlau
Meißenheim
Bad Peterstal
le Hohwald
Barr
Ottenheim
Andlau
A35
Benfeld
Schwanau
Friesenheim
Nordrach
Steige
Epfig
Obenheim
Allmannsweier
Oberharmersbach
Villé
Lahr/Schw.
Brandenkopf
Lalaye
Blienschwiller
Boofzheim
Rhinau
Zell a.H.
945
Kinzig
Thanville
662
Ortenbg.
Erstein
Witternheim
Mahlberg
Kippenheim
Seelbach
Steinach
Wolfach
Liépvre
Ebersheim
Muttersholtz
Wittisheim
Rust
Schuttertal
Hausach
Châtenois
St-Hippolyte
Sélestat
Europapark
Haslach im Kinzigtal
Freilichtmuseum
Gutach
Thannenkirch
Heidolsheim
Schoenau
Rheinhsn.
Ettenheim
Herbolzheim
Ribeauvillé
St-Hippolyte
Bergheim
Illhaeusern
Artolsheim
Rhein
Weisweil
Kenzingen
Landeck
Riquewihr
Marckolsheim
Limburg
E35
Reichenbach
Elzach
Schonach i.Schw.
Kientzheim
Ostheim
Route du Vin
Sasbach a.K.
Teningen
Winden i.E.
Rohrhardsberg
1177
2024
Ingersheim
Jebsheim
Bahlingen
Gutach i.Br.
Elz
Wasserfall
Colmar
Kaiserstuhl
Emmendingen
Waldkirch
Schönwald i.Schw.
Andolsheim
Kunheim
557
Bötzingen
Denzlingen
Brend
1149
Furtwangen i.Schw.
Wintzenheim
Ihringen
Münster
Gundelfingen
Uhrenmuseum
Vöhrenbach
Neuf-Brisach
Breisach a.Rh.
Ste-Croix-en-Plaine
Dessenheim
St. Märgen
Rouffach
Oberhergheim
Geiswasser
FREIBURG i.Breisgau
Eisenbach (Hochschw.)
Schallstadt
Breitnau
Merxheim
Hirtzfelden
Hartheim
Bad Krozingen
Schauinsland
1284
Höllental
Neustadt
Eco Musée
Fessenheim
Staufen i.Br.
Obermünstertal
Feldberg
1493
Titisee
Ensisheim
Forêt
Heitersheim
Münstertal /Schw.
Untermünstertal
Lenzkirch i.Schw.
Battenheim
Bantzenheim
Neuenburg a.Rh.
Belchen
1414
Südschwarzwald
Wittenheim
de la
Kingersheim
Müllheim
Todtnau
Schluchsee
Bernau

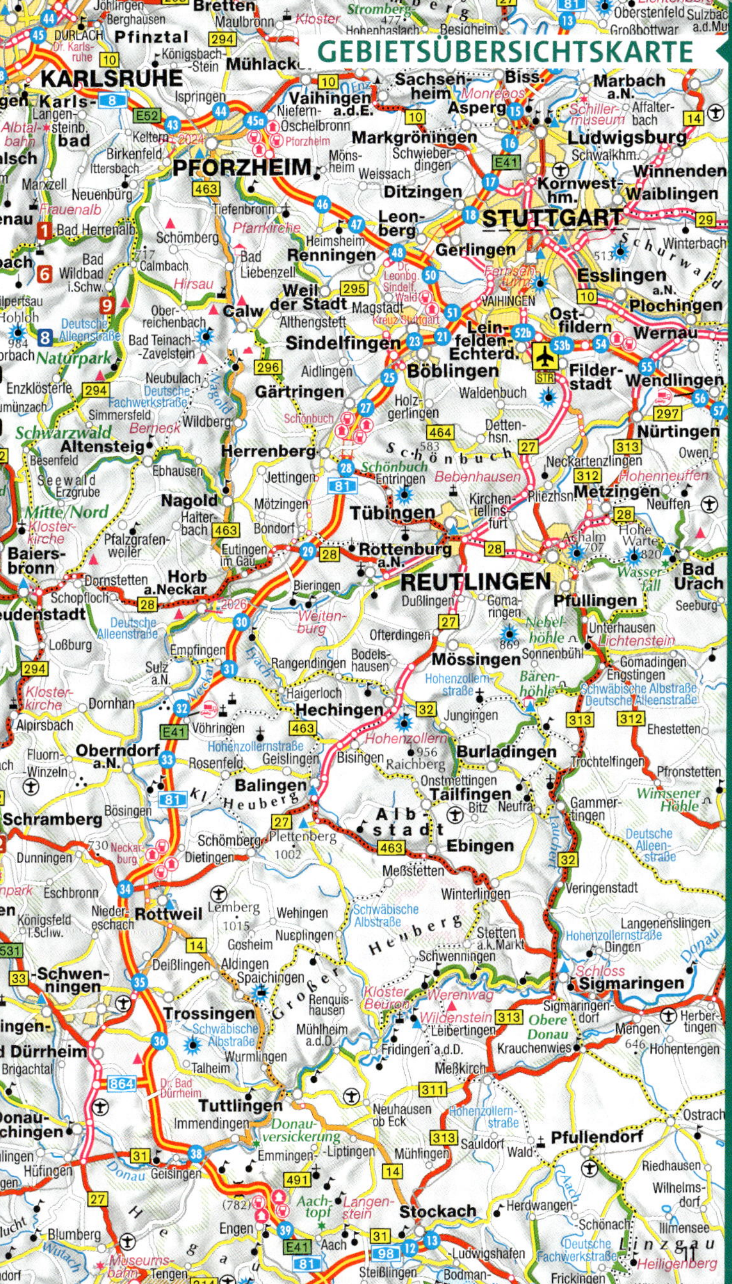

GEBIETSÜBERSICHTSKARTE
KARLSRUHE
Durlach
Pfinztal
Bretten
Maulbronn
Kloster
Stromberg
Bönnigheim
Besigheim
Lichtenberg
Oberstenfeld
Großbottwar
Königsbach-Stein
Mühlacker
Karlsbad
Ispringen
Vaihingen a.d.E.
Sachsenheim
Monrepos
Bissingen
Marbach a.N.
Asperg
Schillermuseum
Affalterbach
Albtalbahn
Keltern
Niefern-Öschelbronn
Pforzheim
Markgröningen
Ludwigsburg
Birkenfeld
Ittersbach
PFORZHEIM
Mönsheim
Schwieberdingen
Schwaikheim
Weissach
Kornwestheim
Winnenden
Marxzell
Neuenbürg
Ditzingen
Waiblingen
Frauenalb
Tiefenbronn
Leonberg
STUTTGART
Bad Herrenalb
Schömberg
Pfarrkirche
Heimsheim
Gerlingen
Schurwald
Winterbach
Bad Wildbad i.Schw.
Calmbach
Bad Liebenzell
Renningen
Fernsehturm
Esslingen a.N.
Hirsau
Weil der Stadt
Magstadt
Vaihingen
Plochingen
Oberreichenbach
Calw
Althengstett
Kreuz Stuttgart
Ostfildern
Wernau
Deutsche Alleenstraße
Bad Teinach-Zavelstein
Sindelfingen
Leinfelden-Echterd.
Naturpark
Aidlingen
Böblingen
Filderstadt
Wendlingen
Enzklösterle
Neubulach
Deutsche Fachwerkstraße
Nagold
Gärtringen
Holzgerlingen
Waldenbuch
Simmersfeld
Schönbuch
Dettenhsn.
Nürtingen
Schwarzwald
Berneck
Wildberg
Altensteig
Herrenberg
Owen
Besenfeld
Ebhausen
Jettingen
Entringen
Bebenhausen
Neckartenzlingen
Hohenneuffen
Seewald
Erzgrube
Metzingen
Neuffen
Mitte/Nord
Nagold
Haiterbach
Mötzingen
Tübingen
Kirchentellinsfurt
Pliezhsn.
Klosterkirche
Bondorf
Hohe Warte
Pfalzgrafenweiler
Eutingen im Gau
Rottenburg a.N.
Achalm
Baiersbronn
Dornstetten
Horb a.Neckar
Bieringen
REUTLINGEN
Wasserfall
Bad Urach
Schopfloch
Dußlingen
Gomaringen
Pfullingen
Seeburg
Freudenstadt
Weitenburg
Ofterdingen
Nebelhöhle
Unterhausen
Loßburg
Empfingen
Sonnenbühl
Lichtenstein
Sulz a.N.
Eyach
Rangendingen
Bodelshausen
Mössingen
Gomadingen
Engstingen
Hohenzollernstraße
Bärenhöhle
Schwäbische Albstraße
Dornhan
Haigerloch
Hechingen
Alpirsbach
Vöhringen
Jungingen
Ehestetten
Hohenzollern
Oberndorf a.N.
Geislingen
Bisingen
Raichberg
Burladingen
Trochtelfingen
Pfronstetten
Fluorn-Winzeln
Rosenfeld
Onstmettingen
Balingen
Tailfingen
Bitz
Neufra
Gammertingen
Wimsener Höhle
Heuberg
Bösingen
Schramberg
Albstadt
Plettenberg
Ebingen
Schömberg
Dietingen
Neckarburg
Dunningen
Meßstetten
Lauchert
Deutsche Alleenstraße
Eschbronn
Winterlingen
Veringenstadt
Niedereschach
Rottweil
Lemberg
Wehingen
Königsfeld i.Schw.
Schwäbische Albstraße
Langenenslingen
Gosheim
Nusplingen
Stetten a.k.Markt
Dingen
Deißlingen
Aldingen
Schwenningen
Schloss
Sigmaringen
Spaichingen
Kloster Beuron
Werenwag
Trossingen
Großer Heuberg
Renquishausen
Wildenstein
Obere Donau
Sigmaringendorf
Herbertingen
Mühlheim a.d.D.
Leibertingen
Mengen
Bad Dürrheim
Wurmlingen
Fridingen a.d.D.
Krauchenwies
Hohentengen
Brigachtal
Talheim
Meßkirch
Tuttlingen
Neuhausen ob Eck
Ostrach
Immendingen
Donauversickerung
Donaueschingen
Sauldorf
Pfullendorf
Emmingen-Liptingen
Mühlingen
Wald
Hüfingen
Donau
Geisingen
Riedhausen
Aach
Aachtopf
Langenstein
Stockach
Herdwangen
Wilhelmsdorf
Engen
Schönach
Blumberg
Illmensee
Linzgau
Wutach
Museumsbahn
Tengen
Ludwigshafen
Deutsche Fachwerkstraße
Heiligenberg
Steißlingen
Bodman
Überlinger See
Frickingen
Wittenhofen

Naturpark und Nationalpark Schwarzwald

Das Wandergebiet in diesem Führer erstreckt sich im mittleren und nördlichen Schwarzwald vom Dreisamtal bei Freiburg bis zu seinen sanften Ausläufern bei Bad Herrenalb südlich von Karlsruhe. Weite Teile des mittleren Schwarzwaldes reichen noch bis um Freiburg herum. Der Hauptkamm des nördlichen Schwarzwaldes erhebt sich an seinem höchsten Punkt mit der Hornisgrinde auf 1163 m. Von dort oben bieten sich herrliche Blicke – mit tausend Meter Höhenunterschied zur Rheinebene schweift der Blick westwärts zu den Vogesen. Im Osten heben sich die Täler des Nordschwarzwaldes gestaffelt voneinander ab. Der Naturpark Schwarzwald bildet hier den größten Naturpark Deutschlands und umfasst auf einer Fläche von 4.200 km² Teile der Landkreise Calw, Freudenstadt, Karlsruhe, Rastatt, des Enzkreises und des Ortenaukreises sowie der Stadtkreise Baden-Baden, Karlsruhe und Pforzheim. Seine größte Nord-Süd-Ausdehnung beträgt 90 km und seine größte Breite 65 km. Sein Antlitz hebt sich durch eine vielfältige Landschaft hervor: Tief eingekerbte Täler, Wälder, Felsen, rauschende Bäche in dunklen Schluchten, aber auch Weidetiere formen den Schwarzwald. Aufgrund der unterschiedlichen Höhenlagen bildet sich ein recht abwechslungsreiches Klima. Fast schon mediterran mutet es in den badischen Weinbaugebieten im Westen an; wie im hohen skandinavischen Norden geht's dann schon auf der Hornigsrinde zu. Getrennt werden beide durch eine Strecke von nur zehn Kilometern. Ein besonderes Spektakel bieten die Inversionswetterlagen. Sie führen im Winter zu Sonnenschein auf den Gipfeln, während die Täler unter einer dichten Nebeldecke verschwinden. Der Süden und Südwesten des Naturparks werden von Granitgestein und Gneisen geprägt, während im Zentrum vor allem Buntsandstein vorherrscht. Bis zu 400 Meter dicke Ablagerungen aus rotem Buntsandstein überdecken das Grundgebirge, weshalb diese Region oftmals auch als Buntsandsteinschwarzwald betitelt wird. Nördlich davon wird er von Muschelkalk überlagert, auf dem sich landwirtschaftlich gut nutzbare Böden entwickelt haben. Innerhalb des Naturparks befindet sich der Nationalpark Schwarz-

Nationalpark

Ein Nationalpark ist eine großräumige Naturlandschaft mit hohem ökologischen Bildungs-, Erholungs- und Erlebniswert. Die ausgedehnten Schutzgebiete unterliegen der natürlichen Entwicklung und werden durch spezielle Maßnahmen vor nicht gewollten menschlichen Eingriffen und vor Umweltverschmutzung geschützt. So kann sich die Natur ohne menschliche Eingriffe entwickeln. Unterschiedlichste Naturräume entfalten sich dann frei und reagieren in einem ungestörten, natürlichen Prozess miteinander. Der Nationalpark Harz bildet somit eine ökologisch hochkomplexe Landschaft, die unterschiedliche Biotope und Ökosysteme beherbergt.

Heuhüttentäler

Diese kleinen, pittoresken Täler sind im gesamten Schwarzwald nur mehr im Murgtal zwischen Gernsbach-Reichental und Forbach zu finden. Vor ca. 300 Jahren brauchten die Bewohner des Murgtales mehr Raum für die Landwirtschaft. Das Tal war jedoch eng und bot keine Weidefläche. So wurde entlang der Bachläufe der Wald gerodet und Wiesenflächen angelegt. Mit Steinen wurden terrassenförmige Trockenmauern angelegt und die Wiesen als Heuwiesen bzw. Magerwiesen genutzt. Ein Bewässerungssystem durchzog in Form kleiner Bachläufe die Täler. Tiroler Einwanderer brachten die Bauweise der kleinen hölzernen Heuhütten mit in das Murgtal, die dann als Heulager dienten. Heute werden die Heuhüttentäler nicht mehr bewirtschaftet; Ziegen oder Schafe helfen die Täler vor Verbuschung zu bewahren und frei zu halten. Auf Tour 7 können wir uns von deren Lieblichkeit selbst überzeugen.

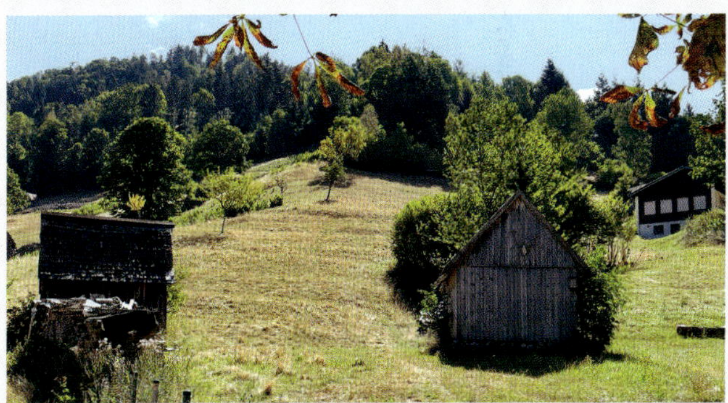

Heuhüttental bei Forbach

wald. Er erstreckt sich auf rund 10.000 Hektar zwischen Baden-Baden und Freudenstadt.

Vielfalt der Natur und geologische Besonderheiten

Eine Besonderheit ist der aussichtreiche Grindenkamm. Er entstand durch Brandrodung mit Ende des Mittelalters. Um Weideflächen zu schaffen, brannten die Bauern den kaum nutzbaren Wald nieder. Nachdem der Grindenkamm unter Naturschutz gestellt wurde und die Beweidung endete, eroberte der Wald sein Terrain zurück. Da die Flächen immer wieder zuwachsen, findet jährlich die Schliffkopfaktion statt, in der freiwillige Helfer die Grinden entbuschen. Ein weiteres Kleinod der Natur bilden die Karseen, von denen wir auch in diesem Führer ein paar besuchen werden. Sie entstanden in der letzten Eiszeit, der Würmeiszeit. Sie begann vor rund 115.000 Jahren und endete erst vor etwa 11.000 Jahren. Zum Ende der letzten Kaltphase bildete sich Schmelzwasser. Unter Druck kamen die Eismassen und so-

Hochmoore im Schwarzwald

Moore leisten nicht nur einen wichtigen Beitrag zum Erhalt der Artenvielfalt; intakte Moore sind die effektivsten Kohlenstoffspeicher aller Landlebensräume. Sie nehmen zwar nur 3 % der Landfläche ein, doch sind diese 3 % in der Lage, rund 30 % des weltweit im Boden vorhandenen Kohlenstoffs (des Treibhausgases Kohlendioxid) zu speichern. Im Vergleich: Die Fläche der Wälder unserer Erde beträgt 30 % also 10-mal mehr Waldfläche als Moorfläche. Dennoch speichern die Moorflächen das Doppelte an CO_2 wie die Waldfläche. Leider sind nicht mehr alle Moore intakt. Die Hochmoore auf der Hornisgrinde übernehmen diese Funktion nur mehr eingeschränkt, nicht mehr alle Bereiche sind noch in der Lage Torf zu bilden. Einige Teile sind von Mineralisierung betroffen, somit eher als Kohlenstoffquelle zu betrachten, sie geben ihr gespeichertes Kohlendioxid in Teilen wieder in die Umwelt.

mit der Gletscher ins Rutschen. Der Hang wurde durch mitgeschleiftes Gestein abgeschliffen. Unten drückte die Gletscher-Gesteinsmasse eine Karmulde in den Boden. Diese füllte sich mit dem Schmelzwasser und Wasser aus herabrinnenden Flüssen und Bächen – der Karsee entstand. Sie sind oft schüsselrund und auf drei Seiten von Hängen umgeben. An der offenen Talseite werden sie durch eine Moräne gestaut. Zum jetzigen Zeitpunkt verlanden viele Karseen immer mehr und werden somit zum Rückzugsgebiet seltener Tier- und Pflanzenarten. Neben den Karseen sind besonders auf einigen Plateauflächen die Hochmoore recht eindrücklich. Die bekanntesten Hochmoore sind sicherlich das Wildseemoor und das Hohlohmoor bei Kaltenbronn sowie das Hochmoor auf der Hornisgrinde. Es bildet einen besonderen Moortyp: Das sogenannte Grindenhochmoor besteht aus Rasenbinsen-Mooren und Heidemooren (Deckenmooren) auf den Buntsandstein-Hochflächen. Sie lösen auf der Hornisgrinde und den Grindenflächen die Torfmoose als Haupttorfbilder ab. Einen spannenden und sehr interessanten Infopfad gibt es am Schliffkopf: Der Lotharpfad wurde im Rahmen des Projektes Grindenschwarzwald geschaffen und führt auf 800 Metern über Treppen, Brücken und Stege aus hier angefallenem Bruchholz über und unter den umgestürzten Bäumen hindurch. Auch sogenannten Bannwäldern begegnen wir auf einigen unserer Touren; das sind Schutzwälder, die nicht zerstört werden dürfen. Sie bilden ein sich selbst überlassenes Waldreservat. Pflegemaßnahmen sind nicht erlaubt und anfallendes Holz darf nicht entnommen werden.

Produkte aus dem Schwarzwald

Denkt man an den Schwarzwald, so hat mancher sicherlich gleich das eine oder andere Produkt vor Augen – wie den Schwarzwälder Schinken, die Schwarzwälder Torte, eine Kuckucksuhr oder den markanten Bollenhut. Schwarzwälder Schinken hat eine dunkle äußere Farbe, im Anschnitt ist das Fleisch kräftig rot. Der Magerteil hat einen spezifischen Schinkengeschmack, der Speckanteil ein nussiges Aroma. Der Schwarzwälder Schinken darf nur so bezeichnet werden, wenn er einen gewissen Speckanteil vorweist.

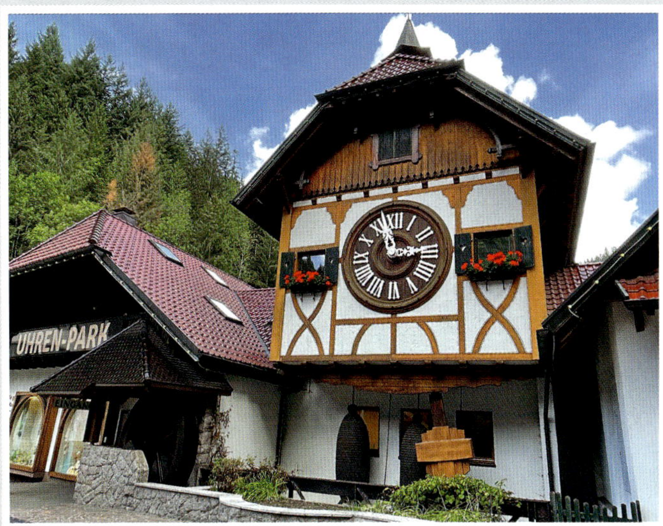

Die weltgrößte Kuckucksuhr in Schonach

Die Kuckucksuhr ist ein klassisches Produkt aus dem Schwarzwald. Die Entwicklung von den Anfängen der Schwarzwälder Uhrenproduktion bis hin zur heutigen Kuckucksuhr kann man entlang der „Deutschen Uhrenstraße“ nachvollziehen. Die Anfänge der Uhrenproduktion im Schwarzwald liegen wohl in der zweiten Hälfte des 17. Jahrhunderts. Es bildeten sich nach und nach effiziente Händlergesellschaften, die Uhren wurden in die ganze Welt verkauft. Der große Erfolg der Schwarzwälder Uhren hängt mit ihrem niedrigen Preis zusammen: Holzfertigung (Metalluhrenherstellung war ein Vorrecht der Zünfte) und Arbeitsteilung waren die Zauberworte. Da durch die frühere Glashüttenindustrie spezielle Routen bereits erschlossen waren, war der Vertrieb umso effektiver. Um 1840 gab es 1.000 Uhrmacher-Werkstätten; nach 1850 entwickelten sich die ersten Uhrenfabriken. Zu Beginn

Kurorte und Heilbäder

Der Schwarzwald Mitte-Nord ist bekannt für seine hervorragenden, heilklimatischen Bedingungen. Viele Orte tragen diesen Hinweis schon im Namen, wie Bad Peterstal oder Baden-Baden. Einige davon sind Luftkurorte, deren heilsame Atmosphäre unbezweifelbar ist. Aber auch was Thermalbäder anbelangt, müssen sich die Nordschwarzwälder nicht verstecken. So wurden viele dieser Bäder wie die Siebentälertherme in Bad Herrenalb oder die Palais Therme in Bad Wildbad schon zu Römerzeiten erschlossen.

es 20. Jahrhunderts war Junghans in Schramberg die größte Uhrenfabrik der Welt. Wie mit so vielen anderen Dingen verlagerte sich die Produktion zum Ende des 20. Jahrhunderts nach Fernost. Heute konzentriert sich die Schwarzwälder Uhrenproduktion vorwiegend auf Nischen.

Schwarzwälder Tracht

Tracht ist nicht gleich Tracht, wie man am Beispiel des Bollenhutes sieht. Auf den ersten Gedanken vielleicht ein Symbol für den ganzen Schwarzwald, kommt der Bollenhut doch nur in drei bestimmten Regionen vor. Er gehört zur Tracht in den drei benachbarten Schwarzwalddörfern Gutach, Kirnbach und Hornberg-Reichenbach im Ortenaukreis. Doch wie unterschiedlich die Trachten im Schwarzwald sein können, sei am Beispiel der Einbacher Tracht bei Hausach gezeigt (Tour 33). Wobei der Begriff Tracht hier so nicht verwendet wurde, denn es gibt Sonntagskleider, Festtagskleider, Werktagskleider etc. In Einbach gibt es seit ca. 1900 diese „Tracht". Die Frauen und Mädchen tragen hier keinen Bollenhut, sondern einen Schäppel – eine Perlenkrone aus circa 80 Meter Silberdraht und gut 2000 Perlen und Pailletten. Ausgefüllt wird die Drahtkrone mit Baumwollstoff, geschnitten in 0,5 Zentimeter breite Streifen. Der 450 Gramm schwere Schäppel wird auf dem Kopf mit zwei roten Bändern an den Haaren befestigt. Heute dürfen die Mädchen den Schäppel tragen, wenn sie das 9. Schuljahr vollendet haben; anders als die Festtagstracht, die schon früher getragen werden darf. Zu ihr gehört das „Große Halstuch", ein Viereckstuch aus Seide mit angeknüpften Fransen – je nach Reichtum bestickt oder nur gemustert. Über dem blauen Rock wird eine schwarze Seidenschürze getragen. Am Hals leuchtet eine rote Granatkette. Auch sie war ein Indiz für den Reichtum der Familie.

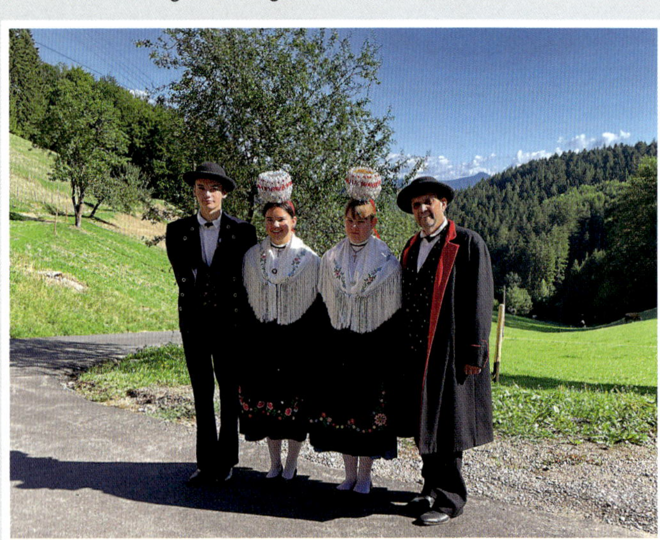

Festtagsgewand in Einbach bei Hausach

Der **Premiumwanderweg Murgleiter** führt über 5 Etappen und eine Länge von 111 km von Gaggenau über den Schliffkopf bei Baiersbronn und entlang des abwechslungsreichen Murgtales. Dabei streift er wildromantische Landschaften. Sein Zeichen ist ein grünes m in einer blau umrandeten Raute.

Ein Klassiker und der bekannteste Fernwanderweg im Schwarzwald ist der **Westweg**. Er wurde 1900 als erster Fernwanderweg vom Schwarzwaldverein angelegt und führt einmal von Nord nach Süd auf knapp 285 km hauptsächlich entlang des Schwarzwald-Hauptkammes. Sein Zeichen ist die rote Raute.

Der **Kandelhöhenweg** führt auf 112 km von Oberkirch nach Freiburg. Aus dem Renchtal steigt er über den Mooskopf ins Kinzigtal und quert danach das Elztal. Nach dem schweren Aufstieg auf den Kandel verläuft die Strecke dann über St. Peter nach Freiburg. Er führt mit einer roten Raute mit weißem K.

Halb rote, halb schwarze Raute. So führt der **Ostweg** auf Höhen und in Täler des Schwarzwaldes. Auf 245 km überwindet er dabei 7200 Hm. Bei gutem Tritt ist er in zwölf Tagesetappen zu bewältigen.

In Pforzheim beginnt der **Mittelweg**. Er erstrahlt mit einem weißen Längsbalken auf roter Raute. Zwischen Enz-und Nagoldtal bringt er uns durch Wälder und an die Hochmoore des Buntsandsteinschwarzwaldes. Bei Lenzkirch teilt sich der insgesamt 233 km lange Weitwanderweg in eine östliche und eine westliche Etappe auf.

Beim **Hansjakobweg** unterscheiden wir zwischen dem großen und dem kleinen Hansjakobweg. Beide zählen zu den traditionellen Fernwanderwegen. Dabei führt uns der Kleine auf 54 km in einer Runde zwischen Kinzig- und Wolftal. Er beginnt in Schappach. Sein großer Bruder führt über 90 km und 6 Etappen ebenfalls in einer Runde durch den mittleren Schwarzwald von Haslach im Kinzigtal und wieder zurück. Sein Zeichen ist der schwarze Hut auf weißer Raute.

Auch der **Ortenauer Weinpfad** begegnet uns immer wieder: Seine blauen Trauben auf roter Raute bringen uns auf über 100 km parallel zur Badischen Weinstraße durch das Weinparadies Ortenau.

Die **Gernsbacher Runde** ist mit ihren knappen 43 km ein wenig länger als eine Marathonstrecke; noch dazu birgt sie ganz schön kräftige Steigungen. In einer großen Runde um Gernsbach führt sie uns mit der Ebersteiner Rose: eine rote Rose auf weißem Quadrat.

Mit dem **Renchtalsteig** wandern wir auf knappen 100 km einmal durch das Renchtal. Dabei streifen wir unterschiedliche Landschaften wie Rebberge, Kastanien- und Nadelwälder, die Höhen der Moos und Alexanderschanze sowie die Grinden des Nordschwarzwaldes im Gebiet der Zuflucht und Schliffkopf. Bei diesem Prädikatswanderweg halten wir nach einer blau-grünen Raute mit stilisiertem rs auf weißem Grund Ausschau.

Rotes Herz auf grüner Raute: so ist der **Zweitälersteig** erkennbar. Er ist als Qualitätsweg Wanderbares Deutschland zertifiziert. In einer Runde führt er über 108 km Länge durchs Zweitälerland nordöstlich von Freiburg.

Zusätzlich gibt es 52 **Genießerpfade**, die alle ein bestimmtes Genussthema aufgreifen. Sie sind als Premiumwanderwege zertifiziert und als Halbtages- oder Tagestouren angelegt. Neben den attraktiven Landschaften versprechen sie zusätzliche Genießeranreize wie Obststationen oder Himmelsliegen oder auch kulturelle Höhepunkte.

ALLGEMEINE TOURENHINWEISE

SCHWIERIGKEITSGRADE

Der Schwarzwald ist ein Mittelgebirge in Deutschland und das höchste Gebirge Norddeutschlands. Ein häufiges Auf und Ab ist daher bei den allermeisten Touren keine Seltenheit. Die Höhenprofile erleichtern jedoch die Einschätzung für den Wanderer, ob er dieser oder jener Tour auch gewachsen ist. Manch kleinere An-und Abstiege sind aber auch aus dem Höhenprofil nicht ersichtlich, der Höhenunterschied ist aber ein guter Richtwert um den Wanderer zu informieren, was ihn erwartet. Die allermeisten Wege, die in diesem Wanderführer beschrieben sind, sind ausgeschildert. Es gibt jedoch – wenn auch sehr selten – auf manchen Touren kurze Teilabschnitte, die nicht markiert sind. Nicht so im Nationalpark, hier bleiben wir durchwegs auf den beschilderten Wegen und bitten auch die Wanderer im Namen der Natur, die beschilderten Wege nicht zu verlassen. Der Wanderführer richtet sich an Familien mit Kindern. Die Touren sind oft ohne größere Klettereien oder technischen Schwierigkeiten zu bewältigen. Sie sind jedoch von ganz unterschiedlichen Längen, wobei hier die Eltern am besten wissen sollten, welche Wegstrecken sie ihren Sprösslingen zumuten können. Das Alter spielt dabei sicherlich eine Rolle, so kann man sich für Wanderungen mit kleineren Kindern getrost an den blauen Touren orientieren. Grundsätzlich gilt wohl, je älter die Kinder sind, umso mehr kann man ihnen „zumuten". Die Wege selbst sind zum Großteil gut begehbar; jedoch sollte man bei aller Einfachheit auch hier bedenken, dass man in einem Gebirge unterwegs ist und nicht am Strand. Ordentliches Schuhwerk ist also eine Selbstverständlichkeit. Im Charakter einer jeden Tour wird nochmals auf die Schwierigkeit und Begehbarkeit des einzelnen Weges hingewiesen. Die Richtungsangaben verstehen sich im Sinne der Gehrichtung. Fast alle Wanderungen sind Rundwanderungen.

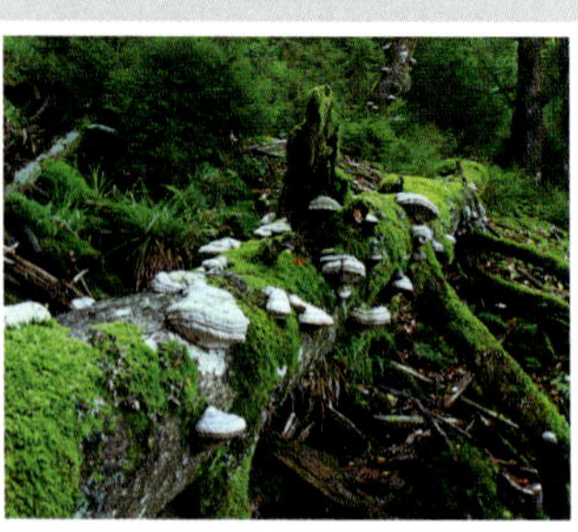

Bannwald im Schwarzwald

■ LEICHT

Diese Touren sind gut markiert und führen zum Großteil auf breiten, gut erkennbaren und bequemen Wegen mit nur mäßigen Steigungen. Die Gehzeit hält sich bei drei Stunden, es sind nicht mehr als 13 km zu bewältigen.

■ MITTEL

Auch diese Wege sind zumeist gut zu gehen, manchmal braucht man aufgrund fehlender Markierungen ein wenig Orientierungssinn. Hier kann es auch mal länger und steiler bergauf oder bergab gehen. Schmale, wurzelige Pfade machen die Touren schwieriger. Die Länge schwankt hier zwischen 12 und 16 km und kann eine Gehzeit von bis zu 5 Stunden erreichen.

■ **SCHWER**
Diese Touren zeichnen sich vornehmlich durch lange Strecken aus, oft ab 16 km. Dementsprechend verlängern sich die Gehzeiten. Sollte die Strecke doch mal kürzer sein, dann besticht die Tour durch steile An- und Abstiege oder enthält Wegabschnitte, die aufgrund ihrer Beschaffenheit die Tour als eine schwarze Tour auszeichnen.

ZEITANGABEN

Die Zeitangaben sind Richtwerte, die sehr stark variieren können. Sie orientieren sich an einem durchschnittlichen Wanderer, Pausen sind berücksichtigt. Die Zeitangaben sind also KEINE REINE GEHZEIT! Generell und gerade auch mit Kindern sollte immer mehr Zeit eingeplant werden – besonders bei schönem Wetter, da es bei nahezu allen beschriebenen Touren wunderschöne Plätze gibt, an denen sich auch mal ein längeres Verweilen lohnt. Am besten ist es, die eigene Kondition bzw. die Kondition der Gruppe vorher abzuschätzen und sich dann lieber ein bisschen mehr Zeit zu nehmen, bevor man sich am Ende hetzen muss.

WANDERZEIT UND AUSRÜSTUNG

Die schönste Jahreszeit zum Wandern – nicht nur im Schwarzwald – ist von Frühsommer bis Spätherbst. Wobei es zu bedenken gilt, dass es im Sommer oft sehr schwül und heiß werden kann. In den Hochlagen über 1.000 Höhenmeter hingegen kann auch im Frühjahr noch Schnee liegen. Mitte Mai, wenn der Frühling bereits alles erblühen lässt, hat ebenso seine Reize wie Mitte Oktober, wenn der Herbst die Umgebung in goldene Farben taucht. Einige Wege kann man aber auch im Winter gehen, wenn es allerdings noch nicht allzu viel geschneit hat. Sollte

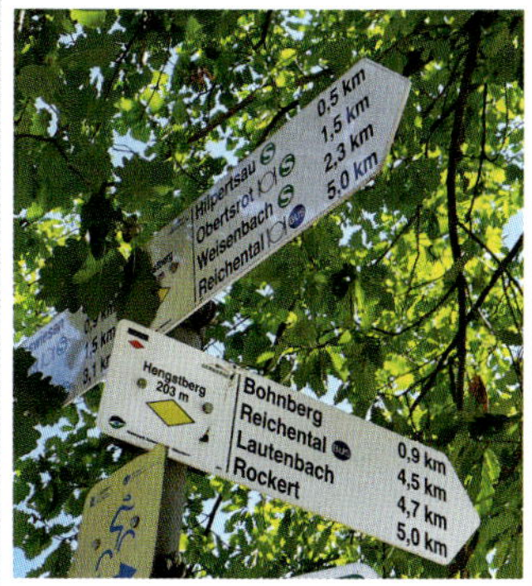

Typische Wegbeschilderung im Schwarzwald

der Schnee noch ausgeblieben sein, so lässt sich's auch im Dezember noch gut auf den Höhen wandern – dann genießt man meist noch die Sonne, während unter einem die Nebeldecke wabert. Im November haben wir auch schon wunderschöne Touren absolviert. Die Stimmung ist ganz außergewöhnlich, wenn der Nebel aus dem Tal aufsteigt. Bei unsicheren Wetterverhältnissen ist es immer angebracht, auch wenn die Sonne noch so schön vom Himmel lacht, Regenausrüstung einzupacken. Denn auch in den Mittelgebirgen kann einen schnell einmal ein Schauer überraschen. Wir sprechen hier aus eigener Erfahrung. Ein Rucksack mit Getränken ist auch nie verkehrt – auf einigen Touren gibt es keine Einkehrmöglichkeit. Zudem laden oft Sitzgelegenheiten am Wald- oder Wiesenrand zu einer schönen Pause ein.

BESCHAFFENHEIT DER WEGE UND AUSRÜSTUNG

Wie bereits erwähnt kann man den Großteil der Wege gut begehen. Was jedoch unbedingt immer dabei sein sollte ist eine Wanderkarte des Gebietes. Die Wege sind zwar sehr gut beschrieben und meistens auch gut ausgeschildert, doch im Laufe der Zeit ist es immer möglich, dass sich ein Weg ändert oder aufgegeben wird. Die meisten Gemeinden haben solche kleinen Wanderkärtchen von ihrem Gebiet für eine geringe Gebühr oder sogar kostenlos vorrätig. Zudem sind die KOMPASS-Karten vom jeweiligen Gebiet stets ein verlässlicher Begleiter. Trotz guter Ausschilderung kommt es gerade hierzulande öfter vor, dass mal durch Wind und Sturm oder Holzarbeiten ein Wegschild verschwindet. Da hilft dann der kurze Blick auf die Karte, um sichergehen zu können, dass man sich noch auf dem rechten Weg befindet. Wer es ganz genau haben will kann sich auch der Karten vom Landesamt für Geoinformation und Landesentwicklung Baden-Württemberg bedienen.

Alternativ machen natürlich auch in bestimmten Situationen GPX-Geräte das Wanderleben leichter. Mit entsprechenden digitalen Karten kann man sich die Tracks vor der Tour aufs Handy laden. Sollte man mal wirklich nicht weiterwissen, ist somit ein Verlaufen ausgeschlossen.

BESCHILDERUNG

Das Wandergebiet im Schwarzwald ist fast ausnahmslos hervorragend ausgeschildert. Meist werden die Wege mit der gelben Raute gekennzeichnet. Sie steht für die lokalen Wanderwege. Daneben treffen wir eigentlich immer auch andersfarbige Rauten bzw. Rauten mit stilisierten Buchstaben oder Zahlen oder Zeichen. An den allermeisten Verzweigungen sind Wegschilder angebracht. Sie informieren uns über den Namen der besagten Kreuzung, die nächsten Ziele und ihre Entfernung sowie dem Hinweis auf Einkehrmöglichkeiten, ÖPNV oder Aussichtspunkte.

ANREISE UND ÖFFENTLICHER VERKEHR

Eine Anreise mit dem Auto gewährt im Schwarzwald eine größere Flexibilität, da nicht alle Ausgangsorte mit den öffentlichen Verkehrsmitteln erreicht werden können. Von Süden wie Norden erreichen wir den Mittleren und Nördlichen Schwarzwald gut über die A 5 oder auch die A 81. Der ÖPNV ist in unserem Wandergebiet dennoch hervorragend ausgebaut. Mit S-Bahnen, Bahnen der Deutschen Bahn, (Wander-)Bussen (www.dbregiobus-bawue.de) und Bergbahnen sind nahezu alle Winkel sehr gut erreichbar. Die Konus-Gästekarte gilt als Freifahrt-Ticket für Busse und Bahnen in der Ferienregion Schwarzwald (www.konus-schwarzwald.de). Schließlich gibt es noch diverse Bergbahnen und Lifte, die uns auf einige Gipfel bringen. Dazu zählen der Ruhestein-Sessellift oder die Merkur-Bergbahn.

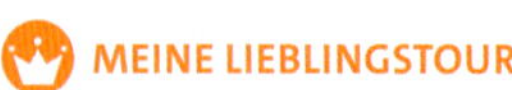

MEINE LIEBLINGSTOUR

Von St. Peter zu den Uhufelsen (Tour 50, Seite 185)
Eine Runde bei nebeligem Herbstwetter – aber gerade dann sind die Eindrücke am Uhufelsen und auf den Höhen am Hochgericht, bei Lindenberg und auf der Lindlehöhe einmalig!

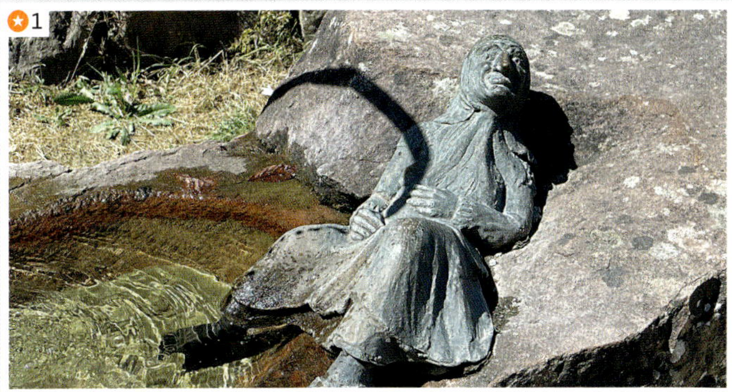

1

- 1: Tour 7: Wanderung mit vielen unterschiedlichen Eindrücken – von den Heuhüttentälern über die herrlichen Ausblicke aufs Murgtal bis zu den wunderschönen Waldabschnitten. → Seite 41
- 2: Tour 35: Wilde Wege, die wenig begangen werden und einsame Aussichtsplätze. Steile Felssteige wechseln sich mit schönen Waldpassagen ab. → Seite 134
- 3: Tour 14: Der Mummelsee für sich ist schon ein Kleinod. Das Hochmoor auf der Hornisgrinde gibt uns tolle Einblicke in die sagenhafte und sagenumwobene Landschaft auf der Hochebene. → Seite 64
- 4: Tour 9: Abwechslungsreich und erst anspruchsvoll mit tollen Ausblicken über den Sommerberg, dann gemütlich in die Moorlandschaft des Wildsees am Kaltenbronn. Und dazwischen ein tolle Einkehrmöglichkeit. → Seite 47
- 5: Tour 30: Beginnt und endet in zwei spannenden und idyllischen kleinen Städtchen des Kinzigtals. Dazwischen liegen unterschiedlichste, aber immer sehr gemütliche Rastplätze. Den krönenden Abschluss bildet die Aussicht vom Uhrenkopfturm. → Seite 115

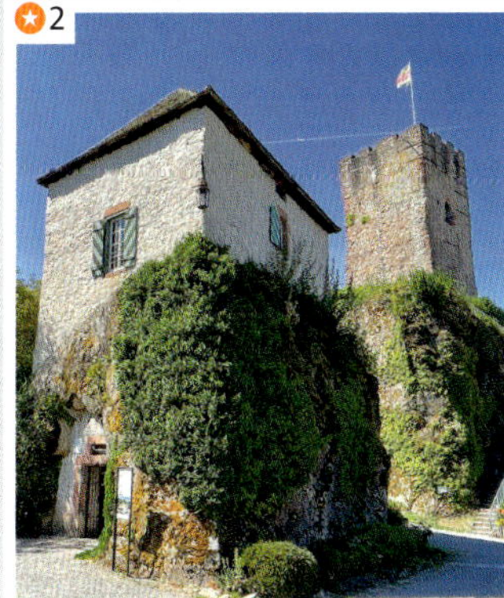

2

VON BAD HERRENALB NACH ETTLINGEN

An der Alb entlang durchs Albtal

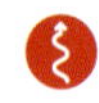 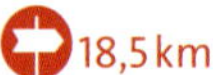 18,5 km 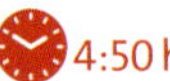 4:50 h 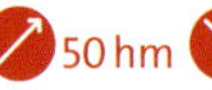 50 hm 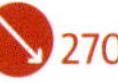 270 hm  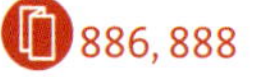 886, 888

START | Parkplatz Therme Bad Herrenalb; neben dem Bahnhof in der „Schweizer Wiese“.
[GPS: UTM Zone 32 x: 458.989 m y: 5.405.790 m]
CHARAKTER | Einfache, aber sehr lange Streckenwanderung auf breiten und bequemen Wegen.

Der Albtalweg, auch Graf-Rhena-Weg genannt, ist der Klassiker unter den Wanderwegen im Albtal. Unterwegs gibt es mehrere S-Bahn Haltestellen, mit denen wir die doch recht lange Wanderung abkürzen können. Auf der Strecke fährt auch die Albtalbahn, ein dampflokbespannter Museumszug. Er nimmt auch Fahrräder mit. 1897 wurde die Schmalspurbahn gebaut, um Karlsruhe mit dem Hinterland zu verbinden. Heute fährt sie auf Normalspur. Im heilklimatischen Kurort Bad Herrenalb starten wir bei der **Therme** 01. Wir finden schnell die blaue Raute und gehen mit ihr an der „Schweizer Wiese“ vorbei. Nach einem Brücklein wandern wir an den aufragenden Felsen der zwölf Apostel vorbei und passieren danach den Bahnhof Kullenmühle

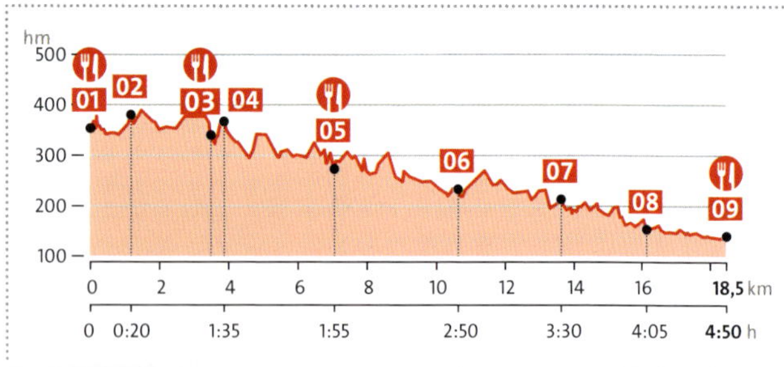

01 Bad Herrenalb Therme, 351 m; 02 Kullenmühle, 358 m; 03 Kloster Frauenalb, 328 m; 04 Neubruchwiese , 293 m; 05 Marxzell, 274 m; 06 Moosalbmündung, 225 m; 07 Graf-Rhena-Quelle, 201 m; 08 Spinnerei Ettlingen, 168 m; 09 Bahnhof Ettlingen Stadt, 137 m;

Kloster Frauenalb

Das Kloster Frauenalb wurde 1180/85 durch Graf Eberhard III. von Eberstein gegründet. Nach einer Wiedergründung 1631 gestaltete der Habsburger Architekt Franz Beer 1696 die Konventsgebäude, Peter Thumb 1733 die Klosterkirche. Nach der Säkularisation wurde das Kloster an private Investoren versteigert, die daraufhin Fabriken einrichteten. Nur wenig später verkam das Kloster zu Ruinen. Um ein weiteres Zugrundegehen der restlichen Anlage zu verhindern, wurde 1969 die Stiftung Frauenalb gegründet. Heute finden vor der Kulisse der Ruinen des Benediktinerinnenklosters Frauenalb im Sommer klassische Konzerte statt.

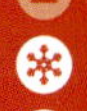

und laufen auf Asphalt bis zum Standortschild **Kullenmühle** 02. Hier knicken wir scharf nach rechts, steigen kurz an und wandern dann auf dem Graf-Rhena-Weg in den Wald. Nach gut vierzig Minuten erreichen wir das **Kloster Frauenalb** 03. Wir besichtigen die alten Mauern und trinken vielleicht im Landgasthof „König von Preussen" einen Kaffee. Dann kommen wir wieder in den Wald, nach ein paar Metern rechts über die Klosterstraße zum Lickbrunnen und hier wieder leicht rechts weiter auf dem Graf-Rhena-Weg. Stetig an der Alb entlang, bei der Weggabelung **Neubruchwiese** 04 bleiben wir geradeaus. Schließlich wandern wir über ein asphaltiertes Sträßchen an den Ortsrand von **Marxzell** 05. Hier können wir in der Marxzeller Mühle einkehren oder das Fahrzeugmuseum besuchen. Noch vor der Alb biegen wir gleich links ab und folgen der Forststraße. Im Moosalbtal queren wir das asphaltierte Moosalbtalsträßchen nach links, laufen auf dem Forstweg und nach der Querung der Moosalbbrücke nach rechts zur **Moosalbmündung** 06. Weiter auf unserer Route erreichen wir nach einer Dreiviertelstunde bei Etzenrot die **Graf-Rhena-Quelle** 07. Durch Wald und an Wiesen vorbei geht es talwärts. Vorbei an der **Spinnerei Ettlingen** 08 (Bahnstation) wechselt der Weg wenig später auf die andere Seite der Bahn und begleitet sie ein Stück. Danach bald an den Tennisplätzen vorbei direkt zum Stadtgarten von Ettlingen und dem **Bahnhof Ettlingen-Stadt** 09.

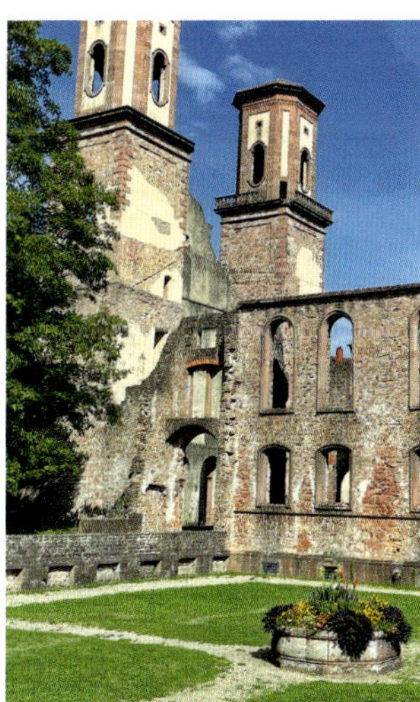

Das ehemalige Kloster Frauenalb

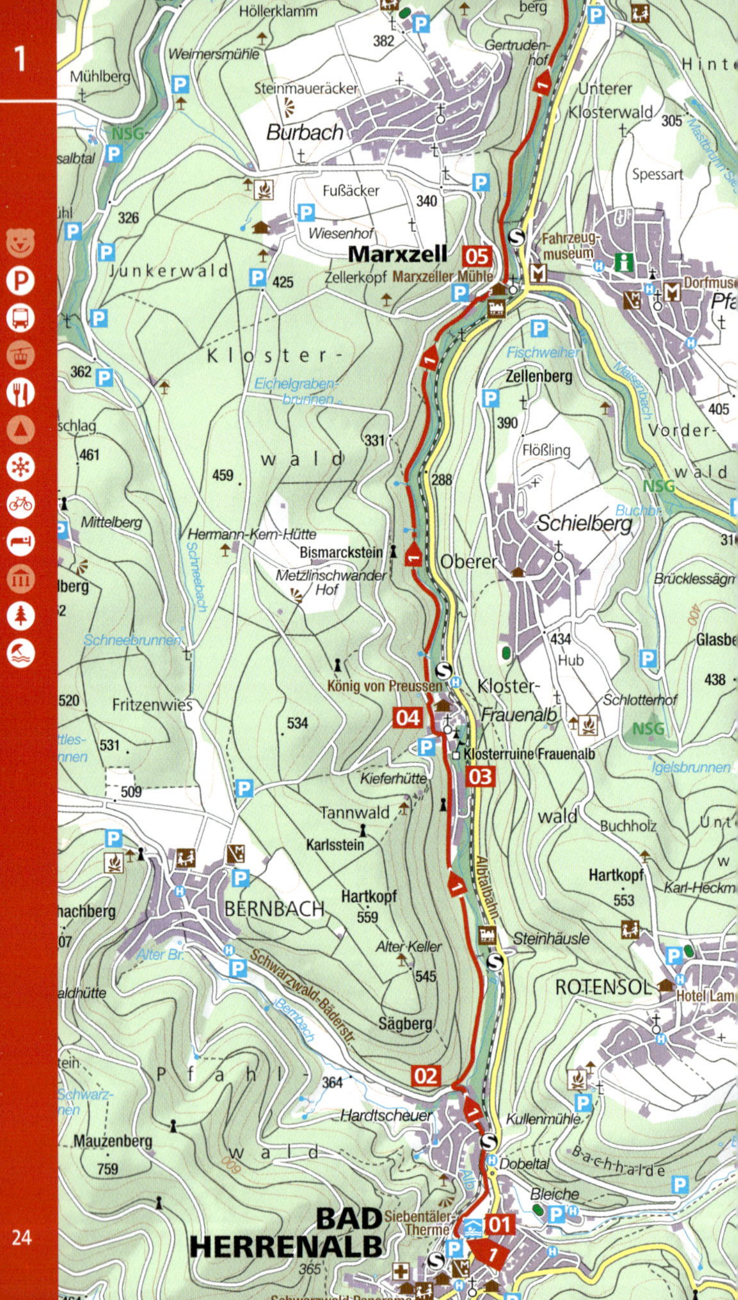
Marxzell
Burbach
BAD HERRENALB
Klosterruine Frauenalb
Schielberg
BERNBACH
ROTENSOL
Albtalbahn
Schwarzwald-Bäderstr.
Klosterwald
Pfahl-wald
Kloster-Frauenalb
Junkerwald
Zellerkopf
Marxzeller Mühle
Fahrzeugmuseum
Siebentäler Therme
Höllerklamm
Weimersmühle
Steinmaueräcker
Fußäcker
Wiesenhof
Zellenberg
Flößling
Hermann-Kern-Hütte
Bismarckstein
Metzlinschwander Hof
König von Preussen
Kieferhütte
Tannwald
Karlsstein
Hartkopf
Alter Keller
Sägberg
Hardtscheuer
Kullenmühle
Dobeltal
Bleiche
Steinhäusle
Mauzenberg
Fritzenwies
Mittelberg
Mühlberg
Schneebrunnen
Eichelgrabenbrunnen
Fischweiher
Schlotterhof
Igelsbrunnen
Buchholz
Hub
Oberer
Spessart
Unterer Klosterwald
Gertrudenhof
Hotel Lamm
Schwarzwald Panorama
01
02
03
04
05

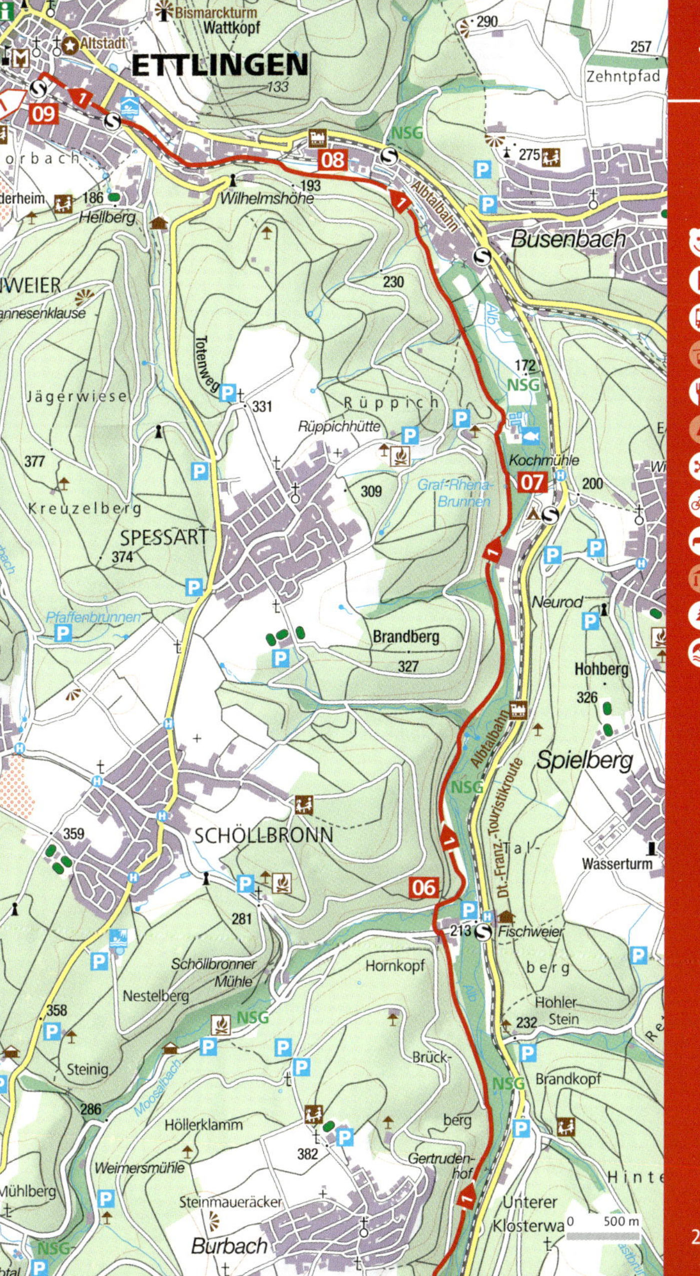

Bismarckturm
Wattkopf
Altstadt
ETTLINGEN
133
09
08
07
06
NSG
Albtalbahn
193
Wilhelmshöhe
186
Hellberg
290
257
Zehntpfad
275
Busenbach
230
Alb
172
Totenweg
331
Rüppich
Rüppichhütte
309
Graf-Rhena-Brunnen
Kochmühle
200
377
Jägerwiese
Kreuzelberg
SPESSART
374
Pfaffenbrunnen
Brandberg
327
Neurod
Hohberg
326
Spielberg
Dt.-Franz.-Touristikroute
Tal-
Wasserturm
359
SCHÖLLBRONN
281
213
Fischweier
berg
Schöllbronner Mühle
Nestelberg
Hornkopf
Hohler Stein
232
358
Steinig
Brück-
berg
Brandkopf
286
Moosalbach
Höllerklamm
382
Gertrudenhof
Weimersmühle
Mühlberg
Steinmaueräcker
Burbach
Unterer Klosterwa
0 500 m
Hinte
Spessart

1

2

VON HOHENBADEN NACH EBERSTEINBURG

Zwei Ruinen in herrlicher Felskulisse

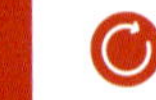  10,7 km 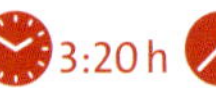 3:20 h 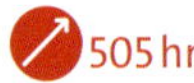 505 hm 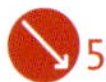 505 hm 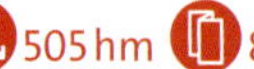 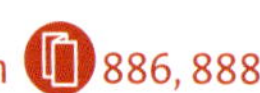 886, 888

START | Parkplatz bei der Ruine Hohenbaden; Zufahrt von Ebersteinburg über die Hilsbrunnenstraße.
[GPS: UTM Zone 32 x: 444.478 m y: 5.402.891 m]
CHARAKTER | Mittelschwere Wanderung auf felsigen Pfaden. Teils auch asphaltiere Sträßchen im Stadtbereich; gutes Schuhwerk wichtig.

Das Schloss Hohenbaden war im Mittelalter Sitz der Markgrafen von Baden. Sie benannten sich nach dem Schloss, das damit zum Namensgeber des Landes Baden wurde. Von hier aus wandern wir über den Battert mit herrlichen Blicken und durch eine sagenumwobene Felslandschaft. Die Wände an der Südseite des Berges werden gern als Klettergebiet genutzt. Dann wartet auch schon die Ruine Eberstein auf uns: Die Burg war Stammsitz der Grafen von Eberstein. Die Anlage kann besichtigt werden.

▶ Wir starten vom Parkplatz beim **Schloss Hohenbaden** **01** und steigen zunächst zum

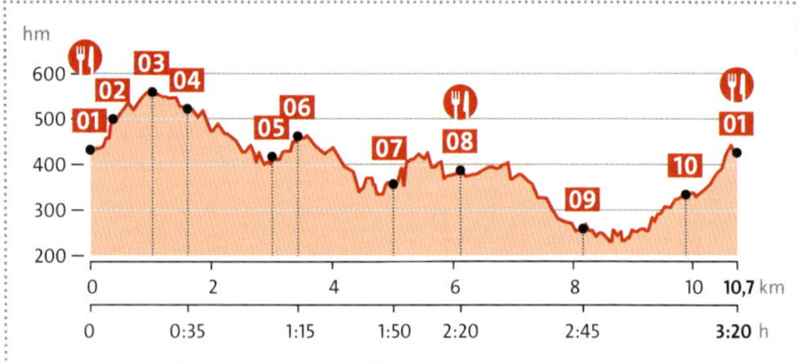

01 Schloß Hohenbaden, 400 m; **02** Ritterplatte, 470 m; **03** Felsenbrücke, 526 m; **04** Untere Batterthütte, 505 m; **05** Gemeindezentrum Ebersteinburg, 418 m; **06** Ruine Ebersteinburg, 463 m; **07** Verbrannter Felsen, 399 m; **08** Gasthaus Wolfsschlucht, 377 m; **09** Paracelsusweg, 233 m; **10** Sophienruh, 334 m;

Schloss auf. Durch den Torgang hindurch können wir uns erstmal das alte Gemäuer genauer betrachten – unbedingt auf die oberste Mauer steigen, die Aussicht ist herrlich! Dann wandern wir auf der Rückseite des Alten Schlosses mit der blau umrandeten 3 auf felsigen Wegen und Steigen bergan. Vorbei an der **Ritterplatte** 02 erreichen wir nach circa 10 Minuten die Batterteiche, einen ehrwürdigen alten Baum, der schon gut 600 Jahre auf dem Buckel bzw. auf den Ästen hat. Der Steig leitet uns weiter, an der Weggabel rechts hinab zur **Felsenbrücke** 03. Nach wunderbaren Blicken führt der schmale Weg einmal um den Felsen herum. Dann halten wir uns rechts zurück auf die Route und halten über felsiges Terrain die Höhe. Wir gehen entlang des Battertfelsen. Schon vor dem Aussichtspunkt Falkenfelsen nahe der Bergwachthütte kommen wir immer wieder auf Pfaden in die Nähe der Felsen. Schließlich erreichen wir die **Untere Bat-**

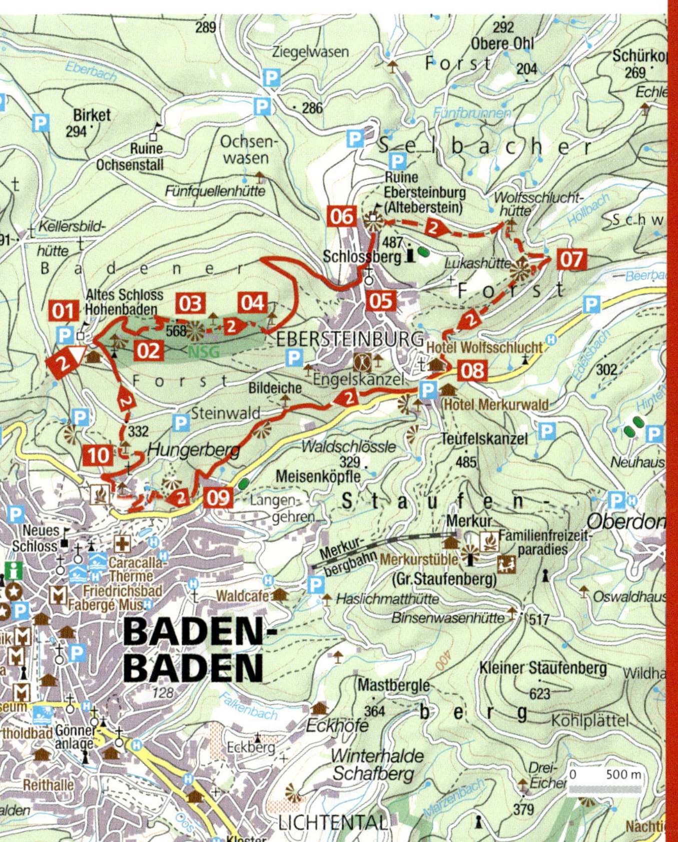

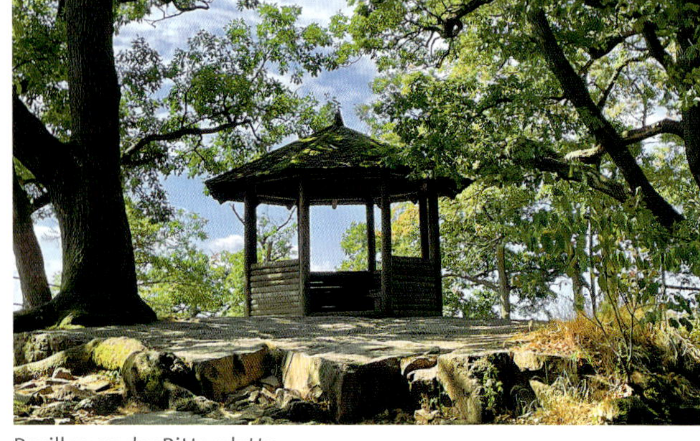

Pavillon an der Ritterplatte

terthütte 04. An der Kreuzung halten wir uns leicht links auf den breiten Bienenwaldweg. Er bringt uns in ein paar Minuten in einem Linksbogen zu einem weiteren Waldweg, dem wir scharf nach rechts folgen, weiter auf unserer blau umrandeten 3. Der Weg führt uns hinab geradewegs zum **Gemeindezentrum Ebersteinburg** 05. Wir überqueren die Ebersteinburger Straße nach links in die Brunnenlinde und steigen leicht bergan zur **Ruine Ebersteinburg** 06. Einmal die Ruine umrundet halten wir uns geradeaus und wandern auf schmalem Weg durch den Wald bis zur Wolfsschluchthütte. Hier geht's nach links, 50 Meter später biegen wir rechts ein und steigen bis zum Luisenbrunnen ab. Zweihundert Meter weiter auf dem schmalen Weg und wir stoßen auf einen anderen Weg, den wir nach rechts überqueren und Richtung **„Verbrannter Felsen"** 07 folgen. Nach 500 Metern halten wir uns an der Bank mit Gedenkstein schräg links auf einen Pfad. Er leitet uns durch die Wolfsschlucht, über den Beerbach und am breiten Weg nach der Schlucht links. Dann folgen wir der Hauptstraße entlang nach rechts vorbei am **Gasthaus Wolfsschlucht** 08 (auch Hotel). Nach dem Parkplatz halten wir uns leicht rechts auf den Hungerbergweg. Die gelbe Raute führt uns in einer Viertelstunde bis an eine große Kreuzung mit Hüttchen. Hier folgen wir dem Türkenweg nach links gewandt bis zur Gabelung **Paracelsusweg** 09. Kurz darauf bringt uns die Route der gelben Raute in einem Zickzackkurs aus dem Wald hinaus und an einem schönen Rastplatz vorbei zur Waldschänke. Über ein paar Treppen geht's nach rechts, dann biegen wir gleich links und stehen kurz darauf nach einem Rechtsschwenk an einer Straße. Wir queren sie geradeaus und gehen auf dem Eberbrunnenwegle zur **Sophienruh** 10. Dann geradeaus weiter hinauf, dabei kreuzen wir zweimal die Zufahrtsstraße zum Schloss und stehen wenig später wieder am **Schloss Hohenbaden** 01.

VON BADEN-BADEN ZUM KORBMATTENFELSEN

Aussichtsreich durch die Wälder Baden-Badens

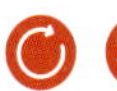  13,6 km 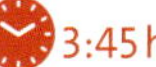 3:45 h 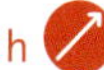 500 hm 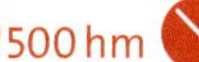 500 hm 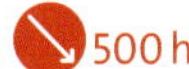  886, 888

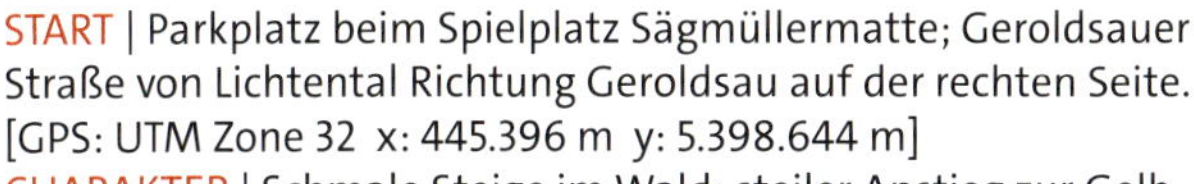
START | Parkplatz beim Spielplatz Sägmüllermatte; Geroldsauer Straße von Lichtental Richtung Geroldsau auf der rechten Seite. [GPS: UTM Zone 32 x: 445.396 m y: 5.398.644 m]
CHARAKTER | Schmale Steige im Wald; steiler Anstieg zur Gelbeichhütte. Proviant mitnehmen, unterwegs gibt es keine Einkehr.

Die Bäderstadt liegt am westlichen Rand des nördlichen Schwarzwalds im Tal des Flüsschen Oos. Die römische Siedlung auf dem Stadtgebiet, wie viele andere Städte mit Heilquelle, wurde als Aquae bezeichnet – gleichbedeutend für Quelle oder Bad. Im Mittelalter wurde die Stadt dann als Baden bezeichnet. Ihr heutiger Doppelname ist schon seit dem 16. Jahrhundert gebräuchlich, wird aber erst seit 1931 als offizieller Name der heute weltbekannten Kurstadt geführt.

▶ Wir starten am Parkplatz bei der **Sägmüllermatte** 01. Auf breitem, sandigem Weg geht's am Spielplatz vorbei und auf dem beschilderten Naturlehrpfad. Die gelbe Raute und der Panoramaweg Baden-Baden leiten uns ein

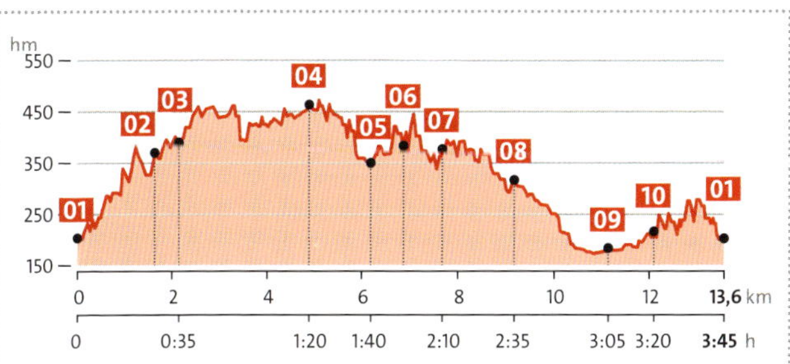

01 Sägmüllermatte, 198 m; 02 Unterm Leisberg, 337 m; 03 Gelbeichhütte, 398 m; 04 Lachehütte, 451 m; 05 Waldeneck, 375 m; 06 Korbmattfelsen, 408 m; 07 Waldhaus Batschari, 372 m; 08 Rappenhalde, 305 m; 09 Dahliengarten, 180 m; 10 Obstgut Leisberg, 247 m;

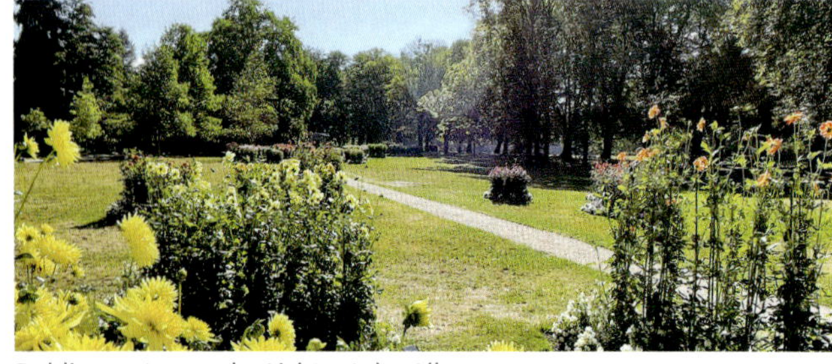

Dahliengarten an der Lichtentaler Allee

paar Hundert Meter später über einen breiten Pfad nach rechts hinauf. Wir queren einen Waldweg und steigen weiter aufwärts. Eine Viertelstunde später treffen wir auf einen Forstweg und der Weggabel **„Unterm Leisberg“** **02**. Es geht scharf nach links bis zur **Gelbeichhütte** **03**. Wir wenden uns nach links, dabei wählen wir den mittleren Weg. Der Waldweg bringt uns zur Louisfelsenhütte und einem tollen Ausblick über Baden-Baden. Kurz darauf leiten uns die Markierungen um eine Linkskurve und bringen uns über einen schönen Waldweg zur **Lachehütte** **04**. Wir halten uns links und folgen dem Weg bis zur nächsten Kreuzung am „Abzweig Italienerweg“. Hier halten wir uns rechts, gleich darauf an der markierten Gabelung „Pfeifersfelsweg“ links (der Baden-Baden-Panoramaweg verlässt uns hier nach rechts). Über den Wernerhüttenweg kommen wir zur Wernerhütte. Auf dem Dr.-Ernst-Schlapper-Weg wandern wir um einen großen Rechtsbogen. Eine Viertelstunde später halten wir uns an der **Gabelung Waldeneck** **05** rechts, wenige Meter später kommt nochmals eine Gabel, an der wir links bleiben. Ein schmälerer Weg leitet uns nun durch schönen Wald, teils steinig und felsig, zum **Korbmattfelsen** **06**. Nach einer kleinen Pause an einem schönen Rastplatz laufen wir weiter, an der Weggabelung Pfaffenbrunnen vorbei bald wieder etwas ansteigend zum **Waldhaus Batschari** **07**. Am Hüttchen knickt der Weg um 90° nach rechts. Kurz darauf zweigt linker Hand ein Pfad ab. Auf ihm gehen wir zum Yburg-Wasserbehälter. Scharf nach links geht’s auf den Waldweg, 500 m später knicken wir auf einen zuführenden Weg scharf rechts ab. Ein paar Minuten später stehen wir an der Gabelung **Rappenhalde** **08**. Wir halten uns links und folgen nun stetig der gelben Raute weiter abwärts, bald am Waldrand entlang zum Ortsrand von Baden-Baden. An der Gunzenbachstraße folgen wir bis zur Lichtentaler Allee. Dann wandern wir nach rechts die wunderschöne Alle entlang – auf der linken Seite besuchen wir den **Dahliengarten** **09**. Am nächsten Querweg biegen wir dann rechts ein mit der blauen Raute, die uns schon seit Beginn der Lichtentaler Allee begleitet. In einer Schleife bringt sie uns zum **Obstgut Leisberg** **10**. Hier knicken wir links auf die Leisberger Straße und gehen auf ihr in gut zwanzig Minuten zurück zur **Sägmüllermatte** **01**.

4

STADTRUNDGANG GERNSBACH

Historische Runde durch ein Fachwerkstädtchen

 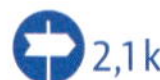 2,1 km  0:50 h 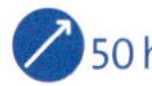 50 hm  50 hm 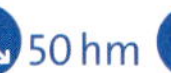 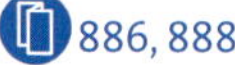 886, 888

START | Gernsbach; Parkmöglichkeiten im Ort am Salmenplatz, Schlossstraße, Bleichstraße.
[GPS: UTM Zone 32 x: 451.363 m y: 5.401.252 m]
CHARAKTER | Einfacher Stadtspaziergang durch Gernsbach.

Auf unserem spannenden und abwechslungsreichen Stadtrundgang durch Gernsbach besuchen wir die historische Altstadt. Gernsbach ist nicht groß, hat aber einiges zu bieten. Neben der reichhaltigen Geschichte, die sich im Wesentlichen im historischen Altstadtkern widerspiegelt, gibt es viele Einkehrmöglichkeiten und schöne Plätze, an denen man einfach nur verweilen kann. An den historischen Gebäuden sind Tafeln mit genauen Beschreibungen angebracht. Infos zum Stadtrundgang gibt es auch unter www.gernsbach.de.

▶ Wir starten in **Gernsbach** **01** an einem der vielen Parkplätze; am besten auf der östlichen Seite der Murg. Zunächst führt unser Weg uns über die Stadtbrücke. Sie war über viele Generationen der einzige Übergang über die Murg und verband die Ansiedlungen Igelbach und Bleich mit dem historischen Zentrum von Gernsbach. Auf der anderen Seite folgen wir der Hauptstraße nach rechts hinauf. Gleich am Eck erwartet uns die **Hofstätte** **02**. Sie bildete den zentralen Platz zwischen den ersten Ansiedlun-

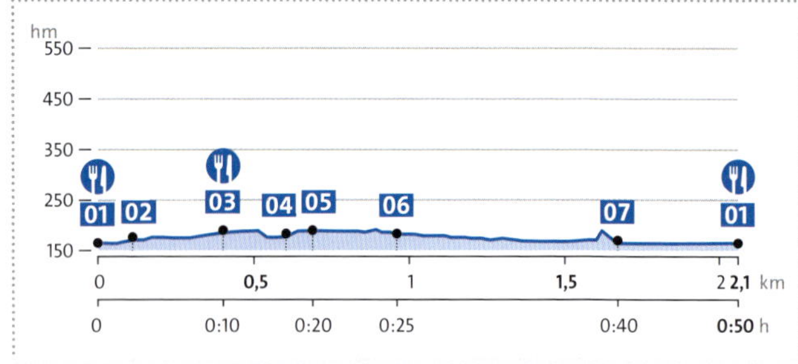

01 Gernsbach, 165 m; **02** Hofstätte, 172 m; **03** Alter Marktplatz, 176 m; **04** Storchenturm, 189 m; **05** Liebfrauenkirche, 191 m; **06** Alte Stadtmauer, 178 m; **07** Ebersteinbrücke, 175 m;

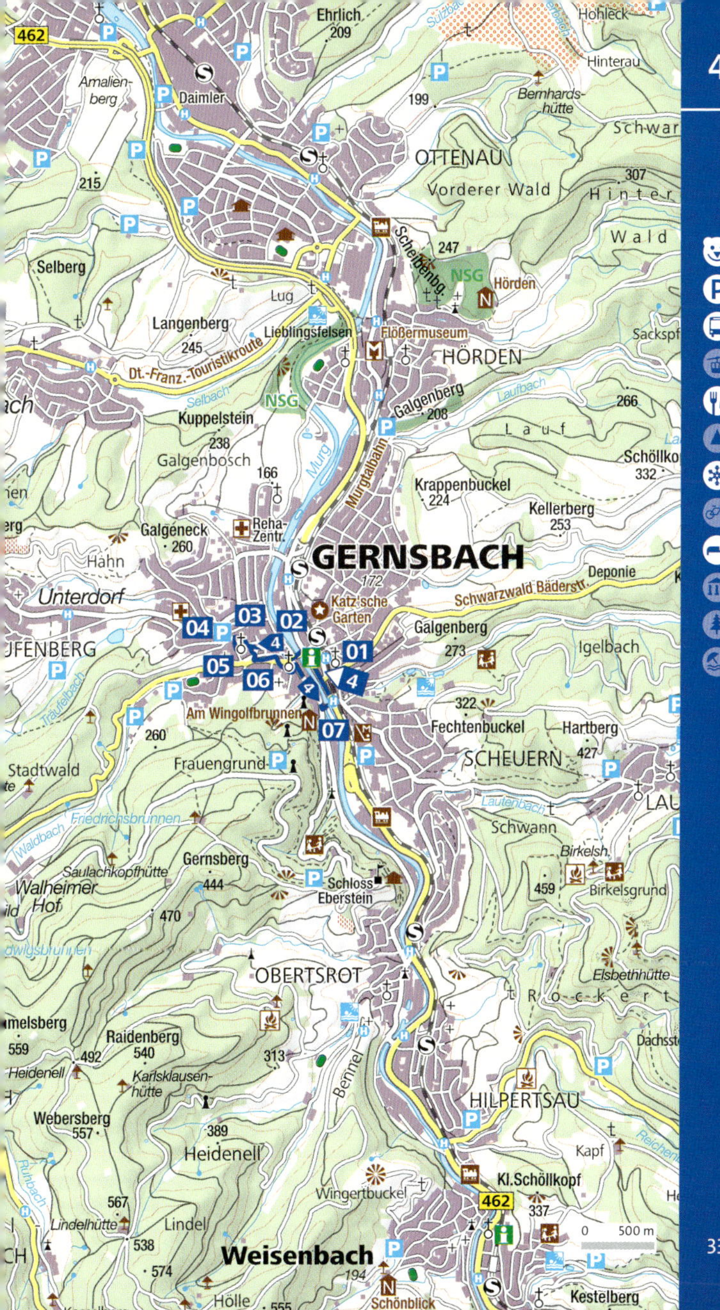

462
Amalienberg
Daimler
Ehrlich
209
Hohleck
Hinterau
Bernhardshütte
199
Schwar
OTTENAU
Vorderer Wald
307
Hinter
Wald
215
Selberg
Scheibenbg.
247
NSG
Hörden
Lug
Langenberg
245
Lieblingsfelsen
Flößermuseum
HÖRDEN
Sackspf
Dt.-Franz.-Touristikroute
Selbach
NSG
Galgenberg
208
Laufbach
266
Kuppelstein
238
Galgenbosch
Murg
Murgtalbahn
Lauf
Schöllko
332
166
Krappenbuckel
224
Kellerberg
253
Galgeneck
260
Reha-Zentr.
Hahn
GERNSBACH
172
Deponie
Unterdorf
Katz'sche Garten
Schwarzwald Bäderstr.
Galgenberg
273
Igelbach
04
03
02
01
05
06
07
4
UFENBERG
Träufelbach
Am Wingolfbrunnen
322
Fechtenbuckel
Hartberg
427
260
SCHEUERN
Stadtwald
Frauengrund
Lautenbach
LAU
Friedrichsbrunnen
Schwann
Waldbach
Saulachkopfhütte
Gernsberg
444
Birkelsh.
Schloss Eberstein
459
Birkelsgrund
Walheimer Hof
470
OBERTSROT
Elsbethhütte
Rockert
melsberg
559
Raidenberg
540
492
313
Bennel
Dachsst
Heidenell
Karlsklausenhütte
HILPERTSAU
Webersberg
557
389
Heidenell
Kapf
Reichenbach
Kl.Schöllkopf
Wingertbuckel
462
337
567
Lindelhütte
Lindel
538
0 500 m
Weisenbach
574
194
Hölle
555
Schönblick
Kestelberg

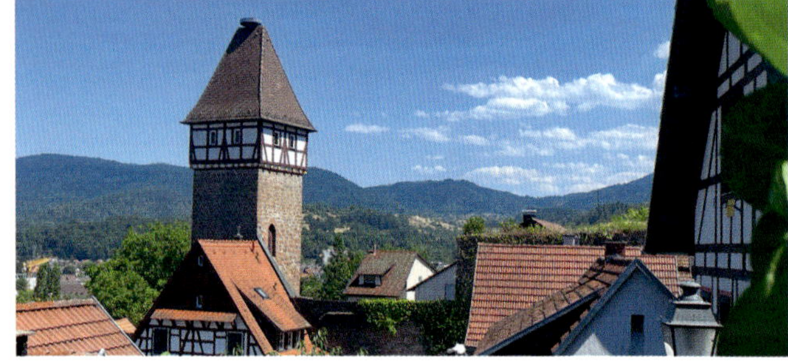

Blick über Gernsbach samt Storchenturm

gen von Markt- und Kirchdorf sowie den mittelalterlichen Vorstädten „Gaß“ und „Waldbach“. Kurz darauf passieren wir das Alte Rathaus; es ist eines der bedeutendsten Wohngebäude der späten Renaissance in Süddeutschland. Der einflussreiche Murgschiffer Johann Jakob Kast gab es 1617/1618 in Auftrag. Unbedingt mal reingehen! Am **Alten Marktplatz** 03 erwartet uns ein behagliches Ambiente inmitten der vielen Fachwerkhäuser, des Brunnens und der vielen bunten Sonnenschirme und Tische, die zu einem Aufenthalt einladen. Hier befindet sich auch das Kornhaus: Nach dem Brand von 1798 wurde es mit den Quadersteinen des Turmes beim Färbertor, einem der vier mittelalterlichen Stadttore von Gernsbach, wieder aufgebaut. Wir steigen die Hauptstraße hinauf, am Amtsgericht vorbei zum **Storchenturm** 04. Er gehört zur Stadtbefestigung von Gernsbach. Ein kleines badisches Wappen lässt vermuten, dass er 1449 errichtet worden sein könnte, seine Bausubstanz ist jedoch älter. Seinen Namen bekam er von den Störchen, die bis 1914 auf ihm nisteten. Einmal um den Storchenturm herum gehen wir über den Kirchhofweg wieder zurück. Er bringt uns bei der **Liebfrauenkirche** 05 vorbei. Bis heute ist ihre Entstehung nicht ganz eindeutig. Vermutlich hatte sie ihre Ursprünge in einer Kapelle einer hier befindlichen Burganlage. Sie gehörte ebenfalls zur mittelalterlichen Stadtbefestigung. Wieder beim Amtsgericht wenden wir uns nach rechts in die Turmgasse. Über altes Kopfsteinpflaster und eng gewunden leitet sie uns zur Storrentorstraße. Über Treppen und dann nach links geht's am Waldbach entlang. Wir kommen an der **Alten Stadtmauer** 06 vorbei. Sie umrahmte wohl schon wenige Jahrzehnte nach der ersten urkundlichen Erwähnung von Gernsbach 1219 das Marktdorf. Über die Ebersteingasse laufen wir auf den sogenannten „Hof“, das historisch frühere Kirchdorf. Wir kommen zur St.-Jakobs-Kirche; ihr Inneres stammt zum Teil aus dem 15. und 16. Jahrhundert. Über die schmale Ebersteintreppe oder auch Grafenstaffel geht es auf die Schlossstraße – auch „Gaß“ genannt. An der Murg entlang geht's dann zur **Ebersteinbrücke** 07. An der Murginsel vorbei gehen wir auf der anderen Seite wieder zurück zum Parkplatz in **Gernsbach** 01.

VON LAUTENBACH NACH SCHEUERN

Historische Runde durch ein Fachwerkstädtchen

 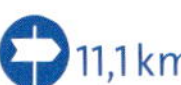 11,1 km  3:00 h 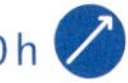 525 hm 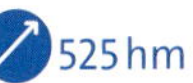 492 hm 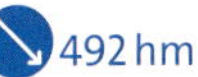  886, 888

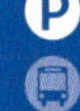
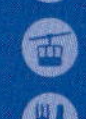
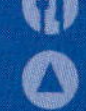
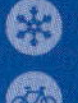

START | Parkplatz an der Illertkapelle; Von Lautenbach kommend über die Illertstraße bis zum Parkplatz.
[GPS: UTM Zone 32 x: 453.982 m y: 5.400.966 m]
CHARAKTER | Asphaltierte Sträßchen und Forstwege wechseln sich ab; steinig bis zur Ahornwiese. Trittsicherheit beim Lautenfelsen erforderlich.

Das Naturschutzgebiet rund um den Lautenfelsen bietet eine große Artenvielfalt auf kleinem Raum. Charakteristisch und namensgebend ist die Felsgruppe, die im Südosten Gernsbachs am Ortsrand von Lautenbach aus dem Bergwald herausragt. Der Aufstieg zu den Felsen wird mit einem grandiosen Ausblick über Lautenbach und das Murgtal belohnt.

▶ Wir starten am Parkplatz bei der **Illertkapelle** 01. Von hier aus geht's zuerst über Treppchen an der Kapelle vorbei auf dem Premiumwanderweg „Gernsbacher Runde" auf einem Pfad aufwärts. Immer geradeaus bringt uns die Route bald am Stauweiher vorbei. Geradeaus auf breitem Weg biegen wir in der Rechstskurve links ab. Kurz darauf können wir uns an der **Kneippanlage** 02 die Füße kühlen. Die rote Blume leitet uns danach weiter geradeaus; kurz nach dem Kneippbecken halten wir uns rechts auf

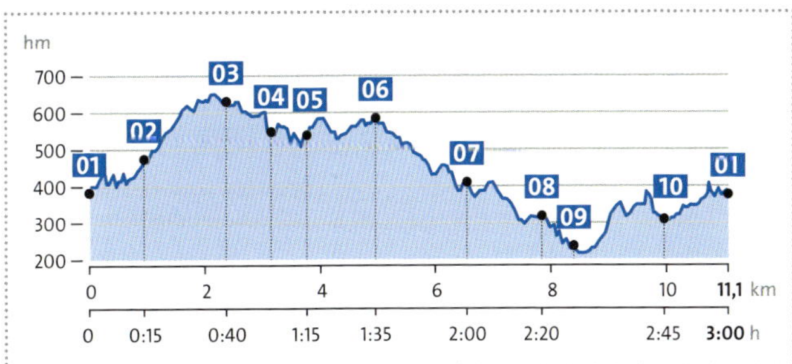

01 Illertkapelle, 396 m; 02 Kneippanlage, 493 m;
03 Im Haselbrunnen, 629 m; 04 Lautenfelsen, 577 m; 05 Heilwiesen, 537 m;
06 Elsbethhütte, 605 m; 07 Büchet, 408 m; 08 Hintere Schwann, 322 m;
09 Scheuern, 216 m; 10 Festplatz, 307 m;

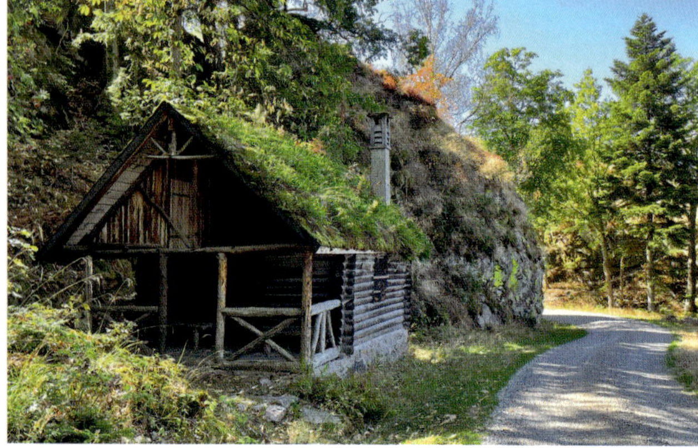

Urig ist die Lautenfelsenhütte

einen schmäleren Weg, der recht schnell als toller Urwaldpfad über die Steingasse hinaufführt. Am Ende der Ahornwiese biegen wir rechts ab und folgen wenig später einem Waldweg zur Weggabelung **Im Haselbrunnen** 03. Wir bleiben geradeaus und erreichen kurz darauf den Haselbrunnen. Dann wandern wir noch immer mit der roten Blume auf breitem Weg in gut einer Viertel-Stunde über den Lochfelsen zum **Lautenfelsen** 04. Die Aussicht ist fantastisch. Vorsicht beim steilen Abstieg auf dem schmalen Felsweg um den Lautenfelsen herum. Achtung, bei der Pfadteilung halten wir uns links wieder hinauf (andernfalls würden wir nach Lautenbach absteigen). Der breite Forstweg bringt uns dann hinab an die Kreuzung **Heilwiesen** 05. Wir biegen links ein und folgen um eine Rechts-, später eine Linkskurve durch schönen Wald zur **Elsbethhütte** 06. Hier geht es über einen Pfad nach rechts zum Rockertfelsen. Wir steigen weiter ab und stoßen auf einen breiten Weg. Wir folgen ihm nach rechts und wandern nun mit dem Zeichen der Murgtalleiter bald um eine Linkskehre und an der Rehackerbrunnenhütte leicht rechtshaltend bis zur Kreuzung **Büchet** 07. Hier knicken wir mit der blauen Raute scharf rechts ab und laufen auf einem schmalen Waldweg hinunter. An der **„Hinteren Schwann“** 08 mündet der Jägerpfad in einen breiten Waldweg. Wir wandern weiter geradeaus bis zum Ortsrand von **Scheuern** 09. An der Talstraße biegen wir rechts ab, an Kindergarten und Schule vorbei. Wir wechseln nun auf die gelbe Raute, die uns Richtung Osten aus dem Ort hinausbegleitet. Am Ende der Grundschule weist uns die Markierung auf einen schmalen Weg leicht schräg nach links. Er führt parallel zur Lautenbacher Straße schließlich wieder nach Lautenbach zum **Festplatz** 10. Wir folgen der Lautenfelsenstraße und dann dem Lindenweg an der Kirche vorbei. Die Illertstraße bringt uns das letzte Stück zurück zum Parkplatz bei der **Illertkapelle** 01.

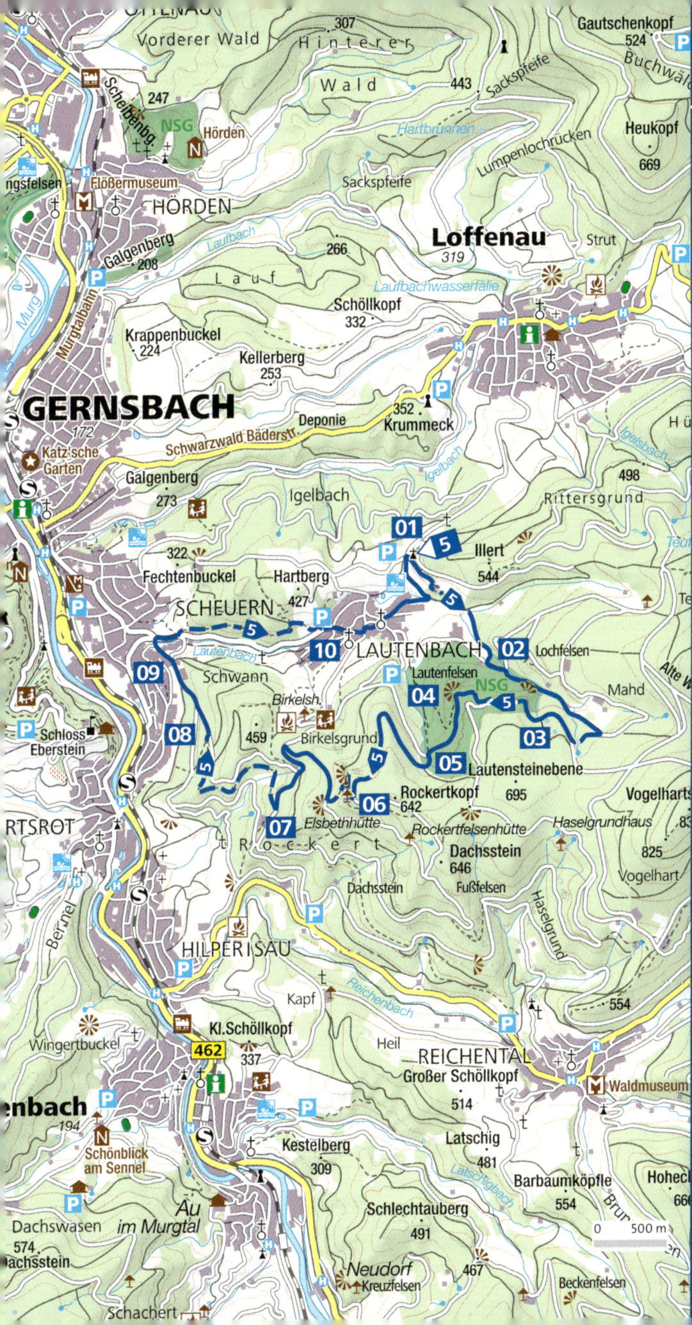

5

Vorderer Wald
307
Hinterer
Wald
443
Sackspfeife
Gautschenkopf
524
Buchwald
Scheibenbg.
247
NSG
Hörden
Hartbrunnen
Lumpenlochrücken
Heukopf
669
Flößermuseum
Sackspfeife
HÖRDEN
Galgenberg
208
Laufbach
266
Loffenau
319
Strut
Murg
Murgtalbahn
Lauf
Laufbachwasserfälle
Schöllkopf
332
Krappenbuckel
224
Kellerberg
253
GERNSBACH
172
Deponie
352
Krummeck
Schwarzwald Bäderstr.
Igelsbach
Katz'sche Garten
Galgenberg
273
Igelbach
Igelbach
498
Rittersgrund
01
5
Illert
544
322
Fechtenbuckel
Hartberg
427
5
SCHEUERN
5
10
LAUTENBACH
02
Lochfelsen
Lautenbach
09
Schwann
Lautenfelsen
04
NSG
5
Mahd
Birkelsh.
08
459
Birkelsgrund
03
Schloss Eberstein
5
05
Lautensteinebene
5
Rockertkopf
642
695
Vogelharts
06
Haselgrundhaus
07
Elsbethhütte
Rockertfelsenhütte
Rockert
Dachsstein
646
825
Vogelhart
Dachsstein
Fußfelsen
Bernel
Haselgrund
HILPERTSAU
Kapf
Reichenbach
554
Wingertbuckel
Kl.Schöllkopf
462
337
Heil
REICHENTAL
Großer Schöllkopf
Waldmuseum
514
Schönblick am Sennel
Kestelberg
309
Latschig
481
Latschigbach
Barbaumköpfle
554
Au im Murgtal
Dachswasen
574
Schlechtauberg
491
0 500 m
Neudorf
Kreuzfelsen
467
Beckenfelsen
Schachert

TEUFELSMÜHLE UND TEUFELSKAMMERN BEI GERNSBACH

Auf Naturpfaden und Teufelsspuren

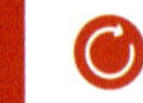 11,5 km 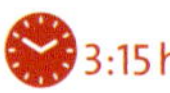 3:15 h 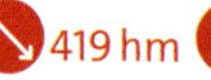 420 hm 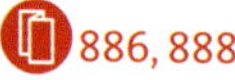 419 hm 886, 888

START | Parkplatz Skilift Talwiese; von Bad Herrenalb zum Oberen Gaistal; hier über den Buckelweg zur Talwiese.
[GPS: UTM Zone 32 x: 459.090 m y: 5.401.696 m]
CHARAKTER | Forstwege und schmale Pfade mit Blockgestein. Steiler, steiniger Abstieg zu den Teufelskammern; Trittsicherheit ist auf dieser Tour wichtig!

Die höhlenartige Felsformation der Teufelskammern ist nicht nur einen Blick wert. Die Kammern entstanden durch Absanden weicherer Sandsteine unter einer härteren Buntsandsteinschicht. Sie bilden heute das Dach der Teufelskammern. Zwei dicke Sandsteinsäulen stützen das Konstrukt.

Los geht's am Parkplatz vom **Skilift Talwiese** 01. Wir folgen der Straße ein paar Schritte nach Westen, dann biegen wir mit der gelben Raute nach links ab. Zudem leitet uns vorerst auch die Augenblick-Runde Bad Herrenalb. Der breite Weg wird bald schmäler und führt uns nach

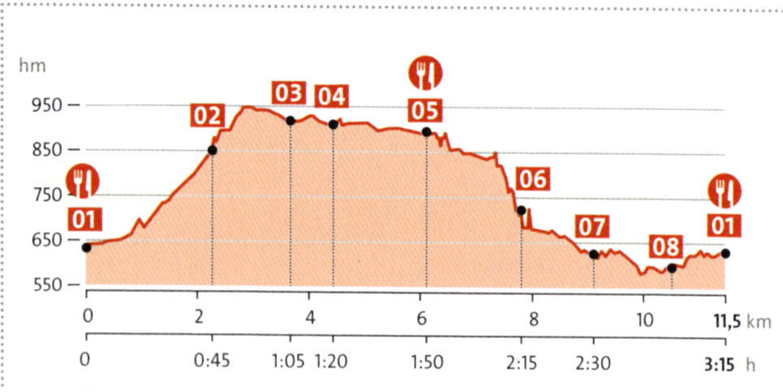

01 Skilift Talwiese, 648 m; 02 Hahnenfalzhütte, 870 m; 03 Langmartskopfhütte, 919 m; 04 Metzgerstein, 908 m; 05 Höhengasthaus Teufelsmühle, 896 m; 06 Teufelskammern, 728 m; 07 Vogelswiesen , 622 m; 08 Vogelsgrund, 595 m;

links gewandt über die Gabelung Axtloh hinüber. Hier gesellt sich die blaue Raute zu uns und bringt uns über bald felsigen, steilen und immer schmäler werdenden und naturnahem Weg zur **Hahnenfalzhütte** 02 hinauf. Wir queren den breiten Schotterweg und steigen nochmals kurz an auf blockgesteinigen breitem Pfad. Nach ein paar Minuten wandern wir auf einem Waldweg, jetzt mit der roten Raute. An der Weggabel biegen wir rechts ab, gut 700 Meter später stehen wir an der **Langmartskopfhütte** 03. Auf unserem Weg um den Langmartskopf herum wenden wir uns hier gleich zweimal nach rechts und

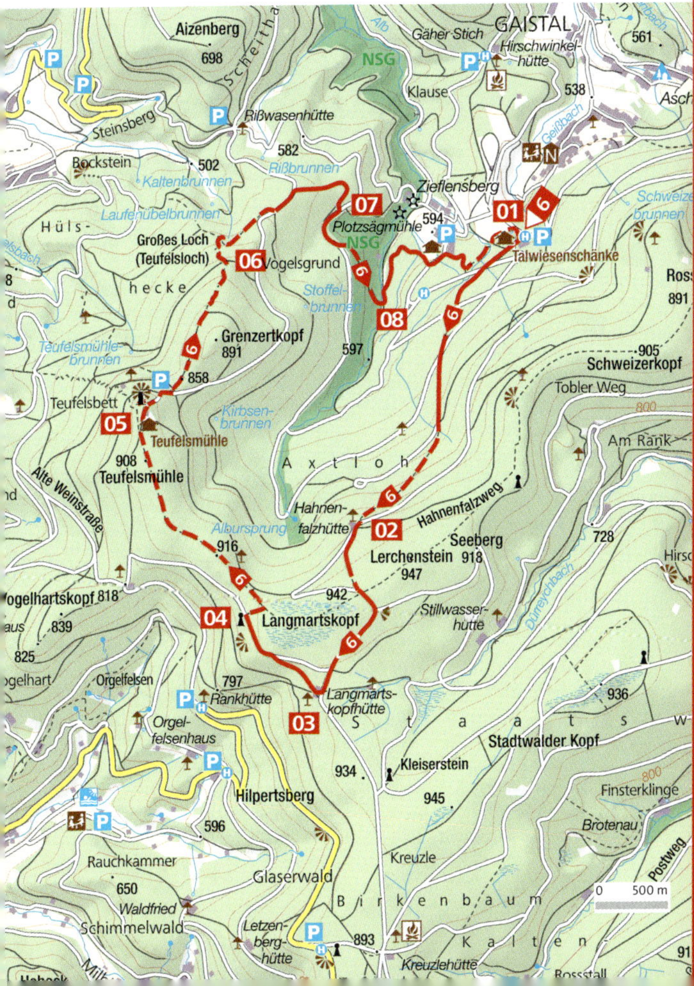

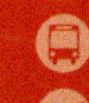

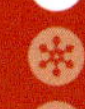

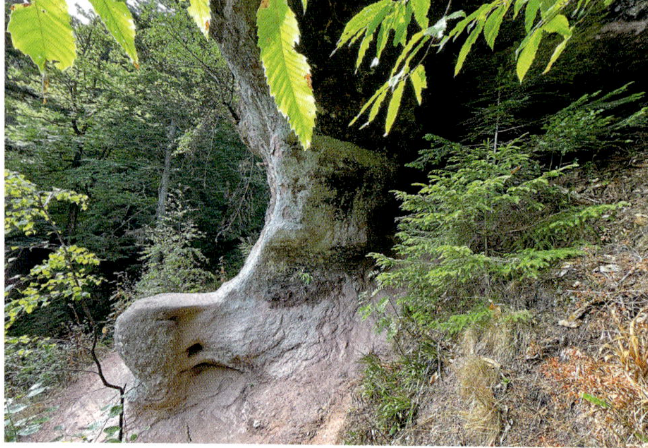

Felsen bei den Teufelskammern

lassen uns wieder von der blauen Raute über einen schönen Pfad durch lichtes Gelände und später über einen breiten Forstweg zum **Metzgerstein** 04 führen. Die blaue Raute schickt uns geradeaus, dann gleich wieder links und über einen etwas breiteren Pfad durch den Wald. Bald geht's auf einem schmalen Weg mit viel Blockgestein zum **Höhengasthaus Teufelsmühle** 05. Hier gibt es nicht nur eine feine Brotzeit, wir können auch den Aussichtsturm besteigen, der uns wahrlich grandiose Blicke auf Loffenau und in den westlichen Schwarzwald gewährt. Dann folgen wir dem Sträßlein bis zum Grenzertparkplatz, übequeren ihn und folgen nun auf dem Grenzertrundweg wieder der blauen Raute. Nach 500 Metern wechseln wir nach links auf einen schmalen Weg, queren einen Forstweg und halten uns bei der Querung eines zweiten Forstweges schräg nach links. Steil abwärts geht es hier über einen steinigen Steig zu den **Teufelskammern** 06. Wenig später zweigt beim Großen Loch ein gesicherter Pfad nach rechts ab. Wir verlassen hier die blaue Raute und haben nun die gelbe Raute im Visier. Der Weg mündet in das Sträßlein Teufelsmühle, dem wir kurz folgen. Dann zweigt rechts der Ladstädter Weg ab. Nach 250 Metern biegen wir rechts ab, an der Kreuzung **Vogelswiesen** 07 geht's wieder rechts, an schöner Wiese und Waldrand entlang. Nach dem Linksbogen halten wir uns am Wald links auf einen schönen Waldweg; der Qualitätsweg Wildkatzen-Walderlebnis begleitet uns nun bis zum Parkplatz zurück. Dafür queren wir den nächsten Waldweg beim **Vogelsgrund** 08 nach links und laufen über einen schmalen, bald mit Steinen versehenen Weg zur Straße. Wir biegen links ab und nach dem Parkplatz Zieflensberg geht's schon wieder rechter Hand auf einen Pfad. Auf ihm gehen wir nun das letzte Stück zurück zum Parkplatz **Talwiese** 01.

VON FORBACH NACH HILPERTSAU

Romantische Wanderung über die Murgleiter

 19,4 km 6:20 h 872 hm 987 hm 886, 888

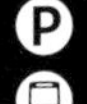
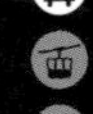
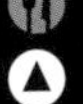

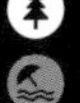

START | Forbach; Parkplatz an der Murgtalstraße neben dem Bahnhof. [GPS: UTM Zone 32 x: 452.958 m y: 5.392.176 m]
CHARAKTER | Sehr lange, anstrengende Wanderung auf teils steinigen, wurzeligen und steilen Pfaden. Einige Gegenanstiege; abschnittsweise steil. Keine Einkehr; Proviant und Getränke mitnehmen!

Die Murgleiter lädt in ihrer Eigenschaft als Premiumwanderweg zu Entdeckungen rund um das Murgtal ein. Auf dem Weg nach Hilpertsau führt sie uns über königliche Aussichtspunkte wie Latschigfelsen, Dachsstein und Rockert.

▶ Wir starten in **Forbach** **01** am Parkplatz neben dem Bahnhof. Auf dem schmalen Rad- und Fußweg gehen wir parallel zur B 462 Richtung Gausbach. Kurz darauf passieren wir das Murgtaltor und halten uns gleich danach rechts über einen Pfad, dann auf breiterem Weg an der Brückwaldanlage vorbei hinauf. Kurz nach der Anlage scharf links, und auf dem Langenbergweg zum Sportplatz Gausbach. Noch einmal scharf links und nach ein paar Metern steigen wir einen

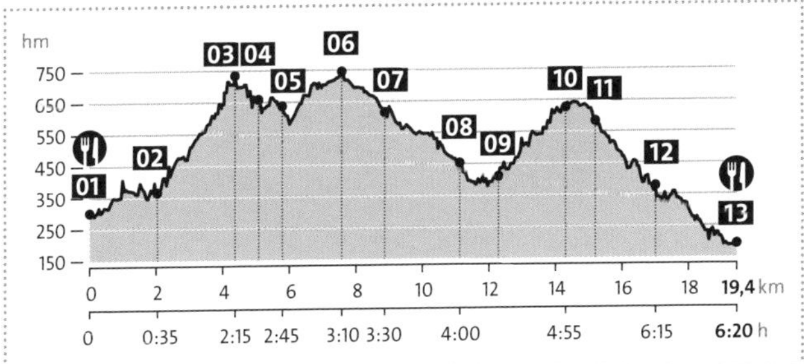

01 Forbach, 303 m; **02** Hexenbrunnen, 375 m;
03 Kleiner Latschigfelsen, 697 m; **04** Latschighang, 655 m; **05** Forkel, 639 m;
06 Hutweg, 723 m; **07** Beckefelsen, 619 m; **08** Wegkreuz Eben, 464 m;
09 Gernweg, 430 m; **10** Dachsstein, 617 m; **11** Großer Rank, 361 m;
12 Hengstberg, 203 m; **13** Bahnhof Hilpertsau, 186 m;

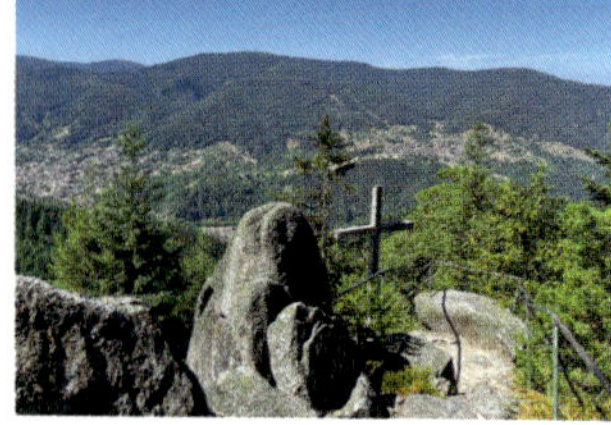
Der Latschigfelsen

sehr steilen, kurzen Hang hinunter zum **Hexenbrunnen** **02**. Auf dem Sagenweg wandern wir ein kurzes Stück ins schöne Heuhüttental Kauersbachtal. Dann weist uns die Murgleiter nach links. Abwechselnd steile Pfade und breite Forstwege bringen uns nun stetig bergan zum **Kleinen Latschigfelsen** **03**, an dem eine tolle Aussicht samt Gipfelkreuz auf uns warten. (Der Kleine Latschigfelsen liegt ein kurzes Stück abseits von der Route). Zurück auf der markierten Route und ein paar Meter weiter bergan kommen wir am Pavillon beim Großen Latschigfelsen vorbei. Am darauffolgenden Waldweg biegen wir links ein und wandern mit der Murgleiter nun eine Viertelstunde über den Latschigweg zum **Latschighang** **04**. Das erste Viertel des Weges ist geschafft. Wir knicken scharf nach rechts und bleiben so lange auf diesem Weg, bis nach circa 10 Minuten linker Hand ein Pfad abzweigt und über die Weggabelung **Forkel** **05** nach rechts führt. Gleich darauf wenden wir uns am breiten Forstweg nach rechts. Wir streifen wieder eines dieser wildromantischen Heutäler. In der folgenden Linkskurve kommen wir wieder zu einem Pfad. An einem Brunnen vorbei bringt er uns über Riedberg zur Gabelung **Hutweg** **06**. Vorbei an der Wetzsteinbrunnenhütte und der schönen Hohmisswiese erreichen wir den **Beckenfelsen** **07**. Die Aussicht von hier oben ist mehr als kühn. Der Wegverlauf knickt ein paar Hundert Meter später nach links; wir wandern auf breitem Weg weiter, bis wir kurz nach Ende des Waldes auf das **Wegkreuz Eben** **08** treffen. Geradeaus wandern wir auf breitem Weg hinab nach Reichental. Am Johannesplatz scharf nach links und gleich nach dem geschlossenen Waldmuseum wieder rechts einbiegend folgen wir dem Gernweg aus dem Örtchen hinaus. Der Weg steigt langsam an und führt über die Gabelung **Gernweg** **09** geradeaus. Nach der dritten Linkskurve halten wir uns am breiten Weg rechts und folgen einem steinigen, breiteren Pfad. Er führt uns bei der Gabel „Unterm Dachsstein“ auf dem Rockertfelsenweg zum **Dachsstein** **10**. An der nächsten Gabelung Rockert geht’s links und kurz darauf nochmals links auf schönen Pfaden zur Elsbethhütte. Derselbe Pfad bringt uns weiter, erst steinig, dann am breiteren Weg rechts gerichtet über Eichrodtsruh zum Birketsplatz. Um die Linkskehre und an der Rehackerbrunnenhütte leicht rechtshaltend wandern wir zum **Großen Rank** **11**. Hier biegen wir scharf nach rechts und folgen der Murgleiter weiter abwärts. An der Gabel „Hengstberger Rück“ nach circa eineinhalb Kilometern verlassen wir die Murgleiter und wandern auf breitem Weg geradeaus zum **Hengstberg** **12**. Hier wandern wir an der Kapelle vorbei hinab, passieren den Friedhof und gelangen geradewegs zum **Bahnhof Hilpertsau** **13**. Die Bahn bringt uns nach Forbach **01**.

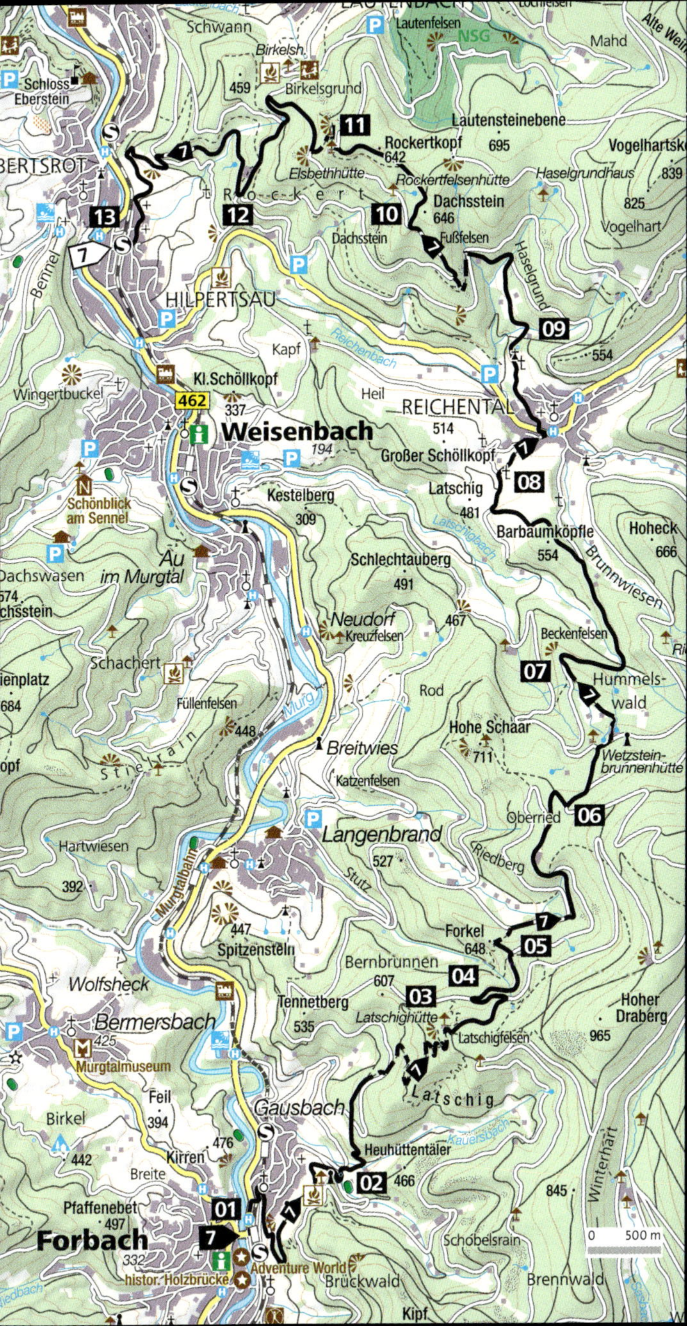

Schwann
Lautenfelsen
NSG
Mahd
Alte Weinstraße
Schloss Eberstein
Birkelsh.
459
Birkelsgrund
11
Lautensteinebene
Rockertkopf
642
695
Vogelhartskopf
Elsbethhütte
Rockertfelsenhütte
Haselgrundhaus
839
Rockert
12
10
Dachsstein
646
825
Vogelhart
13
Dachsstein
Fußfelsen
Haselgrund
Bennel
HILPERTSAU
09
554
Kapf
Reichenbach
Wingertbuckel
Kl.Schöllkopf
462
337
Heil
REICHENTAL
514
Weisenbach
194
Großer Schöllkopf
08
Latschig
481
Schönblick am Sennel
Kestelberg
309
Latschigbach
Barbaumköpfle
554
Hoheck
666
Dachswasen
574
Au im Murgtal
Schlechtauberg
491
Brunnwiesen
Neudorf
Kreuzfelsen
467
Beckenfelsen
Schachert
07
Hummelswald
684
Füllenfelsen
Rod
Murg
448
Hohe Schaar
711
Breitwies
Stielrain
Wetzsteinbrunnenhütte
Katzenfelsen
Oberried
06
Langenbrand
Hartwiesen
Riedberg
527
Murgtalbahn
Stutz
392
447
Spitzenstein
Forkel
648
05
Bernbrunnen
04
Wolfsheck
607
Tennetberg
03
Hoher Draberg
Latschighütte
Bermersbach
425
535
Latschigfelsen
965
Murgtalmuseum
Feil
Latschig
394
Gausbach
Birkel
Kauersbach
Heuhüttentäler
476
442
Kirren
Winterhalt
02
466
Breite
845
Pfaffenebet
497
01
Forbach
332
Adventure World
Schobelsrain
0 500 m
histor. Holzbrücke
Brückwald
Brennwald
Kipf

8

VON KALTENBRONN ZUM HOHLOHTURM

Durchs Hohlohmoor auf einen Aussichtsturm

 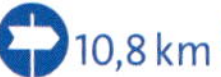 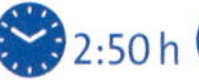 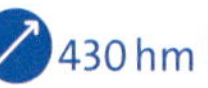 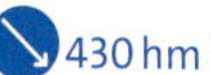 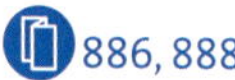

10,8 km · 2:50 h · 430 hm · 430 hm · 886, 888

START | Parkplatz Kaltenbronn; in der Rechtskurve auf der linken Seite nach dem Infozentrum.
[GPS: UTM Zone 32 x: 457.971 m y: 5.395.059 m]
CHARAKTER | Einfache Wanderung auf breiten Wegen.

Das Bild der Kaltenbronner Wälder hat sich im Laufe der Jahrhunderte gewandelt. Im 17. und 18. Jahrhundert wurden die Wälder übernutzt und ausgeplündert. Flößerei, Köhlerei und Handwerk verlangten den Wäldern viel ab. Auf den frei gewordenen Flächen weidete das Vieh. Zu Beginn des 19. Jahrhunderts wurden die Flächen wieder aufgeforstet. Seitdem werden sie nachhaltig bewirtschaftet. Im Jahr 2000 wurde der Hohlohsee mit seinem umgrenzenden Moor zum Natur- und Waldschutzgebiet erklärt.

Wir starten in **Kaltenbronn** 01 am Parkplatz an der scharfen Rechtskurve. Über einen Schotterweg laufen wir mit der roten Raute des Westweges hinauf. Nach einem knappen Kilometer kommen wir schon zu den Bohlen des Stieges, der ins **Hohlohmoor** 02 führt. Begleitet von Infotafeln wandern wir am Großen und Kleinen Hohlohsee vorbei und halten uns weiter geradeaus, sobald wir das Moor verlassen. Der Weg bringt uns geradewegs zum **Hohlohturm**

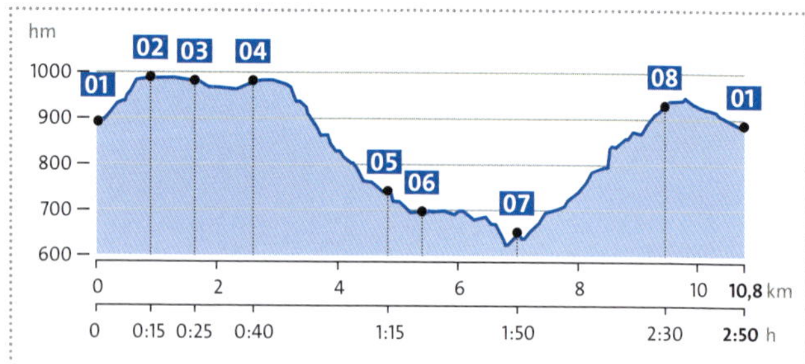

01 Kaltenbronn, 893 m; 02 Hohlohmoor, 983 m; 03 Hohlohturm, 984 m; 04 Buchenloh, 980 m; 05 Grenzweg Hohe Schaar, 742 m; 06 Hohmisswiese, 702 m; 07 Brunnwiesen, 661 m; 08 Schwarzmisshütte, 939 m;

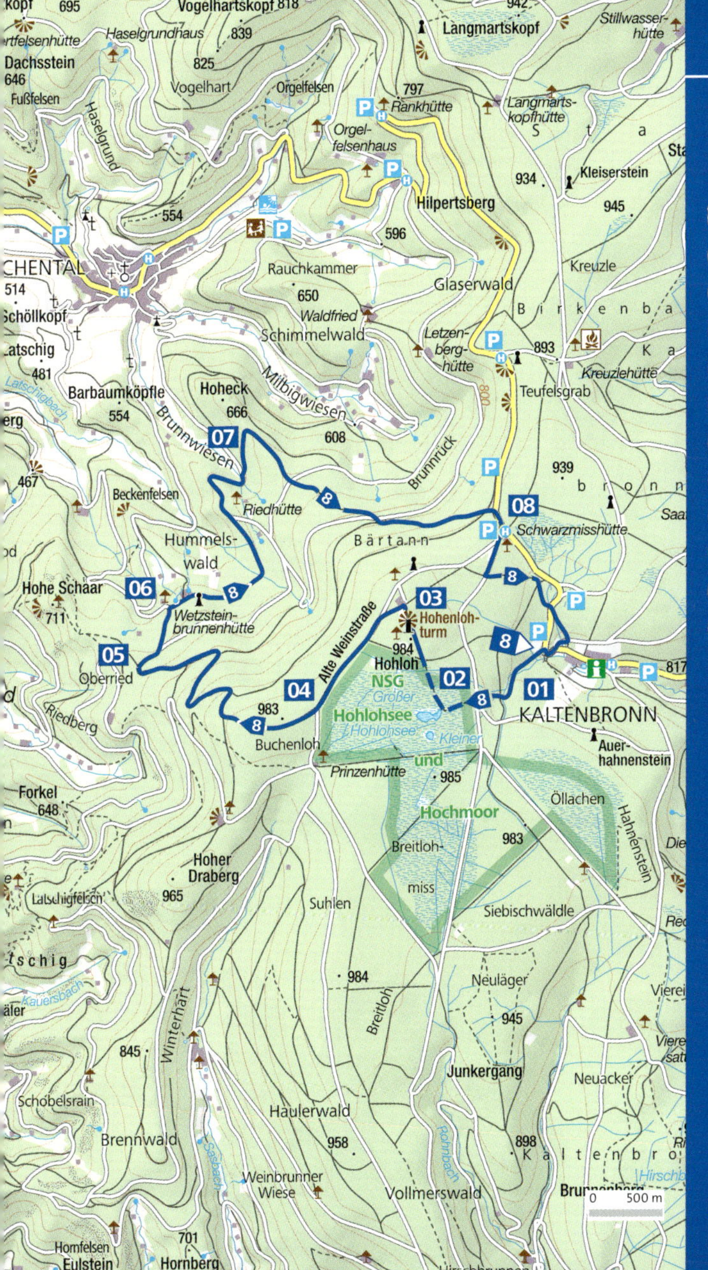
Lautensteinebene
695
Vogelhartskopf 818
839
Haselgrundhaus
Dachsstein
646
Fußfelsen
825
Vogelhart
Orgelfelsen
Haselgrund
797
Rankhütte
Orgelfelsenhaus
Langmartskopf
942
947
Stillwasserhütte
Langmartskopfhütte
934
Kleiserstein
945
Hilpertsberg
554
596
514
Schöllkopf
481
Rauchkammer
650
Waldfried
Schimmelwald
Glaserwald
Kreuzle
Birkenba
893
Kreuzlehütte
Letzenberghütte
Teufelsgrab
800
Barbaumköpfle
554
Hoheck
666
Milbigwiesen
608
Brunnruck
Brunnwiesen
467
07
8
Beckenfelsen
Riedhütte
939
08
Schwarzmisshütte
Bärtann
Hummelswald
Hohe Schaar
711
06
8
Wetzsteinbrunnenhütte
03
Hohenlohturm
8
984
Hohloh
05
Oberried
Alte Weinstraße
04
02
01
NSG
Großer
Hohlohsee
Hohlohsee
Kleiner
8
KALTENBRONN
983
8
Buchenloh
Auerhahnenstein
Riedberg
und
Prinzenhütte
985
Hochmoor
Öllachen
Forkel
648
Hahnenstein
Breitlohmiss
983
Hoher Draberg
965
Suhlen
Siebischwäldle
984
Neuläger
Breitloh
945
Kauersbach
845
Winterhart
Junkergang
Neuacker
Schobelsrain
Haulerwald
958
Brennwald
898
Kaltenbro
Sasbach
Rohnbach
Weinbrunner Wiese
Vollmerswald
Brunnenberg
0 500 m
701
Hornberg
Eulstein
675
Hirschbrunnen

03. Der ehemals Kaiser-Wilhelm-Turm genannte Aussichtsturm bietet grandiose Blicke über das Murgtal. Am Turm biegen wir nach rechts und wandern weiter mit der roten Raute bald auf einem breiten Weg zur Gabelung **Buchenloh** 04. Nach rechts verlassen wir die Wegmarkierung und halten uns nun an die gelbe Raute. In Kehren hinab bringt sie uns an der Weggabelung Oberried (hier links halten) vorbei und ein paar Minuten darauf zur Gabelung **„Grenzweg Hohe Schaar“** 05. Wir halten uns rechts und steuern unser nächstes Ziel an: die Wetzsteinbrunnenhütte. An der nächsten Gabelung **Hohmisswiese** 06 halten wir uns rechts und wandern in gut zwanzig Minuten weiter zur **Brunnwiesen** 07. Dort überqueren wir den Bach und halten uns geradeaus auf einem schönen Waldweg und nun der blauen Raute. Wir wandern nun auf dem Telegrafenweg. Der Wegverlauf zeichnet eine Rechtskehre und bald auf einem Pfad queren wir dann im weiteren Verlauf zweimal einen breiten, befestigten

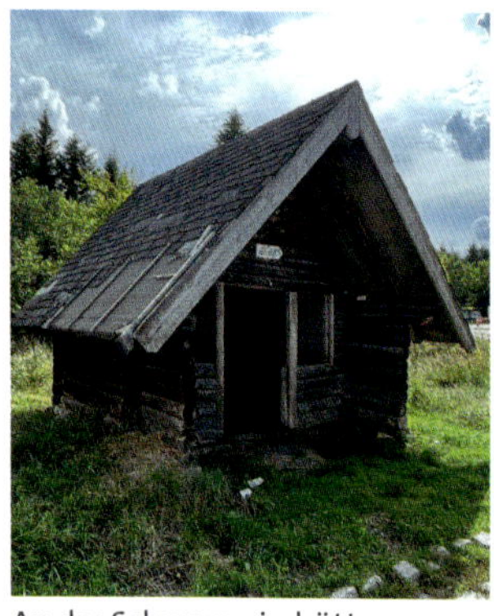

An der Schwarzmisshütte

Forstweg. Gleich nachdem wir ein drittes Mal einen breiten Forstweg erreichen, stehen wir kurz darauf an der L 76b. Wir folgen ihr nach rechts und biegen an der **Schwarzmisshütte** 08 wieder rechts ein. Am Ende des Parkplatzes Schwarzmiss geht's links hinab zum Seelochweg, dann folgen wir einem Waldweg nach rechts. Wir überqueren nochmals die Landesstraße, laufen noch ein kurzes Stück durch den Wald und erreichen wieder den Parkplatz oberhalb von **Kaltenbronn** 01.

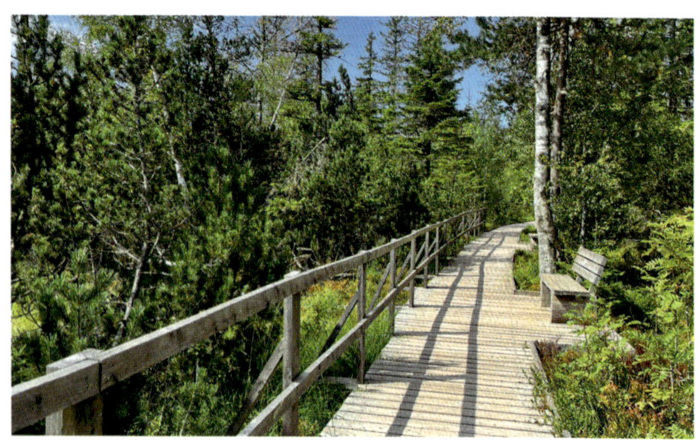

Bohlenstege durchs Hohlohmoor

VON BAD WILDBAD NACH KALTENBRONN

Über aussichtsreiche Wege zum Wildseemoor

 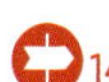 14,9 km 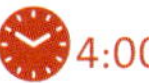 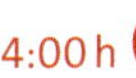 4:00 h 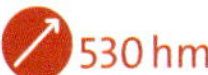 530 hm 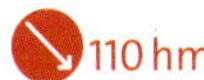  110 hm 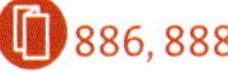 886, 888

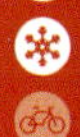

START | Gebührenfreier Parkplatz beim Sportplatz in Bad Wildbad in der Ziegelhüttenstraße.
[GPS: UTM Zone 32 x: 466.539 m y: 5.398.140 m]
CHARAKTER | Am Anfang relativ anstrengender Aufstieg über den Zickzackweg auf den Sommerberg. Dann sehr gemütlicher Anstieg auf meist breiten Wald- und Forstwegen. Tolle Einkehr in der Grünhütte!

Das Hochplateau Kaltenbronn hält eine einzigartige und vielfältige Landschaft bereit. Vor allem die Moore – Wildseemoor und Hohlohmoor – stechen mit ihren schön angelegten Plankenwegen hervor. Das Wildseemoor ist dabei das größte Hochmoor im Schwarzwald. Auf dem Weg durchs Wildseemoor begleitet uns sogar ein interessanter Naturlehrpfad, an dem wir gleich aus nächster Nähe die Erläuterungen erkunden können. Zuvor jedoch spazieren wir durch Bad Wildbad, seinen Kurpark und die Attraktionen auf dem Sommerberg, den wir über den Zickzackpfad besteigen.

▶ Wir starten am Parkplatz beim **Sportplatz Bad Wildbad** 01. Wir halten nach der blauen Raute

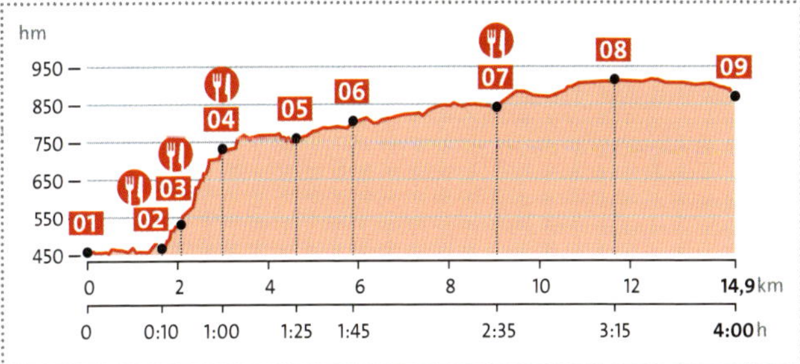

01 Bad Wildbad, Sportplatz, 450 m; 02 Kurpark, 453 m; 03 Zickzackweg, 521 m; 04 Bergstation Sommerbergbahn, 724 m; 05 Auchhalderkopf, 753 m; 06 Fünf Bäume, 787 m; 07 Grünhütte, 836 m; 08 Wildsee, 913 m; 09 Kaltenbronn, 883 m;

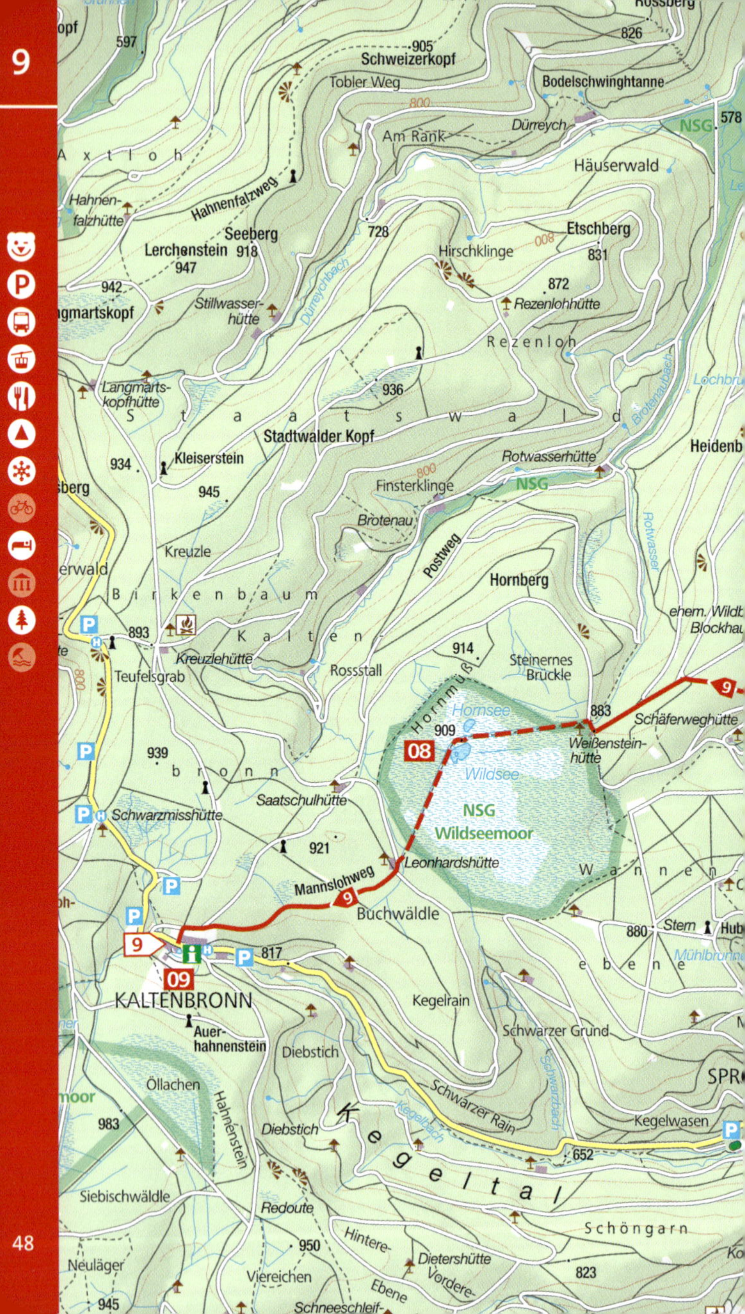

Schweizerkopf
Tobler Weg
Am Rank
Dürreych
Bodelschwinghtanne
Häuserwald
Hahnenfalzweg
Seeberg
Lerchenstein
Hahnen-falzhütte
Stillwasser-hütte
Hirschklinge
Etschberg
Rezenlohhütte
Rezenloh
Langmarts-kopfhütte
Staatswald
Stadtwalder Kopf
Kleiserstein
Rotwasserhütte
NSG
Finsterklinge
Brotenau
Postweg
Hornberg
Heidenb
Kreuzle
Birkenbaum
Kalten
Kreuzlehütte
Teufelsgrab
Rossstall
Steinernes Brückle
Hornsee
Wildsee
NSG Wildseemoor
Weißenstein-hütte
Schäferweghütte
Saatschulhütte
Schwarzmisshütte
Leonhardshütte
Mannslohweg
Buchwäldle
KALTENBRONN
Auer-hahnenstein
Kegelrain
Schwarzer Grund
Diebstich
Öllachen
Hahnenstein
Schwarzer Rain
Kegeltal
Kegelwasen
Siebischwäldle
Redoute
Hintere-Ebene
Dietershütte
Vordere-
Schöngarn
Neuläger
Viereichen
Schneeschleif-
Stern
Wannen
ebene

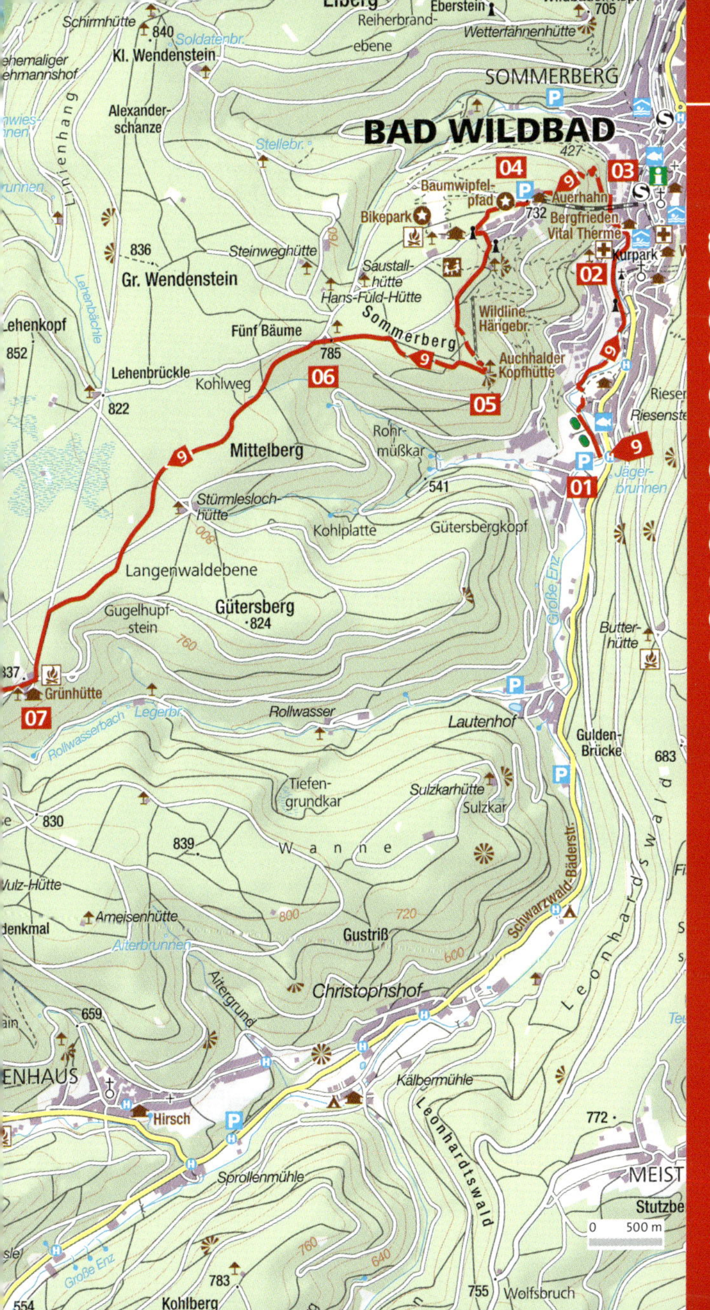
BAD WILDBAD
SOMMERBERG
Baumwipfel-pfad
Bikepark
Auerhahn
Bergfrieden
Vital Therme
Kurpark
Saustall-hütte
Hans-Fuld-Hütte
Sommerberg
Wildline Hängebr.
Auchhalder Kopfhütte
Gr. Wendenstein
Kl. Wendenstein
Schirmhütte
Alexander-schanze
Steinweghütte
Fünf Bäume
Lehenkopf
Lehenbrückle
Kohlweg
Mittelberg
Stürmlesloch-hütte
Langenwaldebene
Gütersberg
Gugelhupf-stein
Grünhütte
Rohr-müßkar
Kohlplatte
Gütersbergkopf
Große Enz
Butter-hütte
Rollwasser
Lautenhof
Gulden-Brücke
Tiefen-grundkar
Sulzkarhütte
Sulzkar
Wanne
Ameisenhütte
Gustriß
Christophshof
Schwarzwald-Bäderstr.
Leonhardswald
Kälbermühle
Leonhardtswald
Hirsch
Sprollenmühle
Kohlberg
Wolfsbruch
Stutzbe
MEIST
Eberstein
Reiherbrand-ebene
Wetterfahnenhütte
Soldatenbr.
Stellebr.
Lehenbächle
Legerbr.
Rollwasserbach
Aiterbrunnen
Aitergrund
Jäger-brunnen
01
02
03
04
05
06
07
0 500 m

Ausschau und gehen mir ihr auf dem Jahnweg an der Großen Enz entlang und in den **Kurpark** 02 hinein. Über die Kuranlagenallee geht's durch den Park beim Tennisplatz und Schwanensee vorbei. Ein paar Hundert Meter weiter halten wir uns an einer Brücke links, verlassen den Kurs der blauen Raute und laufen am Vogelhaus vorbei zum Rand des Kurparks. An der Kreuzung halten wir uns schräg links auf den Panoramaweg. Den Wegschildern des Mittelweges folgen wir noch um die Linkskurve, dann biegen wir rechts ab. An der Panoramastation kreuzen wir die Bergbahn und halten uns links auf den **Zickzackweg** 03. Teils ziemlich steil steigen wir über den Zickzackweg auf. An der Bergstation der **Sommerbergbahn** 04 beim Gasthaus Auerhahn und Baumstriezl vorbei zur großen Kreuzung. Wir überqueren sie geradeaus, beim Baumwipfelpfad vorbei und kurz danach biegen wir links ab. Beim Peter-Liebig-Stein kommen wir dann links auf den Parallelweg. Er führt uns in einem Bogen zu einer Abzweigung, der wir nach links zum **Auchhalderkopf** 05 auf gleichnamigem Weg folgen. 500 Meter später stehen wir am Auchhalderkopfhüttchen. Unterhalb ist eine Wiese, auf der man die Paragleiter beim Starten beobachten kann. Sollte kein Flugbetrieb sein, kann man auf der rechten Seite zum unteren Rand der Wiese absteigen. Hier steht an einem idyllischem Platz eine Bank, die herrliche Blicke auf Bad Wildbad bietet. Zurück auf unserer Route folgen wir dem Auchhalderkopfweg weiter bis zu einer Gabelung. Wir biegen links ab und gelangen zehn Minuten später an eine große Liegewiese und die Kreuzung **Fünf Bäume** 06. Ab hier wird uns nun der Mittelweg eine Zeit lang führen. Über den Laternenbuckel erreichen wir schließlich nach einem schönen Waldspaziergang die **Grünhütte** 07. Nach einer Rast steigen wir mit der Markierung im Blockhauswald an und wenden uns oben links zur Schutzhütte Weißensteinhütte. Hier beginnt der Bohlenstieg durchs Wildseemoor. In etwa der Mitte des Stieges befinden sich auf Höhe des **Wildsees** 08 ein paar Bänke zum Rasten und Genießen. Nach Verlassen des Moores gehen wir geradeaus auf dem Mannslohweg durch den Bannwald, an der Leonhard-Hütte vorbei leicht hinab und stets geradeaus. Nach zwanzig Minuten erreichen wir den Waldrand und hier auch eine große Wiese mit dem Rotwildgehege. Die Tiere sind sehr zutraulich und wagen sich ganz nah an den Zaun heran. Am Ende des Geheges geht's links über einen schmalen Weg hinab zum Infozentrum in **Kaltenbronn** 09.

Info

Von Kaltenbronn Infozentrum fährt stündlich der Bus Nr. 722 in knappen zwanzig Minuten nach Bad Wildbad zurück. Haltestelle ist Bad Wildbad Windhof. Von hier aus sind es ca. 250 Meter, über die Große Enz zurück zum Parkplatz am Sportplatz.

AM OBEREN PLÄTTIG ZU DEN FALKENFELSEN

Wald- und aussichtsreich durch Felsenlandschaften

 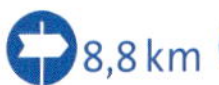 8,8 km 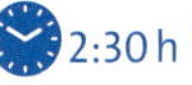 2:30 h  430 hm 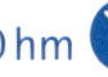 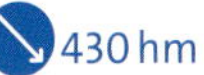 430 hm  886, 888

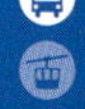

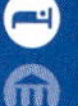

START | Plättig-Parkplatz direkt an der B 500 bei Plättig-Bühlerhöhe.
[GPS: UTM Zone 32 x: 443.400 m y: 5.391.071 m]
CHARAKTER | Felsige Steige um den Falkenfelsen und die Hertahütte. Sonst angenehme Waldwege und -pfade.

Die Runde führt uns von der Bühlerhöhe aus zu den Falkenfelsen. Aussichtsreich und durch spannende Felsenlandschaft der Granit-Felsformationen der Falkenfelsen und der Hertahütte. Die Falkenfelsen sind ein beliebtes Klettergebiet, der Fels besteht aus erstklassigem Granit, der mit Quarzkristallen gesprenkelt ist. Die kleine Schutzhütte am westlichen Ende der Felsformation wurde nach Hertha Isenbart, der Erbauerin der Bühlerhöhe benannt. Am Ortsrand von Bühlertal geht's wieder zurück vorbei am freundlichen Gasthaus Kohlbergwiese.

Wir besuchen vom **Plättig-Parkplatz** **01** zunächst die wunderschön gelegene Kapelle Maria Frieden auf dem Marienfelsen. Dann gehen wir ein paar Meter den Teerweg Richtung Parkplatz zurück und biegen scharf rechts auf einen schmalen Waldweg ab. Er ist ein wenig spärlich mit

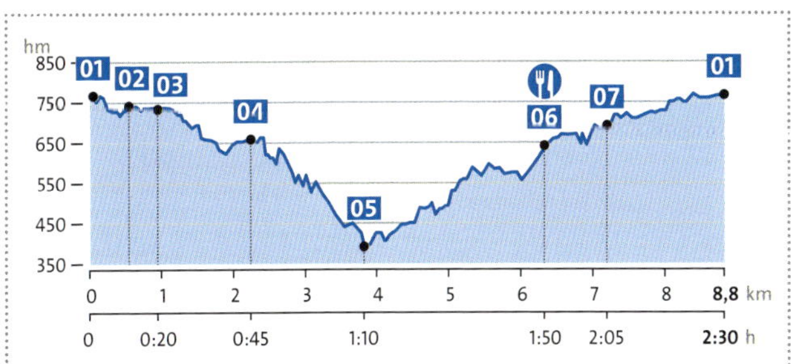

01 Plättig Parkplatz, 769 m; **02** Falkenfelsen, 719 m; **03** Hertahütte, 727 m; **04** Brockenfelsen, 646 m; **05** Briefträgerweg, 398 m; **06** Kohlbergwiese, 669 m; **07** Unter der Bühler Höhe, 735 m;

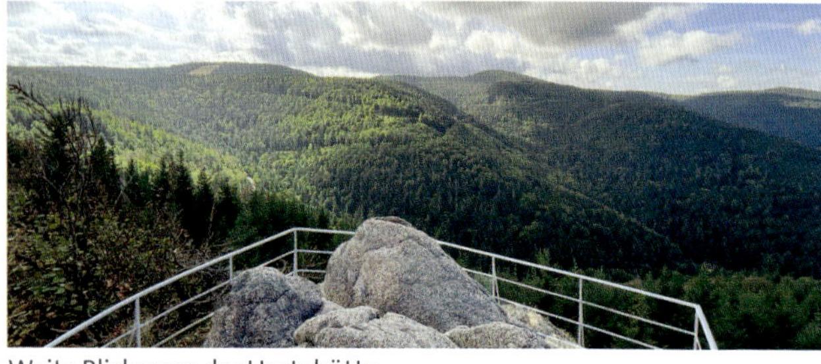
Weite Blicke von der Hertahütte

der gelben Raute markiert. Wir laufen stetig geradeaus hinab, hin und wieder entdecken wir an den Baumstämmen eine Wegmarkierung. Nach zehn Minuten tun sich rechts neben uns die ersten Steinriesen der **Falkenfelsen** **02** auf. Wir laufen an ihren Wänden entlang, begleitet von herumliegenden Felsbrocken von spannender Gestalt. Nach einem schönen Plätzchen mit Bank sehen wir links vor uns den Jungmann-Kimmes-Turm aufragen. Wir folgen dem Pfad, der uns – an zwei Weggabelungen linkshaltend – zur **Hertahütte** **03** leitet. Ein toller Aussichtsplatz. Dann wandern wir auf dem Pfad ein paar Meter zurück, biegen scharf links und nochmal rechts ab und stoßen wenig später auf einen breiten Waldweg. Wir folgen ihm nach links. Er beschreibt einen großen Linksbogen und bringt uns zur Gabelung **Brockenfelsen** **04**. Nach rechts und unterhalb des Brockenfelsens vorbei führt uns die gelbe Raute in zwanzig Minuten zur Kreuzung **Briefträgerweg** **05** hinunter. Hier halten wir uns rechts auf die Henkerstraße und wandern ein Stück auf dem Forstweg. Nach einer Viertelstunde mündet er in einen schmäleren Weg, der uns zu einem weiteren Forstweg leitet. An diesem geht es nach links und dann immer der Ausschilderung **Kohlbergwiese** **06** nach. Beim Waldgasthaus haben wir uns dann eine kleine Pause verdient. Die gelbe Raute bringt uns über einen schmalen Weg und ein paar Stufen zur Gabelung **„Unter der Bühler Höhe“** **07**. Wir folgen dem Forstweg zur Rotwasserebene und schwenken an der Kreuzung nach rechts. Der parallel zur Schwarzwaldhochstraße verlaufende Pfad leitet uns zurück zum **Plättig-Parkplatz** **01**.

Info

Gegenüber des Parkplatzes über die Straße und ca. 200 m den Berg hinauf beginnt der Wildnispfad; er zieht sich durch eine 70 ha große Waldfläche, die seit einigen Jahren, nachdem Stürme viele Bäume umgeworfen haben, der Natur überlassen wird. Entlang des Weges sind zahlreiche Hindernisse, meist umgefallene Bäume, zu überwinden. Kondition und Trittsicherheit sind gefragt.

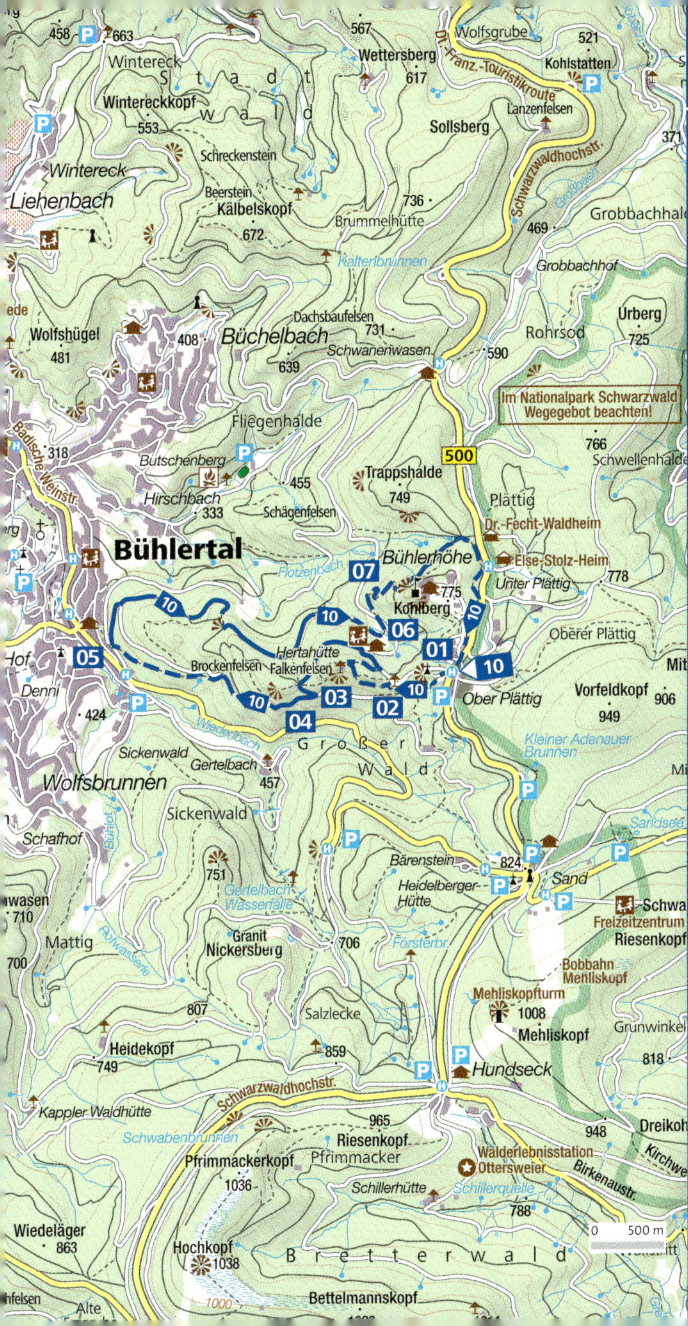

Wintereck
Stadtwald
Wintereckkopf
553
Wintereck
Liehenbach
Schreckenstein
Beerstein
Kälbelskopf
672
Wettersberg
617
567
Wolfsgrube
Dr.-Franz.-Touristikroute
Kohlstatten
521
Lanzenfelsen
Sollsberg
Schwarzwaldhochstr.
Grobbach
371
736
Brummelhütte
Kaltenbrunnen
469
Grobbachhal
Grobbachhof
Wolfshügel
481
408
Büchelbach
639
Dachsbaufelsen
731
Schwanenwasen
590
Rohrsod
Urberg
725
Im Nationalpark Schwarzwald Wegegebot beachten!
Fliegenhalde
Butschenberg
Hirschbach
333
455
Schägenfelsen
Trappshalde
749
500
766
Schwellenhalde
Badische Weinstr.
318
Bühlertal
Flotzenbach
Plättig
Dr.-Fecht-Waldheim
Bühlerhöhe
Else-Stolz-Heim
Kohlberg
775
Unter Plättig
778
Oberer Plättig
Hertahütte
Brockenfelsen
Falkenfelsen
Ober Plättig
Vorfeldkopf
949
906
Denni
424
Wiedenbach
Großer Wald
Kleiner Adenauer Brunnen
Sickenwald
Gertelbach
457
Wolfsbrunnen
Sickenwald
Schafhof
Bühlot
751
Bärenstein
824
Sand
Sandsee
Heidelberger-Hütte
Gertelbach-Wasserfälle
Freizeitzentrum
Riesenkopf
710
Mattig
700
Rotwasserle
Granit
Nickersberg
706
Försterbr.
Bobbahn
Mehliskopf
Mehliskopfturm
1008
Mehliskopf
807
Salzlecke
Grünwinkel
Heidekopf
749
859
818
Hundseck
Schwarzwaldhochstr.
Kappler Waldhütte
965
Riesenkopf
948
Dreikoh
Schwabenbrunnen
Pfrimmackerkopf
Pfrimmacker
Walderlebnisstation Ottersweier
Birkenaustr.
Kirchwe
1036
Schillerhütte
Schillerquelle
788
Wiedeläger
863
Hochkopf
1038
Bretterwald
0 500 m
Bettelmannskopf
1000
Alte

01 02 03 04 05 06 07 10

VON BÜHL ZUR BURGRUINE ALT-WINDECK

Durch die Weinberge zu den Raubrittern

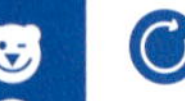
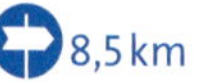

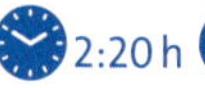

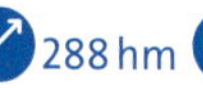

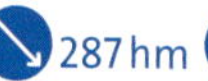

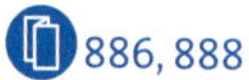

START | Kappelwindeck; Parkmöglichkeiten in der Klotzbergstraße bei der Kirche St. Maria.
[GPS: UTM Zone 32 x: 437.113 m y: 5.393.555 m]
CHARAKTER | Einfache Rundwanderung auf breiten Wegen.

Burg Windeck wurde um 1200 von den Herren von Windeck auf einem Bergsporn südöstlich von Bühl errichtet. Sie diente als Wohnung, Verteidigungsanlage und sollte ihre Macht untermauern. Die Burg war hervorragend gebaut, mit sehr dicken Mauern im unteren Bereich und zwei Türmen. Im 14. Jahrhundert wurden Stallungen und Wohnungen dann von einem Feuer zerstört. Von Reinhard von Windeck neu aufgebaut verließen seine Nachkommen Ende des 16. Jahrhunderts die Burg. Da Baumaterial in den letzten Jahrhunderten Mangelware war, erging es der Burg wie vielen anderen. Sie wurde zum Bau anderer Gebäude wie der Kirche in Kappelwindeck abgetragen. Diese sollte man sich auch nicht entgehen lassen: sie wurde als Nachfolgerin einer Kirche aus dem 13. Jh. zwischen 1764 und 1768 hier errichtet. Der Rokokobau gehört zu den bedeutendsten Bauten dieser Epoche in Baden.

Unsere kleine Runde startet in **Kappelwindeck** 01, einem Stadtteil von Bühl. Von der Kirche St.

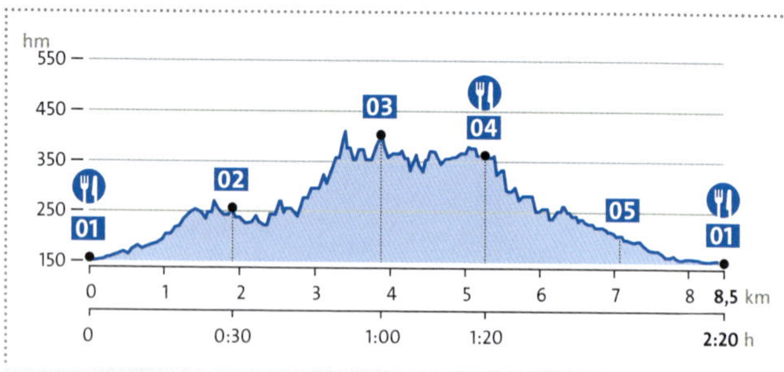

01 Kappelwindeck, 154 m; 02 Guckenhütte, 262 m; 03 Jägerwegbrunnen, 393 m; 04 Burg Alt-Windeck, 377 m; 05 Kappelwindeckstraße, 214 m;

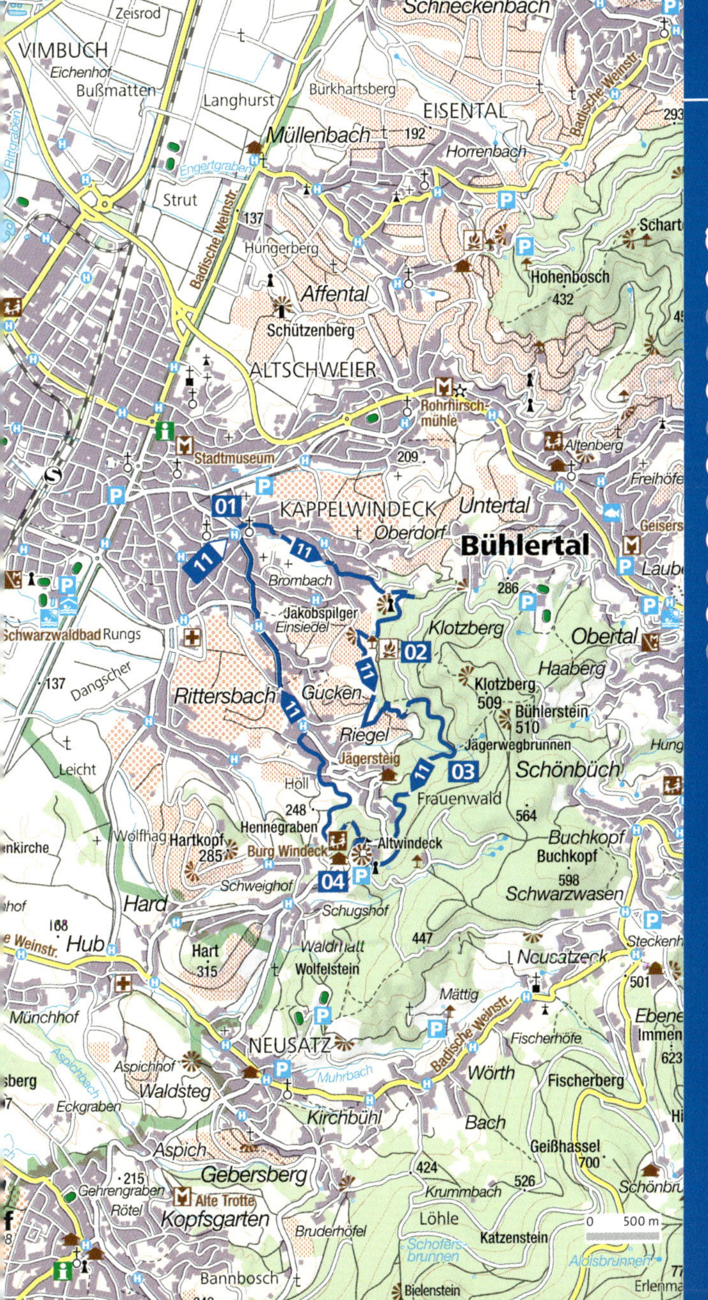
Schneckenbach
VIMBUCH
Eichenhof
Bußmatten
Langhurst
Burkhartsberg
EISENTAL
Müllenbach
Horrenbach
Strut
Badische Weinstr.
Hungerberg
Affental
Schützenberg
ALTSCHWEIER
Hohenbosch
432
Rohrhirsch-mühle
Altenberg
Stadtmuseum
209
KAPPELWINDECK
Untertal
Oberdorf
Bühlertal
Brombach
Jakobspilger Einsiedel
Klotzberg
Obertal
Haaberg
Schwarzwaldbad
Rungs
Dangscher
137
Rittersbach
Gucken
Klotzberg 509
Bühlerstein 510
Riegel
Jägerwegbrunnen
Jägersteig
Schönbüch
Leicht
Höll
248
Hennegraben
Frauenwald
564
Wolfhag
Hartkopf 285
Burg Windeck
Altwindeck
Buchkopf
Buchkopf
598
Schwarzwasen
Schweighof
Hard
Schugshof
Hub
Hart 315
Waldmatt
Wolfelstein
447
Neusatzeck
501
Münchhof
Mättig
Fischerhöfe
NEUSATZ
Aspichhof
Waldsteg
Muhrbach
Wörth
Fischerberg
Eckgraben
Kirchbühl
Bach
Aspich
Geißhassel 700
Gebersberg
424
526
215
Gehrengraben
Alte Trotte
Rötel
Kopfsgarten
Krummbach
Löhle
Bruderhöfel
Katzenstein
Schofersbrunnen
Aldisbrunnen
Bannbosch
348
Bielenstein
0 500 m
01
02
03
04

Maria gehen wir zunächst auf der Kappeler Genusstour in die Klotzbergstraße. Nach ein paar Minuten schwenken wir nach rechts beim Friedhof und an einem Spielplatz vorbei zum Hohbaumweg. Wir überqueren ihn schräg nach rechts und steigen nun langsam steiler den Rappenbergweg hinauf. Dabei lassen wir uns jetzt von der blauen Raute führen. In der Linkskurve nur wenige Hundert Meter später halten wir uns rechts auf einen Pfad. Am breiten Weg biegen wir rechts ab und folgen nun dem Ortenauer Weinpfad am Gedenkstein und -tafel für die Jakobswanderer vorbei bis zur **Guckenhütte** **02**. Das freundliche Hüttchen oberhalb der Weinberge lässt uns ein wenig verweilen und den Blick genießen, dann halten wir uns bei der Hütte rechts. Nur ein paar Meter und wir stoßen wieder zu unserer Kappeler Genusstour, der wir nun nach links folgen. Die Route führt uns wunderschön an den Weinhängen entlang. Wir laufen gut zehn Minuten, dann erreichen wir kurz nach dem Schütte Brünnele (Hochstand im Wald) eine T-Kreuzung. Wir biegen links ab und wandern durch die Weinberge bis zum Wald. Hier verlässt uns die Kappeler Genusstour nach rechts. Wir biegen kurz links ab, und halten uns nur ein paar Meter später rechts. Auf dem Jakobsweg und dem Ortenauer Weinpfad biegen wir 150 Meter später auf einen Pfad nach links ab zur Gabelung Oberm Gucken. Dann folgen wir dem Unteren Jägerweg bis zum **Jägerwegbrunnen** **03**. Nach rechts gewandt leiten uns nun unsere beiden Wegmarkierungen noch gut zwanzig Minuten durch den Wald, dann haben wir **Burg Alt-Windeck** **04** erreicht. Das Hotel-Restaurant hat eine tolle Sonnenterrasse mit herrlicher Sicht. Nach einer Ruinenbesichtigung und einer Kaffee und Kuchenpause geht's weiter. Dafür folgen wir unterhalb der Burg der blauen Raute erst kurz über die Zufahrtsstraße zur Burg, dann linkshaltend auf einem Pfad bis zur Weggabelung Hennenbosch. Hier wechseln wir nach rechts auf einen breiten Weg, der uns über die Rittersbachstraße hinunter zur **Kappelwindeckstraße** **05** bringt. Wir folgen ihr nun stetig abwärts, an der Wegkreuzung bleiben wir rechts und erreichen so die Kirche St. Maria in **Kappelwindeck** **01**. Vor der Kirche steht eine fast 300-jährige Linde.

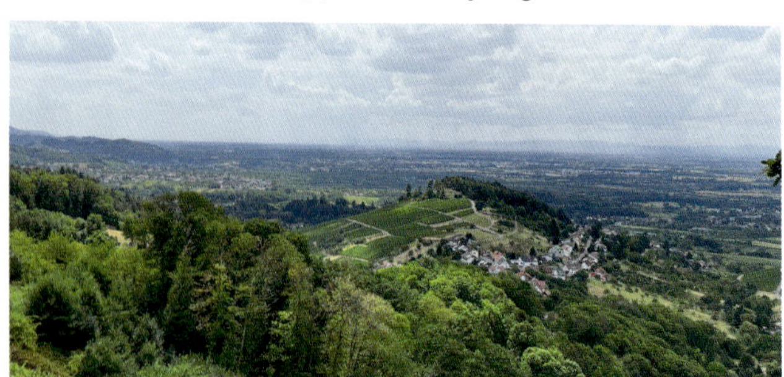

Blick auf Bühl

VON HUNDSECK ZUM GERTELBACHER WASSERFALL

In die urromantische Gertelbachschlucht und zu zwei tollen Aussichtsfelsen

  12,6 km  4:30 h 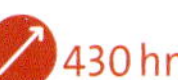 430 hm   430 hm 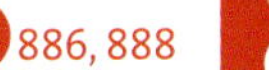 886, 888

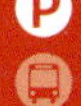

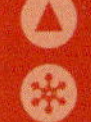

START | Parkplatz beim Hundseck an der B 500 zwischen Sand und Unterstmatt. [GPS: UTM Zone 32 x: 443.329 m y: 5.388.352 m]
CHARAKTER | Einfache, kurze Wanderung. Im Bereich der Gertelbachwasserfälle ist absolute Trittsicherheit notwendig; die Steine und Felsen sind oft feucht und extrem rutschig.

Auf dieser Runde verbinden wir mit dem Sickenwalder Horn und dem Wiedenfelsen zwei sehr lohnende Aussichtspunkte. In der Gertelbachschlucht treffen wir dann auf den nur 2,5 km langen Gertelbach, der in 15 Fallstufen eine wunderschöne Aneinanderreihung von kleinen Wasserfällen bietet. Wer noch fit ist kann dem vom Parkplatz gegenüberliegenden Mehliskopf einen Besuch abstatten. Der einfache Aufstieg entlang der Skiwiese dauert nur zwanzig Minuten.

▶ Am Parkplatz bei **Hundseck** 01 starten wir mit der gelben Raute westwärts auf einem breiten Weg. An der Wegkreuzung bleiben wir geradeaus und den Alten Harzweg überqueren wir geradeaus, kurz darauf stehen wir an der Weggabel **Mühlstein** 02. Die gelbe Raute führt uns kaum merklich weiter

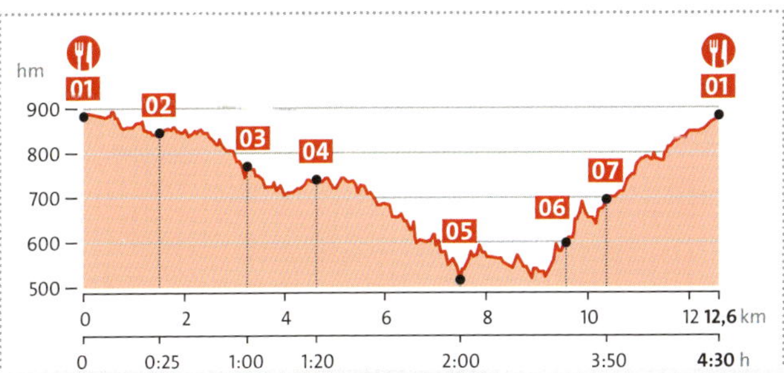

01 Hundseck, 884 m; 02 Mühlstein, 842 m; 03 Schwellmansbrücke, 726 m; 04 Sickenwalder Horn, 735 m; 05 Kohlweg, 552 m; 06 Obere Gertelbachfälle, 626 m; 07 Wiedenfelsen, 674 m;

geradeaus, dann in Kurven und Kehren abwärts zur **Schwellmannsbrücke 03**. Die Wegschilder zeigen uns bereits an – die Gertelbach-Wasserfälle sind zum Greifen nah. Wir statten jedoch zuvor einem Aussichtsfelsen einen Besuch ab, und so laufen wir nach links über einen schönen Wald- und Forstweg. Er bringt uns zur Wegkreuzung **Sickenwalder Horn 04**, an der wir nach rechts auf breitem Stichpfad zum Aussichtspunkt schauen. Zurück auf der Route folgen wir bald wieder strenger abwärts dem Weg zur Gabelung Kohlwald, biegen hier scharf nach rechts ab und wandern im Anschluss nochmals über eine Links-, dann Rechtskehre zur Kreuzung **Kohlweg 05**. Wir halten uns rechts und lassen uns – nun stetig auf diesem Weg und alle Abzweige ignorierend – zu den Roßgumpen leiten. Hier schwenken wir nach rechts, nun auf einem Pfad über Steintreppen und den Gertelbach ein paarmal auf Brücklein kreuzend wieder hinauf. Bald wandern wir an der Gertelbachhütte vorbei zu den **Oberen Gertelbachfällen 06**. Nach der letzten Brücke halten wir uns links und gehen auf einem mit kleinen Felssteinen durchsetzten Pfad hinauf zum **Wiedenfelsen 07**. Hier genießen wir noch einmal einen schönen Blick. Dann tangieren wir die Straßenkehre, schwenken nach rechts und nehmen den linken der beiden Waldwege. Er bringt uns in vierzig Minuten mit der blauen Raute zurück zum Parkplatz **Hundseck 01**.

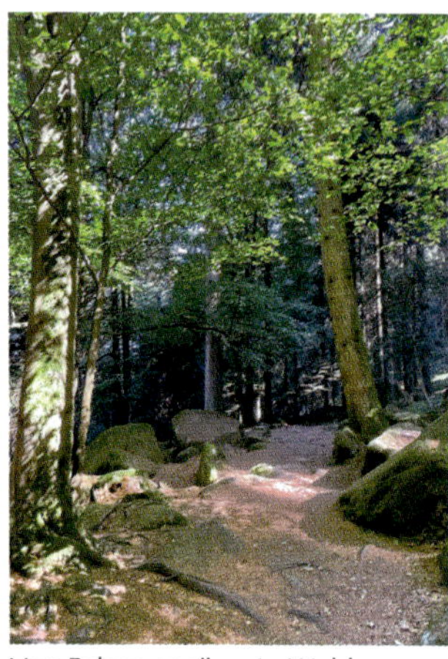

Von Felsen gesäumte Waldwege zu den Gertelbachfällen

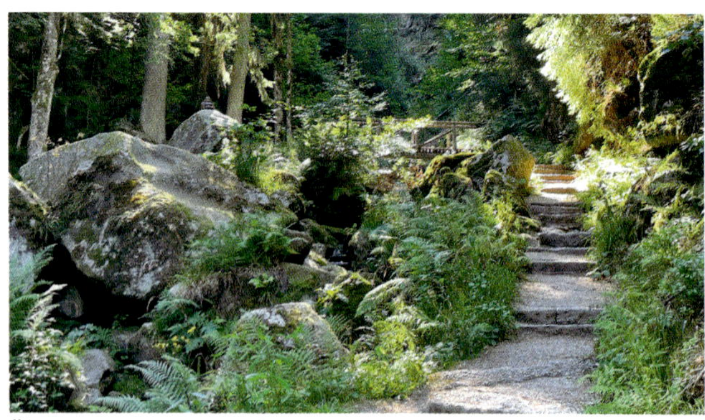

Über Treppen am Wasserfall entlang hinauf

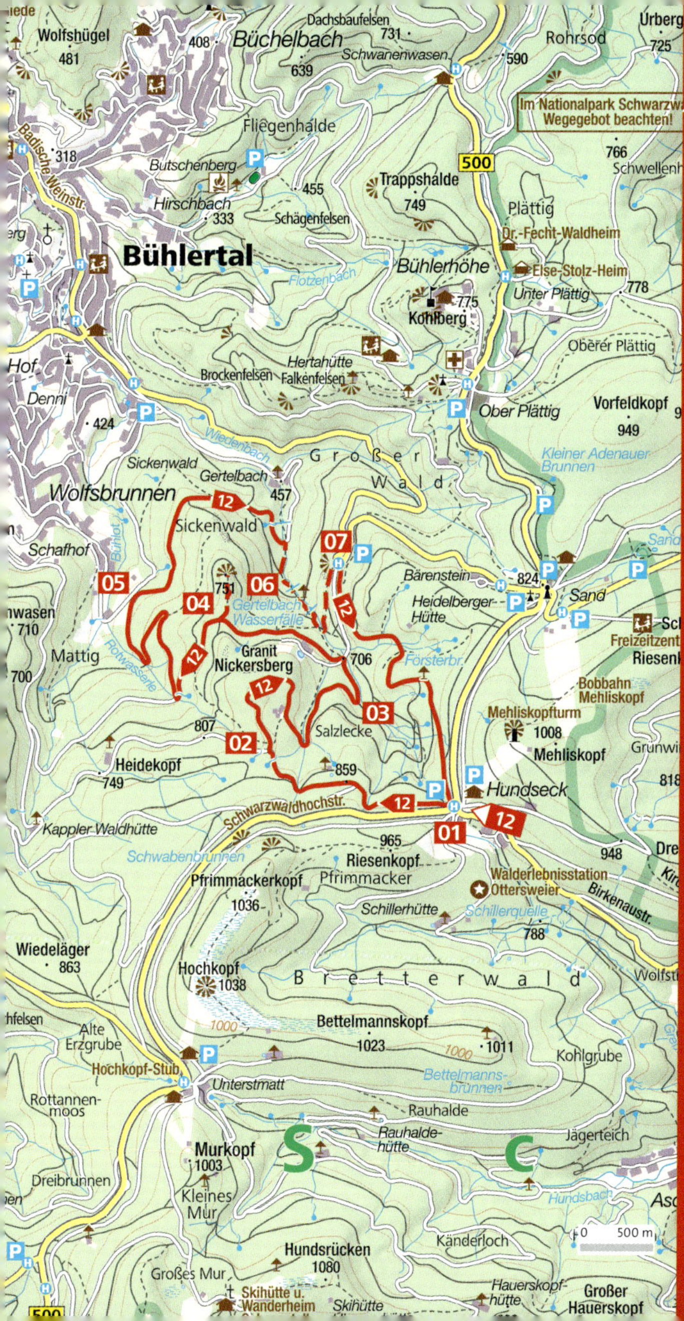

Wolfshügel 481
408
Büchelbach
639
Dachsbaufelsen
731
Schwanenwasen
590
Rohrsod
Urberg
725

Im Nationalpark Schwarzw
Wegegebot beachten!

Fliegenhalde
Badische Weinstr.
318
Butschenberg
Hirschbach
333
455
Schägenfelsen
Trappshalde
749
500
766
Schwellenh
Plättig
Dr.-Fecht-Waldheim
Bühlertal
Flotzenbach
Bühlerhöhe
Else-Stolz-Heim
Unter Plättig
778
775
Kohlberg
Oberer Plättig
Hof
Brockenfelsen
Hertahütte
Falkenfelsen
Denni
424
Ober Plättig
Vorfeldkopf
949
Wiedenbach
Großer Wald
Kleiner Adenauer Brunnen
Sickenwald
Gertelbach
457
Wolfsbrunnen
12
Sickenwald
Schafhof
Bühlot
07
05
06
751
Bärenstein
824
Sand
04
Gertelbach Wasserfälle
Heidelberger-Hütte
wasen
710
Mattig
Rotwasserle
Granit
Nickersberg
706
Försterbr.
Freizeitzent
Riesen
700
12
Bobbahn Mehliskopf
03
Mehliskopfturm
1008
Mehliskopf
807
Salzlecke
02
Grünwi
Heidekopf
749
859
818
Hundseck
12
Schwarzwaldhochstr.
01
Kappler Waldhütte
Schwabenbrunnen
965
Riesenkopf
948
Dre
Pfrimmackerkopf
Pfrimmacker
Walderlebnisstation
Ottersweier
Kir
Birkenaustr.
1036
Schillerhütte
Schillerquelle
788
Wiedeläger
863
Hochkopf
1038
Bretterwald
Wolfst
hfelsen
Alte Erzgrube
1000
Bettelmannskopf
1023
1000
1011
Kohlgrube
Hochkopf-Stub
Unterstmatt
Bettelmanns-brunnen
Rottannen-moos
Rauhalde
Rauhalde-hütte
Jägerteich
Murkopf
1003
S
C
Dreibrunnen
Kleines Mur
Hundsbach
As
0
500 m
Känderloch
Hundsrücken
1080
Großes Mur
Skihütte u. Wanderheim
Skihütte
Hauerskopf-hütte
Großer Hauerskopf
500

VOM MEHLISKOPF AUF DIE BADENER HÖHE

Aussichtsreiche Runde zur Schwarzenbachtalsperre

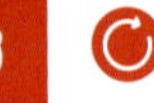
 14,8 km 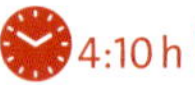 4:10 h 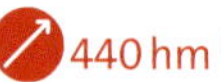 440 hm 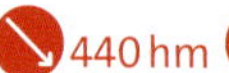 440 hm  886, 888

START | Parkplatz Mehliskopf; von Bühlertal kommend über die L 83. Ein paar Hundert Meter nach der B 500 Parkplatz Mehliskopf auf der rechten Seite.
[GPS: UTM Zone 32 x: 444.181 m y: 5.389.562 m]
CHARAKTER | Meist angenehme Wald- und Forstwege im Nationalpark; vereinzelt auch Waldsteige. Überschaubare, doch teils steile Steigungen und Abstiege.

Diese Runde hält einiges an Überraschungen parat. Über den kleinen, idyllischen Sandsee wandern wir auf dem Westweg über die Badener Höhe und das gleichnamige Naturfreundehaus zum Friedrichsturm. Hier ist auf jeden Fall eine Besteigung angesagt. Der Turm besteht aus Buntsandstein und wurde 1891 erbaut. Ein schöner Waldweg führt uns dann ans Ufer der Schwarzenbachtalsperre. Sie ist der größte Stausee im Nordschwarzwald und hat eine Länge von circa 2,5 km. Am Schwarzenbach entlang geht es dann zurück. Dabei machen wir einen Abstecher zur Herrenwieser Schwallung. Bei Herrenwies wechseln wir dann auf die ande-

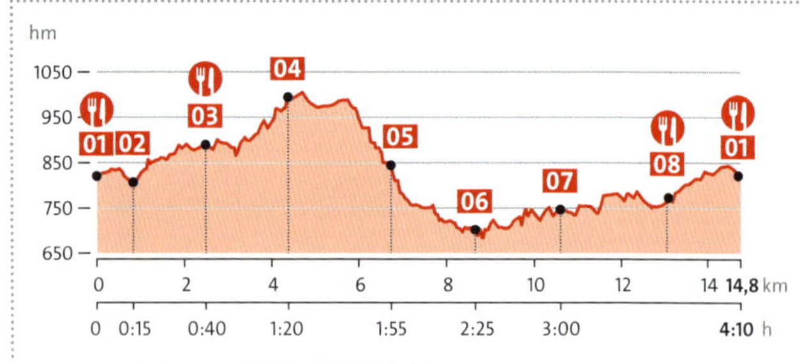

01 Mehliskopf-Parkplatz, 820 m; 02 Sandsee, 798 m;
03 Naturfreundehaus Badener Höhe, 874 m; 04 Friedrichsturm, 1002 m;
05 Herrenwieser See, 851 m; 06 Seebachmündung, 693 m;
07 Herrenwieser Schwalllung, 725 m; 08 Herrenwies, 753 m;

Info

Schwallungen sind Einrichtungen, die ehemals für die Flößerei genutzt wurden. Auf der Bergseite wurde das Wasser gestaut. Auf der Talseite wurde das zu flößende Holz in der „Floßstube" abgelagert. Durch das schnelle Öffnen der Wehre wurde das Holz aufgeschwemmt und auf dem herausschießenden Wasserschwall ins Tal befördert. Floßknechte mussten dabei immer wieder verkeilte Stämme lösen. Eine nicht ganz ungefährliche Arbeit, die viele Schaulustige anzog.

re Seite der Schwarzwaldhochstraße und kehren durch schattigen Wald zurück zum Parkplatz Mehliskopf.

▶ Wir starten am **Parkplatz Mehliskopf** 01, überqueren die Straße und folgen der Markierung parallel zur Straße um eine Rechtskurve. An der Kreuzung geht's nach rechts, auf dem Sandseeweg gut 500 Meter geradeaus. Am idyllisch gelegenen **Sandsee** 02 folgen wir einem Pfad nach links hinauf. Wir queren einen breiten Forstweg und steigen noch ein paar Minuten über den Pfad aufwärts. Hier gibt es zwar keine Markierungen, aber ein Holzschild schickt uns in die richtige Richtung. Am nächsten Forstweg dann biegen wir rechts ab und wandern auf dem Westweg weiter sanft bergauf. Er leitet uns direkt zum **Naturfreundehaus Badener Höhe** 03. Wir sind zwar noch nicht so lange unterwegs, aber die sonnige Terrasse lockt mit einem Cappuccino gekrönt mit toller Aussicht. Der Weiterweg bringt uns an eine Kreuzung, an der wir uns auf dem Westweg links halten. An der folgenden Kreuzung Herrenwieser Sattel nehmen wir den Weg nach rechts. Immer weiter

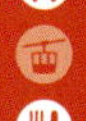
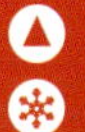

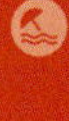

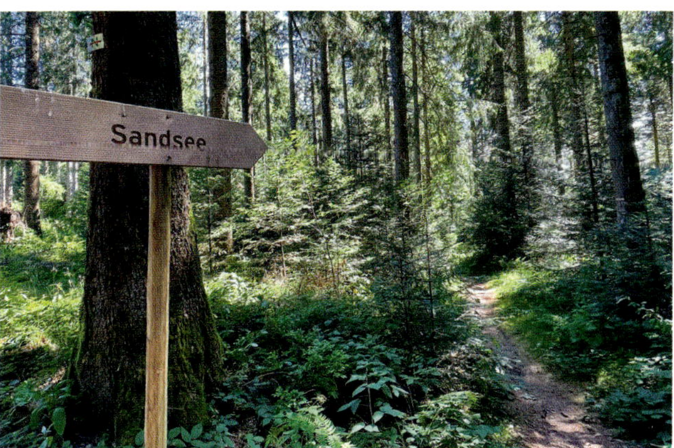

Ein schmaler Pfad leitet vom Sandsee zum Westweg

geht es aufwärts auf dem Hauptweg um eine Rechts-, dann eine Linkskurve und schon haben wir die Badener Höhe mit dem **Friedrichsturm** 04 erreicht. Von oben hat man einen weiten Blick über den Nördlichen Schwarzwald. Leider haben sich auf dem Gipfel immer wieder Stürme ausgetobt; die allermeisten Bäume hier heroben sind ihnen zum Opfer gefallen. Der Westweg bringt uns nun bald über einen schmäleren und recht steinigen Weg nochmals kurz hinauf, dann senkt er sich wieder. Am Bussemer Denkstein macht die Route einen Linksknick, dann bringt sie uns auf schmäleren und geröligen Wegen am Zweiseenblick vorbei und hinab zum **Herrenwieser See** 05. Wir biegen scharf links ab und über Geröll am Seegraben entlang. Allmählich wird der Weg breiter und ebener. Nach einem Rechtsbogen begleitet uns der Seebach bis zur **Seebachmündung** 06 am Rande der Schwarzenbachtalsperre. Hier verlässt uns der Westweg. Wir laufen rechts nun mit der blauen Raute an der Talsperre entlang. Am Messwehr vorbei ignorieren wir alle Abzweige und folgen stetig diesem Weg, bis wir zum Parkplatz des Friedwaldes gelangen. Wir machen nach links einen kleinen Abstecher, um uns die **Herrenwieser Schwallung** 07 mit Infotafel genauer anzusehen. Dann wandern wir weiter auf unserer Route, die uns bald am Waldrand entlang nach **Herrenwies** 08 führt. Ab hier ist die gelbe Raute unser Wanderzeichen. Unterhalb der Kirche folgen wir der Straße nach links, überqueren dann die Schwarzwaldhochstraße und folgen einem schmalen Waldweg parallel zur B 500 Richtung Ochsenkopfweg. Den Forstweg queren wir schräg nach rechts, an der T-Kreuzung Ochsenkopfweg gehen wir nach rechts in wenigen Minuten zurück zum **Parkplatz Mehliskopf** 01.

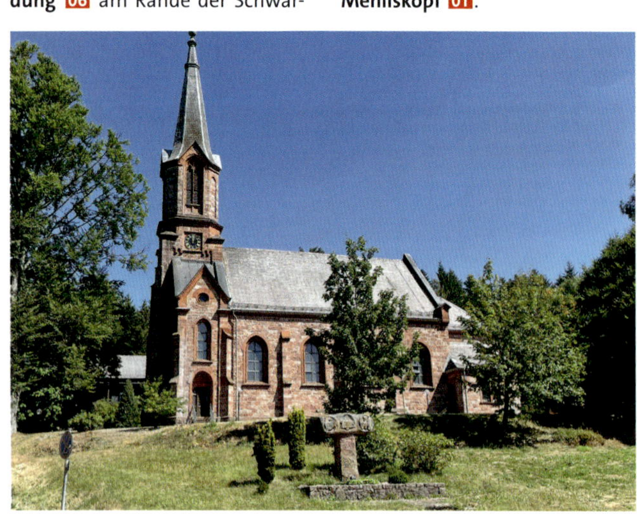

Sankt Antonius in Herrenwies

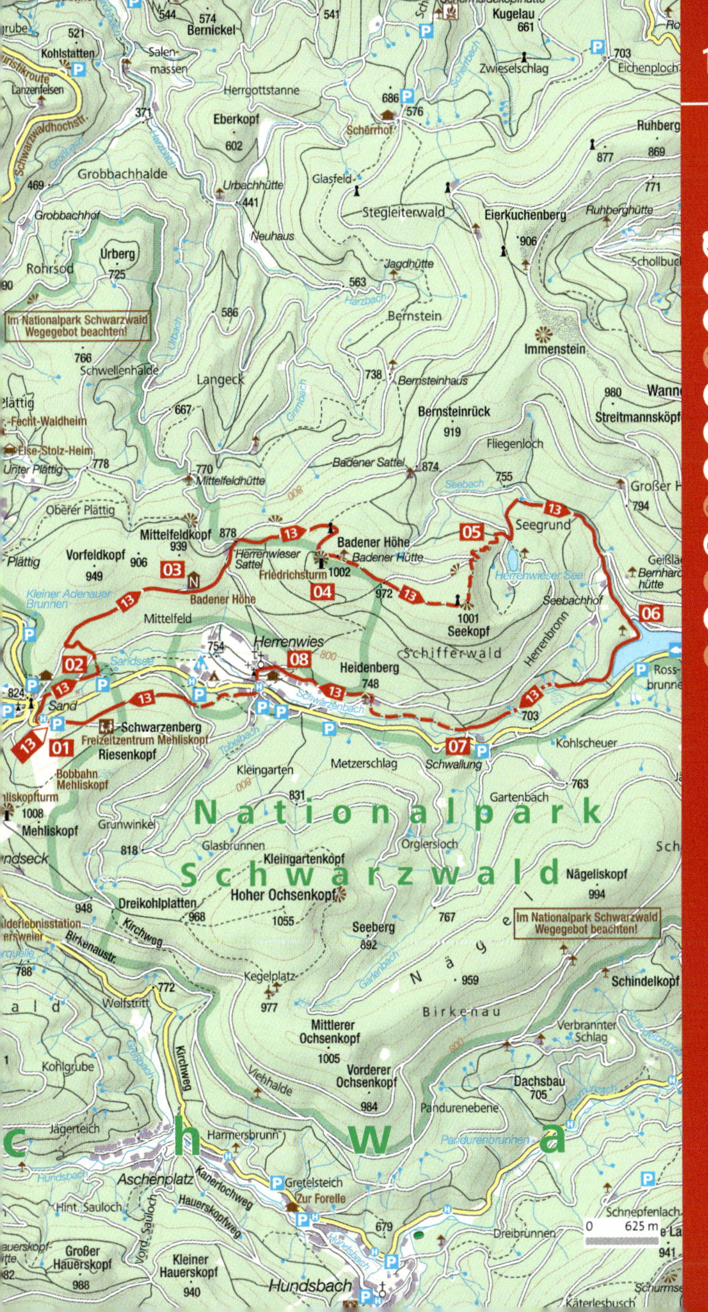
Nationalpark Schwarzwald
Im Nationalpark Schwarzwald Wegegebot beachten!
Herrenwies
Badener Höhe
Friedrichsturm
Seekopf
Herrenwieser See
Schwarzenberg
Freizeitzentrum Mehliskopf
Hoher Ochsenkopf
Hundsbach
Schwallung
Sand
0 625 m

14

AUF DIE HORNISGRINDE AM MUMMELSEE

Über den Höchsten im Schwarzwälder Norden

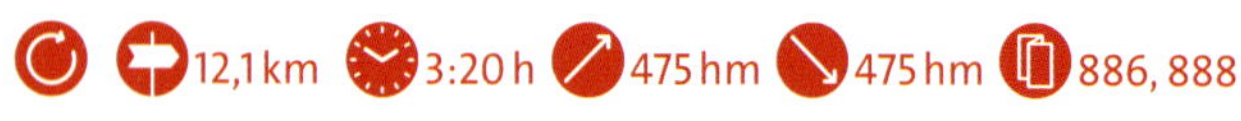

START | Parkplatz am Mummelsee; direkt an der Schwarzwaldhochstraße B 500 bei Seebach.
[GPS: UTM Zone 32 x: 441.048 m y: 5.382.915 m]
CHARAKTER | Steige und breite Forstwege wechseln sich ab. Strammer Anstieg aus dem Kesselbachtal.

Die Hornisgrinde ist der höchste Berg im Nordschwarzwald. Aber er lockt uns nicht nur mit seiner Aussicht; auch die sagenhaften Hochmoore, jeweils am Nord- und Südende seines 2 km langgestreckten Rückens, versetzen uns in Staunen. Beide liegen auf einer Schicht aus Buntsandstein. Das südliche Moor um den Bismarckturm ist größer, die Vegetation ist jedoch bei beiden Mooren überwältigend. Die überwiegend baumfreien Feuchtheiden sind auch als Grinden bekannt.

Wir starten am großen Parkplatz beim **Mummelsee** **01** und gehen rechts beim Hotel Mummelsee vorbei vor zum See. Hier schwenken wir nach links und folgen dem Genießerpfad „Mummelsee-Hornisgrindenpfad“ und der roten Raute auf einem breiten Schotterweg hinauf. Wir halten uns an den nächsten Weggabelungen nun stets rechts und wandern bald auf einem steinigen Weg weiter aufwärts. Er verzweigt sich nach ein paar Hundert Metern nochmals, wo-

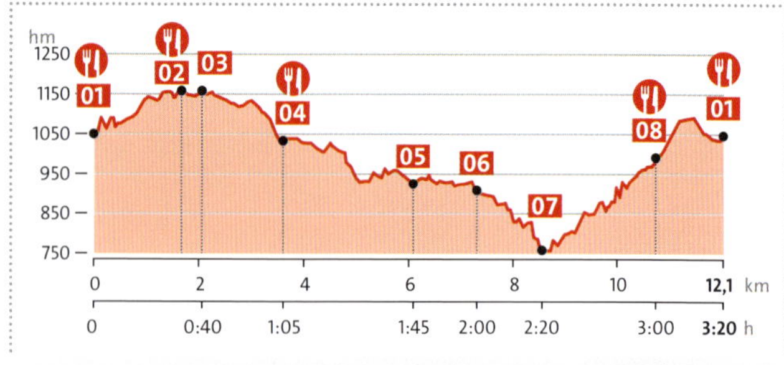

01 Mummelsee, 1030 m; **02** Hornisgrindenturm, 1151 m; **03** Bismarckturm, 1158 m; **04** Ochsenstall, 1039 m; **05** Balzgänger, 938 m; **06** Untergrinden, 893 m; **07** Brandwegele, 754 m; **08** Ecklesbrunnen, 966 m;

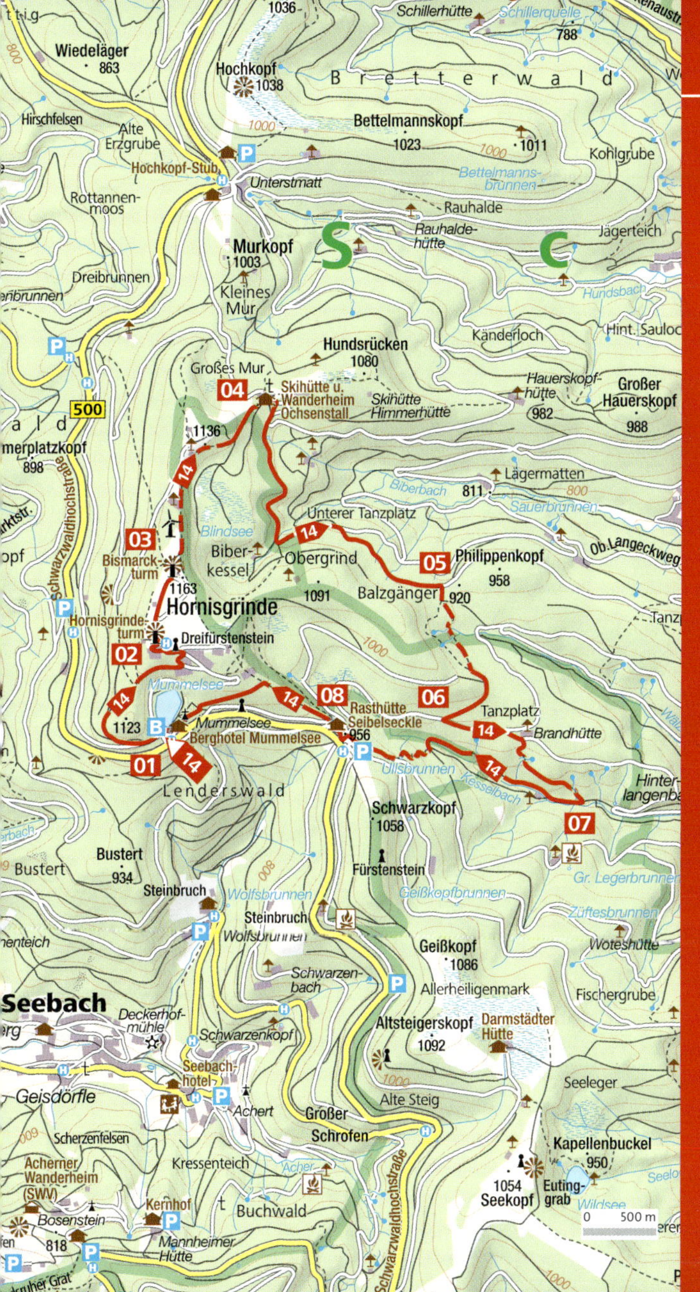

Schillerhütte
Schillerquelle
788
1036
Wiedeläger
863
Hochkopf
1038
Bretterwald
Hirschfelsen
Alte Erzgrube
Bettelmannskopf
1023
1011
Kohlgrube
Hochkopf-Stub.
Unterstmatt
Bettelmanns-brunnen
Rottannen-moos
Rauhalde
Rauhalde-hütte
Jägerteich
Murkopf
1003
Dreibrunnen
Kleines Mur
Hundsbach
Känderloch
Hint. Sauloch
500
Großes Mur
Hundsrücken
1080
04
Skihütte u. Wanderheim Ochsenstall
Skihütte Himmerhütte
Hauerskopf-hütte
982
Großer Hauerskopf
988
1136
merplatzkopf
898
14
Lägermatten
Biberbach
811
800
Sauerbrunnen
Blindsee
Unterer Tanzplatz
03
Bismarck-turm
Biber-kessel
Obergrind
05
Philippenkopf
958
Ob. Langeckweg
1163
Hornisgrinde
1091
Balzgänger
920
Schwarzwaldhochstraße
Hornisgrinde-turm
Dreifürstenstein
02
1000
Mummelsee
08
06
1123
Mummelsee
Rasthütte Seibelseckle
956
Tanzplatz
Brandhütte
Berghotel Mummelsee
01
Ullsbrunnen
Kesselbach
Hinter-langenbach
Lenderswald
Schwarzkopf
1058
07
Bustert
934
Fürstenstein
Gr. Legerbrunnen
Steinbruch
Wolfsbrunnen
Geißkopfbrunnen
Züftesbrunnen
Steinbruch
Wolfsbrunnen
Woteshütte
Geißkopf
1086
Schwarzen-bach
Allerheiligenmark
Fischergrube
Seebach
Deckerhof-mühle
Schwarzenkopf
Altsteigerskopf
1092
Darmstädter Hütte
Seebach-hotel
Geisdörfle
Achert
Alte Steig
Seeleger
Scherzenfelsen
Großer Schrofen
Kapellenbuckel
950
Acherner Wanderheim (SWV)
Kressenteich
Acher
1054
Seekopf
Euting-grab
Wildsee
Bosenstein
Kernhof
Buchwald
818
Mannheimer Hütte
0 500 m

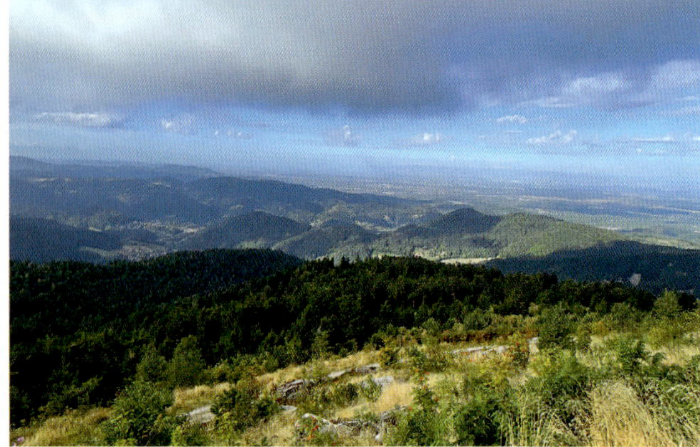
Herrlicher Blick ins Achertal

bei wir den rechten Weg wählen Richtung Mummelseeblick. Nur wenige Minuten später stehen wir an dem Aussichtspunkt, von dem aus man wirklich tolle Blicke hinab auf den See genießen kann. Bei der Verzweigung danach halten wir uns links und steigen die letzten Meter aufs Plateau, zum **Hornigsrindenturm** 02 und Gasthaus. (Zu Recherchezeiten 2022 war der Turm wegen Renovierungsarbeiten geschlossen). Mit dem nun folgenden Grindenkamm steht uns ein spannendes Wegstück bevor. Wir wandern mit unseren Markierungen entlang des Hochmoores zum **Bismarckturm** 03. Auch er kann normalerweise bestiegen werden und öffnet Blicke bis in die Schwäbische Alb hinein. Über einen Steinweg wandern wir am Windrad und Sendemast auf der Hornisgrinde vorbei zu einem steinigen Pfad, der uns zum **Ochsentall** 04 leitet. Wir folgen der gelben Raute bis zum Ochsenstall-Abzweig und hier weiter Richtung Süden auf einem Forstweg an der Harzbrunnenquelle vorbei. Mit Felsblöcken durchsetzte Wälder säumen unseren Weg. An der Gabelung **Balzgänger** 05 halten wir uns rechts auf einen Steig und wandern über einen mal schmäleren, mal breiteren Waldweg stetig abwärts. An der T-Kreuzung **Untergrinden** 06 halten wir uns nach links und wandern durch eine waldfreie Stelle bis zur Brandhütte, dann wechseln wir nach rechts auf einen Waldpfad das letzte Stück hinab ins Kesselbachtal. Am **Brandwegele** 07 wenden wir uns nach rechts und folgen dem Kesselbach auf schönem Steig. Zwanzig Minuten später, kurz nach der Linkskurve, biegen wir rechts ab und steigen einen schmalen Steig an bis zum Ecklessträßle. Es geleitet uns zum Seibelseckle mit Einkehrmöglichkeit. Kurz darauf folgen wir wieder unserem Genießerpfad ab **Ecklesbrunnen** 08. Er steigt wieder über einen schmalen Weg mit Blocksteinen versetzt an. Nach einem Linksschwung am Schwabenwegbrunnen bringt er uns zurück zum **Mummelsee** 01.

VON RUHESTEIN ZUR DARMSTÄDTER HÜTTE

Mit Wildseeblick am Grab des Ruhsteinvaters

 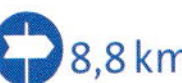 8,8 km  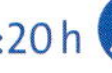 2:20 h 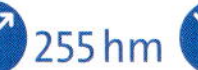 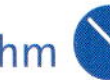 255 hm 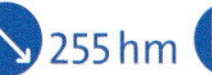 255 hm 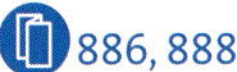 886, 888

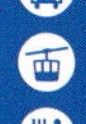

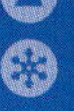
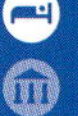

START | Parkplatz beim Nationalparkzentrum Ruhestein. Anfahrt über die B 500, am Kreisverkehr zur L 401 Ruhesteinstraße. [GPS: UTM Zone 32 x: 442.536 m y: 5.378.938 m]
CHARAKTER | Einfache Runde zumeist auf Waldwegen. Trittsicherheit am Wildseewegele.

Diese Runde wird neben den schönen Ausblicken und dem idyllischen Wildsee ein wenig geschichtsträchtig, denn wir besuchen das Grab des Orientalisten Julius Euting. Der gebürtige Stuttgarter durchquerte mit Pferd und Kamelen Arabien auf 2300 Kilometer. Dabei warb er für eine Verständigung zwischen der westlichen und der arabischen Welt. 1905 entwarf er sein eigenes Grab über dem Wildsee. Jedes Jahr am 11. Juli, seinem Geburtstag, wird an die Wanderer hier ein Tässchen arabischer Mokka ausgeschenkt, als Zeichen der Deutsch-Arabischen Freundschaft.

▶ Für unsere kleine aber feine Runde starten wir am Parkplatz des **Nationalparkzentrums** 01. Wir überqueren die Straße und richten uns zunächst nach der gelben Raute und dem Baiersbronner Himmelsteig, der Bannwald-Tour, auf einem schottrigen Waldweg hinauf. Schnell gewinnen wir auf dem

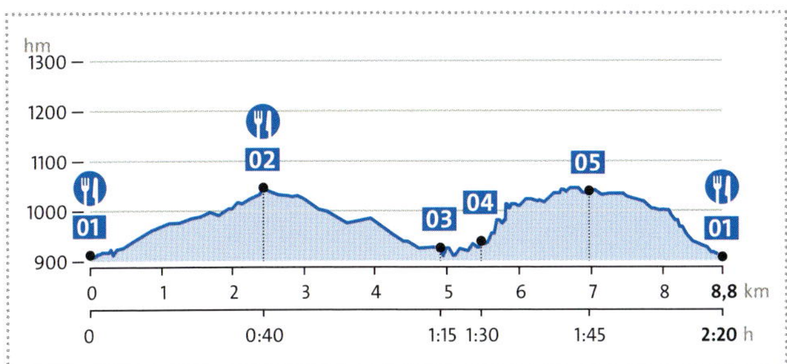

01 Nationalparkzentrum, 914 m; 02 Darmstädter Hütte, 1032 m; 03 Seeloch, 906 m; 04 Wildsee, 925 m; 05 Eutinggrab, 1035 m;

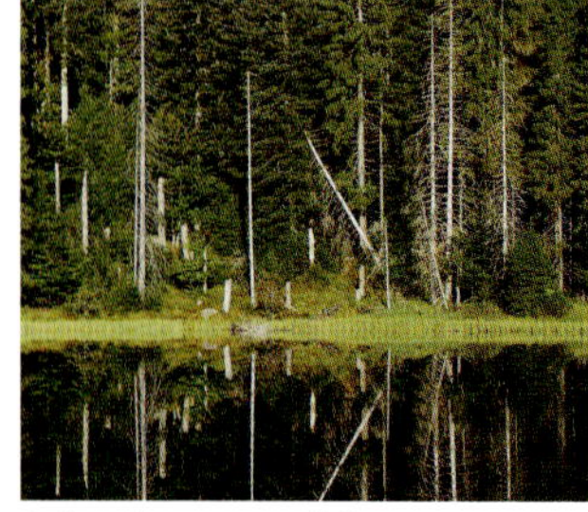
Spiegelung am Wildsee

Weg an Höhe. Nach gut einer halben Stunde kommen wir an der Weggabelung Skilift zum Westweg. Er bringt uns die letzten Minuten hinauf zur **Darmstädter Hütte** 02. Die schön gelegene Hütte lädt zu einer Pause ein. Danach wandern wir auf einem etwas schmäleren Weg weiter über das Hochplateau Richtung Osten. An der Verzweigung Bannwald verlässt uns die rote Raute und wir halten uns an die gelbe Raute durch den Bannwald hinab. An der Weggabelung „Ehemalige Falzhütte" biegen wir nach rechts ab und laufen im Zickzack weiter abwärts. Wir bewegen uns im Naturschutzgebiet Wilder See-Hornisgrinde; hier befindet sich Baden-Württembergs ältester Bannwald. Dieser Wald wird forstwirtschaftlich nicht genutzt, sodass er sich im Laufe vieler Jahre wieder zu einem Urwald entwickeln kann. Am **Seeloch** 03 bleiben wir auf unserem Weg Richtung Wildsee. Er wird allmählich schmäler und steiniger, bis er uns schließlich an die Ufer des **Wildsees** 04 führt. Er ist einer von drei im Nationalpark gelegenen Karseen. Hier verweilen wir ein wenig und genießen den Anblick und die Ruhe des Sees und seiner Umgebung. Dann folgen wir unseren Markierungen auf dem Wildseewegele um den Wildsee herum. Schmal, steinig und wurzelig führt uns der Pfad hinauf. Nach gut zehn Minuten halten wir uns scharf nach links und treffen wieder auf den Westweg. Wenig später erreichen wir den Wildseeblick am **Eutinggrab** 05. Von hier oben dürfen wir noch einmal den tollen Blick auf den kleinen See genießen. Das Eutinggrab ist die letzte Ruhestätte von Julius Euting, der auch als „Ruhesteinvater" bekannt geworden ist. Der Weg bringt uns nun über eine Viertelstunde relativ eben über die Hochfläche, dann senkt er sich wieder hinab. Zuletzt steigen wir an der Skiwiese beim Ruhesteinlift hinunter und zurück zum Parkplatz beim **Nationalparkzentrum** 01.

Info

Direkt am Ausgangspunkt liegt das Nationalparkzentrum Ruhestein. Der besondere Neubau wurde im Herbst 2020 eingeweiht. Seine Gebäuderiegel wirken wie übereinandergeworfene Baumstämme. Im Inneren erwartet den Besucher eine multimediale Dauerausstellung um das Thema Waldwildnis. Komplexe Zusammenhänge werden anschaulich erklärt und wir erfahren viel Interessantes über die Artenvielfalt und die Lebensräume im Nationalpark. Die Ausstellung entführt zudem in eine spannende Welt tief unter der Erde. Infos unter www.nationalpark-schwarzwald.de

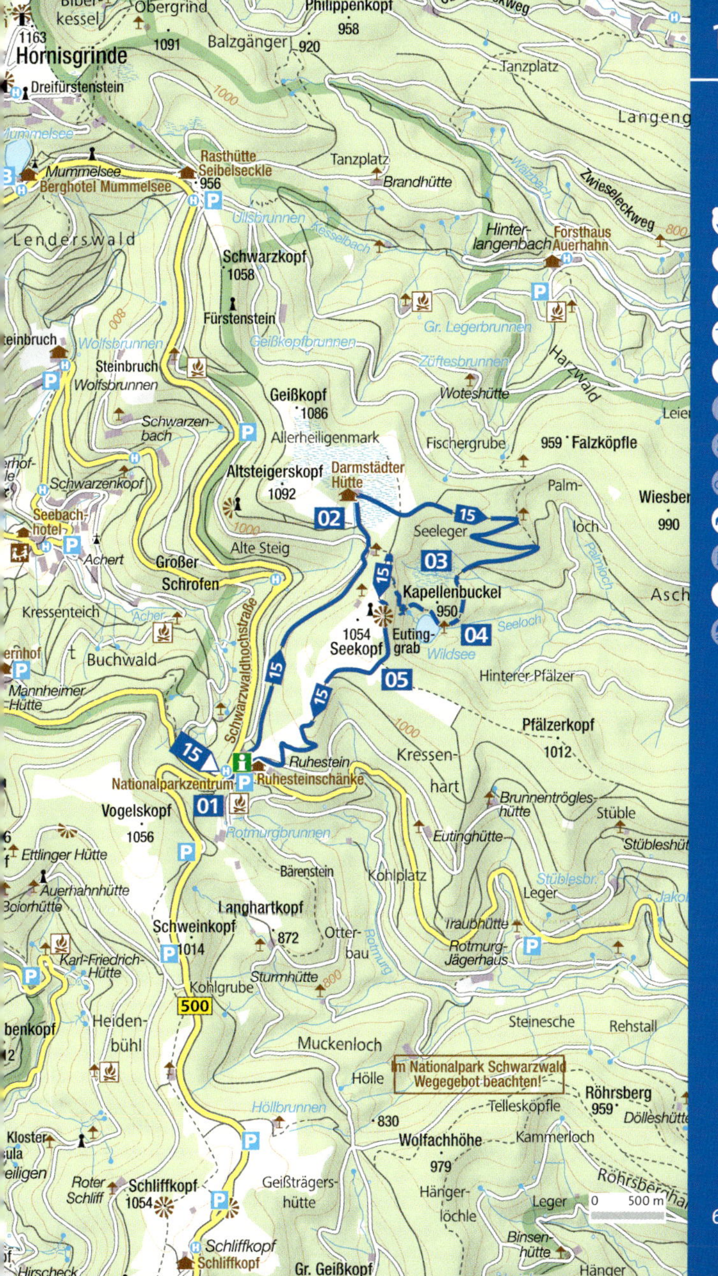

Blindsee
Biber-
kessel
Obergrind
1163
Hornisgrinde
1091
Balzgänger
Philippenkopf
958
920
Ob. Langeckweg
Tanzplatz
Dreifürstenstein
1000
Langeng
Mummelsee
Mummelsee
Berghotel Mummelsee
Rasthütte
Seibelseckle
956
Tanzplatz
Brandhütte
Lenderswald
Ullsbrunnen
Kesselbach
Walzbach
Zwieseleckweg
800
Hinter-
langenbach
Forsthaus
Auerhahn
Schwarzkopf
1058
Fürstenstein
Gr. Legerbrunnen
Steinbruch
Wolfsbrunnen
Steinbruch
Wolfsbrunnen
Geißkopfbrunnen
Züftesbrunnen
Harzwald
Woteshütte
Geißkopf
1086
Schwarzen-
bach
Allerheiligenmark
Fischergrube
959
Falzköpfle
Leier
Altsteigerskopf
1092
Darmstädter
Hütte
Palm-
loch
Wiesber
990
Schwarzenkopf
Seebach-
hotel
02
15
Seeleger
Palmloch
03
Achert
1000
Alte Steig
Großer
Schrofen
15
Kapellenbuckel
950
Asch
Kressenteich
Acher
1054
Seekopf
Euting-
grab
04
Seeloch
Wildsee
Buchwald
15
Schwarzwaldhochstraße
Mannheimer
Hütte
05
Hinterer Pfälzer
15
1000
Pfälzerkopf
1012
15
Ruhestein
Kressen-
hart
Nationalparkzentrum
Ruhesteinschänke
01
Vogelskopf
1056
Rotmurgbrunnen
Brunnentrögles-
hütte
Stüble
Eutinghütte
Stübleshütte
Ettlinger Hütte
Auerhahnhütte
Bärenstein
Kohlplatz
Stüblesbr.
Leger
Langhartkopf
Schweinkopf
1014
872
Otter-
bau
Rotmurg
Traubhütte
Rotmurg-
Jägerhaus
Karl-Friedrich-
Hütte
Sturmhütte
800
Kohlgrube
500
Heiden-
bühl
Steinesche
Rehstall
Muckenloch
Hölle
Im Nationalpark Schwarzwald
Wegegebot beachten!
Röhrsberg
959
Dölleshütte
Telleskopfle
Höllbrunnen
830
Wolfachhöhe
979
Kammerloch
Roter
Schliff
Schliffkopf
1054
Geißträgers-
hütte
Hänger-
löchle
Leger
Röhrsberghal
0
500 m
Binsen-
hütte
Schliffkopf
Schliffkopf
Hirscheck
Gr. Geißkopf
Hänger

VON SCHÖNMÜNZACH NACH HUZENBACH

Erlebnisreiche Wanderung über dem Murgtal

 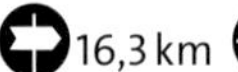 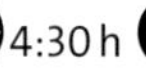 657 hm 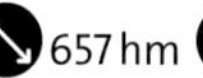 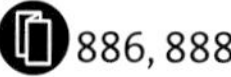

16,3 km | 4:30 h | 657 hm | 657 hm | 886, 888

START | Bahnhof Schönmünzach.
[GPS: UTM Zone 32 x: 453.377 m y: 5.383.882 m]
CHARAKTER | Lange Runde, teils auf steilen und schmalen Pfaden. Trittsicherheit und gutes Schuhwerk Voraussetzung.

Schönmünzach ist der älteste Ferienort der Gemeinde Baiersbronn; eingebettet zwischen schroffen Felswänden und waldigen Berghängen liegt er im Murgtal. Der Ort ist vor allem als die Heimat von Flößern und Köhlern bekannt. Südwestlich liegt der Huzenbacher See. Er ist der am tiefsten gelegene und am stärksten verlandete Karsee in Baiersbronn. Der Verlobungsfelsen erwartet uns gleich zu Beginn als toller Aussichtspunkt.

▶ Wir starten beim **Bahnhof in Schönmünzach** **01**. Zunächst überqueren wir die Gleise, dann biegen wir links auf ein Sträßlein ein. Es bringt uns an den Gleisen entlang bis zum Wegschild „Verlobungsfelsenwegele“. Ein teils steiler und schöner Pfad bringt uns rasch empor zum **Verlobungsfelsen** **02** mit toller Aussicht auf Schönmünzach. Nun behalten wir die gelbe Raute und den Premiumweg „Baiersbronner Panoramasteig“ im

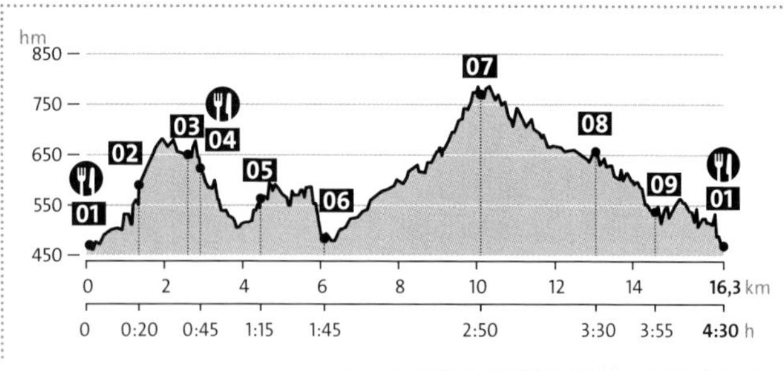

01 Bahnhof Schönmünzach, 464 m; **02** Verlobungsfelsen, 549 m; **03** Reisweg, 653 m; **04** Panoramastüble, 604 m; **05** Roter Rain, 575 m; **06** Reinhardsbrücke, 489 m; **07** Huzenbacher See, 768 m; **08** Kneippanlage Silberberg, 633 m; **09** Blockhaus, 544 m;

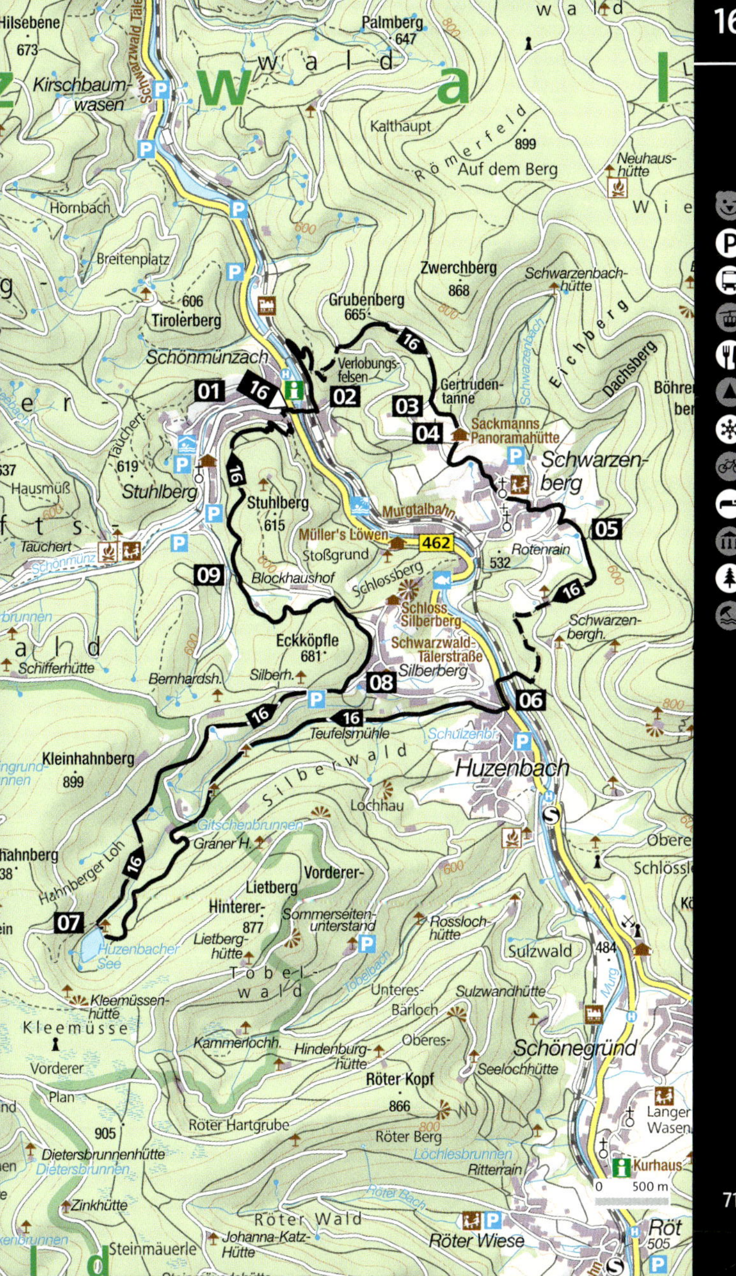
Schönmünzach
Verlobungsfelsen
Gertrudentanne
Sackmanns Panoramahütte
Schwarzenberg
Stuhlberg
Müller's Löwen
Blockhaushof
Eckköpfle
Schloss Silberberg
Schwarzwald-Tälerstraße
Teufelsmühle
Huzenbach
Huzenbacher See
Hahnberger Loh
Kleinhahnberg
Grubenberg
Zwerchberg
Schönegründ
Röter Kopf
Röt
0 500 m

Blick. Sie führen uns an der folgenden Weggabelung geradeaus auf breitem Weg bis zur Kreuzung Grubenberg, an der wir uns rechts halten. Beim Wegschild **Reisweg 03** geht's mit unseren Wegmarkierungen am **Panoramastüble 04** vorbei bis an eine T-Kreuzung. Hier halten wir uns links, nun mit der blauen Raute auf einem Teerweg bis zum Dorfplatz und zur Evangelischen Kirche Schwarzenberg. Hinter der Kirche laufen wir auf einem Pfad bis „Im Wiesengrund“ und hier nach links. Am Roter Rain-Hof biegen wir noch einmal links ab und stehen ein paar Minuten später an der Kreuzung **Roter Rain 05** im Wald. Wir biegen nach rechts ab und wandern nun wieder auf dem Baiersbronner Panoramasteig am Schluss steil hinab nach Huzenbach. Auf der **Reinhardsbrücke 06** queren wir die Murg, dann folgen wir der B 462 kurz nach links. An der Seebachstraße biegen wir rechts ab und folgen zuerst einem asphaltierten Weg, dann einem Forstweg gemütlich am Seebach entlang hinauf. Wir bleiben nun stets auf diesem Weg, werden jedoch ab der Gabelung Silberwald von der Eiszeit-Tour-Markierung und der gelben Raute geführt. Der Panoramasteig verlässt uns hier nach rechts. Nach einem langen Anstieg erreichen wir endlich den **Huzenbacher See 07**. Wir wenden uns wieder retour. Dafür schlagen wir die Richtung ein, aus der wir gekommen sind, jedoch über einen anderen Weg. Die Murgleiter und die blaue Raute führen uns nun auf schönem Wald- und Forstweg. Es geht wieder abwärts. Nach circa zweieinhalb Kilometern stehen wir kurz nach dem Waldparkplatz an

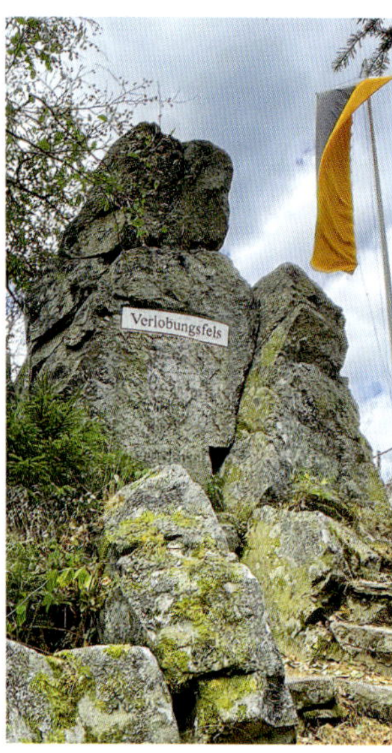

Am Verlobungsfelsen

der **Kneippanlage Silberberg 08**, an der wir uns ein wenig die müden Füße kühlen können. Dazu befindet sich direkt daneben ein wunderschöner Rastplatz mit tollen Blicken aufs Murgtal. Ab hier lassen wir uns wieder vom Baiersbronner Panoramasteig leiten. Er bringt uns auf schmalen Waldwegen in einem großen Linksbogen immer wieder an den Waldrand und über kleinere Lichtungen. Kurz nach dem Genussplatz Blockhaushof halten wir uns rechts und stehen zehn Minuten später an der Weggabelung **Blockhaus 09**. Der Panoramasteig weist uns nach rechts. Nach einer Viertelstunde schickt er uns linkshaltend über einen Pfad, das letzte Stück etwas steiler über die Klararuhe hinab nach **Schönmünzach 01**. Über die B 462 sind es nur noch ein paar Schritte bis zum Bahnhof.

AUF DEN SCHLIFFKOPF UND ZU DEN ALLERHEILIGENFÄLLEN

Auf dem Grindenkamm zum Quellgebiet der Acher und der Murg

  15 km  4:35 h 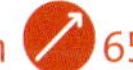 650 hm  650 hm 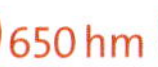 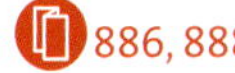 886, 888

START | Parkplatz Allerheiligenfälle; von Oppenau über die K 5370 (Allerheiligenstraße).
[GPS: UTM Zone 32 x: 440.067 m y: 5.375.353 m]
CHARAKTER | Breite Forst- und Waldwege; teils steil. Trittsicherheit braucht man bei den Allerheiligenfällen – es kann hier auch manchmal rutschig werden.

Unsere Runde führt uns auf einen Panoramaberg par excellence. Er gilt als der beste Aussichtsberg im Nördlichen Schwarzwald. Der von Eis, Frost und Wind geschliffene Grindenkamm eröffnet uns ein herrliches Panorama in alle Richtungen. Heideflächen, Hochmoore und Legeföhren prägen das Bild des Schliffkopfs. 1999 wütete das Orkantief Lothar auf dem Gipfel, 2003 wurde der Lotharpfad an der Windwurffläche eröffnet. Entlang eines 800 Meter langen Lehr- und Erlebnispfades können Besucher erfahren, wie diese Sturmwurffläche wieder neu besiedelt wird.

Wir starten am **Parkplatz der Allerheiligenfälle** 01 an der

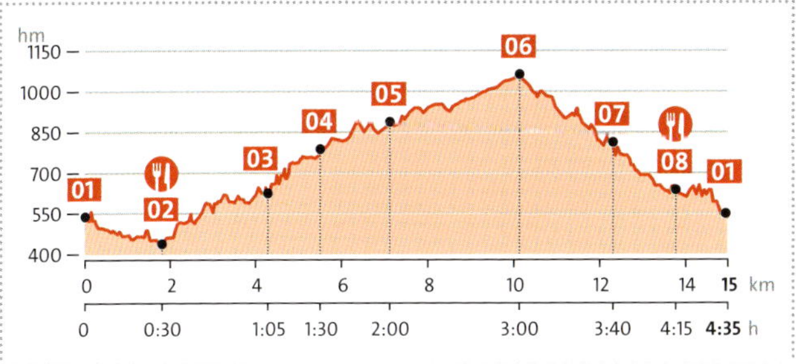

01 Parkplatz Allerheiligenfälle, 522 m; 02 Lierbach Maierhof, 443 m; 03 Hinter-Wahlholz, 615 m; 04 Wahlholzhütte, 778 m; 05 Schwabenrank, 885 m; 06 Schliffkopf, 1056 m; 07 Erdbeerloch, 826 m; 08 Am Zierteich, 619 m;

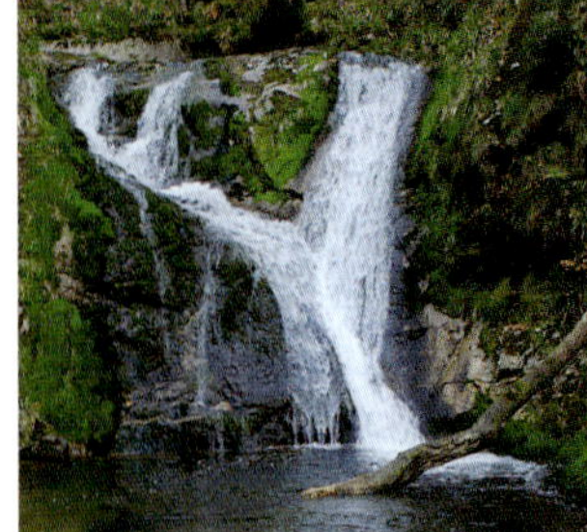

Allerheiligenwasserfälle

K 5370. Wir richten uns nach der gelben Raute und folgen einem angenehmen Weg auf der rechten Seite des Lierbachs Richtung Süden. Wenig später kreuzen wir den Bach, wandern aber weiter talabwärts bis zum Wegschild Windschlägwald. Weiter in Gehrichtung folgen wir bald mit der blauen Raute einem schönen Pfad weiter am Bach entlang. An der Lierbachstraße wenden wir uns nach links und wechseln an ihrem Ende nach rechts auf einen Weg am Waldrand und Wiesen entlang. Nur wenige Hundert Meter später erreichen wir in Lierbach den Gasthof **Maierhof** **02**. Wir folgen dem Sträßlein Erlenteich, das uns am Erlenbächle entlang bald zu einem Forst- und Waldweg führt. Er bringt uns nun kurvenreich und beständig wieder mit der gelben Raute bergan. Nach einer knappen Dreiviertelstunde – kurz nach Beginn der Wahlholzstraße – an der Gabelung **Hinter-Wahlholz** **03** schickt uns die gelbe Raute nach rechts auf einen Waldweg. Er leitet uns in einer Viertelstunde durch den Wald, stößt dann wieder auf die asphaltierte Wahlholzstraße und kurz darauf zur schönen **Wahlholzhütte** **04**. Wir folgen dem Forstweg nach rechts und über den Schwabenweg zum **Schwabenrank** **05** hinauf. Auch hier erwartet uns eine kleine Schutzhütte. Wir biegen links um die 180°-Kurve und wandern jetzt auf dem Westweg (rote Raute) bald mit tollen Blicken am Hang entlang. Der Baumbestand nimmt allmählich ab und wir erreichen die aussichtsreiche Windwurfzone. Nach dem Parkplatz Steinmäuerle halten wir uns rechts – ein paar Meter weiter befindet sich die Aussichtsplattform Lierbachtalblick, die wir zuvor noch „mitnehmen". Herrlich und aussichtsreich führt der Weg dann auf dem Grindenkamm durchs Naturschutzgebiet auf den **Schliffkopf** **06**. Nach einem genussreichen Aufenthalt auf dem Hochplateau wandern wir auf breitem Pfad nach links, biegen an seinem Ende nochmals links ab und wandern an der Jakobshütte mit tollem Rastplatz vorbei. Jetzt lassen wir uns vom Renchtalsteig leiten. Auf breitem Forstweg geht's hinab, nach der Rechtskehre zweigen wir nach links auf einen schmäleren Weg ab. Er bringt uns durchs **Erdbeerloch** **07** und nach einem insgesamt dreiviertelstündigem Abstieg ab Jakobshütte zur Allerheiligenstraße. Nach deren Querung gehen wir in einer Linkskurve an der Villa Schauenburg und der Ruine der ehemaligen Klosterkirche und des Klosters Allerheiligen vorbei bis zur Gabelung **Am Zierteich** **08**. Hier folgen wir auf dem Renchtalsteig einem schönen Weg am Lierbach entlang. Er senkt sich hinab und bringt uns bald am gesicherten Weg durch die wilde Schlucht an den Allerheiligenfällen (stellenweise mit Stufen) entlang und zurück zum **Parkplatz Allerheiligenfälle** **01**.

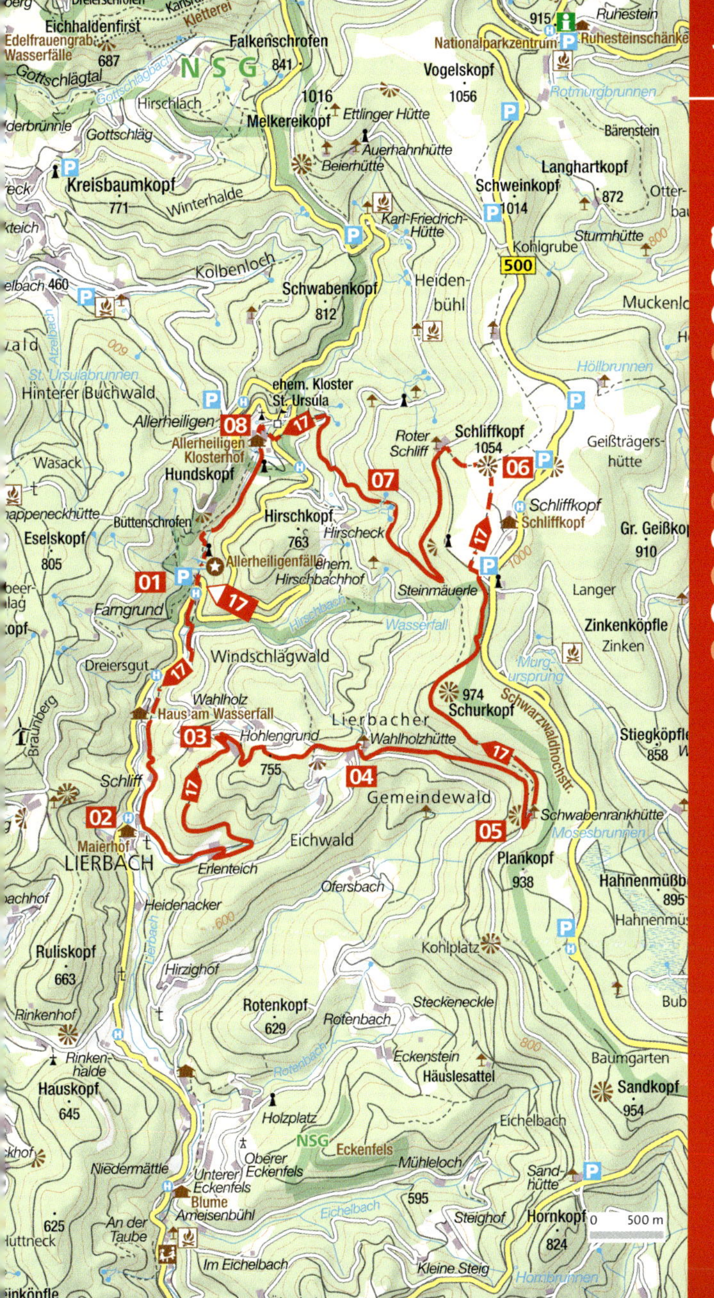
Dreierschrofen
Karlsruher Grat
Kletterei
Eichhaldenfirst
Edelfrauengrab-Wasserfälle
687
Falkenschrofen
841
NSG
Gottschlägtal
Gottschlagbach
Hirschlach
Gottschläg
Melkereikopf
1016
Ettlinger Hütte
Auerhahnhütte
Beierhütte
Vogelskopf
1056
Nationalparkzentrum
915
Ruhestein
Ruhesteinschänke
Rotmurgbrunnen
Bärenstein
Langhartkopf
872
Schweinkopf
1014
Kreisbaumkopf
771
Winterhalde
Karl-Friedrich-Hütte
Sturmhütte
Kohlgrube
500
800
Kolbenloch
460
Schwabenkopf
812
Heidenbühl
Muckenloch
Atzelbach
600
St. Ursulabrunnen
Hinterer Buchwald
Höllbrunnen
ehem. Kloster St. Ursula
Allerheiligen
08
17
Allerheiligen Klosterhof
Roter Schliff
Schliffkopf
1054
06
Geißtrağers-hütte
Wasack
Hundskopf
07
Schliffkopf
Schliffkopf
Büttenschrofen
Hirschkopf
763
Hirscheck
Gr. Geißkopf
910
Eselskopf
805
Allerheiligenfälle
ehem. Hirschbachhof
1000
01
Steinmäuerle
Langer
Farngrund
Hirschbach
Wasserfall
Zinkenköpfle
Zinken
Windschlägwald
Dreiersgut
Murg-ursprung
Braunberg
Wahlholz
Haus am Wasserfall
974
Schurkopf
Schwarzwaldhochstr.
Lierbacher
03
Hohlengrund
Wahlholzhütte
Stiegköpfle
858
755
04
Gemeindewald
Schliff
02
Maierhof
LIERBACH
Eichwald
05
Schwabenrankhütte
Mosesbrunnen
Erlenteich
Plankopf
938
Hahnenmüßle
895
Ofersbach
Heidenacker
Lierbach
Ruliskopf
663
Kohlplatz
Hirzighof
Rotenkopf
629
Rotenbach
Steckeneckle
Rinkenhof
800
Eckenstein
Häuslesattel
Rinken-halde
Rotenbach
Baumgarten
Hauskopf
645
Sandkopf
954
Holzplatz
Eichelbach
NSG
Eckenfels
Oberer Eckenfels
Mühleloch
Niedermättle
Unterer Eckenfels
Blume
Sand-hütte
595
Ameisenbühl
Eichelbach
Steighof
Hornkopf
824
625
An der Taube
Im Eichelbach
Kleine Steig
Hornbrunnen
0 500 m

VON OBERTAL ZUR RUINE TANNENFELS

An Bächen und über Höhen zu einer alten Turmburg

  13 km 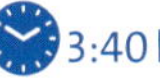 3:40 h  445 hm 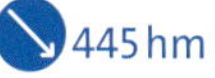 445 hm 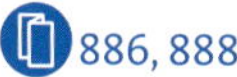 886, 888

START | Obertal; Parkplatz direkt an der Ruhseteinstraße zwischen Freiwilliger Feuerwehr und Kirche St. Markus.
[GPS: UTM Zone 32 x: 447.557 m y: 5.375.785 m]
CHARAKTER | Einfache Wanderung auf vornehmlich breiten Wegen, schmalen aber ebenen Pfaden und Teersträßlein und -wegen. Abstieg nach Mitteltal und Aufstieg zur Ruine Tannenfels steil.

Turmburgen waren kleine Burgen, die im Wesentlichen aus einem wehrhaften Turm oder einem turmartigen Bau bestanden. Eine eben solche Burg ist die Ruine Tannenfels. Tonscherbenfunde weisen auf eine Entstehung um das 11. Jahrhundert herum hin. Die Turmburg steht auf einem etwa 10 Meter hohen natürlichen Buntsandsteinfelsen. Die beeindruckenden fast zwei Meter dicken Mauern passen sich dem Felsenplateau an und geben der Burg eine fast sechseckige Form. Neben der Burgruine genießen wir auf dieser Wanderung das Wasser von Murg und Rotmurg, die uns auf der Runde immer wieder ein Stück begleiten.

▶ Wir beginnen in **Obertal** 01 am Parkplatz neben der Kirche St. Markus. Zunächst folgen wir der blauen Raute schräg gegenüber in die Rechtmurgstraße. Nach ein paar Metern geht's rechts auf einen Gehweg an der Rotmurg

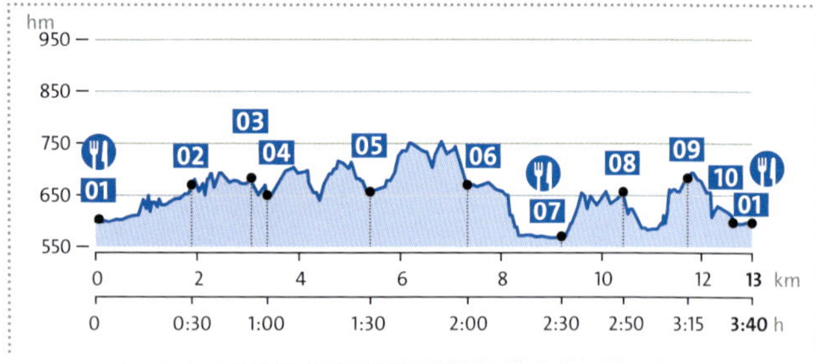

01 Obertal, 599 m; 02 Bei der Heuhütte, 664 m; 03 Rotrainsteich, 679 m; 04 Peterles Buckel, 682 m; 05 Aiterbächle, 683 m; 06 Halde, 665 m; 07 Murgbrücke, 579 m; 08 Felsenmissele , 651 m; 09 Ruine Tannenfels, 668 m; 10 Sonnenhütte, 609 m;

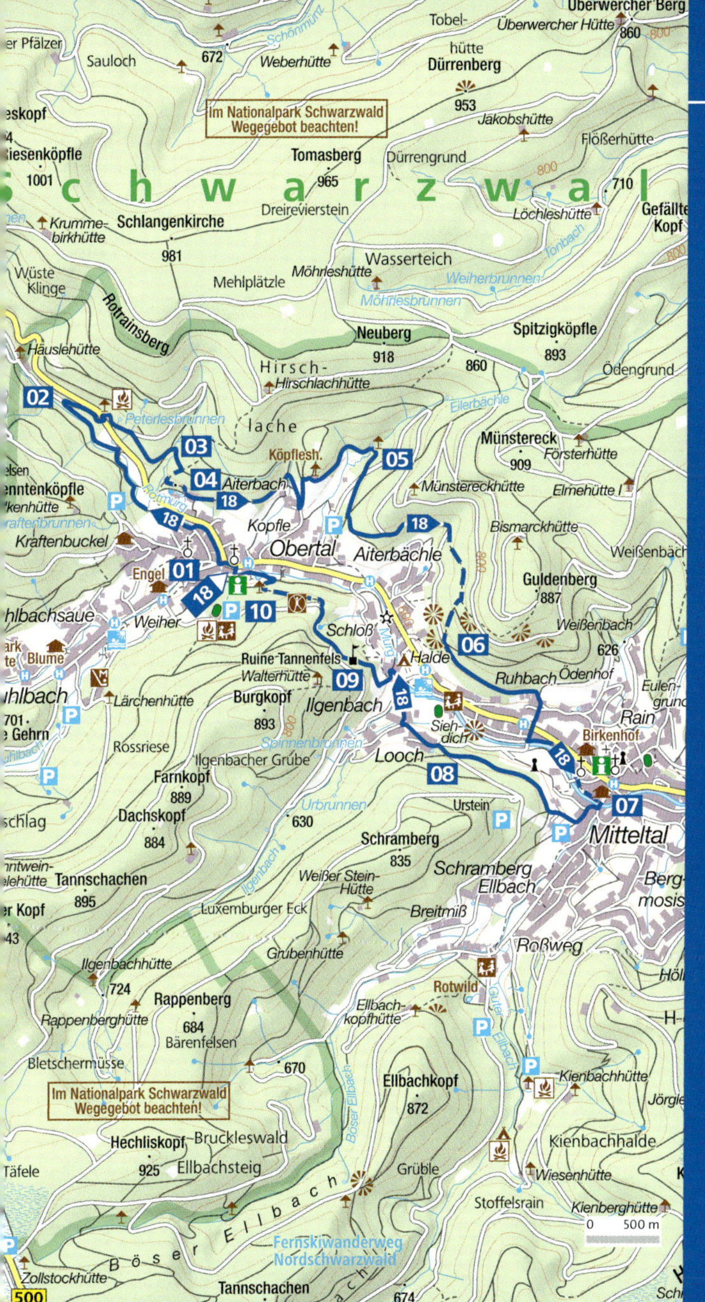
Im Nationalpark Schwarzwald
Wegegebot beachten!
Schwarzwald
Überwercher Berg
Überwercher Hütte
Tobelhütte
Dürrenberg
Weberhütte
Sauloch
Tomasberg
Dürrengrund
Jakobshütte
Flößerhütte
Löchleshütte
Gefällter Kopf
Schlangenkirche
Dreirevierstein
Krummebirkhütte
Wüste Klinge
Mehlplätzle
Möhrleshütte
Wasserteich
Weiherbrunnen
Möhrlesbrunnen
Rotrainsberg
Häuslehütte
Neuberg
Spitzigköpfle
Ödengrund
Hirschlache
Hirschlachhütte
Peterlesbrunnen
Eilerbächle
Münstereck
Försterhütte
Köpflesh.
Aiterbach
Münstereckhütte
Elmehütte
Kraftenbuckel
Kopfle
Obertal
Aiterbächle
Bismarckhütte
Weißenbach
Engel
Guldenberg
Schloß
Weiher
Blume
Ruine Tannenfels
Walterhütte
Halde
Ruhbach
Ödenhof
Lärchenhütte
Burgkopf
Ilgenbach
Siehdich
Birkenhof
Rain
Rossriese
Spinnenbrunnen
Ilgenbacher Grube
Looch
Farnkopf
Dachskopf
Urbrunnen
Urstein
Mitteltal
Schramberg
Tannschachen
Weißer Stein-Hütte
Schramberg Ellbach
Luxemburger Eck
Breitmiß
Roßweg
Ilgenbachhütte
Grubenhütte
Rotwild
Rappenberg
Rappenberghütte
Bärenfelsen
Ellbachkopfhütte
Bletschermüsse
Ellbachkopf
Kienbachhütte
Hechliskopf
Bruckleswald
Ellbachsteig
Kienbachhalde
Grüble
Wiesenhütte
Stoffelsrain
Kienberghütte
Böser Ellbach
Fernskiwanderweg Nordschwarzwald
Zollstockhütte
Tannschachen
Rotmurg
Murg
Tonbach
Ilgenbach
Guter Ellbach
Schönmünz
0 500 m

entlang. Am Sträßlein wenden wir uns nach rechts und wandern noch immer dem Bach folgend aus Obertal hinaus. Bald geht's in den Wald hinein, an ein paar Infotafeln vorbei bis an eine Weggabelung. Wir folgen unserer Markierung nach links, kurz darauf wechseln wir auf einen etwas schmäleren Weg nach rechts. Bald über ein Brücklein die Rotmurg gequert gelangen wir zur Weggabelung **Bei der Heuhütte** **02**. Wir biegen scharf nach rechts und gehen mit der gelben Raute über die Ruhesteinstraße, am Parkplatz Heuhütte vorbei und an der Gabel Heidelbeerbergle mit der gelben Raute nach rechts. Wir kreuzen einmal einen Forstweg, dann stehen wir an der Kreuzung **Rotrainsteich** **03**. Hier wenden wir uns nach rechts zum Wiedenbrunnen, dann links mit schönen Blicken zum **Peterles Buckel** **04**. Die gelbe Raute führt uns bald in kurzem Auf und Ab, am Wanderparkplatz vorbei zur Köpfleshütte. Hier gesellen sich nun wieder die blaue Raute und die Murgleiter zu uns und führen uns auf schönen Wegen durch den Wald. An der Kohlplatzhütte biegt der Weg um eine Rechtskurve und bringt uns immer wieder an den Waldrand. An der Weggabelung **Aiterbächle** **05** halten wir uns links und wandern dann hinauf, vorbei an den Gabelungen Dachsbau und Tannenfels, dann steil hinab Richtung **Halde** **06**. Der schöne Waldweg leitet uns weiter hinab und mündet schließlich direkt in der Ruhbachgasse am Ortsrand von Mitteltal. Ab hier folgen wir wieder der gelben Raute. Bald überqueren wir die Ruhesteinstraße und laufen den Dammweg nach links. Nun stetig an der Murg entlang, bei der Furt den Mühlkanal gequert und dahinter über die **Murgbrücke** **07**. Das Sträßlein „Zum Bruderhof" führt uns wieder aus dem Ort hinaus. Kurz darauf passieren wir einen Parkplatz und halten uns danach rechts auf dem Felsenmisselepfad. Am Waldrand entlang, dann geht es wieder auf einem breiteren Weg zur Kreuzung **Felsenmissele** **08**. Wir halten uns rechts und steigen wenig später wieder an ein paar Häusern vorbei „Im Looch" ab. Über den Ilgenbach hinüber, dann steigen wir wieder in einer Linkskurve in den Wald auf zur **Ruine Tannenfels** **09**. Nach einer Ruinen-Erkundungstour geht's weiter aufwärts und an der Gabelung rechts. Fünf Minuten später zweigt rechter Hand ein schmaler Pfad etwas steiler ab. Er leitet uns nun ein paar Minuten geradeaus hinunter zur **Sonnenhütte** **10**. Hier geht's weiter hinab, durch den Kurpark und an den beiden Teichen vorbei, über die Murg hinüber und in wenigen Minuten zurück zum Parkplatz in **Obertal** **01**.

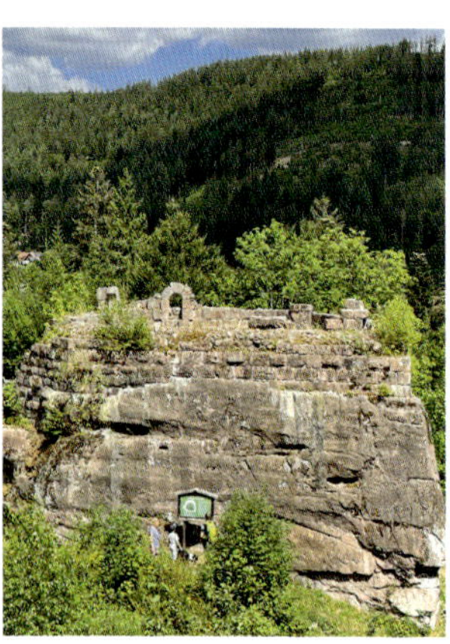

An der Ruine Tannenfels

AUF DEN RINKENTURM

Aussichtsreich auf dem Baiersbronner Sattlesteig

 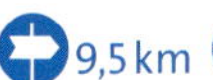 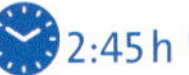 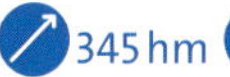 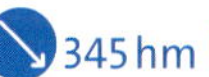 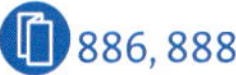

 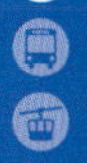   

START | Parkplatz Satteleisteig; Zufahrt von Baiersbronn über die Häslergasse und den Sommerseitenweg.
[GPS: UTM Zone 32 x: 452.972 m y: 5.373.388 m]
CHARAKTER | Kurze Wanderung, die jedoch einige Höhenmeter aufweist. Vom Labronnerkopf recht steil abwärts, ebenso vom Rinkenturm.

Die Runde zum Rinkenturm führt uns auf breiten Waldwegen und schmalen Pfaden zu einer Ausflugsgaststätte mit Geschichte – mitten im Wald. Die Sattelei liegt zwischen Mitteltal und dem Tonbachtal, inmitten des weit verzweigten Baiersbronner Wanderhimmels. Auf dem Rückweg geht's über den Rinkenturm, der schon 1914 vom Schwarzwaldverein erbaut wurde. Der rund 23 Meter hohe, aus heimischem Buntsandstein errichtete Aussichtsturm gehört heute der Gemeinde Baiersbronn. 96 Stufen führen auf die Aussichtsplattform, von der sich der Blick auf das Murgtal und die Orte Klosterreichenbach und Baiersbronn erstreckt.

Wir starten am Wanderparkplatz des **Satteleisteiges** 01. Die Beschilderung des Premiumweges Baiersbronner Satteleisteig bringt uns nun zunächst kurz auf dem Forstweg leicht bergan. Bei der ersten Gelegenheit biegen wir rechts auf einen Pfad ab, der

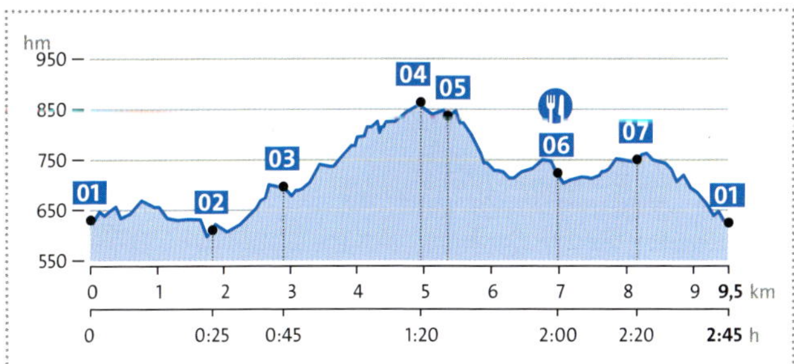

01 Satteleisteig, 612 m; 02 Am Waldacker, 631 m;
03 Rinkenteichwegele, 672 m; 04 Petermännle, 852 m;
05 Labronnerwegele, 763 m; 06 Sattelei, 715 m; 07 Rinkenturm, 747 m;

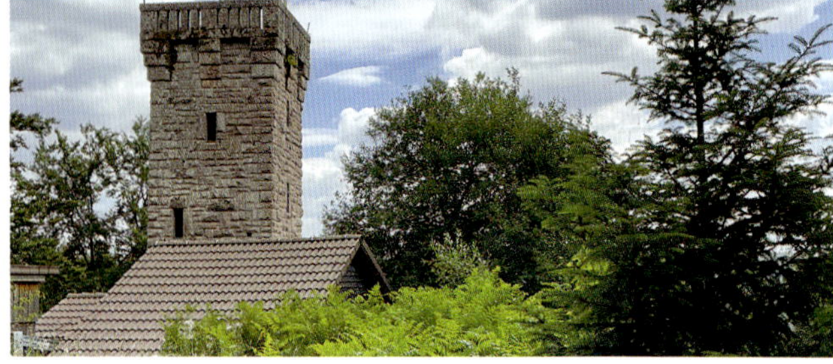

Am Rinkenturm

uns an der Gabelung Rinkenkopfwegele vorbei und in einem großen Linksbogen in gut zwanzig Minuten zur Gabel **Am Waldacker** 02 führt, an der wir auf einen Forstweg treffen. Vorbei am schönen Rastplatz Heideweg am Waldrand mit Blick aufs Tonbachtal geht's auf einem herrlichen Pfad weiter durch den Wald. Nach einer Rechtskurve treffen wir beim **Rinkenteichwegele** 03 wieder auf einen Forstweg. Wir folgen ihm nach rechts, biegen jedoch schon nach 50 Metern wieder links ein. Unsere Beschilderung schickt uns kurz über einen Pfad geradeaus zum Schuhhanselsbrunnen (falls der Pfad gesperrt ist, kann man auch über den Forstweg weiterwandern). An dieser Gabel halten wir uns scharf links, um an der nächsten wieder scharf nach rechts abzubiegen. Ein paar Minuten später erreichen wir den Aussichtspunkt Petermännle. Über einen breiteren Weg wandern wir noch 500 Meter weiter bis zur Gabelung **Petermännle** 04. Hier nach links gewandt, und kurz darauf gleich nochmals links folgen wir dem Satteleisteig über die Kreuzung Labronnerkopf geradeaus, nun auch mit der blauen Raute. Auf einem schmalen, wunderschönen und wurzeligen Waldweg laufen wir nun stetig geradeaus Richtung Süden. An der Kreuzung mit dem breiten Waldweg beim **Labronnerwegele** 05 bleiben wir geradeaus, verlassen jedoch kurz danach den Satteleisteig und kreuzen danach einen weiteren Weg im 90°-Winkel nach links. Kurz darauf stehen wir an der Infotafel Erdriese. Sie informiert uns, wie früher Holz ins Tal befördert wurde. Gleich danach folgen wir einem breiten Waldweg nach links, biegen aber nach 200 Metern schon wieder links ab. Wir folgen einem Pfad, der noch zweimal einen breiteren Weg kreuzt und schließlich an der **Sattelei** 06 endet. Hier gönnen wir uns eine Einkehr in dem schönen, einladenden Biergarten. Von nun an führt uns wieder der Satteleisteig, erst auf breitem Weg, dann auf schmalem Steig zum **Rinkenturm** 07. Nach seiner Besteigung geht's nach rechts herum auf breitem Weg zuerst wieder Richtung Sattelei. Nach 200 Meter biegen wir am Wanderschild Rinkenkopf links auf einen Pfad ab. Er bringt uns nun im Zickzack hinab. Nach circa 10 Minuten stoßen wir wieder auf den bekannten Forstweg, der uns in wenigen Minuten zum Parkplatz am **Satteleisteig** 01 zurückbringt.

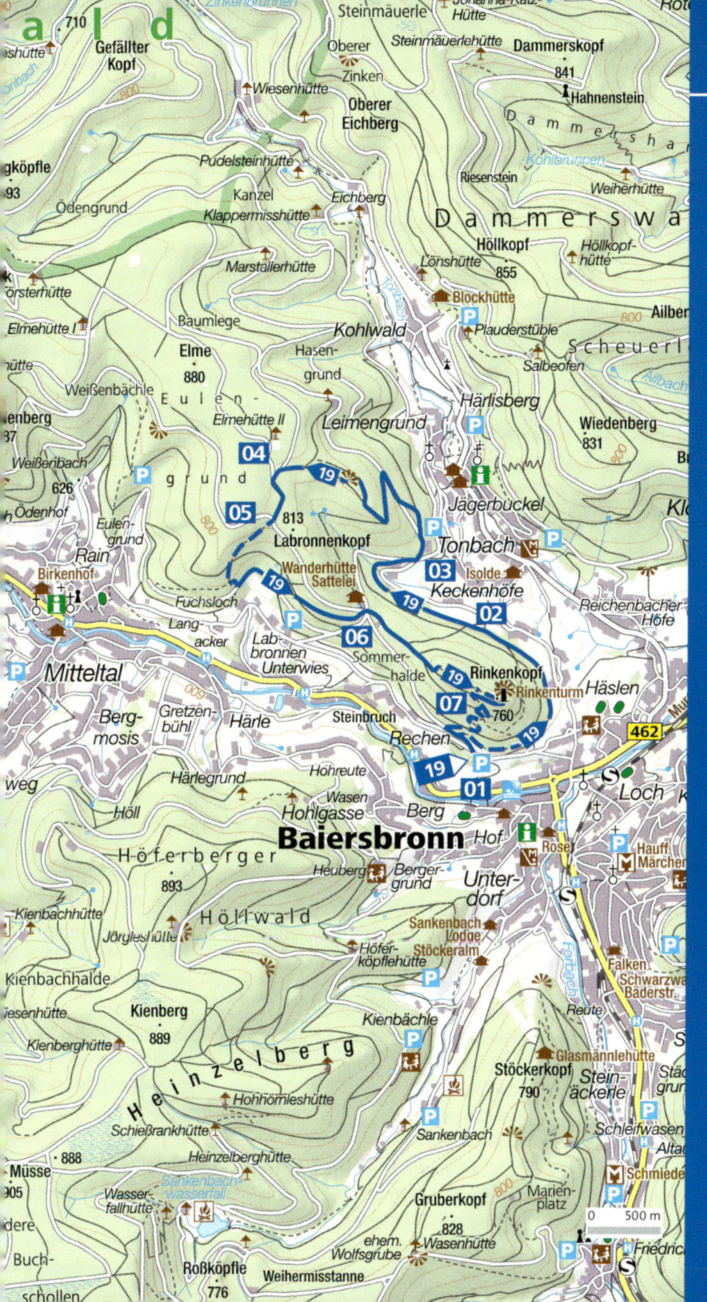

Zinkenbrunnen
Steinmäuerle
Johanna-Katz-Hütte
Gefällter Kopf
710
Oberer Zinken
Steinmäuerlehütte
Dammerskopf
841
Hahnenstein
Wiesenhütte
Oberer Eichberg
Pudelsteinhütte
Kanzel
Klappermisshütte
Eichberg
Riesenstein
Kohlbrunnen
Weiherhütte
Ödengrund
Marstallerhütte
Höllkopf
855
Höllkopf-hütte
Lönshütte
Försterhütte
Blockhütte
Elmehütte I
Baumlege
Kohlwald
Plauderstüble
Ailbe
Elme
880
Hasen-grund
Salbeofen
Weißenbächle
Elmehütte II
Leimengrund
Härlisberg
Wiedenberg
831
Weißenbach
626
Ödenhof
Eulen-grund
813
Labronnenkopf
Jägerbuckel
Tonbach
Rain
Birkenhof
Wanderhütte Sattelei
Isolde
Keckenhöfe
Fuchsloch
Lang-acker
Reichenbacher Höfe
Lab-bronnen Unterwies
Sommer-halde
Mitteltal
Rinkenkopf
Rinkenturm
760
Häslen
Berg-mosis
Gretzen-bühl
Härle
Steinbruch
Rechen
462
Hohreute
Loch
Härlegrund
Wasen
Hohlgasse
Berg
Baiersbronn
Hof
Rose
Heuberg
Berger-grund
Unter-dorf
Hauff Märchen
Höll
Höferberger
893
Höllwald
Kienbachhütte
Jörgleshütte
Sankenbach Lodge
Höfer-köpflehütte
Stöckeralm
Falken
Kienbachhalde
Forbach
Reute
Kienberg
889
Kienbächle
Kienberghütte
Glasmännlehütte
Heinzelberg
Stöckerkopf
790
Stein-äckerle
Hohhörnleshütte
Schießrankhütte
Sankenbach
Schleifwasen
Mü888
Heinzelberghütte
Sankenbach-wasserfall
Wasser-fallhütte
Gruberkopf
828
Marien-platz
Schmiede
0
500 m
ehem. Wolfsgrube
Wasenhütte
Roßköpfle
776
Weihermisstanne
01
02
03
04
05
06
07
19

VON BAIERSBRONN NACH KLOSTERREICHENBACH

Waldwanderung zu einem geschichtsträchtigen Kloster

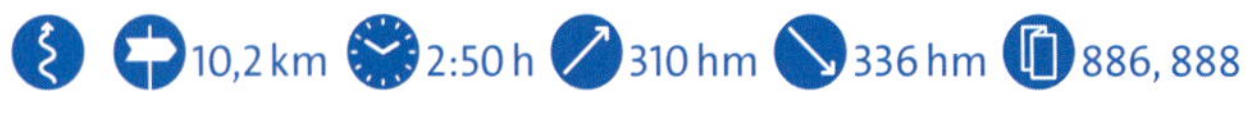

START | Baiersbronn; Bahnhof.
[GPS: UTM Zone 32 x: 453.657 m y: 5.372.460 m]
CHARAKTER | Einfache Wanderung auf meist breiten Forst- und Waldwegen.

Bereits 1082 wurde das Kloster von Anhängern des Klosters Hirsau gegründet. Dabei blieb es stets ein Priorat des Klosters Hirsau und damit von ihm abhängig. Der Graf von Württemberg ließ Besitzansprüche verlauten und so kam es zu Zwistigkeiten zwischen ihm und dem Grafen von Eberstein, der die Vogteirechte innehatte. 1595 besetzte Herzog Friedrich von Württemberg das Kloster und reformierte es 1603. Heute befindet sich im ehemaligen Benediktinerkloster die evangelische Kirchengemeinde.

Wir starten beim Bahnhof in **Baiersbronn** 01 und queren die B 462. Im Anschluss gehen wir durch den Kurgarten von Baiersbronn bis zur Straße „Im Lehen". Nach links und gleich wieder rechts geht's an der Evangelischen Marienkirche und an Hauffs Märchenmuseum Baiersbronn vorbei. Wir folgen der gelben Raute über „Am Steinberg" und den Panoramaweg zum Brunnenteich hinauf. Hier macht die Route eine 180°-Kurve und lässt uns mit dem Hirschkopfweg allmählich aus der

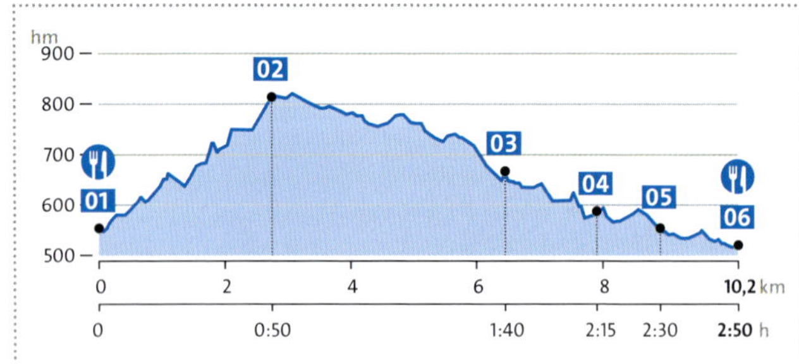

01 Baiersbronn, 550 m; 02 Schönblickwegele, 818 m; 03 Stoffelswald, 734 m; 04 Märtesweiher, 568 m; 05 Klosterquelle, 547 m; 06 Klosterreichenbach, 518 m;

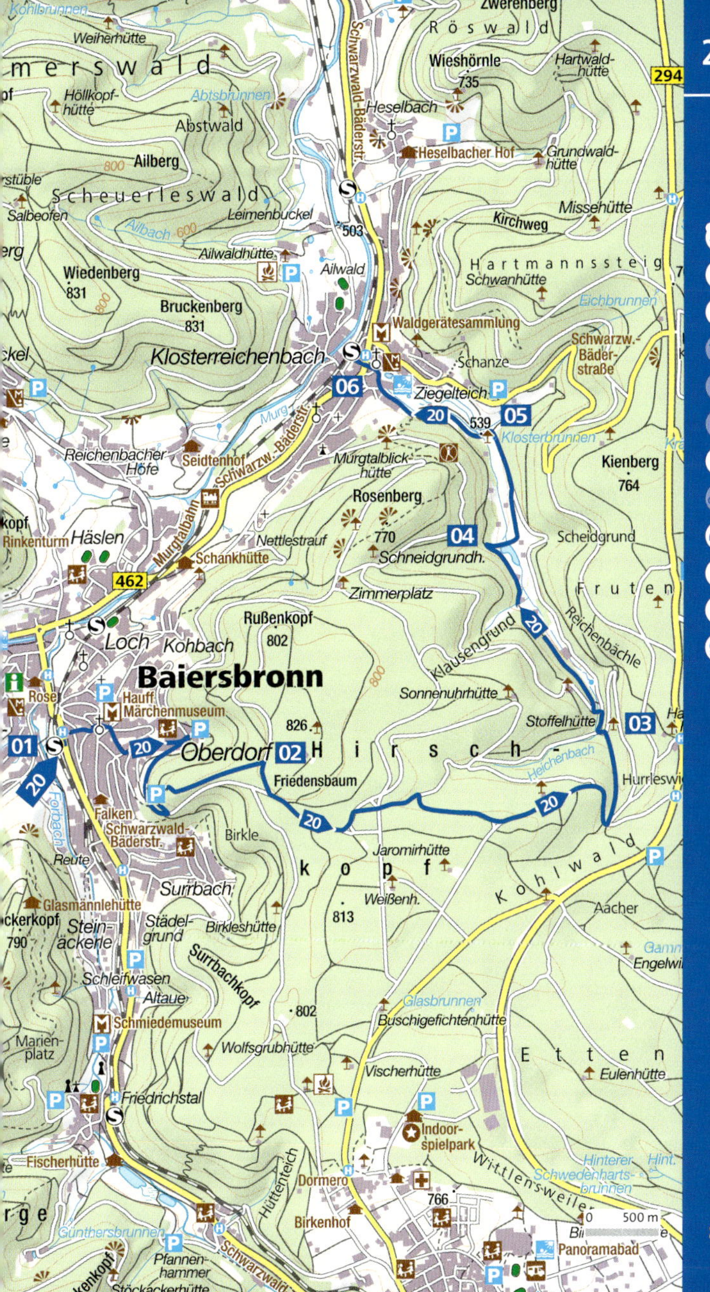

Baiersbronn
Klosterreichenbach
Oberdorf
Hirsch-kopf
Rosenberg
Rußenkopf
Kienberg
Heselbach
Röswald
Zwerenberg
Wieshörnle
Ailwald
Scheuerleswald
Abstwald
Wiedenberg
Bruckenberg
Ailberg
Loch
Kohbach
Surrbach
Friedrichstal
Dormero
Birkenhof
Kohlwald
Etten
Hauff Märchenmuseum
Schmiedemuseum
Waldgerätesammlung
Indoor-spielpark
Panoramabad
Ziegelteich
Klosterbrunnen
Friedensbaum
Stoffelhütte
Sonnenuhrhütte
Jaromirhütte
Murgtalblick-hütte
Schneidgrundh.
Zimmerplatz
Reichenbächle
Klausengrund
Heichenbach
Schwarzwald-Bäderstr.
462
294
01
02
03
04
05
06
0 500 m

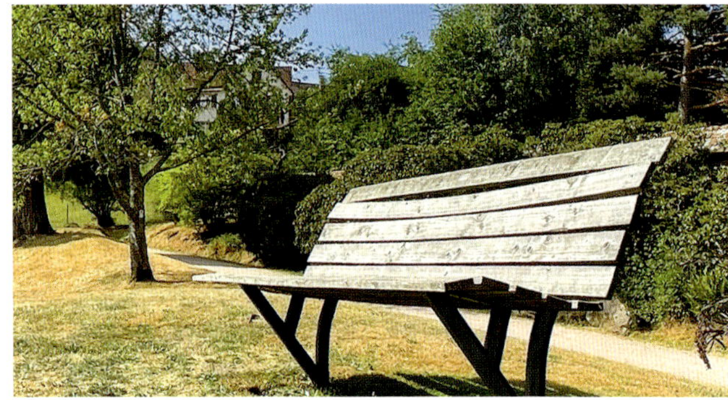

Die Bank für Riesen im Kurpark Klosterreichenbach

Stadt hinauswandern. An der Steinbruchhütte biegen wir links ein, folgen kurz dem Waldweg und halten uns dann rechts. Der schmale Weg macht einen Rechtsbogen, dann biegt er nach links und führt uns stetig geradeaus bis zur Gabelung **Schönblickwegele** 02. Hier gesellt sich auch die Beschilderung der Mönchs-Tour zu uns. Wir wenden uns nach rechts, an der Lichtung mit dem Friedensbaum vorbei und halten uns an der Kreuzung Hirschkopf links. Auf schönen Wegen wandern wir nun eine halbe Stunde durch den Wald, dann erreichen wir das Wegschild Igelsberger Sträßle. Wir halten uns links und folgen dem Igelsbergersträßle gut einen Kilometer bis zum **Stoffelswald** 03. Die erste Möglichkeit von links führt uns bald auf schmalen Pfaden durchs Reichenbacher Loch zur Stoffelshütte. Hier führen uns unsere beiden Markierungen nun stetig geradeaus, am Reichenbach entlang zum **Märtesweiher** 04. An seinem Ende biegen wir rechts ab, queren den Reichenbach und wandern an Wiesen vorbei wieder auf den Wald zu. Am Waldrand entlang geht's nun bis zur **Klosterquelle** 05. Nach links geht's an Quelle und Pavillon vorbei und dann neben dem Bach über Wiesen bis zum Kurgarten. Wir folgen kurz dem Dornstetter Weg, dann biegen wir rechts in den Neuen Kurgarten ab, durchqueren ihn und folgen anschließend dem Schwimmbadweg nach links vorbei am ehemaligen Benediktinerkloster. Dann queren wir die B 462 und gehen durch den Alten Kurgarten zum Bahnhof **Klosterreichenbach** 06.

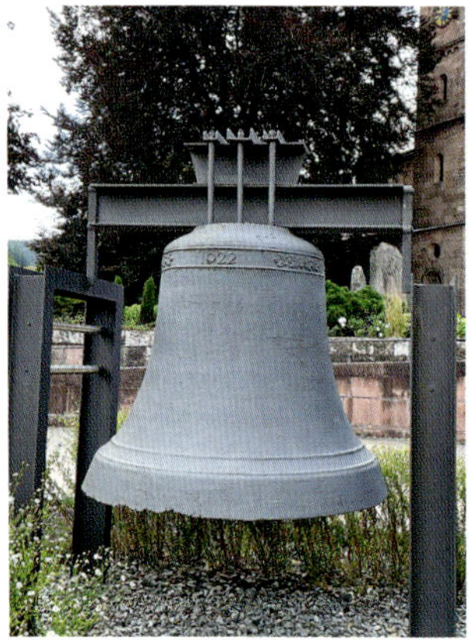

Alte Glocke der Klosterkirche

ZUM SANKENBACHSEE UND SEINEN WASSERFÄLLEN

Besuch bei einem Karsee aus der letzten Eiszeit

  10,3 km  2:50 h 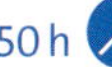 415 hm 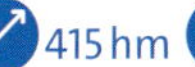 415 hm  886, 888
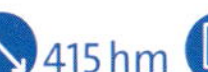 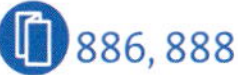

START | Parkplatz Rotwildgehege Sankenbach; Zufahrt von Baiersbronn über die Sankenbachstraße.
[GPS: UTM Zone 32 x: 452.602 m y: 5.371.014 m]
CHARAKTER | Viele Höhenmeter für die kurze Runde. Rutschiger Felssteig von der Sankenbach-Furt zum See. Die Tour hält zwei steile Anstiege bereit. Festes Schuhwerk ist angebracht. Keine Einkehr unterwegs, Proviant und Wasser nicht vergessen.

Der Sankenbachsee ist einer von fünf Karseen in der Baiersbronner Gemarkung. Entstanden ist er in den letzten beiden Eiszeiten durch Vergletscherung und gespeist wird er vom nahe liegenden Sankenbach-Wasserfall. Er wurde bereits 1937 als flächenhaftes Naturdenkmal eingestuft, sein Wasser stürzt in zwei Stufen über eine durch den Mittleren Buntsandstein gebildete Steilstufe in den See. Der Sankenbachsee ist der einzige Karsee, in dem das Baden erlaubt ist, also Badesachen einpacken!

▶ Wir beginnen die kleine aber feine Runde am Parkplatz beim **Wildgehege Sankenbach** 01, dann führt uns fast durchgehend der Baiersbronner Sankenbachsteig. Wir folgen ihm vom Parkplatz beim Wildgehege vorbei

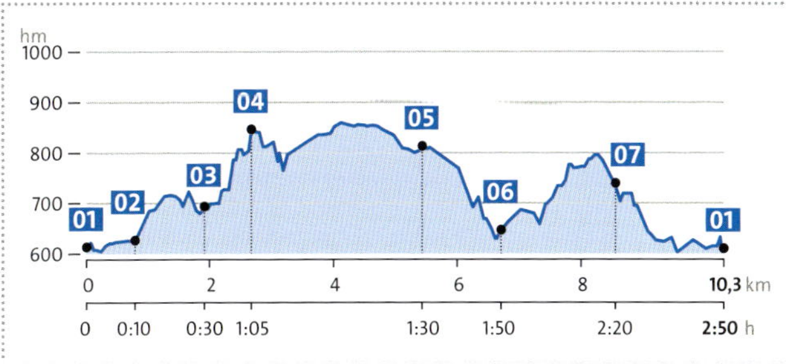

01 Wildgehege Sankenbach, 630 m; 02 Sankenbach-Furt, 632 m;
03 Sankenbachsee, 692 m; 04 Weihermisse, 854 m;
05 Wasenhütte, 803 m; 06 Michaelskirche, 634 m; 07 Stöckerkopf, 750 m;

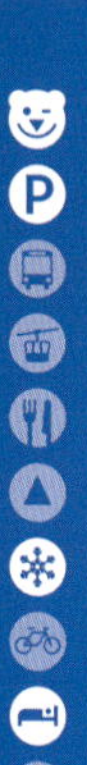

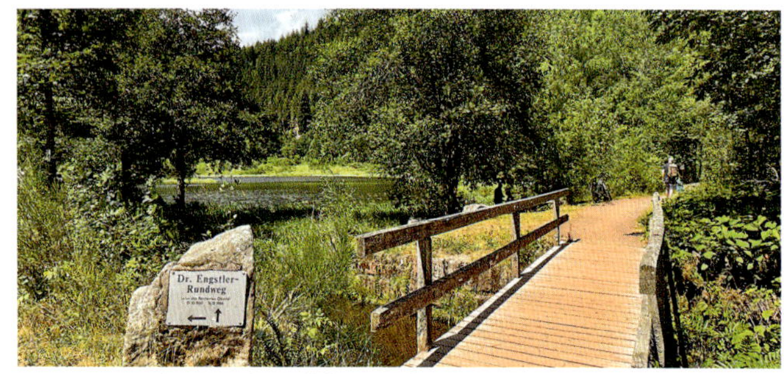

Der Dr.-Engstler-Rundweg führt um den Sankenbachsee

auf einem breiten Waldweg sanft hinab. Am Waldrand entlang erreichen wir auf immer grobsteiniger werdendem Weg nach einer Viertelstunde die **Sankenbach-Furt** 02. Über einen Steg hinüber, dann auf einem immer schmäler werdenden, wurzeligen und teils steinigen Pfad wandern wir aufwärts durch den Wald. Schließlich lichtet sich der Wald, wir drehen nach links und stehen kurz darauf am Ufer des **Sankenbachsees** 03. Wir umrunden den See an seiner Südseite und bewältigen einen grobsteinigen Weg mit ein paar Steinstufen (teils steil) hinauf zum Sankenbach-Wasserfall, der sich über die 40 m hohe Karstwand hinabstürzt. Eng schmiegt sich hier der Weg – teils mit Brettern ausgelegt – an den Fels. Am Wasserfall vorbei wandern wir wieder sehr abenteuerlich über Stege und Brücken hinab und wieder hinauf zur Wasserfallhütte. Hier geht's weiter mit der gelben Raute durch den schönen Wald, erst auf breitem Weg, dann weiter über einen schmäleren Pfad. Am Wegschild **Weihermisse** 04 folgen wir dem Premiumwanderweg kurz auf dem Forstweg, dann rechts über einen Waldweg bis zur Kreuzung Professor-Endriss-Weg. Hier halten wir uns links abwärts und kommen in gut zwanzig Minuten zur **Wasenhütte** 05. Hier schickt uns der Baiersbronner Sankenbachsteig nach rechts, mehrmals steil abwärts, bald über einen recht wurzeligen und schmalen Pfad. Am Waldrand eröffnen sich tolle Blicke auf Friedrichstal und das Forbachtal. Ein Linksschwenk führt uns durch den Wald am Hohacker Schleif-Steinwerkplatz vorbei. Dann laufen wir oberhalb der **Michaelskirche** 06 vorbei und wechseln danach wieder auf einen schmalen Pfad in den Wald steil hinauf bis zur Misse-Hütte. Den Waldweg gequert und weiter auf der Pfadroute stoßen wir nach zehnminütigem Anstieg auf einen breiten Weg, dem wir geradeaus bis zum **Stöckerkopf** 07 folgen. Hier bietet sich ein Abstecher zur Glasmännlehütte an. Die Hütte hatte jedoch bei unserem Besuch bis auf Weiteres geschlossen. So machen wir uns auf dem steinigen und wurzeligen Pfad an den Abstieg. Achtung, hier kann es nochmals steil werden. Am Stöckerkopfwegele folgen wir dem breiten Forstweg nach links und laufen nun stets geradeaus in zwanzig Minuten zum Parkplatz am **Wildgehege Sankenbach** 01 zurück.

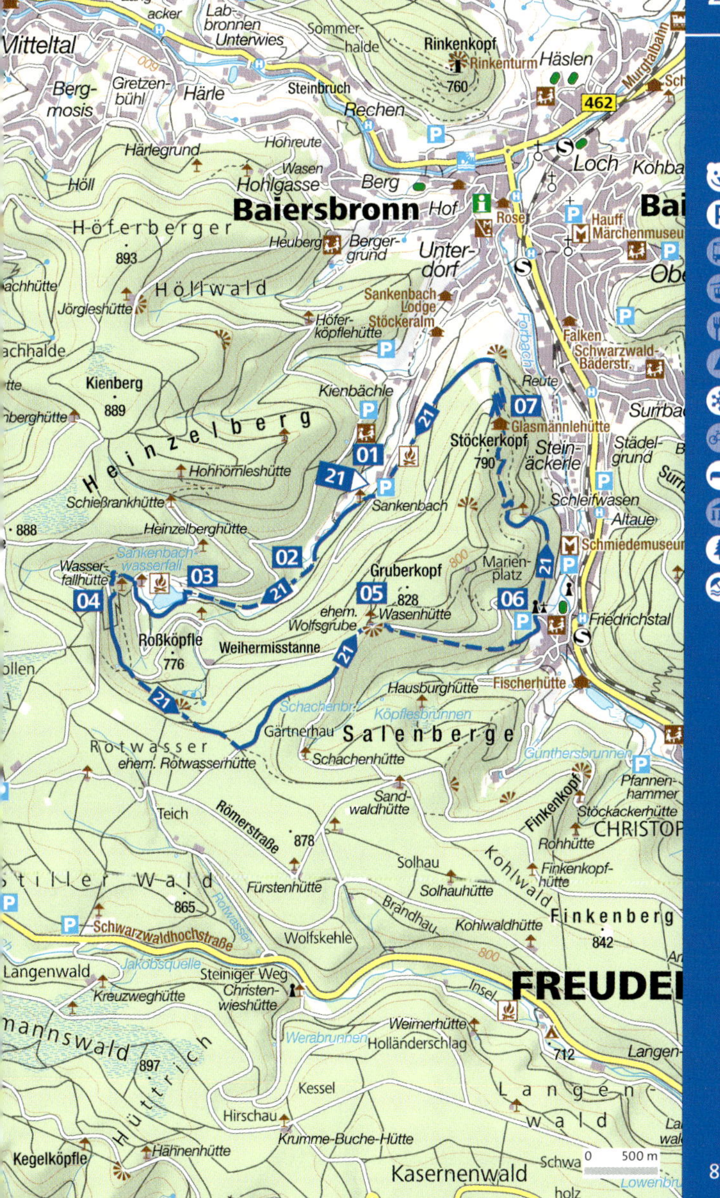
Baiersbronn
FREUDEN
Heinzelberg
Salenberge
Stöckerkopf
790
Gruberkopf
828
Kienberg
889
Roßköpfle
776
Sankenbach
Sankenbachwasserfall
Wasserfallhütte
Glasmännlehütte
Wasenhütte
ehem. Wolfsgrube
Weihermisstanne
Rotwasser
ehem. Rotwasserhütte
Schachenhütte
Fischerhütte
Hausburghütte
Marienplatz
Friedrichstal
Schmiedemuseum
Rinkenkopf
Rinkenturm
760
Schwarzwaldhochstraße
Römerstraße
Finkenberg
842
Kohlwald
0 500 m

RUND UM KNIEBIS

Idyllische Pfade zum Ellbachsee, einer Klosterruine und einem Naturschutzgebiet

START | Besucherzentrum Kniebis.
[GPS: UTM Zone 32 x: 447.726 m y: 5.369.399 m]
CHARAKTER | Einfache Wanderung, Abstieg zum Ellbachsee ein wenig steil; sonst kaum Steigungen.

Wir machen einen Ausflug um das Örtchen Kniebis direkt an der Schwarzwaldhochstraße. Es liegt auf dem gleichnamigen Bergrücken zwischen Freudenstadt und Oppenau. Der Ellbachsee, den wir nicht nur von oben betrachten, ist einer von fünf Karseen der Gemarkung Baiersbronn. Er ist der See mit der geringsten Wassertiefe und weist jetzt schon starke Verlandungen auf. Das Naturdenkmal wird von einem Schutzgebiet mit einer Fläche von ca. 7 ha umgeben. Direkt um den Ellbachsee herum liegt ein Bultenmoor.

Los geht's am Parkplatz beim **Besucherzentrum** 01. Die meiste Zeit führt uns der Premiumweg Kniebiser Heimatpfad. So folgen wir ihm auch unmittelbar auf die andere Straßenseite und über einen schmalen Waldweg ins Moor- und Heidegebiet. An der

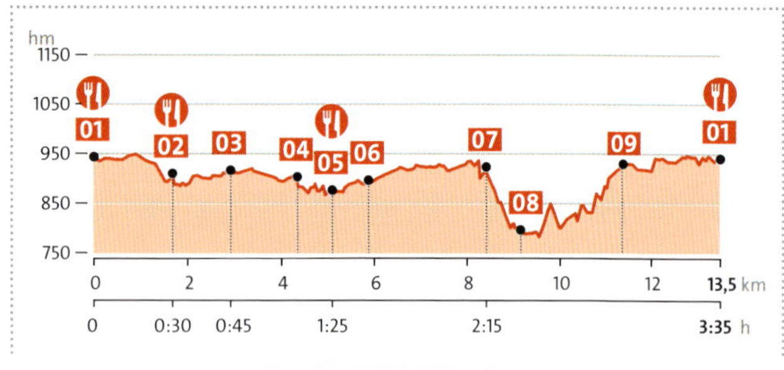

01 Besucherzentrum Kniebis, 942 m; 02 Beim Waldblick, 894 m; 03 Naturfreundehaus Kniebis, 910 m; 04 Abendwieshütte, 900 m; 05 Klosterruine Kniebis, 871 m; 06 Ochsenhardt, 919 m; 07 Ellbachseeblick, 930 m; 08 Ellbachseehütte, 790 m; 09 Ellbachseeblick, 930 m; 10 Rankweg, 934 m;

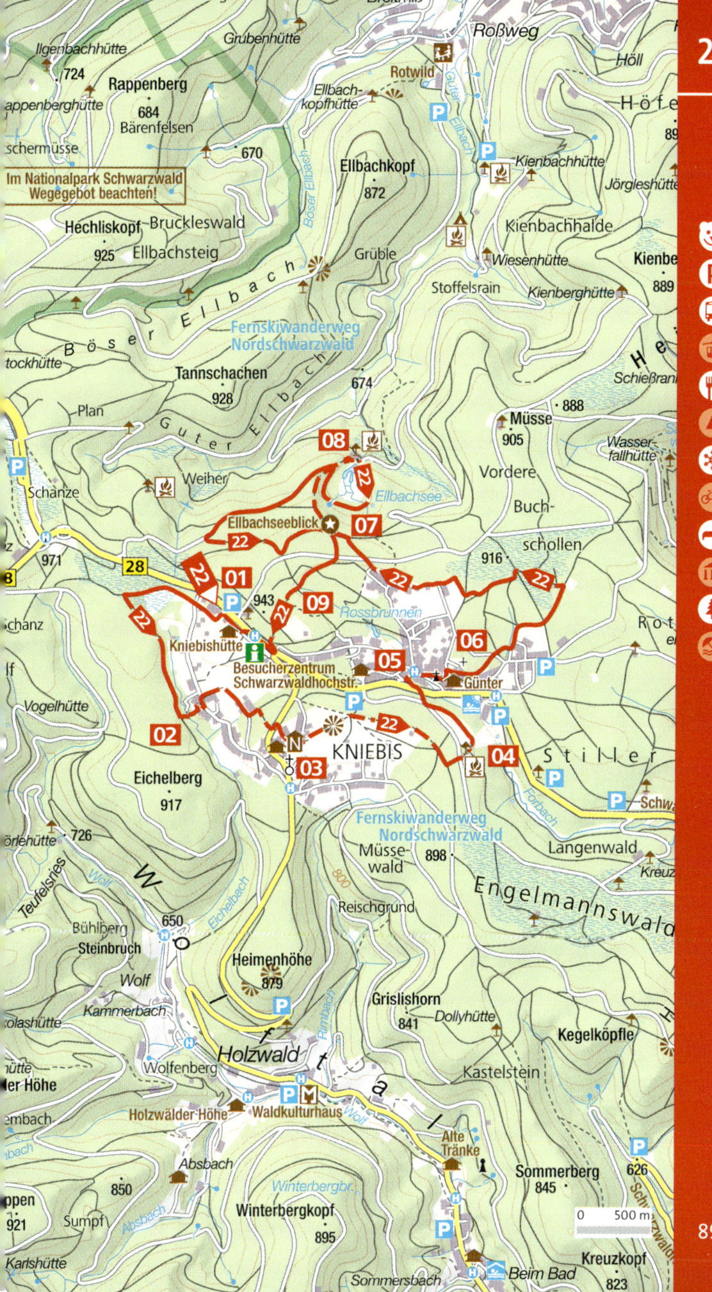
Luxemburger Eck
Breitmiß
Roßweg
Höll
Ilgenbachhütte
724
Grubenhütte
Rappenberg
684
Bärenfelsen
Rotwild
Ellbach-
kopfhütte
Guter Ellbach
Höfe
670
Kienbachhütte
Jörgleshütte
Im Nationalpark Schwarzwald
Wegegebot beachten!
Ellbachkopf
872
Böser Ellbach
Hechliskopf
925
Bruckleswald
Ellbachsteig
Kienbachhalde
Grüble
Wiesenhütte
Stoffelsrain
Kienberghütte
889
Böser Ellbach
Fernskiwanderweg
Nordschwarzwald
Tannschachen
928
674
Schießrank
Mülle
905
888
Plan
Guter Ellbach
Wasser-
fallhütte
08
22
Schanze
Weiher
Ellbachsee
Vordere
Buch-
schollen
Ellbachseeblick
07
22
971
28
916
22
01
943
22
09
Rossbrunnen
22
22
Kniebishütte
06
Besucherzentrum
Schwarzwaldhochstr.
05
Günter
Vogelhütte
22
02
KNIEBIS
03
04
Stiller
Eichelberg
917
Forbach
726
Fernskiwanderweg
Nordschwarzwald
Müsse-
wald
898
Langenwald
Teufelsries
Wolf
Engelmannswald
650
Reischgrund
Bühlberg
Steinbruch
Eichelbach
Wolf
Heimenhöhe
879
Kammerbach
Grislishorn
841
Dollyhütte
Kegelköpfle
Holzwald
Wolfenberg
Wolftal
Kastelstein
Holzwälder Höhe
Waldkulturhaus
Alte
Tränke
Absbach
Sommerberg
845
626
850
Winterbergbr.
Winterbergkopf
895
Sumpf
921
Karlshütte
0
500 m
Kreuzkopf
823
Sommersbach
Beim Bad

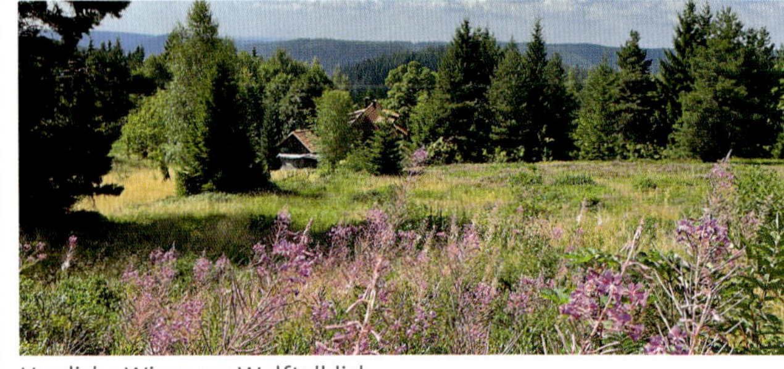

Herrliche Wiese am Wolftalblick

Weggabelung Moos wechseln wir nach links auf den Eichelbachweg. Er bringt uns zum **„Beim Waldblick"** 02. Hier biegen wir nach links ab, überqueren den Eichelbach und laufen zwischen ein paar Häusern hindurch und wieder an moorigen Wiesen vorbei. Die Route dreht nach rechts und leitet uns zur Rippoldsauer Straße. Wir queren sie und folgen dem Weg am **Naturfreundehaus Kniebis** 03 vorbei bald auf einem tollen Pfad am Naturschutzgebiet Rimbach entlang. An der Kreuzung Heide halten wir uns rechts auf den Grenzweg. Ein schöner Waldweg begleitet uns nun stetig geradeaus, bis wir an der „Moowiese" links zur **Abendwieshütte** 04 einbiegen. Der Premiumweg beschreibt einen Linksbogen und führt uns wieder zur B 28. Wir überqueren sie auf der Fußgängerbrücke und stehen kurz darauf an den Mauern der **Klosterruine Kniebis** 05. Der Gründung des damaligen Klosters im Jahre 1267 verdankt der Ort sein Dasein. Das Hospiz von Bruder Ulrich bot auf der langen und gefährlichen Reise über das Kniebismassiv Einkehr und Schutz. Heute stehen nur noch die Ruinen der ehemaligen Klosterkirche. Über das Baiersbronner Sträßle gehen wir in den „Am Zollacker". Nach links geht's über den Heimatpfad am Friedhof Kniebis vorbei. An der Gabel „Große Wiese" halten wir uns rechts, verlassen kurz den Premiumweg um einen Schlenker über **Ochsenhardt** 06 und den Jägerpfad nach links zu machen. Hier führt uns der Renchtalsteig bis zur Vorderen Buchschollen, an der uns wieder der Kniebiser Heimatpfad aufnimmt. Er leitet uns bald am nördlichen Ortsrand von Kniebis entlang bis zum Parkplatz Kohlwald. Hier drehen wir nach rechts und genießen ein paar Minuten später den fantastischen **Ellbachseeblick** 07. Dann laufen wir auf einem sehr steilen Pfad hinab zur **Ellbachseehütte** 08, umrunden den kleinen Karsee und steigen gemütlicher über einen breiten Forstweg wieder auf. Bei der ersten Gelegenheit nach circa einer Viertelstunde, an der Gabel Rosshimmel, biegen wir links ab. Auf breitem Weg laufen wir zurück zum **Ellbachseeblick** 07 und biegen rechts auf den Heimatpfad ab. Am Kohlenmeiler halten wir uns geradeaus, über den **Rankweg** 09 nun stets geradeaus und in einer Viertelstunde zurück zum **Besucherzentrum** 01.

ÜBER DIE HÖHEN BEI BAD GRIESBACH

Zu Besuch bei der Wilden Rench und dem Buchkopfturm

 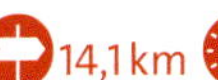 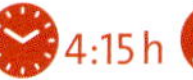 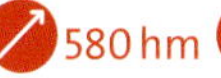 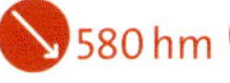 

START | Parkplatz Weiherplatz. Zufahrt von Bad Griesbach über die „Wilde Rench“ Richtung Herbstwasen. Kurz vorm Gasthaus links über die breite Schotterstraße „Weiherplatzweg“ circa 500 Meter zum Parkplatz.
[GPS: UTM Zone 32 x: 445.104 m y: 5.370.019 m]
CHARAKTER | Lange Runde; an der Rench auf steinigen Steigen, teils sehr glitschig. Achtung Rutschgefahr! Viele schöne Einkehrmöglichkeiten unterwegs.

Die Rundtour führt uns in die Wälder und auf die Höhen von Bad Griesbach. Dabei folgen wir am Anfang ein Stück der Wilden Rench auf urromantischen Pfaden. Der gröbste Anstieg ist gleich zu Beginn zu bewältigen. Auf halber Strecke erwartet uns der Buchkopfturm. Der moderne Turm ist in Brettsperrholzbauweise gebaut. Er hat 8 Stockwerke und misst 28 Meter. Durch die offene Sechseckform ist in jeder Etage ein voller Rundblick möglich. Seine Aussichtsplattform erreicht man über circa 140 Treppenstufen.

▶ Unsere abwechslungsreiche Runde beginnt am Parkplatz

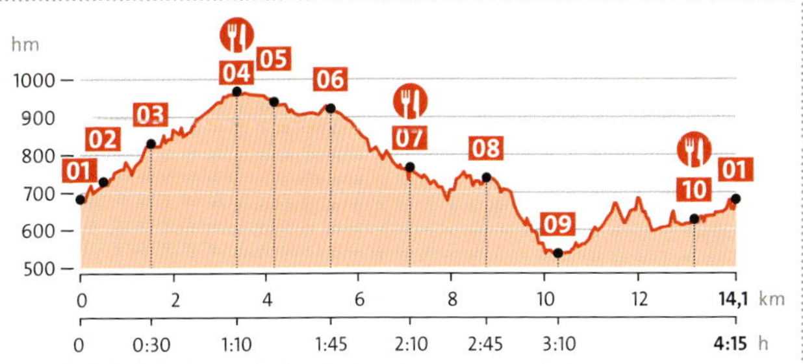

01 Weiherplatz, 661 m; 02 Fischfelsenhütte , 719 m; 03 Mittlerer Brandweg, 797 m; 04 Zuflucht, 955 m; 05 Roßbühl, 942 m; 06 Buchkopfturm, 915 m; 07 Renchtalhütte, 763 m; 08 Nockenhofweg, 732 m; 09 Britschloch, 528 m; 10 Gasthaus Herbstwasen, 628 m;

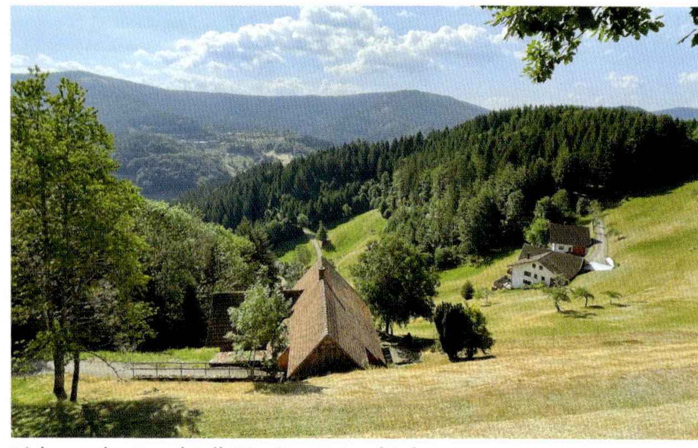

Bick von der Renchtalhütte ins Maisachtal

Weiherplatz 01. Zunächst folgen wir dem Wiesensteig kurz hinab; dann geht's am Wanderschild gleich rechts Richtung Fischfelsenhütte. An der Wilden Rench entlang, über Stock und Stein, mehrmals das Bächlein gequert, gelangen wir am breiten Schotterweg nach gut einer Viertelstunde zur **Fischfelsenhütte** 02. Auf breitem, schottrigen Forstweg laufen wir an ihr vorbei zur Kreuzung **Mittlerer Brandweg** 03. Hier wenden wir uns nach rechts und halten uns nun an den Renchtalsteig und die gelbe Raute. Sie bringen uns auf breiten Wegen direkt zur großen Kreuzung Schöngrund. Hier verlässt uns der Renchtalsteig, wir bleiben geradeaus mit der gelben Raute. Sie bringt uns nun in Begleitung des Schöngrundbächles an eine markante Linkskurve, dem Kehler Loch. Wir halten uns nach rechts und wandern bald über einen wurzeligen Pfad zur L 92 und dem Natur- und Sporthotel **Zuflucht** 04. Die Straße überquert und am Parkplatz entlang wechseln wir danach wieder die Straßenseite und folgen nun einem Pfad, der parallel zur Straße verläuft. Er bringt uns jetzt wieder mit dem Renchtalsteig nach Süden zum Wanderparkplatz **Roßbühl** 05. Wir überqueren den Parkplatz und einen Forstweg und wandern auf schönen Pfaden weiter. Am breiten Forstweg biegen wir links ab und stehen kurz darauf an der Wegkreuzung Kohlgrube. Wir biegen scharf rechts ein und wandern nun gemütlich die letzten paar Hundert Meter zum **Buchkopfturm** 06. Nachdem wir diesem beeindruckenden Turm einen Besuch abgestattet haben, laufen wir auf einem Pfad neben dem Turm Richtung Osten. Über den breiten Pechweg geht's allmählich hinab; nach einer Gabelung, an der wir uns rechts halten, erreichen wir einen Pausenplatz mit einer schönen Aussicht. Unser Wegzeichen schickt uns hier scharf nach rechts, gut 100 Meter später wieder links und in gemächlichem Schritt gelangen wir schließlich an die Kreuzung **Renchtalhütte** 07 und kurz darauf ans gleichnamige Gasthaus. Nach Kaffee

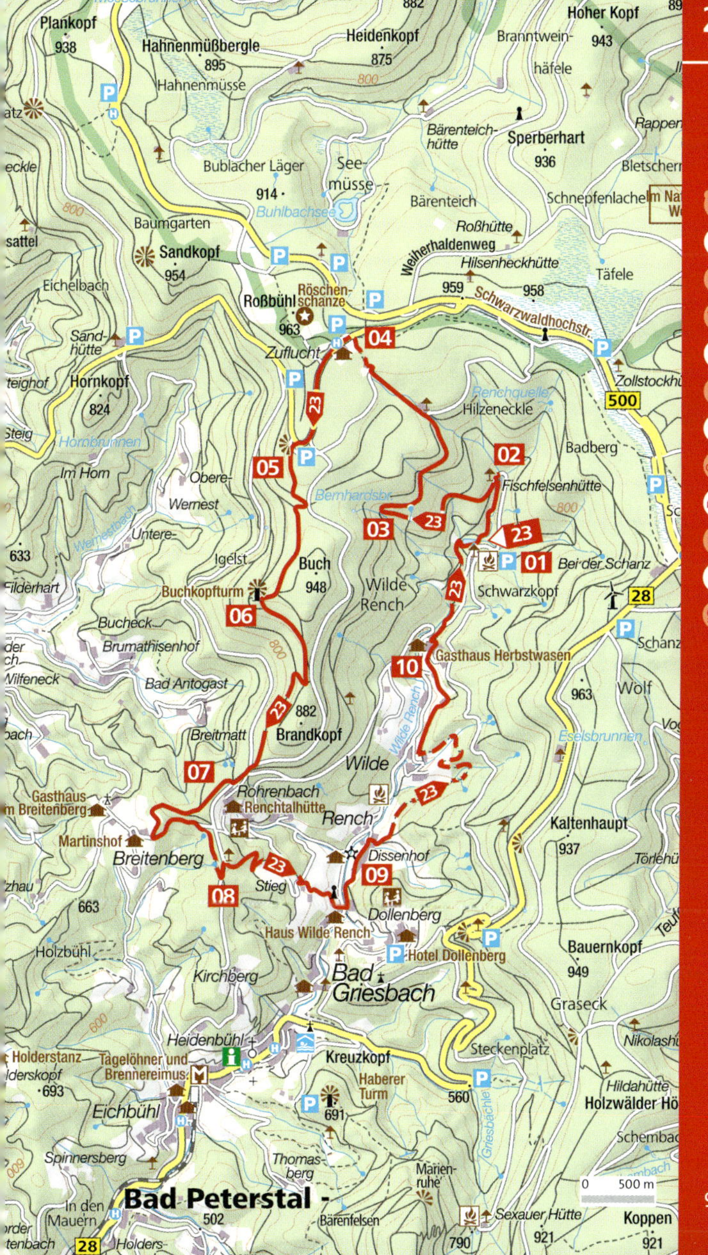
Schwabenrankhütte
Mosesbrunnen
Sand-
hütte
Sandköpfle
882
Branntwein-
häfelehütte
Plankopf
938
Hahnenmüßbergle
895
Hahnenmüsse
Heidenkopf
875
800
Hoher Kopf
943
Branntwein-
häfele
Bärenteich-
hütte
Sperberhart
936
Bublacher Läger
914
See-
müsse
Buhlbachsee
Bärenteich
Schnepfenlache
Baumgarten
Roßhütte
Weiherhaldenweg
Hilsenheckhütte
Täfele
Sandkopf
954
Eichelbach
Roßbühl
Röschen-
schanze
963
959
958
Schwarzwaldhochstr.
Sand-
hütte
Zuflucht
04
Hornkopf
824
Renchquelle
Hilzeneckle
Zollstockhü
500
Hornbrunnen
05
02
Badberg
Im Horn
Obere-
Wernest
Fischfelsenhütte
Bernhardsbr.
23
03
Wernestbach
Untere-
01
Bei der Schanz
633
Igelst
Buch
948
Wilde
Rench
Schwarzkopf
28
Filderhart
Buchkopfturm
06
Bucheck
Brumathisenhof
Schanz
Gasthaus Herbstwasen
10
Wilfeneck
Bad Antogast
963
Wolf
882
Brandkopf
Wilde Rench
Eselsbrunnen
Breitmatt
Wilde
07
Rohrenbach
Renchtalhütte
Gasthaus
Breitenberg
Rench
Kaltenhaupt
937
Martinshof
Breitenberg
Dissenhof
09
Törlehü
Stieg
08
663
Dollenberg
Haus Wilde Rench
Hotel Dollenberg
Bauernkopf
949
Holzbühl
Kirchberg
Bad
Griesbach
Graseck
600
Heidenbühl
Kreuzkopf
Steckenplatz
Nikolash
Holderstanz
Tagelöhner und
Brennereimus.
Haberer
Turm
Hildahütte
Holzwälder Hö
693
691
560
Eichbühl
Schembac
Spinnersberg
Thomas-
berg
Marien-
ruhe
Griesbächle
0
500 m
Bad Peterstal -
In den
Mauern
502
Bärenfelsen
Sexauer Hütte
Koppen
790
921
921
28
Holders-
grund
Im Mülben

und Kuchen auf der herrlichen Sonnenterasse mit tollen Blicken ins Maisachtal brechen wir wieder auf. Oberhalb des Gasthauses geht's über einen Waldweg auf den Maisacher Turmsteig. Er bringt uns auf schönen Waldwegen wieder ans Teersträßlein. Beim Bildstöckle geht's nach links auf den Teerweg, dann biegen wir 300 Meter später rechts auf einen Waldweg ab. Der Maisacher Turmsteig leitet uns zur Weggabelung **Nockenhofweg** 08. Hier biegen wir rechts ab und wandern auf dem Forstweg mit der gelben Raute gut 500 Meter auf diesem Weg. Er führt uns um eine Rechtskehre und ein paar Minuten auf dem Wiesensteig in einem scharfen Linksknick auf einem Pfad zum asphaltierten Weg und einem Weiler. Der Wiesensteig leitet uns nun über den Teerweg und auf einem Pfad nochmals diesen gequert bis zum **Britschloch** 09. Hier wandern wir an ein paar Häusern vorbei und bald an einem wunderschönen Wiesenhang entlang nach Dissenhof. Ab hier geht's über einen Waldweg, der sich bald zum Pfad entwickelt, stetig mit dem Wiesensteig durch den Wald Richtung Herbstwasen. Der Weg weicht manchmal vom Pfad ab und macht ein paar kleine Schlenker und Umleitungen, ist aber gut ausgeschildert. Schließlich erreichen wir nach einer knappen Stunde, zum Schluss über Wiesen mit herrlichen Blicken, das **Gasthaus Herbstwasen** 10. (Bis auf Weiteres kein Restaurantbetrieb. Bei schönem Wetter Kaffee und Kuchen auf der Sonnenterrasse. Kühlschrank mit Getränken jederzeit zugänglich.) Nach einer kleinen Pause halten wir uns auf einem Steig nach dem Gasthaus wieder Richtung Norden. Wir kreuzen kurz darauf den Weiherplatzweg, den wir als Zufahrtsweg zum Parkplatz kennen, und folgen dann der Wilden Rench unterhalb des Weges wieder zur Feuchtwiese. Über ein Brücklein und die letzten Meter geht's hinauf zum Parkplatz am **Weiherplatz** 01.

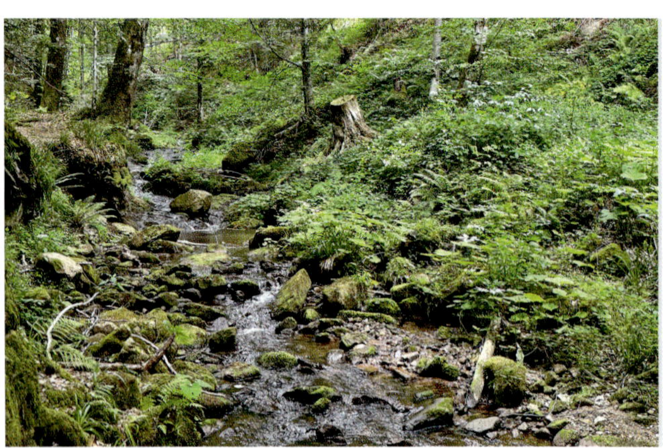

Über Stock und Stein bahnt sich die Wilde Rench ihren Weg

VON BAD GRIESBACH ZUR TEUFELSKANZEL

Auf schmalen Steigen dem Teufel auf der Spur

 8,9 km 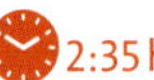 2:35 h 500 hm 500 hm 886, 888

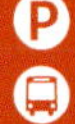
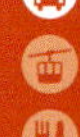
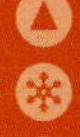

START | Bad Griesbach; Parkplatz in der Kapellenstraße gegenüber der Kirche St. Antonius.

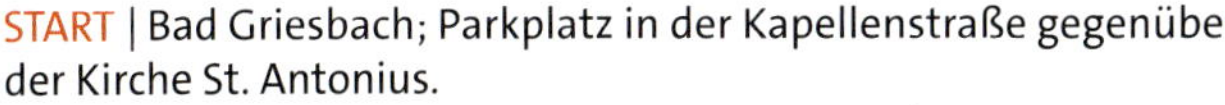

[GPS: UTM Zone 32 x: 443.568 m y: 5.366.560 m]

CHARAKTER | Eher eine kurze Tour, aber viele schmale Steige und felsige Wege, auf denen Trittsicherheit geboten ist!

Wir machen eine kleine aber nicht unanstrengende Runde vom Kurort Bad Griesbach auf den Teufelskanzelsteig. Auf dem Hinweg lohnt sich am Aussichtspunkt Marienruhe auf 900 Höhenmetern eine Rast. Der Ausblick erstreckt sich über das im Tal liegende Bad Griesbach bis hinüber in den Nationalpark Schwarzwald. Dann steigen wir hinab zur spannenden Felsformation der Teufelskanzel. Auf schmalen Wegen und Treppen wandern wir am Griesbacher Wasserfall vorbei; unser nächstes Ziel stürzt sich über viele Meter in die Tiefe und bietet – gerade wenn es geregnet hat – ein schönes Schauspiel. Zu guter Letzt besuchen wir den Haberer Turm. Der 16 Meter hohe, aus Sandstein gemauerte Turm bietet einen weiteren schönen Rundumblick.

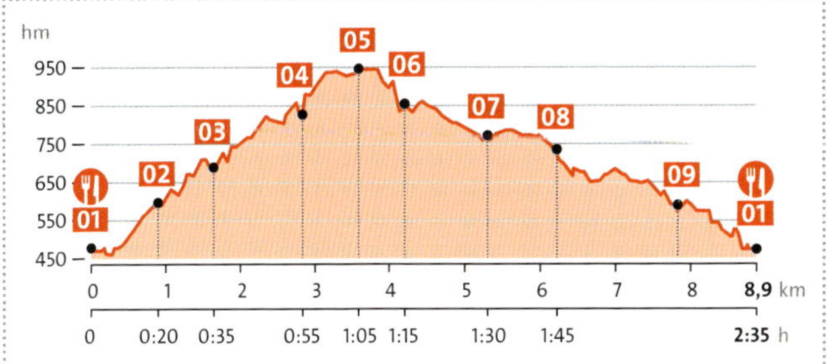

01 Bad Griesbach, 476 m; 02 Kreuzkopfschanze, 593 m;
03 Silbereck, 710 m; 04 Marienruhe, 886 m; 05 Lettstädter Hütte, 947 m;
06 Teufelskanzel, 919 m; 07 Sexauer Hütte, 776 m; 08 Wasserfall, 754 m;
09 Schanzenplatz, 590 m;

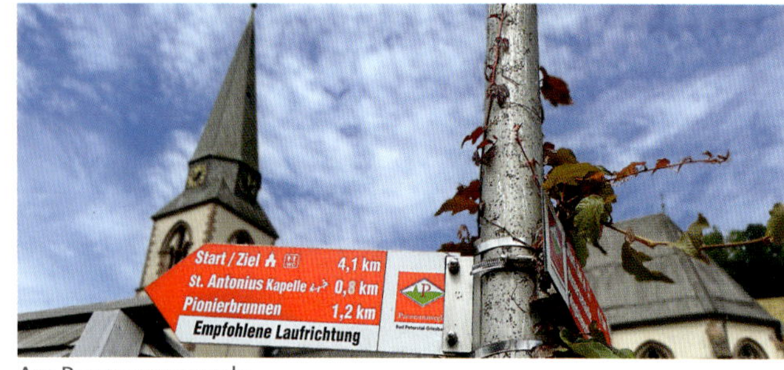

Am Panoramawegele

Wir starten am Parkplatz in **Bad Griesbach** 01 und folgen zunächst dem Panoramawegele beim Friedhof vorbei und dann um die Linkskurve. Gleich darauf leitet uns die gelbe Raute an der Gabel links und weiter hinauf in den Wald hinein. An der Kreuzung **Kreuzkopfschanze** 02 halten wir uns links und wandern auf breitem Waldweg weiter aufwärts. Den nächsten Querweg kreuzen wir schräg nach links, um eine kleine Rechtskurve und gleich darauf am **Silbereck** 03 scharf nach links abbiegen. Nur 150 Meter später halten wir uns wieder scharf nach rechts, kreuzen einen Querweg und steigen steil hinauf durch einen schönen, mit kleinen Felsblöcken durchzogenen Wald. Im Zickzack geht es hinauf zum freien Plateau der **Marienruhe** 04. Wir folgen dem schönen Steig nun immer wieder an Felsen entlang und stetig geradeaus, bis wir auf einen breiten Forstweg treffen. Hier weiter in Gehrichtung geradeaus bis zur **Lettstädter Höhe** 05. Wir halten uns links und gehen 250 Meter später links ein paar Treppen hinab zur **Teufelskanzel** 06. Der schmale Pfad wird allmählich breiter und bringt uns nach zehn Minuten an die Kreuzung Teufelskanzelweg. Wir biegen scharf nach links ab und folgen dem Sexauer Sträßle zur **Sexauer Hütte** 07 mit einem Brünnlein. Hier zweigt linker Hand ein Weg ab. Er leitet uns wieder auf einen breiten Forstweg, der nach wenigen Minuten in einen Pfad mündet. Am darauffolgenden Wegschild **Wasserfall** 08 folgen wir der gelben Raute nun etwas steiler hinab zu den Griesbacher Wasserfällen. Auf schönen, versicherten Steigen wird an den Fällen vorbeigeleitet. Ein Forstweg schließlich bringt uns zur nächsten Gabelung, an der wir über einen Steig einen Abstecher zum Haberer Turm machen. Wieder auf unserer Route folgen wir dem breiten Weg durch den Wald bis zum **Schanzenplatz** 09 der Kreuzkopfschanzen. Es geht nach rechts, am Parkplatz vorbei und auf einem Teerweg 200 Meter hinab. Dann wenden wir uns nach links und folgen einem unmarkierten breiten Weg abwärts. Er bringt uns nur ein paar Minuten später zu einer Gabelung, an der wir wieder auf das Panoramawegele treffen. Es leitet uns nun die letzten paar Hundert Meter bald auf einem Wiesensteig und mit schönen Blicken auf **Bad Griesbach** 01 hinab in den Ort.

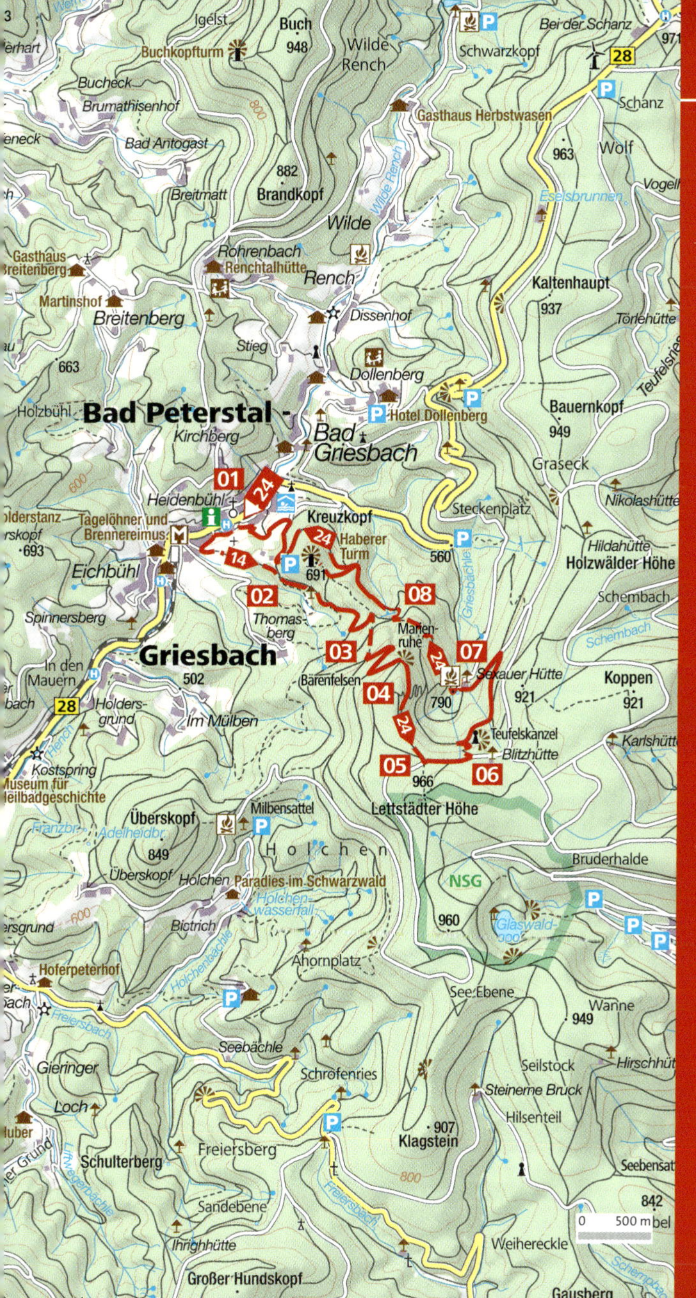
Buchkopfturm
Buch
948
Wilde
Rench
Schwarzkopf
Gasthaus Herbstwasen
Brandkopf
882
Bad Antogast
Rohrenbach
Renchtalhütte
Rench
Dissenhof
Dollenberg
Hotel Dollenberg
Kaltenhaupt
937
Breitenberg
Martinshof
Bad Peterstal -
Bad Griesbach
Kirchberg
Heidenbühl
Tagelöhner und Brennereimus.
Kreuzkopf
Haberer Turm
691
Eichbühl
Griesbach
502
Thomasberg
Marienruhe
Bärenfelsen
Sexauer Hütte
790
Teufelskanzel
Blitzhütte
966
Lettstädter Höhe
Bauernkopf
949
Graseck
Steckenplatz
560
Holzwälder Höhe
Koppen
921
Überskopf
849
Milbensattel
Holchen
Paradies im Schwarzwald
NSG
960
Ahornplatz
See Ebene
Klagstein
907
Freiersberg
Schulterberg
Großer Hundskopf
Weihereckle
Gausberg
0 500 m

VON BAD PETERSTAL ZUM HOLCHENWASSERFALL

Waldsteigtour zu einem hübschen Wasserfall und einem Aussichtsfelsen

   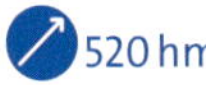   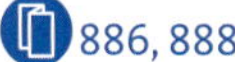

10,1 km 3:00 h 520 hm 520 hm 886, 888

START | Parkplatz „Am Sportplatz"; gegenüber des Freibads in Bad Peterstal. [GPS: UTM Zone 32 x: 441.559 m y: 5.364.264 m]
CHARAKTER | Einfache kurze Wanderung; auf den teils sehr wurzelübersäten Pfaden ist Trittsicherheit geboten, ebenso wie am Wasserfall und dem Aussichtsfelsen.

Auf dieser Runde folgen wir vornehmlich den Pfaden des Premiumwanderweges Himmelsteig. Er leitet uns zum circa 6 m hohen Holchenwasserfall. Über zwei Kaskaden ergießt sich das Wasser in einen ausgeschürften Granitfels hinab. Vis-à-vis des Wasserfalls befindet sich der Paradiesfels, ein sehr harter Granitfels mit einer netten Aussicht. Um ganz nach oben zu gelangen muss man ein wenig klettern. Also nur etwas für Geübte!

▶ Wir starten am Parkplatz gegenüber des Sport- und Freizeitgeländes von **Bad Peterstal 01**. Wir halten uns an die Beschilderung Himmelsteig und Renchtalsteig und wandern auf einem Pfad kurz zur nächsten Weggabel, an der wir rechts abbiegen. Wir queren die Zufahrtsstraße zum Sportplatz schräg nach rechts und wandern auf breitem Feld- und Wiesenweg bergan. Kurz auf wurzeligem Steig durch den Wald, dann mit schönen Bli-

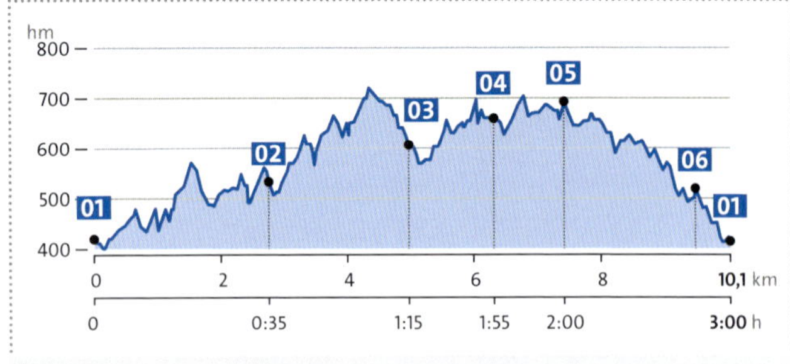

01 Bad Peterstal, 433 m; 02 Holchen, 509 m; 03 Holchenwasserfall, 585 m; 04 Bistrich, 678 m; 05 Himmelsbar, 680 m; 06 In der Höll, 518 m;

Tipp

Kurz vor Ende der Runde haben wir am Kirchberg die Möglichkeit auf eine Kneipp-Erfrischung: Dafür wenden wir uns am Kirchbergweg nach rechts und gehen circa 300 Meter bis zur Wassertretstelle „In der Höll“.

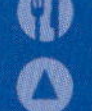

cken am Waldrand entlang. Der Weg bringt uns abwechselnd mal rechts, mal links herum in angenehmer Steigung an das asphaltierte Sträßchen **Holchen** 02, das parallel zum Holchenbächle ins Tal führt. Wir queren es geradeaus, wandern kurz auf einem Waldweg und halten uns dann gleich rechts. Der Weg wird mal schmäler, dann wieder breiter und bringt uns unterhalb von Haus Palmspring über eine Wiese. Schließlich stoßen wir nach dem Veranstaltungshaus wieder auf einen breiten Weg, dem wir nach links folgen. An einer Hütte vorbei geht's wieder in den Wald hinein. Die Himmelsteigroute bringt uns zum „Neuen Katzenbuckelweg“, dem wir wenige Hundert Meter nach links hinab folgen, dann mündet er in einen felsigen Pfad. Über einen mit Holzstämmen befestigten Weg aufwärts und vorbei an einem lichten Aussichtspunkt kreuzen wir zweimal einen breiteren Weg. Ein paar Minuten später haben wir ein Brücklein und den **Holchenwasserfall** 03 erreicht. Hier finden wir auch den „Schatz vom Paradies“ vor – eine mit Holzklappen versehene Kiste, in der wir uns gegen Bezahlung etwas zu Trinken nehmen können. Der Weiterweg bringt uns kurz darauf am Paradiesfelsen vorbei. Von oben hat man eine tolle Sicht, wer es hinaufwagt, sollte jedoch ein wenig im Klettern geübt sein. Dann geht's auf breitem Pfad bis zu einem schmalen Weg. Wir folgen ihm nach links und

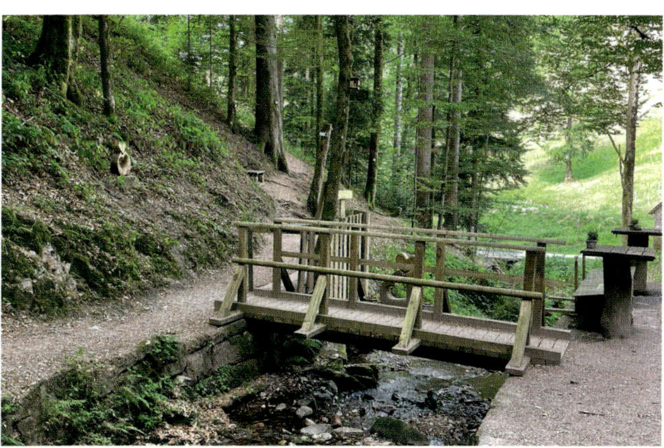

Brücke über den Holchenbach

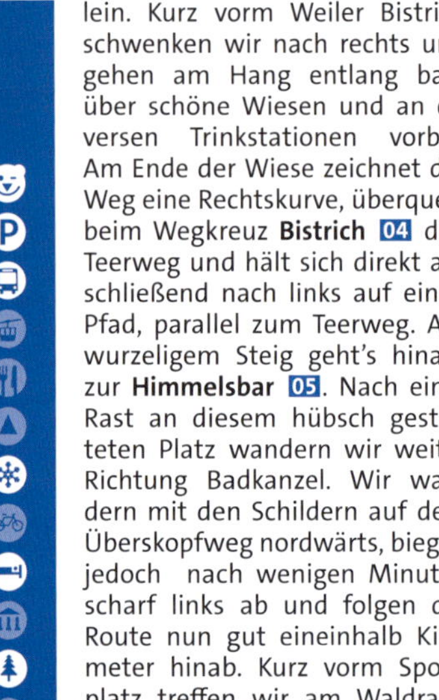

kreuzen nach einer markanten Linkskurve nochmals das Sträßlein. Kurz vorm Weiler Bistrich schwenken wir nach rechts und gehen am Hang entlang bald über schöne Wiesen und an diversen Trinkstationen vorbei. Am Ende der Wiese zeichnet der Weg eine Rechtskurve, überquert beim Wegkreuz **Bistrich** **04** den Teerweg und hält sich direkt anschließend nach links auf einen Pfad, parallel zum Teerweg. Auf wurzeligem Steig geht's hinauf zur **Himmelsbar** **05**. Nach einer Rast an diesem hübsch gestalteten Platz wandern wir weiter Richtung Badkanzel. Wir wandern mit den Schildern auf dem Überskopfweg nordwärts, biegen jedoch nach wenigen Minuten scharf links ab und folgen der Route nun gut eineinhalb Kilometer hinab. Kurz vorm Sportplatz treffen wir am Waldrand auf einen breiten Weg, dem wir nun mit der gelben Raute nach

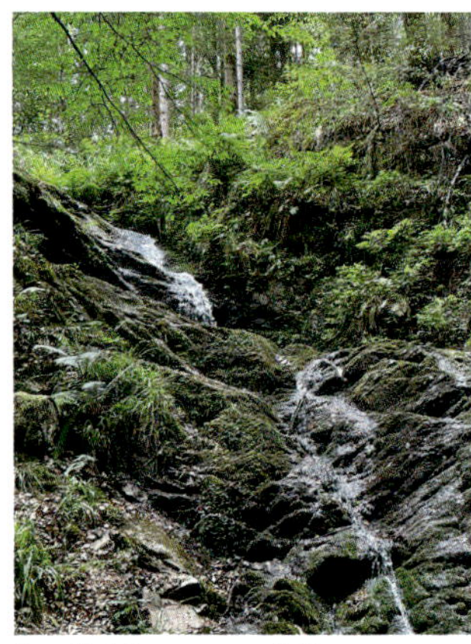

Am Holchenwasserfall

rechts folgen zur Kreuzung **„In der Höll"** **06**. Hier halten wir uns links und wandern mit der neuen Markierung über den Kirchberg hinab. Kurz vor der Straße geht's nach links auf einen Pfad und zurück zum Parkplatz bei **Bad Peterstal** **01**.

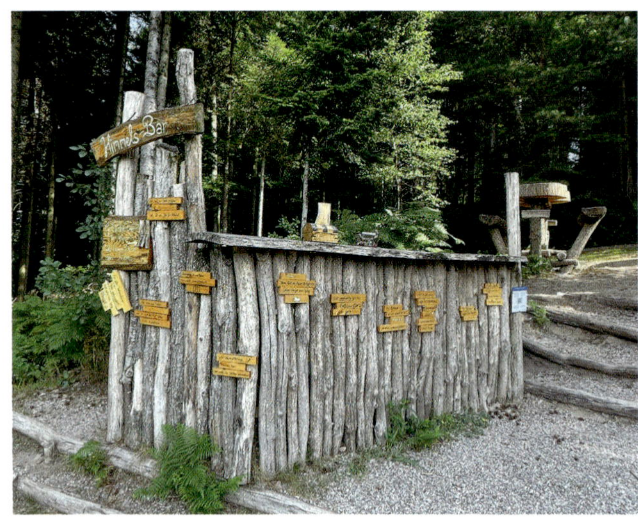

Die Himmelsbar

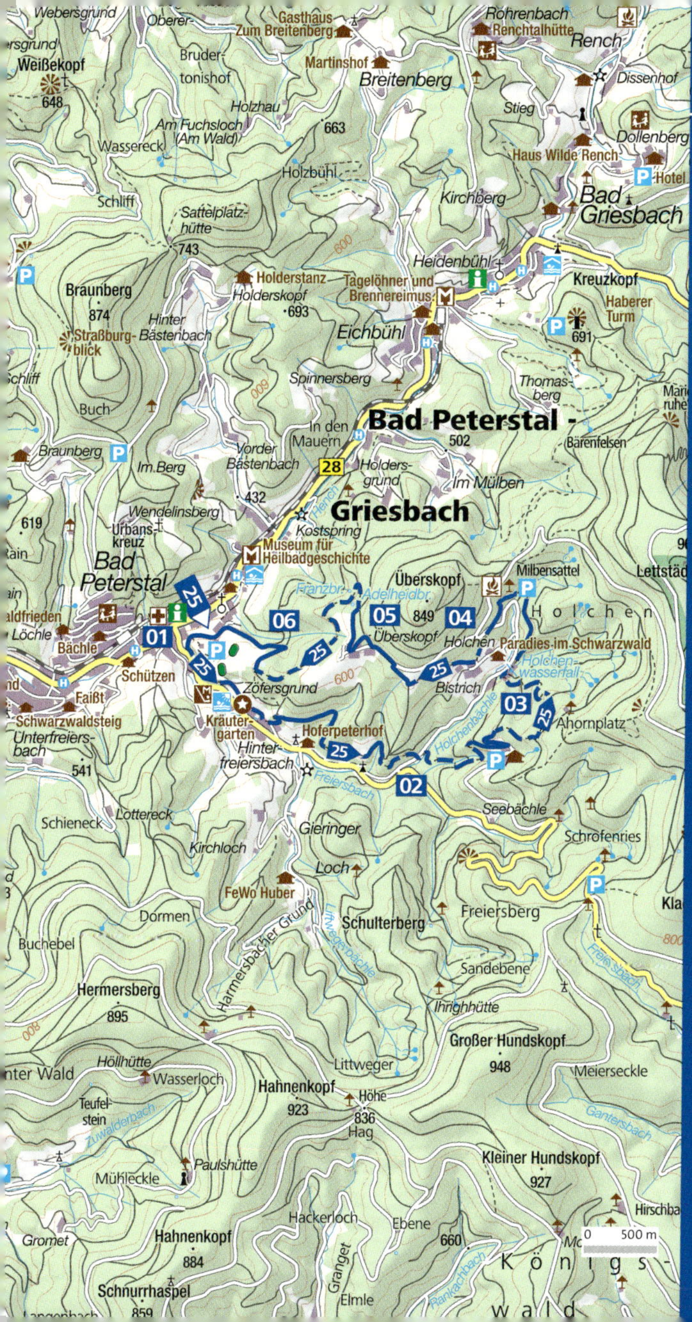

Webersgrund
Oberer-
Gasthaus Zum Breitenberg
Röhrenbach
Renchtalhütte
Rench
Weißekopf
648
Bruder-tonishof
Martinshof
Breitenberg
Dissenhof
Holzhau
Stieg
Am Fuchsloch (Am Wald)
663
Dollenberg
Wassereck
Haus Wilde Rench
Holzbühl
Hotel
Schliff
Kirchberg
Bad Griesbach
Sattelplatzhütte
743
600
Heidenbühl
Kreuzkopf
Braunberg
874
Holderstanz
Holderskopf
693
Tagelöhner und Brennereimus
Haberer Turm
691
Straßburgblick
Hinter Bästenbach
Eichbühl
Schliff
Spinnersberg
Thomasberg
Buch
In den Mauern
Bad Peterstal -
502
Bärenfelsen
Braunberg
Im Berg
Vorder Bästenbach
28
Holdersgrund
Im Mülben
432
Rench
Griesbach
619
Wendelinsberg
Urbanskreuz
Kostspring
Museum für Heilbadgeschichte
Bad Peterstal
Franzbr.
Adelheidbr.
Überskopf
Milbensattel
Lettstäd
25
849
Überskopf
Holchen
Holchen
Paradies im Schwarzwald
Löchle
Bächle
06
05
04
01
25
25
25
Holchenwasserfall
Schützen
Zöfersgrund
600
Bistrich
Faißt
03
25
Ahornplatz
Schwarzwaldsteig
Kräutergarten
Hoferpeterhof
Unterfreiersbach
Hinterfreiersbach
25
Holchenbächle
541
02
Freiersbach
Seebächle
Schieneck
Lottereck
Gieringer
Schrofenries
Kirchloch
Loch
FeWo Huber
Klag
Dormen
Schulterberg
Freiersberg
Buchebel
Harmersbacher Grund
Liftwegbächle
800
Sandebene
Hermersberg
895
Freiersbach
Ihrighhütte
800
Großer Hundskopf
948
Höllhütte
Littweger
Hinter Wald
Wasserloch
Meierseckle
Hahnenkopf
923
Teufelstein
Höhe
836
Hag
Gantersbach
Zuwalderbach
Paulshütte
Kleiner Hundskopf
927
Mühleckle
Hirschbach
Hackerloch
Ebene
Gromet
Hahnenkopf
884
660
Granget
0 500 m
Königswald
Schnurrhaspel
859
Elmle
Rankachbach

ÜBER DURBACH ZUM SCHLOSS STAUFENBERG

Genusstour durch die Durbacher Weinberge

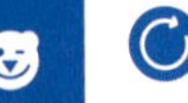 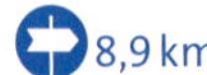 8,9 km 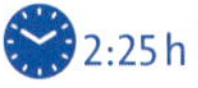 2:25 h 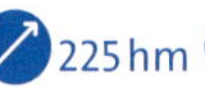 225 hm 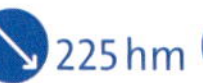 225 hm 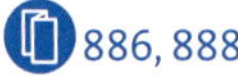 886, 888

START | Parkplatz an der Brandstetter Kapelle. Zufahrt von Durbach über die K 5369; circa 500 Meter hinter Heinbach auf der rechten Seite. [GPS: UTM Zone 32 x: 429.202 m y: 5.371.914 m]
CHARAKTER | Einfache Runde, fast ausschließlich auf gut zu gehenden Pfaden und breiten und asphaltierten Wegen und Forstwegen.

Auf dieser Runde genießen wir die herrlichen Weinberge rund um Durbach. Daneben gibt es auf der Strecke aber noch viele Dinge, die es zu entdecken gibt. Das beginnt schon bei der Brandstetter Kapelle, an der die Tour startet. Im Ort Durbach finden wir ein schönes Fachwerkbild vor; für Museumsbegeisterte gibt es ein Wein- und Heimatmuseum. Dann geht's hinauf zur Ritterburg aus dem 11. Jahrhundert. Die Stollenburg säumt dann unseren Rückweg – sie war einst eine Höhenburg, von der aber nur noch sehr geringe Mauerreste vorhanden sind und ein paar Gräben und Wälle.

▶ Wir starten am Parkplatz bei der **Brandstetter Kapelle** **01** und richten uns nach dem Genießerpfad Durbacher Weinpanorama und dem Renchtalsteig Richtung Südosten. Über die Stürzlbacher

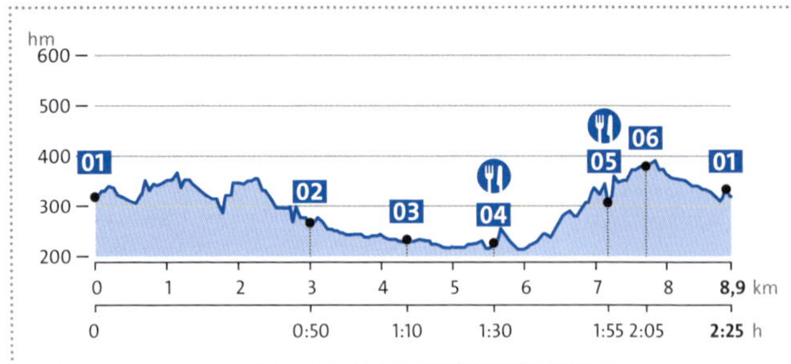

01 Brandstetter Kapelle, 319 m; **02** Durbachtalweg, 267 m;
03 Rebstock Park, 229 m; **04** Rathaus, 213 m;
05 Schloss Staufenberg, 357 m; **06** Stollenburg, 383 m;

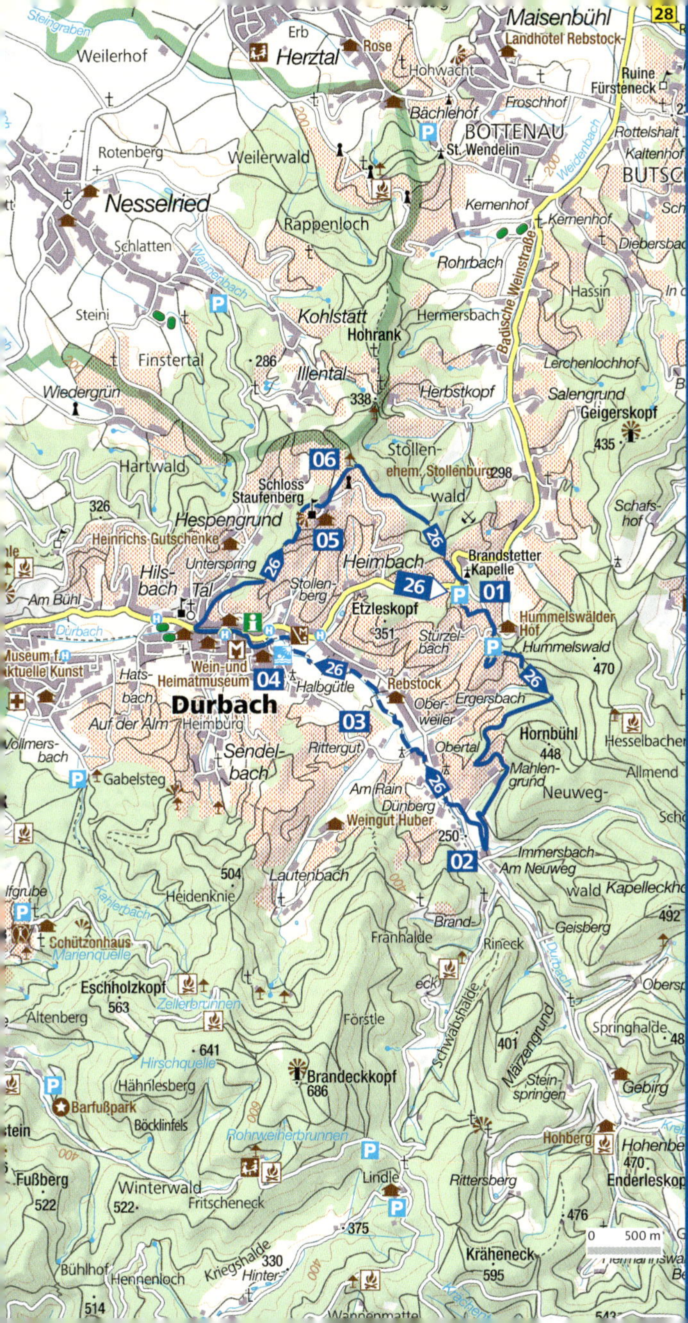

Steingraben
Weilerhof
Erb
Herztal
Rose
Maisenbühl
Landhotel Rebstock
28
Hohwacht
Ruine Fürsteneck
Bächlehof
Froschhof
BOTTENAU
St. Wendelin
Rottelshalt
Kaltenhof
BUTSCH
Rotenberg
Weilerwald
Nesselried
Kernenhof
Kernenhof
Diebersbach
Rappenloch
Schlatten
Rohrbach
Wannenbach
Weidenbach
Badische Weinstraße
Hassin
Kohlstatt
Hohrank
Hermersbach
Steini
Finstertal
286
Illental
Lerchenlochhof
338
Herbstkopf
Wiedergrün
Salengrund
Geigerskopf
435
Hartwald
Stollen-
ehem. Stollenburg
298
wald
06
Schloss Staufenberg
326
Hespengrund
Schafs-hof
Heinrichs Gutschenke
05
Unterspring
Heimbach
Brandstetter Kapelle
Hils-bach
Tal
Stollen-berg
26
01
Am Bühl
Etzleskopf
Hummelswälder Hof
Dürbach
351
Stürzel-bach
Hummelswald
470
Museum für aktuelle Kunst
Wein- und Heimatmuseum
04
Halbgütle
Rebstock
Ergersbach
Hats-bach
Dürbach
Ober-weiler
Auf der Alm
Heimburg
03
Hornbühl
448
Hesselbacher
Vollmers-bach
Sendel-bach
Rittergut
Obertal
Mahlen-grund
Allmend
Gabelsteg
Neuweg-
Am Rain
Dünberg
Weingut Huber
250
02
Immersbach
Am Neuweg
504
Lautenbach
wald
Kapelleckhof
Heidenknie
492
Kohlerbach
Brand-
Geisberg
Schützenhaus
Marienquelle
Franhalde
Rineck
Dürbach
Eschholzkopf
563
Obersp
Zellerbrunnen
Altenberg
Förstle
Schwabshalde
Springhalde
48
401
Märzengrund
641
Hirschquelle
Brandeckkopf
686
Stein-springen
Hähnlesberg
Gebirg
Barfußpark
Böcklinfels
Hohberg
Hohenberg
Rohrweiherbrunnen
470
Enderleskopf
Lindle
Rittersberg
Fußberg
522
Winterwald
522
Fritscheneck
476
375
0 500 m
Kräheneck
595
Bühlhof
Hennenloch
Kriegshalde
330
Hinter-
514
Wannenmatte

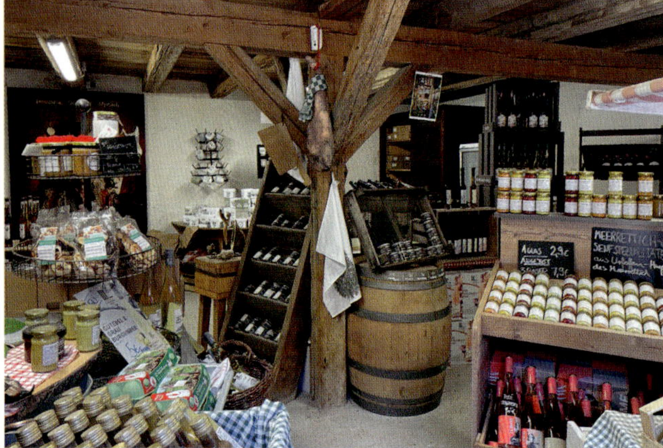

Im Hofladen des Schlosses gibt es allerlei Leckereien

Höhe wandern wir zuerst einmal leicht abwärts stetig auf der Route. Schnell kommen wir in den Wald, wechseln mit dem Wegverlauf die Richtung und gehen dann abwechselnd durch ein Stück Wald, dann wieder an den Weinhängen vorbei an den Ortsrand von Durbach. Am **Durchbachtalweg** 02, nach gut einer Dreiviertelstunde biegen wir scharf nach rechts, halten uns jedoch kurz darauf zur Straße Obertal und wandern recht bald am Durbach entlang. Der Renchtalsteig hat uns bereits verlassen, wir haben nun nur noch den Premiumweg Durbacher Weinpanorama im Blick. Er führt uns nun gemächlich stetig am Durbach entlang, an der Durbach Ranch und dem **Rebstock-Park** 03 vorbei. Nach dem Schwimmbad gelangen wir ins Zentrum von Durbach. Der Ort empfängt uns mit einem schönen Gebäudeensemble, vorbei am Durbacher Wein- und Heimatmuseum, der Tourismusinfo in hübschem Fachwerkhaus und dem **Rathaus** 04. An der Abzweigung Grol biegen wir rechts in den Hespengrund ein. Hier wechseln wir die Markierung auf den Jakobsweg und den Ortenauer Weinpfad. Sie bringen uns bald über die Steingasse stetig geradeaus hinauf. Am Ende der Straße halten wir uns rechts und wandern dann zwischen Waldrand und Weinstöcken mit wunderbaren Blicken die letzte ViertelStunde zum **Schloss Staufenberg** 05 hinauf. Auf der Schlossterrasse kann man herrlich Pause machen. Der Weiterweg bringt uns nun wieder auf dem Renchtalsteig und dem Durbacher Weinpanorama am Hofladen vorbei bergan. An Weinreben vorbei halten wir uns am Waldrand rechts. Ein paar Meter nur, dann können wir über einen Pfad nach links schon zu den Gräben und Wällen der ehemaligen **Stollenburg** 06 hinaufschauen. Dann wandern wir zwischen Wald und Weinbergen die letzte Viertelstunde hinab zum Parkplatz bei der **Brandstetter Kapelle** 01.

HÖHENWANDERUNG BEI ZELL AM HARMERSBACH

Aussichtsreich hoch über dem Harmersbachtal

 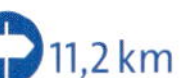 11,2 km  3:00 h 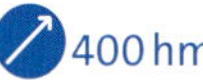 400 hm  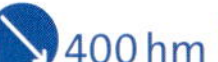 400 hm  886, 888

START | Hinterhambach; Parkplatz an der Wassertretstelle; Zufahrt von Unterharmersbach über Gräbenreute, nach dem Spielplatz links nach Hinterhambach. Nach 1 km rechts hinab in den Wald. [GPS: UTM Zone 32 x: 432.530 m y: 5.357.230 m]
CHARAKTER | Einfache Runde auf schönen Teer- und Forstwegen; gleich zu Beginn jedoch ein steiler Pfad.

Auf dieser Rundwanderung folgen wir ein gutes Stück dem Premiumwanderweg „Genießerpfad Hahn und Henne". Die Route bringt uns über schöne Höhen oft auch am Waldrand entlang. In der Ausflugsgasttätte Vogt auf Mühlstein kann man hervorragend Pause machen. Das letzte Stück verläuft auf Pfaden.

▶ Wir starten unsere Wanderung am Parkplatz in **Hinterhambach** 01. Hier folgen wir gleich dem Premiumweg Hahn und Henne am Wassertretbecken vorbei und schnell steil auf Pfaden hinauf. Bald geht es über eine „Hühnerleiter", dann folgen wir dem Forstweg nach rechts. Stets rechtshaltend beschreibt der Weg eine Rechtskurve und bringt uns mit wundervollen Blicken ins Tal weiter aufwärts. Am Querweg Jägereckle hält sich die Route links bis zum **Am**

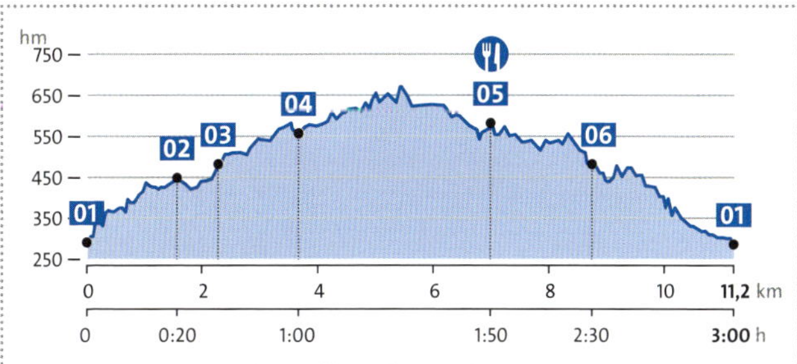

01 Hinterhambach, 308 m; 02 Am Katzenschrofen, 435 m; 03 Höllhaken, 468 m; 04 Reutegut, 574 m; 05 Vogt auf Mühlstein, 544 m; 06 Überm Strietparkplatz, 445 m;

Tipp

Versteckt befindet sich in Zell die wohl einzige im Südwesten erhaltene Waschküche, die schon im 19. Jh. in Betrieb war. An der Hauptstraße gegenüber des Gasthofes Adler biegt das Sträßlein „Am Bach" ab. Hier weisen uns zwei Rechtspfeile und ein Linkspfeil den weiteren Weg zum „Wäschekuchi".

Katzenschrofen **02**. Wir folgen der Markierung stetig weiter aufwärts, beim **Höllhaken** **03** an der großen Kreuzung bleiben wir geradeaus. Kurz nach der Straußenwirtschaft Sodlach zu unserer Linken halten wir uns an der Gabelung rechts. Eine Viertelstunde später, nach der Gabelung **Reutegut** **04** geht's nach links. Hier verlassen wir kurz den Wald und wandern mit schönen Blicken über die Höhen. Der Routenverlauf bringt uns nun in einer Dreiviertelstunde zur Gaststätte **Vogt auf Mühlstein** **05**, in der wir eine ausgedehnte Pause einlegen. Dann geht's auf der Höhe an Weiden vorbei, nun auch mit dem Hut vom Hansjakob. Wir bleiben nun stets auf diesem Weg, bis wir beim Heugrabeneck links abbiegen zum Überm Heugraben. Wir wechseln kurz danach auf

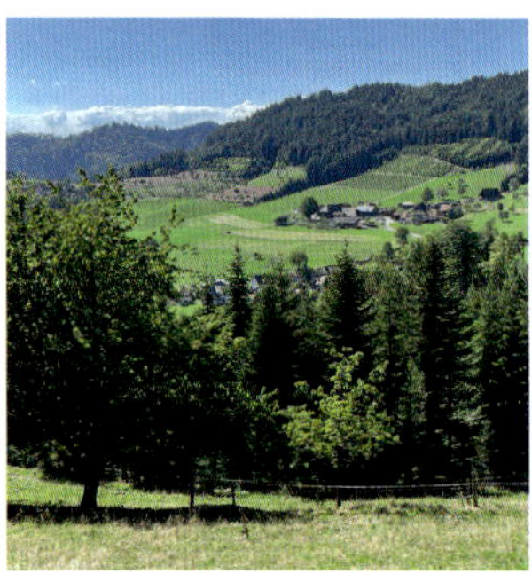

Tolle Blicke ins Harmersbachtal

die gelbe Raute, die uns scharf links abbiegen lässt und dann im Zickzack zum **Strietparkplatz** **06** leitet. Hier geht's nun rechts am Schottenhöfer Bächle entlang. Wir wechseln kurz darauf einmal die Straßenseite und gehen weiter neben dem Bach bis zum Parkplatz **Hinterhambach** **01**.

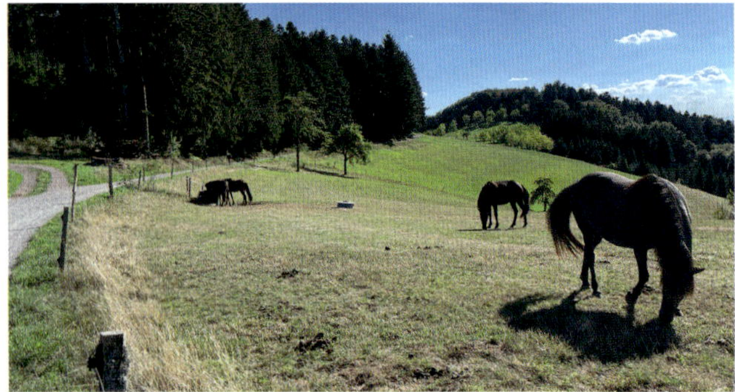

Vorbei an Pferdekoppeln herrlich über die Höhe

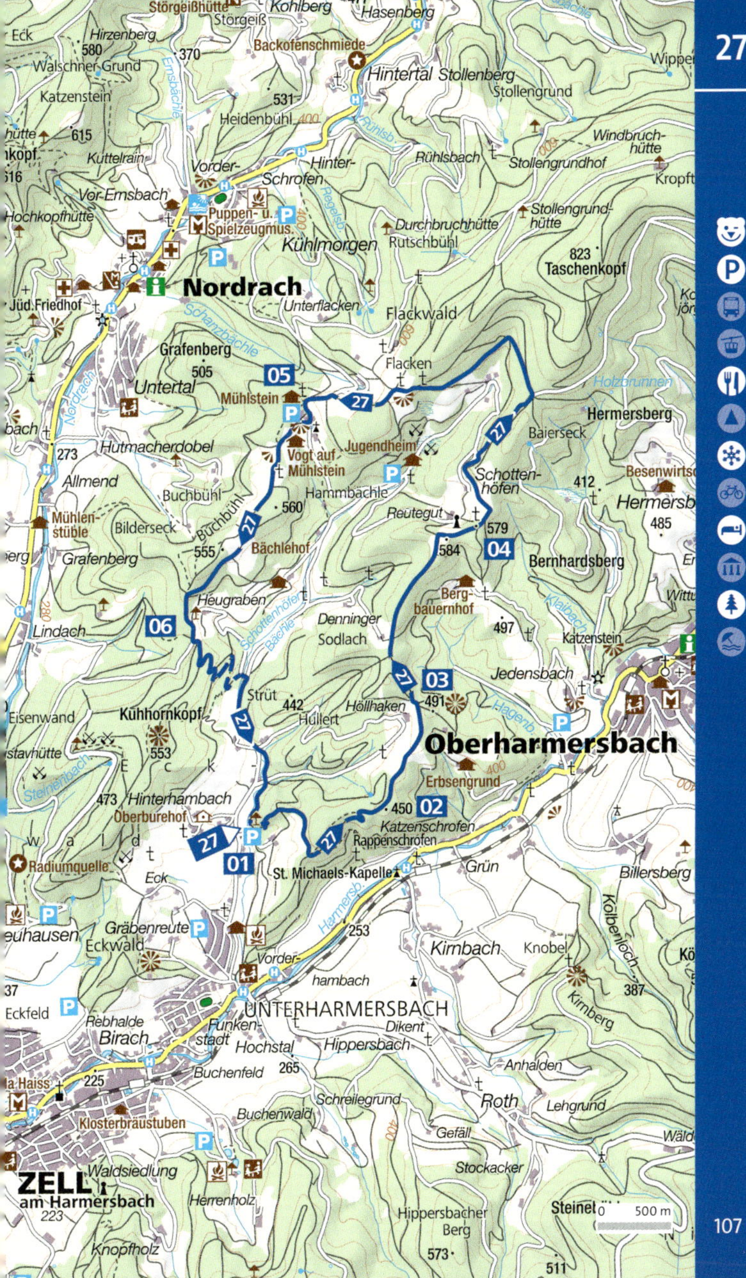

28

AUF DEN BRANDENKOPF

Auf Waldsteigen ins Einbachtal

  12,9 km  3:40 h 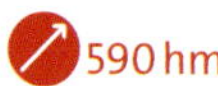 590 hm  590 hm  886, 888

START | Ausgangspunkt ist ein Parkplatz unterhalb des Brandenkopfs, nahe der Bettelfrau. Wir fahren die Talstraße ins Einbachtal hinein, beim Naturfreundehaus vorbei und dann auf rotem Waldweg der Beschilderung „Fahrweg Brandenkopf" folgen. An der Dreieckskreuzung mit Rastbank in der Mitte links abbiegen. Hier befindet sich der Parkplatz.
[GPS: UTM Zone 32 x: 438.076 m y: 5.355.273 m]
CHARAKTER | Uns erwartet eine sehr schöne Rundwanderung, jedoch geht's nach einem kurzen Anstieg zuerst ganz hinab ins Tal, bevor wir einen langen, aber schönen Anstieg bewältigen. Längere Strecken wandern wir auf steilen Steigen, die Trittsicherheit und gutes Schuhwerk voraussetzen. Der Schlussabstieg ins Tal führt über ein asphaltiertes Sträßlein.

Der Brandenkopf gilt als einer der schönsten Aussichtsberge des Schwarzwaldes. Mit seiner Höhe von 945 m ragt er aus der umliegenden Landschaft zwischen den Tälern der Kinzig, des Harmersbachs, der Rench und der Wolf empor. Frei nach dem Motte „Der Weg ist das Ziel" steigen wir bei dieser Runde diesmal nach

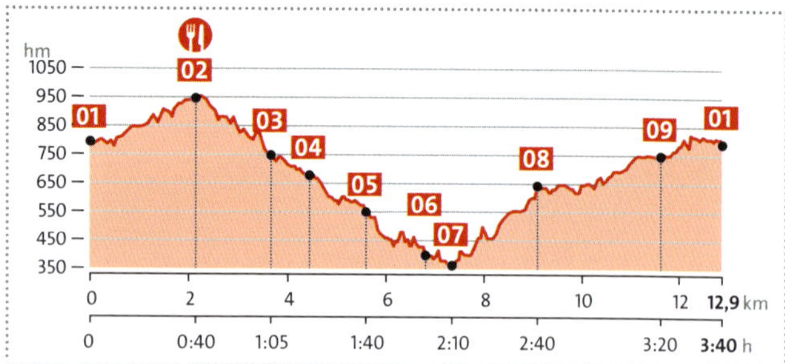

01 Parkplatz, 804 m; 02 Brandenkopf, 945 m; 03 Hinterer Berg, 734 m; 04 Kreuzbühl, 681 m; 05 Mittlere Rautsch, 450 m; 06 Unterm Rautschberg, 380 m; 07 Wanderparkplatz Hintertal, 370 m; 08 Ebenacker Brunnen, 607 m; 09 Hirzwasen, 730 m;

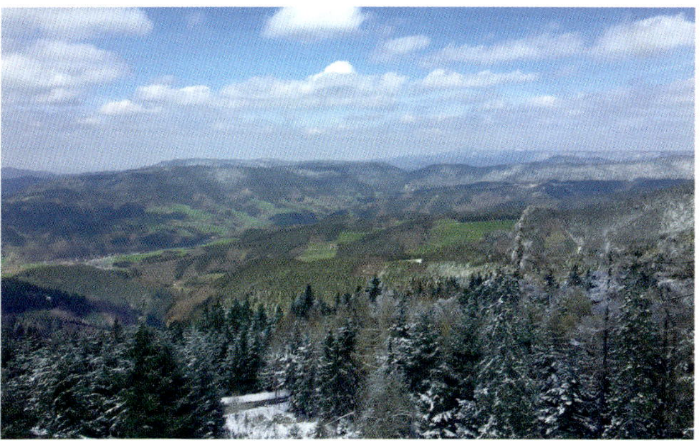

Weite Blicke vom Brandenkopf

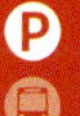
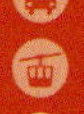
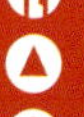

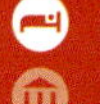

einem kurzen Anstieg auf den Gipfel erstmal lange ins Tal hinab, bevor der Rückweg uns wieder hinaufbringt. Aussichtsreich sind die Wege im wunderschönen Einbachtal.

▶ Los geht es auf unserer Runde am **Parkplatz** 01 nahe der Bettelfrau unterhalb des Brandenkopfs. Vom Parkplatz geht linker Hand direkt ein Steig hinauf mit der roten Raute Richtung Brandenkopf. Am breiten Waldweg „Steiglehütte" biegen wir links ab. Nach einer Viertelstunde gelangen wir an den Spitzbrunnen, bei der Kreuzung gehen wir geradeaus. Kurz darauf führt scharf links ein Steig weiter, mündet wieder beim Waldweg und bringt uns zum **Brandenkopf** 02 samt Aussichtsturm und Gaststätte. Da es zum Einkehren zu früh ist, besuchen wir nur den Turm, der fantastische Blicke gewährt an klaren Tagen bis in die Schweiz. Dann setzen wir unseren Weg fort. Hinter dem Turm zeigt ein Holzschild schräg nach rechts auf einen Pfad Richtung Fischerbach. Es führt uns noch immer die rote Raute. Nach einem steilen, steinigen Abstieg stehen wir am „Oberen Brandenkopfweg". Geradeaus weiter geht es hinab Richtung „Hinterer Berg" auf der gelben Raute. Am breiten Weg biegen wir rechts ein, nach wenigen Schritten halten wir uns links auf einen Pfad. Beim Waldweg und dem Brünnlein wandern wir dann nach rechts weiter. Schon kurze Zeit später schickt

Info

Im Einbachtal befindet sich an der Talstraße der Wanderparkplatz Hintertal. Von hier kann man in gewohnter Bergsteigermanier zuerst komplett auf- dann wieder absteigen. Aufgrund der begrenzten Parkmöglichkeiten haben wir jedoch den Parkplatz nahe der Bettelfrau gewählt.

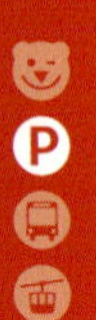

uns die gelbe Raute schräg links auf einen schmäleren Weg, dem wir geradeaus hinab bis zum **„Hinteren Berg“** **03** folgen. Hier wenden wir uns schräg nach links Richtung Ballensattel. Bald erreichen wir diese Kreuzung und wandern weiter geradeaus Richtung „Auf der Gumm“. Hier wandern wir über einen schönen Grasweg hinunter zu einem Waldweg und der Kreuzung „Auf der Gumm“. Wir biegen links ab und gelangen nach wenigen Hundert Metern an die Kreuzung **Kreuzbühl** **04**. Nun folgen wir dem asphaltierten Sträßlein rechts hinab. Nach circa 20 Minuten auf dem Teersträßlein, begleitet von teils sehr schönen Blicken auf vereinzelte Weiler und entlang der steilen Bergwaldhänge, gelangen wir an das Wegschild **„Mittlere Rautsch“** **05**. Hier zweigt ein sehr steiler Pfad links hinab ab; er bringt uns durchs Wäldchen, dann über die Wiese an einen Schotterweg, dem wir um die Linkskurve bis an die Straße folgen. Am einzeln stehenden Hof wenden wir uns nach rechts und wandern nun die schmale Teerstraße ins Einbachtal hinunter. An der Talstraße und **„Unterm Rautschberg“** **06** biegen wir rechts ab, begleitet vom rauschenden Einbach. Hinter dem nächsten Hof zweigt links ein Schotter- und Wirtschaftsweg ein. Wir haben den **Wanderparkplatz Hintertal** **07** erreicht. Einige Meter nach dem Wanderschild biegt scharf links ein Weg ab – Achtung, keine Markierung – und wenige Meter später schickt uns die gelbe Raute rechts über einen schmalen, schwer erkennbaren Steig steil hinauf. Am Schotterweg mit einer Wegkreuzung richten wir uns nach dem Holzschild „Grubenäckerweg“ schräg rechts hinauf, gleich darauf an der Weggabelung halten wir uns links. Wir wandern nun gut eine Viertelstunde auf diesem Weg, dann führt uns die gelbe Raute in einer Rechtskurve geradeaus auf einen breiten Steig teils steil aufwärts durch den Laubwald. Dem darauffolgenden, roterdigen Waldweg wandern wir weiter aufwärts. Er mündet in einen Forst- und Waldweg, der uns weiter stetig geradeaus hinaufbringt. Vom **Ebenacker Brunnen** **08**, an dem wir uns erfrischen können, sind es nur noch zweihundert Meter, dann erreichen wir eine Kreuzung. Wir wenden uns nach links. Unsere Wegzeichen sind nun die rote Raute (Westweg) und der Hansjakobweg. Weiter geht es hinauf, nach circa zehn Minuten zweigt links ein breiter Pfad ab, nur wenig später folgen wir dem Waldweg links hinauf. Er mündet wieder in einen schmalen Pfad. Am Wegschild „Schmieders Höhe“ halten wir uns links Richtung Hirzwasen. Wir tangieren ein wenig später wieder den roten, breiten Waldweg. Hier steigen wir weiter auf einem Steig bergan, bis uns die letzten Schritte nochmals über jenen Waldweg zur Kreuzung **Hirzwasen** **09** führen. Hier halten wir uns nun schräg links Richtung Bettelfrau auf der Westweg-Variante und dem Hansjakobweg über einen mal etwas breiteren, mal schmäleren Weg. Bald bringt er uns als gut markierter Steig bis an den Altwolfacher Kopfweg. Ab hier geht's auf breitem, rotem Waldweg weiter bis zur Kreuzung Bettelfrau. Rechts hinab haben wir dann in wenigen Schritten den **Parkplatz** **01** erreicht.

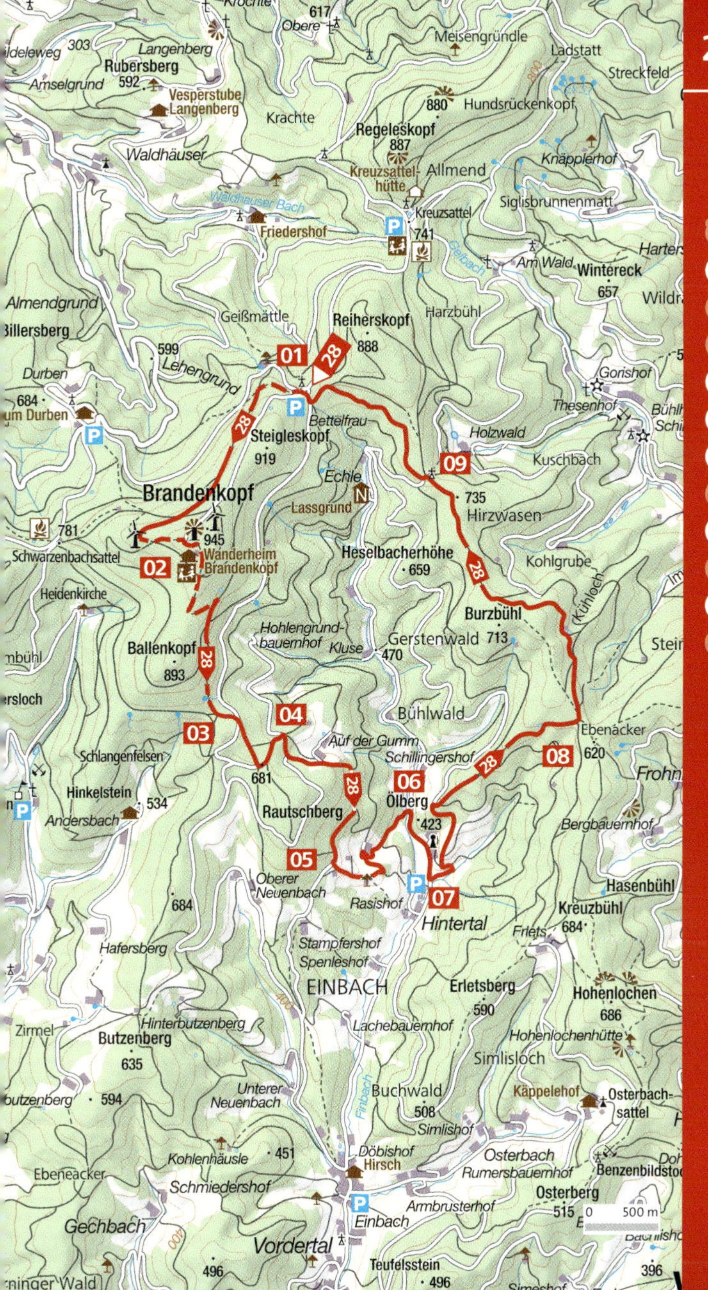

Krochte
617
Obere
Meisengründle
Langenberg
Rubersberg
592
Amselgrund
Vesperstube Langenberg
Krachte
Ladstatt
Streckfeld
880
Hundsrückenkopf
Regeleskopf
887
Waldhäuser
Kreuzsattel-hütte
Allmend
Knäpplerhof
Siglisbrunnenmatt
Waldhauser Bach
Friedershof
Kreuzsattel
741
Gelbach
Am Wald
Wintereck
657
Almendgrund
Billersberg
Geißmättle
Reiherskopf
888
Harzbühl
599
Lehengrund
01
28
Durben
684
Gorishof
Thesenhof
Bettelfrau
Steigleskopf
919
Holzwald
09
735
Kuschbach
Hirzwasen
Echle
Brandenkopf
Lassgrund
781
945
Schwarzenbachsattel
02
Wanderheim Brandenkopf
Heselbacherhöhe
659
Kohlgrube
Heidenkirche
Burzbühl
713
Kühloch
Hohlengrund-bauernhof
Kluse
Gerstenwald
470
Ballenkopf
893
Bühlwald
03
04
Ebenacker
620
Auf der Gumm
Schillingershof
08
Schlangenfelsen
681
06
Ölberg
423
Hinkelstein
534
Andersbach
Rautschberg
Bergbauernhof
05
Oberer Neuenbach
Rasishof
07
Hasenbühl
684
Hintertal
Kreuzbühl
684
Hafersberg
Stampfershof
Spenleshof
EINBACH
Erletsberg
590
Hohenlochen
686
Zirmel
Hinterbutzenberg
Lachebauernhof
Hohenlochenhütte
Butzenberg
635
Simlisloch
594
Unterer Neuenbach
Buchwald
508
Käppelehof
Osterbach-sattel
Simlishof
Finbach
Kohlenhäusle
451
Döbishof
Hirsch
Osterbach
Rumersbauernhof
Benzenbildstock
Ebeneacker
Schmiedershof
Osterberg
515
Armbrusterhof
Einbach
Gechbach
Vordertal
Teufelsstein
496
496
396
Simeshof
0 500 m

ZUM TEUFELSTEIN BEI ST. ROMAN

Auf stillen Wegen in die Bergwälder um einen Wallfahrtsort

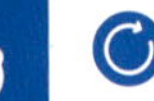 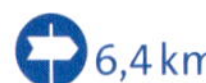 6,4 km 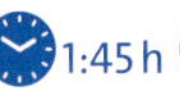 1:45 h 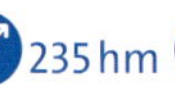  235 hm 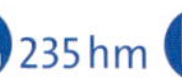 235 hm 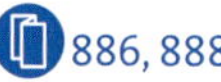 886, 888

START | Parkplatz bei der Kirche St. Roman; von Schiltach über die L 294 Richtung Wolfach. Kurz vor Schmelze rechts in Sulzbächle abbiegen und ins Tal fahren.
[GPS: UTM Zone 32 x: 447.628 m y: 5.353.332 m]
CHARAKTER | Einfache, kurze Wanderung auf überwiegend breiten Forst- und Teerwegen.

Diese Runde ist hervorragend für einen schönen nachmittäglichen Spaziergang geeignet. Vom Wallfahrtsort St. Roman, genauer gesagt vom Kircherl oberhalb des Dorfes, erkunden wir die umliegenden Bergwälder. Dabei testen wir heute einmal ein paar wenig begangene Wege. Der Kirchenpatron St. Roman soll heiratswilligen Mädchen beim Finden eines Mannes geholfen haben. So begaben sich immer wieder junge Mädchen und Frauen auf Wallfahrt zu der kleinen Kirche im Bergdorf. An der Außenwand der Kirche steht der Grabstein des Heubacher Försters Josef Anton Fürst. Er wurde vom Haslacher Volksschriftsteller Heinrich Hansjakob als „Fürst vom Teufelstein" literarisch verewigt.

▶ Die Wanderung startet bei der Wallfahrtskirche **St. Roman** 01 und führt auf einen Feldweg hinter der Kirche mit dem Hut des Hansjakobweges in den Wald hi-

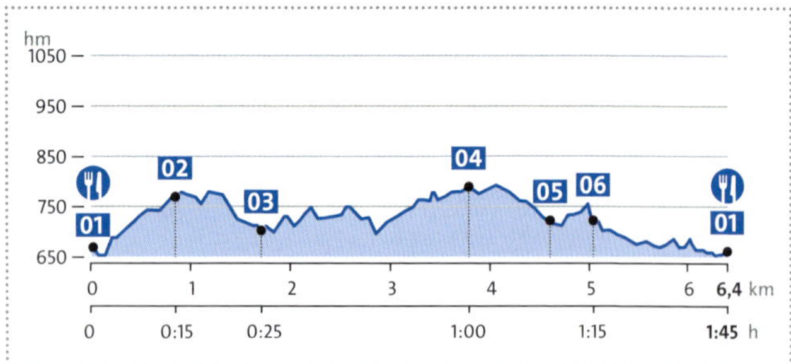

01 St. Roman, 665 m; 02 Teufelstein, 763 m; 03 Abrahamsbühl, 697 m; 04 Vordere Hals, 775 m; 05 Kohlplatz, 723 m; 06 Jehlebasche Höhe, 704 m;

29

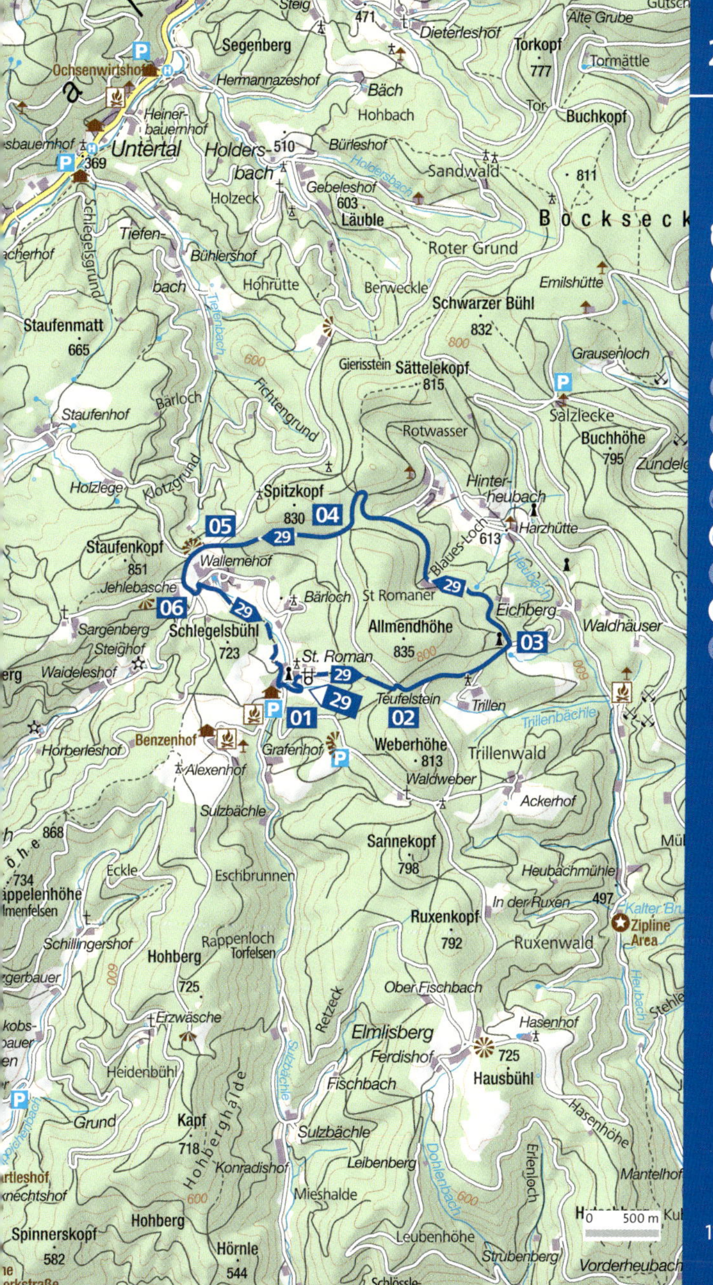
Segenberg
Untertal
Holdersbach
Staufenmatt
665
Bocksseck
Schwarzer Bühl
832
Sättelekopf
815
Spitzkopf
830
Staufenkopf
851
Wallemehof
Schlegelsbühl
723
St. Roman
Allmendhöhe
835
Eichberg
Teufelstein
Weberhöhe
813
Trillenwald
Sannekopf
798
Ruxenkopf
792
Elmlisberg
Hausbühl
725
Hohberg
Kapf
718
Spinnerskopf
582
Hörnle
544
Zipline Area
0 500 m

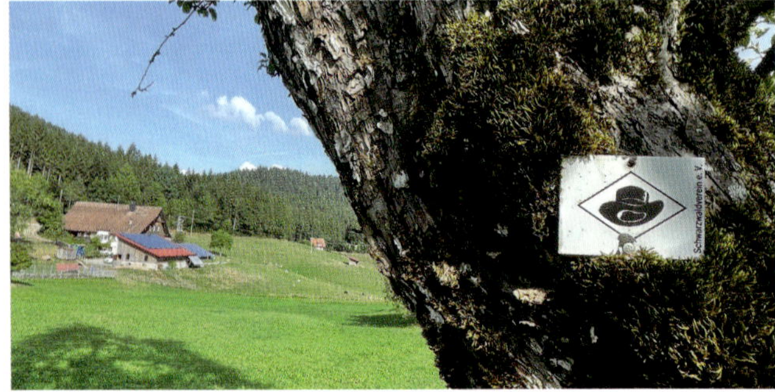
Der Hansjakobweg

nein. Er führt uns nun eine knappe Viertelstunde bald auf schmälerem Weg in den Wald hinauf; an der Kreuzung am **Teufelstein** 02 führt uns unser Wegzeichen weiter geradeaus auf breitem Waldweg Richtung Abrahamsbühl. Wir gelangen zu einem asphaltierten Weg und folgen ihm noch weiter bis **Abrahamsbühl** 03. Wer hier schon hungrig ist der kann nach rechts abbiegen und über den Trillengrund zur Vesperstube Auerhahn wandern. Der Weg dorthin nimmt etwa zehn Minuten in Anspruch. Andernfalls folgen wir zunächst kurz weiter der ruhigen Straße nach links. Hier bleiben wir auf dem linken, oberen Weg, der noch ein Stück asphaltiert ist, passieren eine Schranke und wandern bald auf schottrigem Untergrund weiter. Die gelbe Raute leitet uns gut zwanzig Minuten auf diesem Weg, alle Abzweigungen ignorierend, bis wir nach einer Linkskehre die Weggabelung **Vordere Hals** 04 erreichen. Auch hier weichen wir nicht von unserer Route ab und wandern stetig geradeaus über den Klausenwaldweg bis zum **Kohlplatz** 05 am Waldrand. Auf einer ruhigen Straße geht's hinab, in einem Linksbogen über die St. Romaner Höhe zur **Jehlebasche Höhe** 06. Hier auf dem Sträßlein noch um die Linkskurve, dann biegen wir rechts ab. Der Hansjakobweg führt uns über eine Wiese oberhalb von ein paar Höfen und an Apfelbäumen entlang. Der Weg verschmälert sich zum Wald hin allmählich und schließlich wandern wir über einen Pfad durch den Wald. Beim Waldaustritt queren wir den Hang über eine Wiese und laufen an seinem Ende den geteerten Hansjakobweg hinab. Über das Sulzbächle und am Dorfbrunnen vorbei wandern wir das Sträßlein die letzten paar Hundert Meter wieder hinauf zur Kirche **St. Roman** 01.

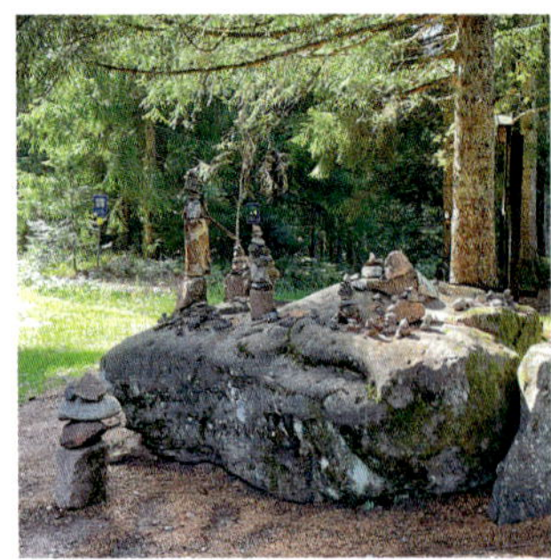
Am Teufelstein

VON HAUSACH NACH HASLACH

Auf aussichtsreichen Wegen durchs Kinzigtal

 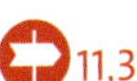 11,3 km  3:15 h 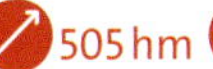 505 hm 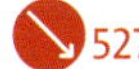 527 hm 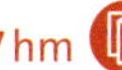 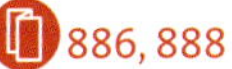 886, 888

START | Parkplätze überall im Ort in Hausach. Am Wochenende ohne Zeitbeschränkung. Werktags kann man ohne zeitliche Begrenzung beim Bahnhof parken.
[GPS: UTM Zone 32 x: 438.381 m y: 5.348.197 m]
CHARAKTER | Kurzweilige Streckenwanderung, überwiegend auf Waldwegen und Pfaden. Unterwegs gibt es mehrere tolle Rastbänke mit herrlichen Aussichten; wer unterwegs also rasten möchte, Brotzeit nicht vergessen. Ansonsten viele Einkehrmöglichkeiten in Hausach und Haslach. Vom Uhrenkopfturm hat man eine tolle Rundumsicht!

Diese abwechslungsreiche Tour führt uns zuerst über die Burg Husen. Imposant thront sie über Hausach und hält grandiose Blicke über das Kinzig- und Einbachtal sowie auf den gegenüberliegenden Brandenkopf bereit. Beim Kneippbecken besuchen wir die kleine Kreuzbergkapelle. Die ehemalige Wallfahrtskapelle wurde erstmals 1715 urkundlich erwähnt. Nach einem schönen Abstieg zum Hauserbach holen wir tief Luft für den langen Anstieg auf den Urenkopf. Die schönen Wege und tollen Ausblicke lassen aber

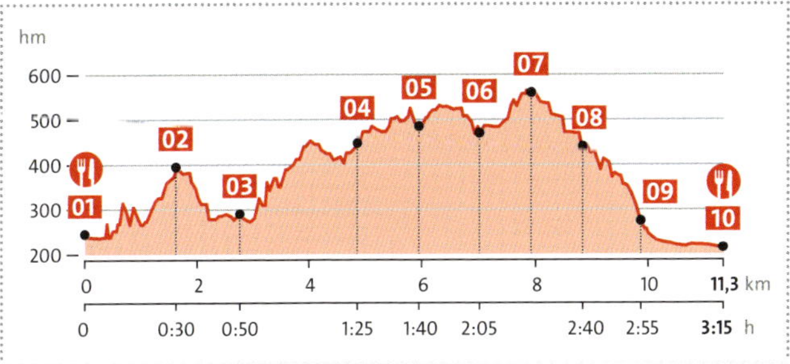

01 Hausach, 272 m; 02 Kreuzbergkapelle, 369 m; 03 Am Hauserbach, 297 m; 04 Oberer Bauernhof, 450 m; 05 Über Ried, 519 m; 06 Rastplatz Rotweinbänkele, 503 m; 07 Urenkopfturm, 555 m; 08 Kreuzung Hirschfelsen, 457 m; 09 Rotkreuzhütte , 280 m; 10 Haslach im Kinzigtal, 216 m;

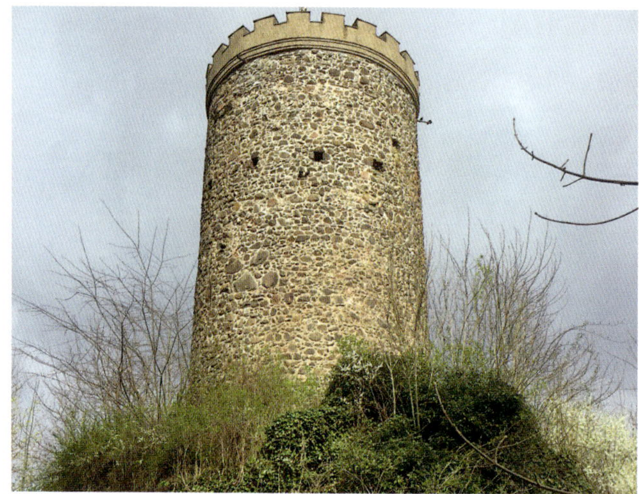

Burg Husen

schnell die Anstrengungen vergessen. Der Abstieg im letzten Viertel der Tour ist vergleichsweise kurz, aber stellenweise sehr steil!

▶ In **Hausach** 01 wenden wir uns an der Hauptstraße nach Westen. Unterhalb der Burg Husen halten wir uns am Abzweig mit dem Wanderschilderbaum links hinauf Richtung Burg bald auf einem Zickzackweg. Nach dem Rastplatz laufen wir linker Hand auf dem Hausacher Bergsteig um die Burg herum. Nachdem wir die inneren Mauern erkundet haben gehen wir auf diesem Weg weiter aussichtsreich an einem mit Holzgeländer versehenen Pfad entlang. Kurz darauf hinter der Aussichtshütte halten wir uns rechts hinauf und gelangen an einen breiten Waldweg. Hinab geht es nun Richtung Wasserwerk Kreuzberg. Unten an der Kreuzung mit Parkplatz und Kneippanlage halten wir uns links hinauf Richtung Kreuzbergkapelle. Nach einem circa zehnminütigem, knackigen Aufwärtsmarsch haben wir die **Kreuzbergkapelle** 02 und einen tollen Abenteuerspielplatz erreicht. Wir folgen dem Waldweg weiter Richtung Kreuzberg hinunter. An der folgenden Kreuzung laufen wir geradeaus weiter hinab mit der gelben Raute und dem Genießerpfad „Hausacher Bergsteig" Richtung Altes Schulhaus. Nur ein paar Meter, dann geht's gleich rechts bald steil am Waldrand entlang hinab. Der Weg führt nach rechts in den Wald und endet an einer Wiese. Scharf links wandern wir auf schönem Weg am Waldrand entlang, vorbei an einer gemütlichen Raststelle, bis wir an ein Sträßlein gelangen. Hier, **„Am Hauserbach"** 03, folgen wir dem Asphalt nach rechts. Nur zweihundert Meter später, am alten, verwitterten Haus, biegen wir links ab Richtung „Oberer Winterleshof". Nach dem verlassenen Bauernhaus bringt uns der Genießerpfad schnell steil aufwärts. Am Wegschild „Oberhalb Winterleshof" zweigt linker Hand ein schmaler Steig hinauf Richtung „Über Ried". Nur wenige Minuten darauf stoßen wir auf zwei Waldwege. Wir nehmen den zweiten von rechts und laufen hinauf, an der Kreuzung mit Rastbank geradeaus auf dem Jakobusweg Lossburg-Schutterwald. Gleich darauf biegen wir am breiten Waldweg links ab. Zehn Minuten später treten wir aus dem Wald hinaus und gelangen an ein schmales Sträßlein, dem wir nach links weiter aufwärts folgen. Wir passieren den **„Oberen Bauernhof"** 04 – hier gibt's einen Naturkühlschrank, an dem man sich etwas zu trinken oder Kekse kaufen kann. Hinter dem Weiler erwarten uns auf der Höhe herrliche Blicke ins Tal. An der T-Kreuzung schließlich biegen wir links ab. Zehn Minuten später stehen wir an der Kreuzung **„Über Ried"** 05. Wir wandern weiter geradeaus und verlassen nun den Hausacher Bergsteig, um uns zum Urenkopfturm aufzumachen. Jetzt führt uns der Hut, das Zeichen des Hansjakobweges. Dazu richten wir uns erst einmal Richtung Bannstein. Wir wandern also hinab, kurz darauf an der nächsten Kreuzung wieder geradeaus aufwärts. Nach nur 75 Metern zweigt nach rechts ein Steig in den dichteren Wald ab und bringt uns zur Kreuzung „Am Bannstein". Hier gehen wir geradeaus weiter Richtung Bohnacker. An der Kreuzung mit den breiteren Waldwegen biegen wir rechts ab und den mit Besenginster gesäumten Weg hinab. An der nächsten Kreuzung biegen wir scharf links ab zum Rotweinbänkele. Wir erreichen den schönen **Rastplatz Rotweinbänkele** 06 nach wenigen Minuten. Der Hansjakobweg leitet uns weiter geradeaus bis zum Bohnacker. Das Wanderschild schickt uns nach rechts Richtung Urenkopfturm, gleich darauf scharf links, 25 Meter später wieder rechts. Auf schmalem Weg geht es nun zum Schlussanstieg zum **Urenkopfturm** 07, den wir nach 5 Minuten erreichen. Nach dem Besuch des Turmes und dem Genuss der fantastischen Rundumblicke laufen wir den breiten Waldweg weiter. An der Linkskehre schickt uns der Hansjakobweg nach rechts auf einen Pfad Richtung Sandhaas-Hütte. An der Hütte des wunderlichen Malers bringt uns ein Steig abwärts. Wir queren einen Waldweg, am zweiten Waldweg und der **Kreuzung Hirschfelsen** 08 wandern wir links weiter auf breiterem Pfad hinunter Richtung Haslach. Nochmal queren wir einen Waldweg, kurz darauf stehen wir am „Heiligen Brunnen" samt Kapelle. Ein Kreuzweg begleitet uns von hier aus nun stetig bergab, einmal queren wir dabei einen Waldweg, dann erreichen wir nach einer knappen Viertelstunde die **Rotkreuzhütte** 09 am Waldrand. Unser Wegzeichen schickt uns das letzte Stück über einen Flurweg in den Ort hinein. Wir gehen die Rotkreuzstraße hinab, biegen dann in die Otto-Göller-Straße rechts ein und halten uns an der Hans-Jakob-Straße wieder links. An der Grafenstraße nach rechts, etwas später über Engelstraße links und Alte Eisenbahnstraße zum Bahnhof von **Haslach im Kinzigtal** 10. Mit der Bahn geht es dann wieder zurück nach **Haslach** 01.

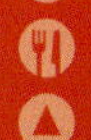
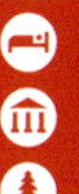

Katzenstein
550
Kienzlerhof
Welschbollenbach
Holzberg
645
Schornfelsen
Im Leh
Heizenberg
Welschbollenbach
Epplinsberg
Grätfelsen
Stelzenberg
Grit
Eckwald
645
Fenschenberg
437
Herrenwald
Einetwald
Weberhof
Vorderhof
Birkenstein
433
579
Eschgrund
Eschengrund
Elmlisgraben
Brüsch
BOLLENBACH
Besucherbergwerk "Segen Gottes"
Eck
Berghofhütte
Bergeck
530
Wagenstatthütte
Eschbach
Fischerbach
Silberstube
Allmend
SCHNELLINGEN
Ellengrund
Mosers Blume
Ochsen
Weiler
Hirlinsgrund
Herrenberg
Stricker
Galgenbühl
278
Mühlegrien
Kinzig
30
10
Dt. Fachwerkstr.
Teufelskanzel
Schwarzwälder Trachtenmuseum
Hansjakob-Mus.
HASLACH im Kinzigtal
482
220
Hirschfelsen
08
07
Urenkopf
478
06
09
550
Urenwald
Bannstein
520
Geißbürde
Gaisbürde
Hofstetterbach
Waldsee
Pfaffenbrunnen
Deponie
KZ-Gedenkstätte Vulkan
Wolfmatt
Läuferhof
Mattenmühle
Linde
Hansjakob-Kapelle
Bächlewald
294
Gründle
468
Bärenbach
Bührershof
529
Kapf
Hochenhof
Ullerst
Wittenhof
374
Spähnlehof
Kaiserhof
Hagsbach
Gährenberg
538
Wittenbauernhof
Lourdes-Grotte
400
Birkle
Kellerhof
Mühlenbach
260
Göttlen
Krämerhof
Hinterwald
Holmen
Walterhof
Fleischdielte
Vorbach
547
Stein
457
Schmiederbauernhof
Fallerhof
Alte Floßmühle
Pfusbühl
Prechtenbauernhof
Vusenmühle
559
Tebisenhof
Gürtenau
Mauruse
Sommerwald
Gottemenhof
Fannis

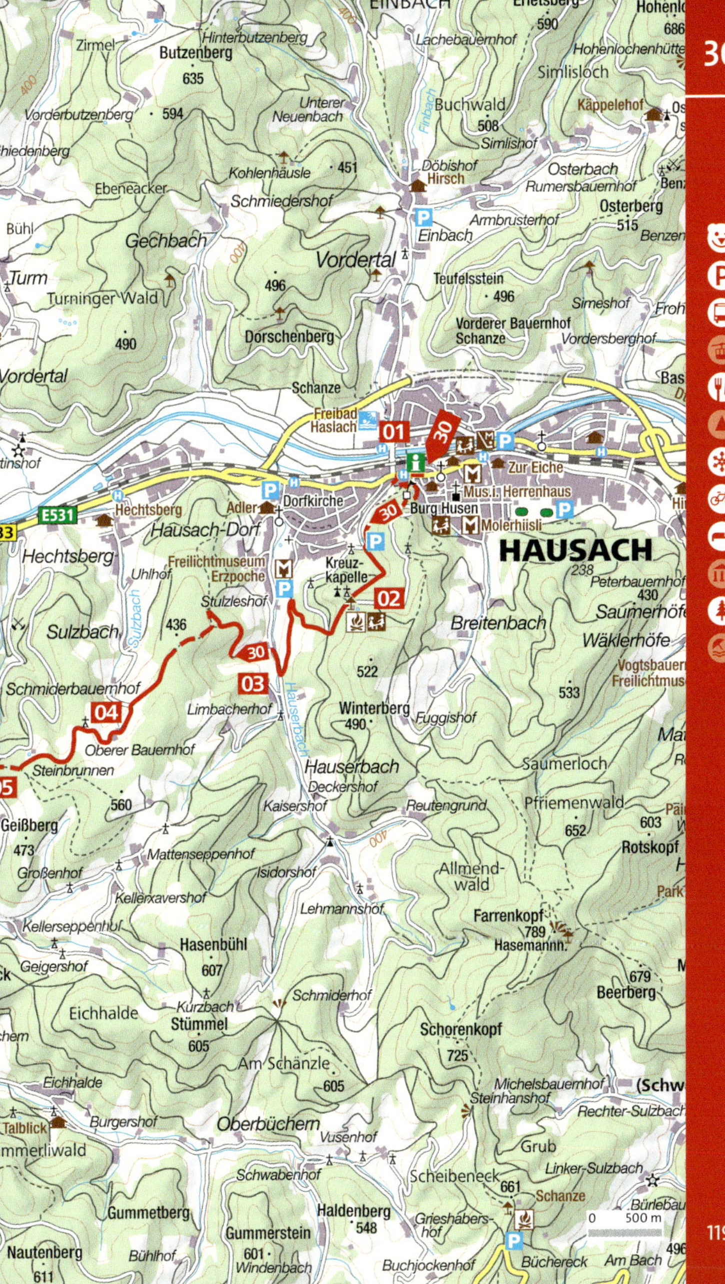
EINBACH
HAUSACH
Hausach-Dorf
Freibad Haslach
Burg Husen
Freilichtmuseum Erzpoche
Mus.i. Herrenhaus
Molerhiisli
Zur Eiche
Dorfkirche
Kreuzkapelle
Breitenbach
Hauserbach
Vordertal
Einbach
Schanze
Hechtsberg
Sulzbach
Winterberg
Farrenkopf
Oberbüchern
Gummerstein
Haldenberg
Schorenkopf
Rotskopf
Beerberg
E531
0 500 m

VON WOLFACH AUF DEN MOOSWALDKOPF

Aussichtsreich zum Fohrenbühlturm

START | Bahnhof Wolfach; Parkplätze in Bahnhofsnähe.
[GPS: UTM Zone 32 x: 442.356 m y: 5.349.425 m]
CHARAKTER | Sehr lange Wanderung; zwischendurch schmale Steige, auch breite Forst- und Waldwege.

Als Nachfolger eines 1905 errichteten Mooswaldkopf-Aussichtsturms wurde 1924 der Fohrenbühlturm errichtet. Von oben öffnet sich ein herrlicher Blick weit über den Mittleren Schwarzwald, die Schwäbische Alb, die Rheinebene und die Vogesen. Neben dem Turm befindet sich mit dem bewirteten Wanderheim des Schwarzwaldvereins Gedächtnishaus Fohrenbühl eine tolle Einkehrmöglichkeit. Während des Aufstiegs passieren wir die sehenswerte Jakobuskapelle. Wallfahrten hierher gibt es bis heute. Sie finden jährlich am Festtag des Apostels, dem 25. Juli statt.

Wir starten beim Bahnhof in **Wolfach** 01 und folgen am nördlichen Ende des Bahnhofs dem Wolfacher Kinzigsteig und der gelben Raute auf einem Pfad bergauf. Im Zickzack geht es teils an schönen Felsformationen vor-

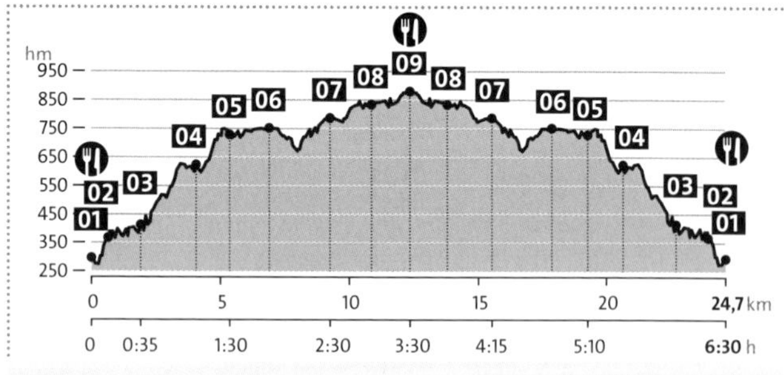

01 Wolfach, 277 m; 02 Käpflefelsen, 346 m; 03 Jakobuskapelle, 407 m; 04 Horbenhof, 611 m; 05 Brechsattel, 717 m; 06 Grubhöhe, 748 m; 07 Freizeitanlage Liefersberg, 799 m; 08 Kohlplatz, 834 m; 09 Mooswaldkopf, 880 m;

bei in gut einer Viertelstunde zum **Käpflefelsen 02**. Hier bieten sich erste schöne Blicke auf Wolfach. Wir folgen dem Pfad weiter hinauf, nun Richtung Pavillon, den wir ein paar Minuten später erreichen. Nur ein paar Meter weiter auf breitem Schotterweg, dann zweigt links wieder ein Pfad ab. Er leitet uns nun mal schmäler, mal breiter in einer Viertelstunde zur **Jakobuskapelle 03**. Nach der Kapelle halten wir uns rechts, bald auf einem Pfad, nun mit der blauen Raute bis zum **Horbenhof 04**. Wir gehen geradeaus weiter auf dem Brechhöheweg, der uns bald schmäler immer weiter aufwärts bringt. Der schöne Weg leitet uns durch den Wald bis zum **Brechsattel 05**. Hier queren wir den Forstweg geradeaus und laufen auf schmalem Waldweg weiter. Nach ein paar Minuten kreuzen wir den Grubhofweg, nochmals wenige Minuten später lichtet sich der Wald und wir laufen bald darauf am Waldrand entlang. Die sogenannte Kuhstraße bringt uns an einer schönen Wiese entlang. Wieder beim Wald halten wir uns bei der **Grubhöhe 06** rechts und wandern nun auf dem breiten Erdlinsbachhangoberweg Richtung Moosenmättle. Kurvenreich geht's auf sonnendurchflutetem Weg zwischen den Wäldern entlang. An der **Freizeitanlage**

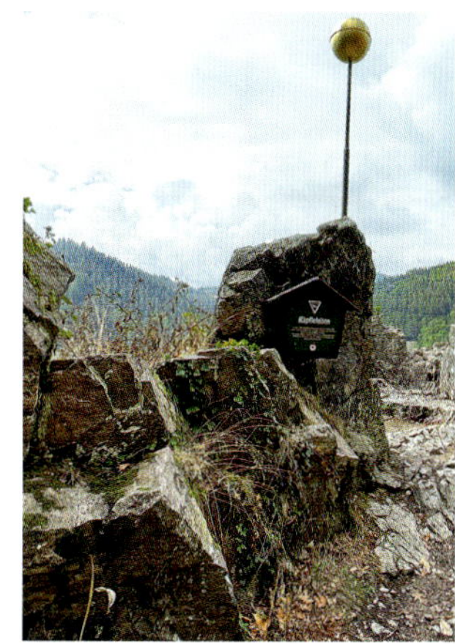

Am Käpflefelsen

Liefersberg 07 mit schöner großer Wiese und Rastmöglichkeit biegen wir links auf einen asphaltierten Weg ab. Er bringt uns durch Moosenmättle hindurch; an der Straße biegen wir rechts ein, halten uns jedoch gleich darauf wieder links. Über den Hohlgassweg erreichen wir die Kreuzung **Kohlplatz 08**. Wir halten uns links (mittlerer der drei Wege) nun auf dem Mittelweg, der uns auf breitem Waldweg die letzten paar Hundert Meter zum **Mooswaldkopf 09** und dem Gedächtnishaus Fohrenbühl bringt. Der Rückweg erfolgt auf derselben Route.

Tipp

Rund um den Mooswaldkopf und dem Fohrenbühl wurde der Planetenweg angelegt. Er soll astronomische und physikalische Bedingtheiten und ganz besonders die kolossalen Größenverhältnisse unseres Sonnensystems veranschaulichen. Der Ausgangspunkt des Weges ist beim Gedächtnishaus bzw. beim Modell der Sonne, wobei die Schwesterplaneten Erde und Venus jeweils in Sichtweite auf dem Parkplatz aufgestellt sind.

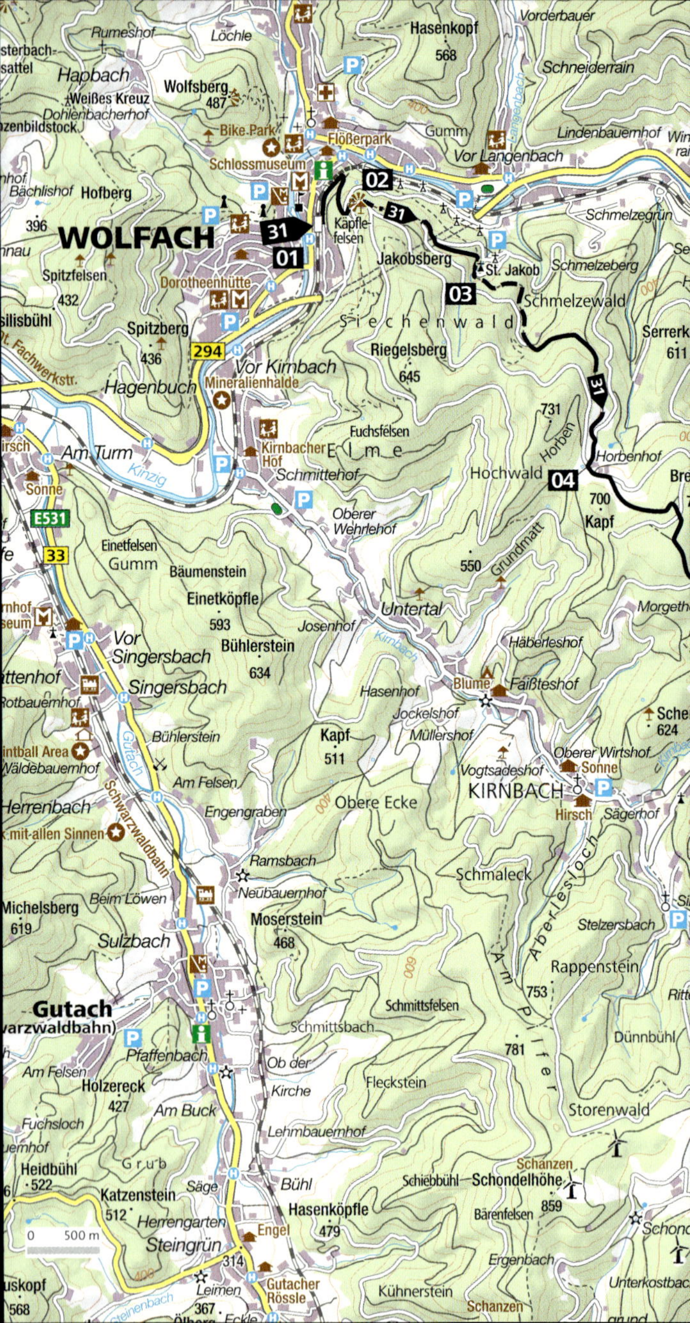

Rumeshof
Löchle
Hasenkopf
568
Vorderbauer
Schneiderrain
Hapbach
Wolfsberg
487
Weißes Kreuz
Dohlenbacherhof
Bike-Park
Flößerpark
Gumm
Lindenbauernhof
Vor Langenbach
Langenbach
Schlossmuseum
02
Bächlishof
Hofberg
396
WOLFACH
31
Käpfle-
felsen
Schmelzegrün
01
Jakobsberg
St. Jakob
Schmelzeberg
Spitzfelsen
432
Dorotheenhütte
03
Schmelzewald
Siechenwald
Spitzberg
436
294
Vor Kirnbach
Riegelsberg
645
Serrerkopf
611
Hagenbuch
Mineralienhalde
Fachwerkstr.
731
Am Turm
Kinzig
Kirnbacher Hof
Fuchsfelsen
Elme
Schmittehof
Hochwald
Horben
Horbenhof
04
Sonne
700
Kapf
Oberer
Wehrlehof
E531
33
Einetfelsen
Gumm
Bäumenstein
550
Grundmatt
Einetköpfle
593
Untertal
Morgetheihof
Josenhof
Kirnbach
Vor
Singersbach
Bühlerstein
634
Häberleshof
Singersbach
Hasenhof
Blume
Faißteshof
Rotbauernhof
Jockelshof
Bühlerstein
Müllershof
Kapf
511
Gutach
Oberer Wirtshof
Sonne
Vogtsadeshof
Am Felsen
KIRNBACH
Wäldebauernhof
Engengraben
Obere Ecke
Hirsch
Sägerhof
Herrenbach
Schwarzwaldbahn
Ramsbach
Schmaleck
Aberlesloch
Neubauernhof
Beim Löwen
Michelsberg
619
Moserstein
468
Stelzersbach
Sulzbach
Am Pilfer
Rappenstein
753
Gutach
(Schwarzwaldbahn)
Schmittsfelsen
Schmittsbach
Dünnbühl
Pfaffenbach
781
Ob der
Am Felsen
Kirche
Fleckstein
Holzereck
427
Am Buck
Storenwald
Fuchsloch
Lehmbauernhof
Heidbühl
522
Grub
Schanzen
Säge
Bühl
Schiebbühl
Schondelhöhe
Katzenstein
512
Hasenköpfle
479
Bärenfelsen
859
Herrengarten
0 500 m
Engel
Steingrün
314
Ergenbach
Leimen
Gutacher
Rössle
Kühnerstein
Schanzen
Unterkostbach
568
367
Steinenbach
Eckle

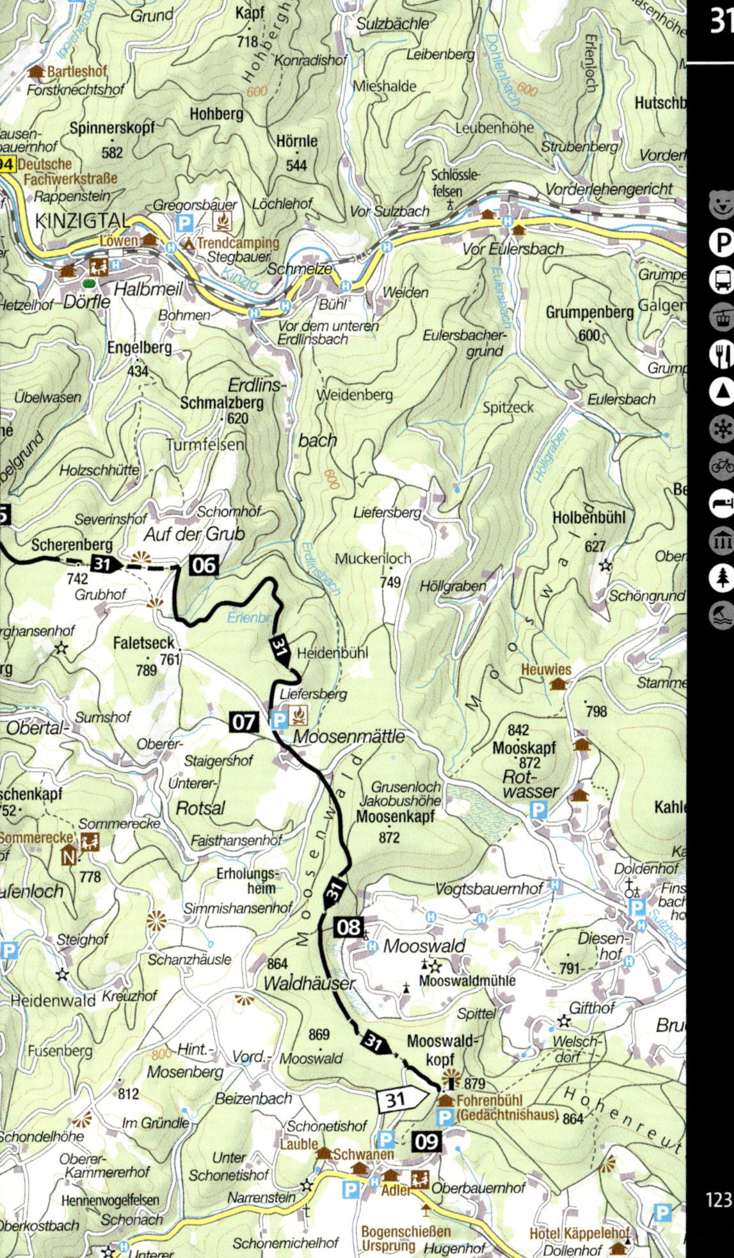

KINZIGTAL
Halbmeil
Dörfle
Löwen
Trendcamping
Stegbauer
Schmelze
Bühl
Vor Sulzbach
Vor Eulersbach
Vorderlehengericht
Hausbühl
Fischbach
Sulzbächle
Kapf
718
Hohberghalde
Konradishof
Leibenberg
Mieshalde
Hohberg
Hörnle
544
Spinnerskopf
582
Deutsche Fachwerkstraße
Rappenstein
Gregorsbauer
Löchlehof
Bartleshof
Forstknechtshof
Grund
Schlössle-felsen
Leubenhöhe
Strubenberg
Erlenloch
Dohlenbach
Grumpenberg
600
Weiden
Eulersbacher-grund
Eulersbach
Vor dem unteren Erdlinsbach
Bohmen
Hetzelhof
Engelberg
434
Übelwasen
Erdlins-bach
Schmalzberg
620
Weidenberg
Spitzeck
Turmfelsen
Holzschhütte
Severinshof
Schornhof
Auf der Grub
Scherenberg
31
06
742
Grubhof
Liefersberg
Muckenloch
749
Höllgraben
Holbenbühl
627
Schöngrund
Moosewald
Erlenbr.
Faletseck
761
789
Heidenbühl
Liefersberg
Heuwies
798
07
Moosenmättle
Sumshof
Obertal
Oberer-Staigershof
Unterer-Rotsal
842
Mooskapf
872
Rot-wasser
Grusenloch
Jakobushöhe
Moosenkapf
872
Sommerecke
778
Faisthansenhof
Erholungs-heim
Vogtsbauernhof
Doldenhof
Simmishansenhof
08
Mooswald
Mooswaldmühle
Steighof
Schanzhäusle
864
Waldhäuser
Diesen-hof
791
Heidenwald
Kreuzhof
Spittel
Gifthof
869
Mooswald-kopf
Welsch-dorf
Fusenberg
Hint.-Mosenberg
Vord.-Mooswald
879
Fohrenbühl
(Gedächtnishaus)
864
Hohenreut
812
Beizenbach
Im Gründle
Schonetishof
Lauble
Schwanen
09
Schondelhöhe
Oberer-Kammererhof
Unter Schonetishof
Adler
Oberbauernhof
Hennenvogelfelsen
Narrenstein
Oberkostbach
Schonach
Schonemichelhof
Bogenschießen Ursprung
Hugenhof
Hotel Käppelehof
Dollenhof
Unterer Kammererhof

ZUR RUINE HOHENSCHRAMBERG

Durchs Felsenmeer zu einer Raubritterburg

  10,5 km  3:30 h  530 hm  400 hm   886, 888

START | Parkplatz am Sammelweiher; auf der Lauterbacher Straße von Schramberg kommend kurz nach Ortsende auf der linken Seite. [GPS: UTM Zone 32 x: 453.122 m y: 5.341.194 m]
CHARAKTER | Abwechslungsreiche Rundtour. Auf den Felssteigen unterhalb der Ruine und beim Abstieg nach Lauterbach ist Trittsicherheit Voraussetzung; stabiles Schuhwerk ebenso.

Weithin sichtbar ist die Burgruine Hohenschramberg oberhalb von Schramberg. Hans von Rechberg ließ die Burg ab 1457 erbauen. Sie gehört somit zu den letzten Burgenbauten in Deutschland. Die Ruine ist groß und noch sehr gut erhalten. Nach der Burg besuchen wir die Moosmannhöhle, eine circa 4–5 Meter lange Höhle im Buntsandstein. Über Lauterbach geht's dann am Lauterbach zurück zum Ausgangspunkt.

▶ Vom Parkplatz am **Sammelweiher** 01 gehen wir mit der gelben Raute nun stets Richtung **Felsenmeer** 02 und Hohenschramberg in den Wald hinauf. Bald wird es dann auch felsig und steinig um uns herum. Über Treppchen führt der Weg in eine verzaubert wirkende Landschaft. Nach ungefähr zwanzig Minuten treten wir aus dem Wald und stehen schon an den Mauern der Ruine. Wir gehen über

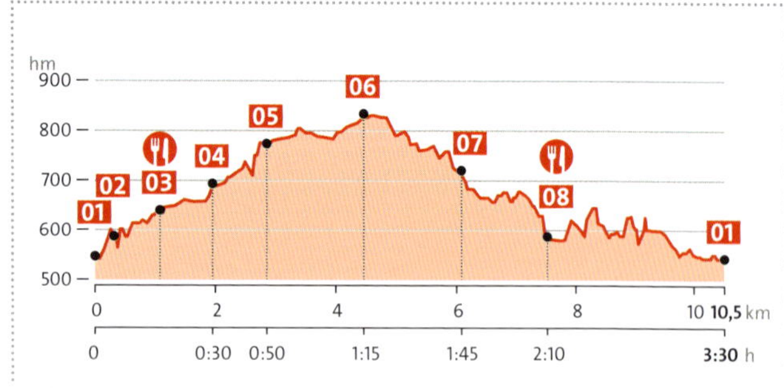

01 Sammelweiher, 541 m; 02 Felsenmeer, 557 m; 03 Hohenschramberg, 615 m; 04 Schlosshof, 669 m; 05 Moosmannhöhle, 762 m; 06 Hartsköpfle, 821 m; 07 Imbrand-Koppenwegele, 690 m; 08 Lauterbach, 581 m;

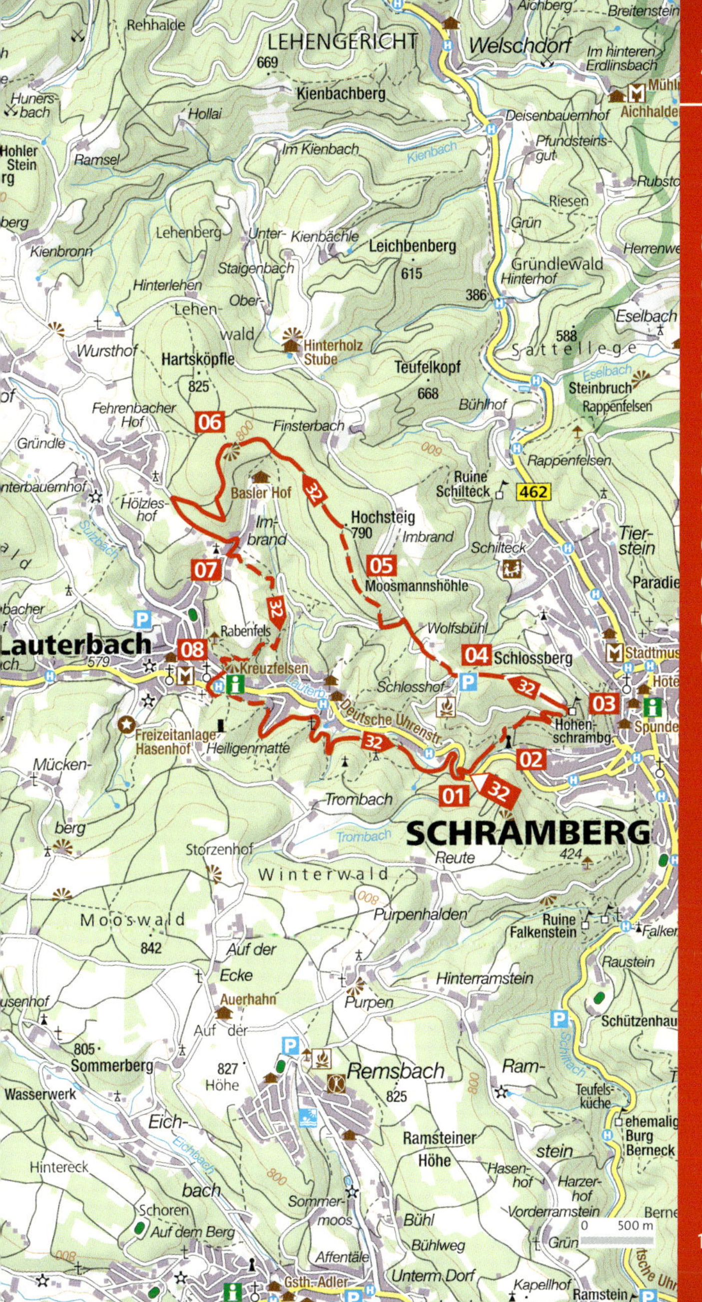
LEHENGERICHT
Welschdorf
Kienbachberg
Leichbenberg
Hartsköpfle
Hinterholz Stube
Teufelkopf
Basler Hof
Hochsteig
Moosmannshöhle
Schlossberg
Hohenschrambg.
Lauterbach
Kreuzfelsen
Rabenfels
Schlosshof
Deutsche Uhrenstr.
Heiligenmatte
Freizeitanlage Hasenhof
Trombach
SCHRAMBERG
Winterwald
Mooswald
Auerhahn
Remsbach
Sommerberg
Ramsteiner Höhe
Ruine Falkenstein
Ruine Schilteck
Tierstein
Sattellege
Rappenfelsen
Gsth. Adler
01
02
03
04
05
06
07
08
32
462
0 500 m

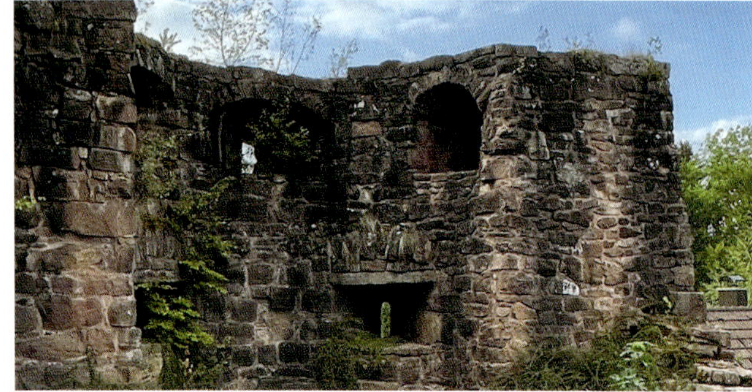

Lediglich ein paar Mauern sind von Hohenschramberg übrig

das Gelände von **Hohenschramberg** **03** ganz vor, um einen optimalen Blick auf Schramberg zu erhaschen. Der Weiterweg führt uns über den asphaltierten Zufahrtsweg zur Ruine Richtung Moosmannshöhle. An der Weggabelung **Schlosshof** **04** geradeaus weiter, dann halten wir uns gleich rechts in den Wald. Die blaue Raute begleitet uns bis zur Kreuzung mit dem Wegschild Wolfsbühl/Winkelacker. Wir wenden uns nach links, dann gleich rechts über einen schmalen Waldweg zur **Moosmannshöhle** **05**. An der Höhle vorbei wandern wir bald wieder auf breitem Waldweg. Er beschreibt einen großen Linksbogen, an der Gabel **Hartsköpfle** **06** geradeaus vorbei und dann allmählich abwärts bis an ein Sträßlein. Nach links laufen wir über Imbrand zur Kreuzung **Imbrand-Koppenwegele** **07**. Hier biegen wir links ein und laufen über den Kammermartinstobel auf einem schmalen Weglein zwischen eng aneinander gedrängten Laub- und Nadelbäumen hinab zum Kreuzfelsen. Nach einer tollen Aussicht aufs Städtle geht's im Zickzackkurs abwärts nach **Lauterbach** **08**. An der Straße links, am Rathaus wieder rechts und an der Friedhofstraße wieder links. An Parkplatz und Friedhof vorbei folgen wir der gelben Raute (und auch dem Schramberger Burgenpfad) erst über einen schmäleren, dann breiteren Weg parallel zur Schramberger Straße Richtung Osten. So wandern wir nun gut eine Dreiviertelstunde stets parallel zur Hauptstraße Richtung Sammelweiher. Bald begleitet uns auch der Lauterbach zu unserer Linken. Schließlich überqueren wir die Straße und gehen hinter dem **Sammelweiher** **01** zurück zum Parkplatz.

Tipp

Nur 150 Meter vom Parkplatz entfernt Richtung Schramberg befinden sich die Lauterbachwasserfälle. Sie sind klein, aber sehr nett anzusehen. Vom Parkplatz führt ein ausgeschilderter Pfad dorthin.

VON HAUSACH ÜBER DEN FARRENKOPF NACH GUTACH

Durchs Hauserbachtal über den Steilsten auf dem Westweg

 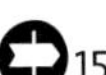 15,5 km  4:25 h 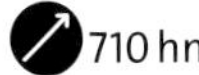 710 hm  680 hm  886, 888

START | Hausach; Parkplatz am Kinzigdamm, Ecke Einbacher Straße. [GPS: UTM Zone 32 x: 438.165 m y: 5.348.310 m]
CHARAKTER | Anfangs leichte Sträßchen und Forstwege. Anstieg auf den Farrenkopf auf sehr steilen, wurzeligen und schmalen Pfaden. Trittsicherheit unbedingt Voraussetzung. Abstieg vom Farrenkopf ebenfalls teilweise sehr steil. Ab Gutach bequeme Wanderung.

Der Farrenkopf bietet eine einmalige Aussicht. Vielleicht wird er auch deshalb liebevoll von den Einheimischen „Badischer Rigi“ genannt. Aber wir sollten uns wappnen, nicht umsonst gilt er als der steilste und schwerste Anstieg auf dem Westweg. Die Hasemannhütte auf seinem Haupt wurde nach dem Schwarzwaldmaler Wilhelm Hasemann benannt, der zusammen mit Curt Liebich zu den bedeutendsten Vertretern der „Gutacher Malerkolonie“ gehörte. Sie machten den Schwarzwald und insbesondere das Gutachtal durch ihre Bilder in der ganzen Welt bekannt.

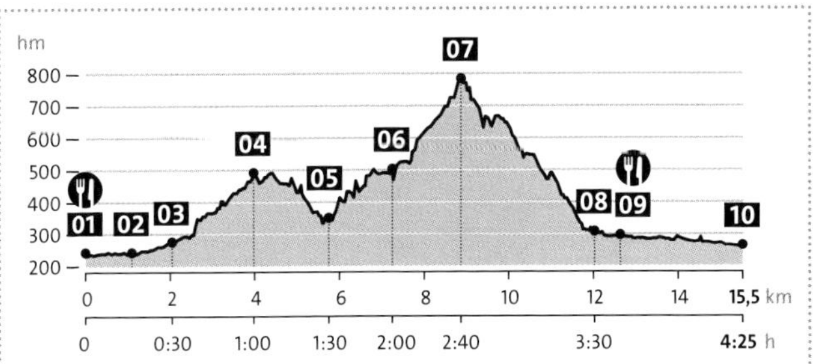

01 Hausach, 234 m; **02** Hausach-Dorf, 238 m; **03** Hauserbach/Altes Schulhaus, 275 m; **04** Oberhalb Limbacher Hof, 481 m; **05** Hauserbachkapelle, 349 m; **06** Haseneckle, 491 m; **07** Farrenkopf, 788 m; **08** Vordersulzbach, 310 m; **09** Gutach, 293 m; **10** Vogtsbauernhof, 258 m;

Tipp

Die Wanderung endet beim Vogtsbauernhof und kann mit einem Besuch im sehr lohnenswerten Freilichtmuseum verknüpft werden. Vom Freilichtmuseum fährt stündlich die Schwarzwaldbahn zurück nach Hausach bzw. der Regionalbus 7150.

Wir starten am Parkplatz am Kinzigdamm in **Hausach 01** und laufen über die Hauptstraße nach rechts, um gleich darauf in die Dietersbachstraße einzubiegen. Wir folgen dem Zeichen der gelben Raute nach **Hausach-Dorf 02**. Bei der Mauritiuskirche biegen wir links in die Hauserbachstraße ab und wandern beim Friedhof und dem Erzbaumuseum Bergpoche vorbei und bald am Hauserbach entlang ins Tal hinein. Vorbei an der Abzweigung **Hauserbach/Altes Schulhaus 03** geht's an der folgenden Möglichkeit rechts allmählich strenger bergan. Nach dem Bergbauernhof Limbacher Hof stoßen wir an die T-Kreuzung **Oberhalb Limbacherhof 04**. Wir wenden uns nach links und richten uns nun auch nach dem Hausacher Bergsteig. Er leitet uns über breitere und schmälere Forst- und Waldwege, zum Schluss wieder leicht abwärts zurück zur Hauserbachstraße. Hier kann man sich beim Hof an der Straße an einem Naturkühlschrank etwas zu trinken kaufen. Rechts oberhalb steht die hübsche **Hauserbachkapelle 05**. Wir folgen dem Hausacher Bergsteig über das Stäßlein (2. von rechts!) weiter hinauf, biegen aber schon 250 m später links auf einen Forstweg ab. Im Zickzack steigen wir auf zum **Haseneckle 06**, von dem aus wir wunderschöne Blicke ins Hauserbachtal genießen dürfen. Hier verlässt uns der Hausacher Bergsteig scharf nach links. Dafür gesellt sich der Westweg (rote

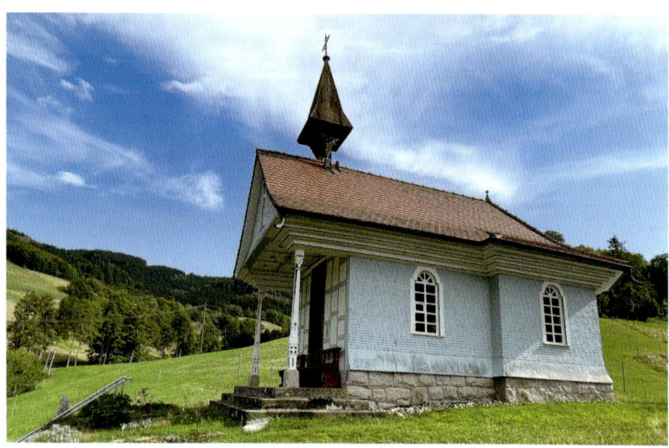

Die Hauserbachkapelle

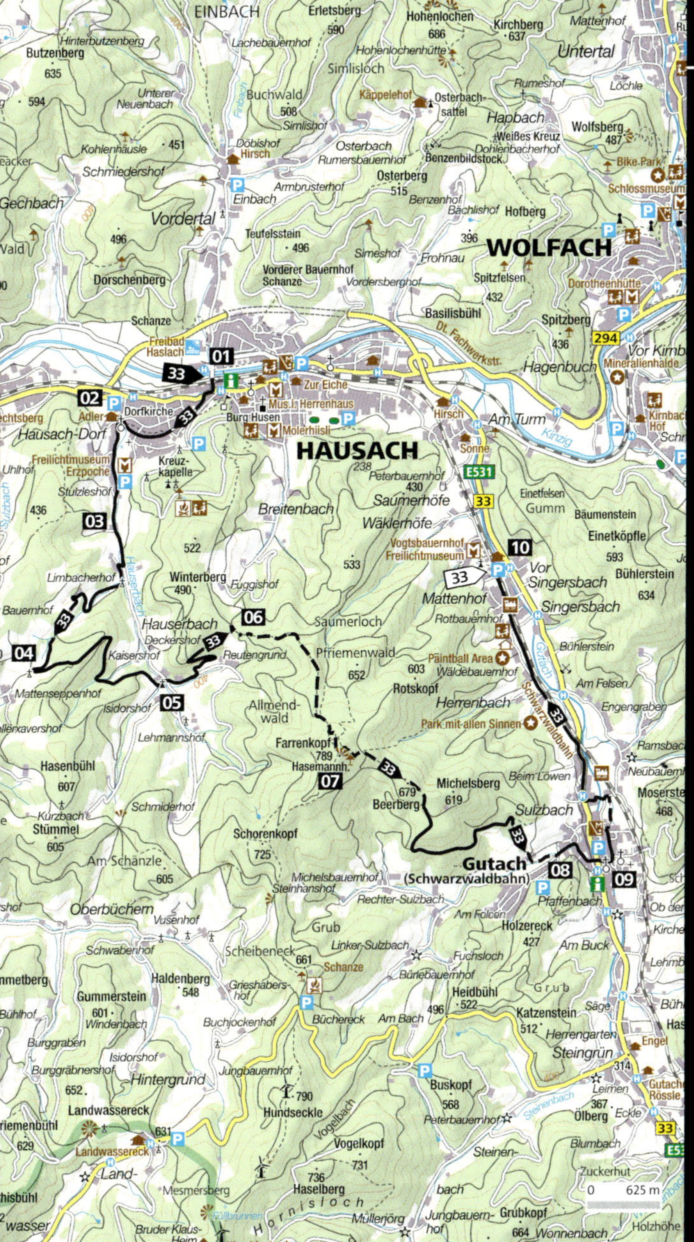
HAUSACH
WOLFACH
Gutach (Schwarzwaldbahn)
EINBACH
Hausach-Dorf
Breitenbach
Hauserbach
Farrenkopf 789
Schorenkopf 725
Michelsberg 619
Sulzbach
Vordertal
Untertal
Hapbach
Oberbüchern
Hintergrund
Landwassereck
Singersbach
Steingrün
Allmend-wald
0 625 m

Info

„In Haslach gräbt man Silberherz…“ – das Badener Lied besingt die reichen Erzvorkommen im Gebiet um Hausach und Haslach. Die „Erzbauern“ waren reiche Leute und konnten die Kirche mit Gaben zum Kirchbau unterstützen. So ist auch die kleine Dorfkirche am Eingang des Hauserbachtales ein Bergbau Kirchlein. Gleich hinter dem Friedhof liegt das Bergbaumuseum Erzpoche, das aus dieser Zeit berichtet.

Raute) zu uns. Er führt uns nun die letzten etwas mehr als eineinhalb Kilometer hinauf zum Gipfel. Dabei steigen wir bald immer steiler über meist schmale Weg auf den **Farrenkopf 07**. Bei der Schutzhütte Hasemann lässt es sich prächtig rasten. Dann steigen wir ein paar Meter auf dem Aufstiegsweg ab und wenden uns mit der blauen Raute nach rechts Richtung Gutach. Der Weg bringt uns bald an einem Brunnen vorbei und immer wieder mit schönen Blicken auf Gutach in gut einer Dreiviertelstunde hinunter nach **Vordersulzbach 08**. Dabei führt uns stets die blaue Raute. Am asphaltierten Sträßlein mit dem Wegschild biegen wir links ab. Nach der Rechtskurve kreuzen wir die B 33 und mit Querung der Gutach haben wir den gleichnamigen Ort **Gutach 09** erreicht. Dann biegen wir links ab und folgen kurz darauf dem Obstbaumpfad. An seinem Ende wieder links und nochmals die Gutach gequert, dann stehen wir an der Bundesstraße. Wir folgen ihr auf ihrer linken Seite, bald an den Gleisen der Schwarzwaldbahn entlang. Nach einer halben Stunde haben wir unser heutiges Ziel, das Freilichtmuseum **Vogtsbauernhof 10** und die Bahnhaltestelle erreicht.

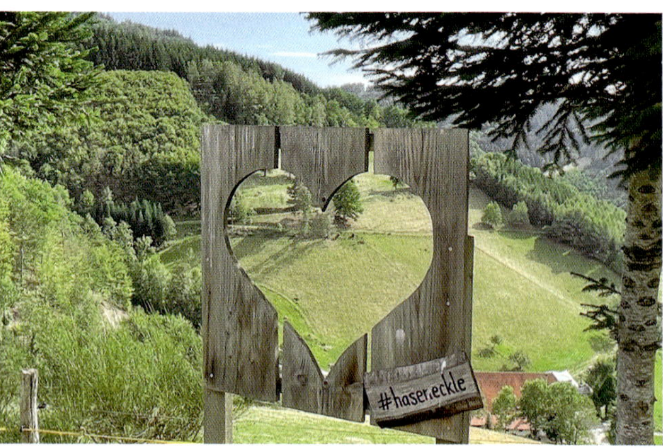

Am Haseneckle

VON OBERPRECHTAL AUF DEN KAPFFELSEN

Runde hoch über dem Eltzal

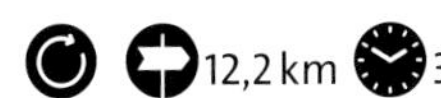 12,2 km 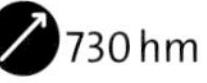 3:10 h 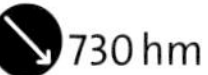 730 hm 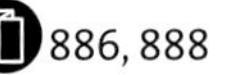 730 hm 886, 888

START | Gasthaus Rössle in Vor dem Wittenbach. Über die L 109 kurz nach Oberprechtal.
[GPS: UTM Zone 32 x: 437.559 m y: 5.339.478 m]
CHARAKTER | Die Tour ist nicht allzu lang, jedoch mit zwei Anstiegen, die es in sich haben. Also viele Höhenmeter! Proviant nicht vergessen und genügend Wasser einpacken. Gutes Schuhwerk erforderlich.

Die Runde führt uns vom Gasthaus Rössle in Vor dem Wittenbach bei Oberprechtal durchs Wittenbächletal über Huberfelsen und Hornigskopf zur Prechtaler Schanze. Hier begleiten uns wunderschöne Ausblicke zu den Höhen von Nord- und Südschwarzwad sowie in die Rheinebene bis zu den Vogesen. Die Prechtaler Schanze liegt auf 836 Meter und war einst strategischer Punkt im Geflecht der Verteidigungsschanzen gegen Frankreich. Teile der Schanzen sind noch zu sehen und können besichtigt werden. Über den Pfauenfelsen steigen wir nach Oberprechtal ab, um auf der anderen Seite der Elz den Dorfer Kopf zu besteigen. Anschließend kehren wir zum Gasthaus Rössle zurück.

▶ Los geht's am **Gasthaus Rössle 01** in „Vor dem Wittenbach".

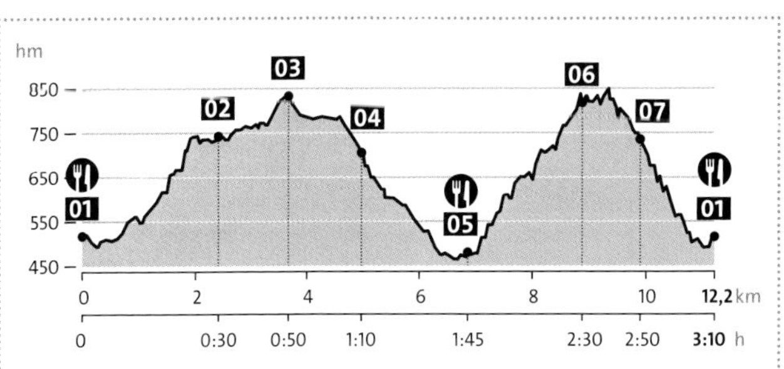

01 Gasthaus Rössle, 500 m; **02** Huberfelsen, 737 m; **03** Prechtaler Schanze, 826 m; **04** Pfauen, 703 m; **05** Museum Hammerschmiede, 472 m; **06** Kapffelsen, 851 m; **07** Hänslisbühl, 731 m;

Wir folgen dem stilisierten Herz auf grüner Raute, dem Zweitälersteig, ein Stück an der Straße entlang, dann biegen wir links ins Tal hinein. Wir laufen ein paar Hundert Meter, dann führt uns die Markierung nach rechts, leicht ansteigend. Bald geht's in den Wald hinein, der Weg wird steiler und auch bald schmäler. Zickzack geht's hinauf; am Forstweg folgen wir geradeaus zum **Huberfelsen** **02** mit tollen Aussichten. Dann wandern wir auf dem Zweitälersteig geradeaus in zwanzig Minuten, bald auf einem mehr oder minder steinigen Pfad, zur **Prechtaler Schanze** **03**. Hier weist uns unser Herz Richtung Pfauenfelsen, den wir auf schönen Wegen über die freie Ebene erreichen. Das Haupt des Pfauenfelsen wird von einem stattlichen Kreuz geziert. An der Wegkreuzung **Pfauen** **04** (hier verlässt und der Zweitälersteig, wir folgen der gelben Raute) bleiben wir geradeaus und wandern dann im Zickzack weiter abwärts nach Oberprechtal. Im Ort wenden wir uns links, an der Kirche Maria Krönung nochmals links. Gleich nach dem **Museum Hammerschmiede** **05** weist uns die Markierung nach rechts. Die blaue Raute führt uns über einen mal schmäleren, mal breiteren Zickzackpfad hinauf über den Dorfer Kopf und auf den **Kapffelsen** **06**. Hier begegnen wir wieder dem Zweitälersteig, der uns über die Kreuzung **Hänslisbühl** **07** nun stetig und bald auf bequemen Wegen hinabführt und zurück zum **Gasthof Rössle** **01**.

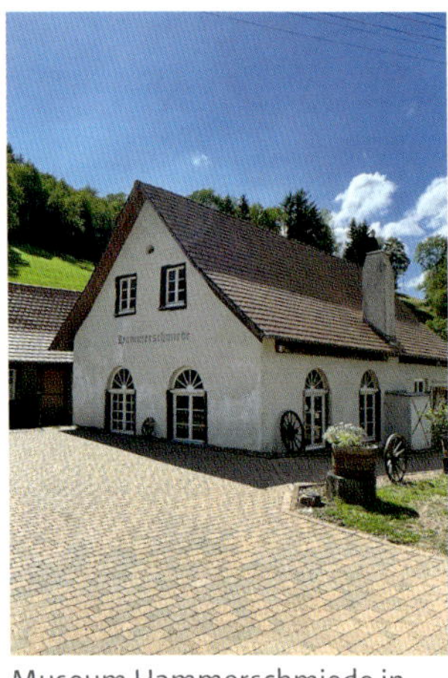

Museum Hammerschmiede in Oberprechtal

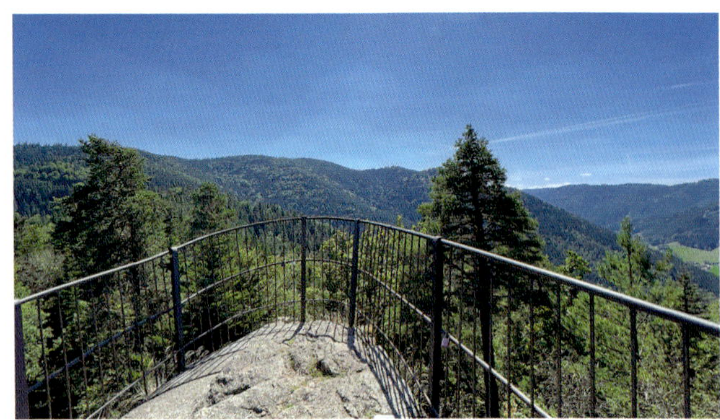

Auf dem Huberfelsen

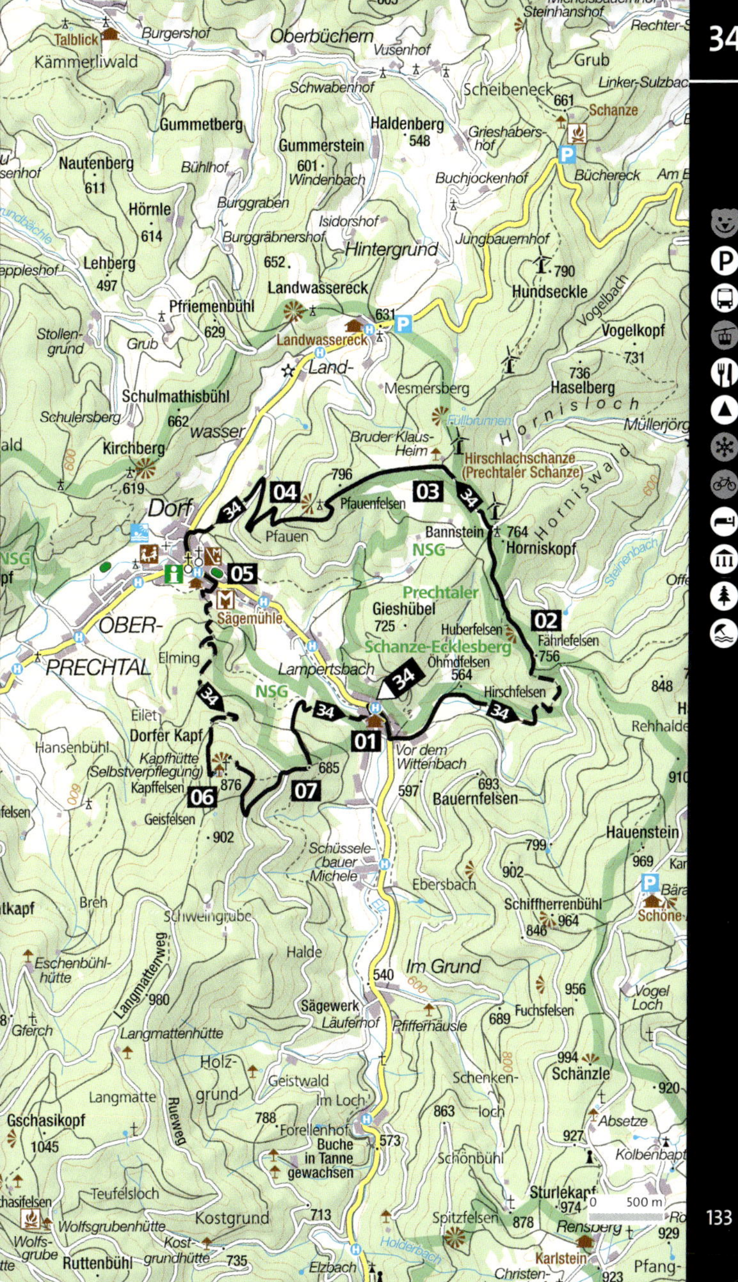

35

VON SCHLOSS HORNBERG AUF DEN HAUENSTEIN

Unbekannte Pfade hoch über dem Offenbachtal

 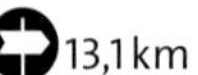 13,1 km 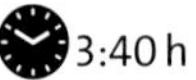 3:40 h 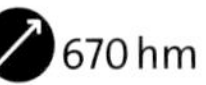 670 hm 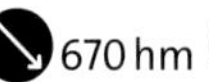 670 hm 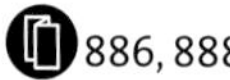 886, 888

START | Parkplatz beim Schlossweiher bei Schloss Hornberg; Zufahrt über „Am Storenwald“.
[GPS: UTM Zone 32 x: 442.418 m y: 5.339.757 m]
CHARAKTER | Mittellange Tour, jedoch oft steile und steinige oder wurzelige Auf- und Abstiege. Im Bereich um den Ziegelkopf nur karg mit Holzschildern bzw. gar nicht markiert. Einkehr erst in der zweiten Hälfte der Tour.

Die erste Burg auf dem Schlossfelsen bei Althornberg entstand um 1100 herum. 100 Jahre später wurde der Sitz auf den jetzigen Schlossberg verlegt. Zu ihren Füßen wurde die kleine Stadt Hornberg gegründet. Von der ehemaligen Burganlage ist heute noch der 30 m hohe Schlossturm, der Pulverturm, das Aussichtsrondell und das erst Ende des 19. Jahrhunderts erbaute „Neue Schloss“ erhalten geblieben.

▶ Wir starten beim **Schlossweiher** 01 beim Schloss Hornberg und gehen zunächst den Teerweg hinauf Richtung Schloss. Kurz darauf halten wir uns links, über einen Schotterweg; er bringt uns

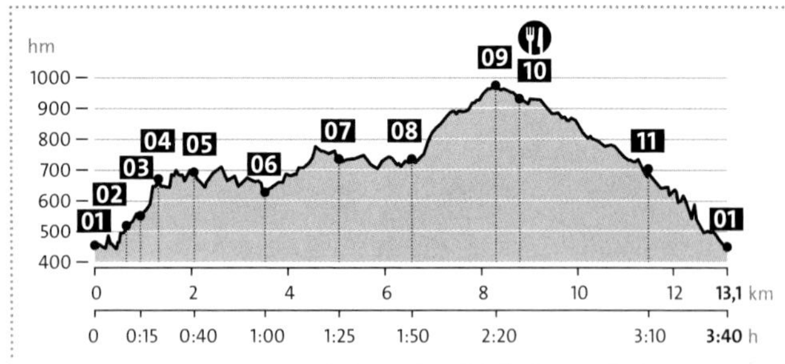

01 Schlossweiher, 433 m; 02 Holzschild, 450 m; 03 Schlossschanze, 543 m; 04 Uhufelsen, 620 m; 05 Ziegelkopf, 708 m; 06 Hinterbauernhof, 624 m; 07 Offenbacher Eckle, 731 m; 08 Fährlefelsen, 737 m; 09 Karlstein, 963 m; 10 Hauenstein, 919 m; 11 Adenbauerneckle, 693 m;

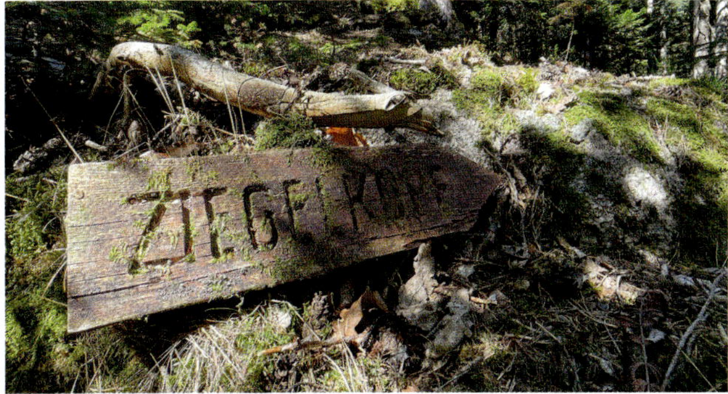

Altes Wegschild zum Ziegelkopf

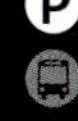
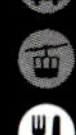
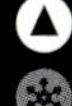

um eine Linkskurve oberhalb des Schlosses. Nach der Kurve biegen wir scharf links zum Schützenhaus ab, ein **Holzschild 02** weist uns hier den Weg Richtung Ziegelkopf und Uhufelsen. Wenige Meter weiter führt ein unscheinbarer Pfad auf der rechten Seite den Hang hinauf. Durch wunderschönen Wald steigen wir den Berghang im Zickzack auf, überqueren einmal den breiten Forstweg und steigen an einer Bank vorbei weiter hinauf. Ein paar Minuten später stehen wir an der **Schlossschanze 03**. Wir gehen geradewegs daran vorbei, halten uns an einer Gabel links und steigen weiter auf. Nochmal wird ein Forstweg gequert. Weiter auf der Route, dann erreichen wir eine freie Fläche im Wald und sehen schräg links vor uns auf einer Erhebung eine große Uhufigur aus Holz. Daneben steht eine aus einem Baumstamm geschnitzte Bank. Gleich hinter der Bank führt ein Pfad Richtung Westen weiter, ein Stück oberhalb und parallel zum Waldweg. Ein Holzschild weist uns den Weg zum Uhufelsen. Kurz darauf stehen wir an einer Weggabel. Links führt ein Stichpfad zum **Uhufelsen 04** samt Gipfelkreuz. Ein paar Meter gehen wir zurück, dann nach links; hier liegt ein Holzschild angelehnt an einem Baum mit der Aufschrift „Ziegelkopf", weiter oben am Baum hängt ein Holzschild mit der Aufschrift „Aussichtsfelsen". Wir folgen dem Pfad weiter und erreichen einen breiteren Waldweg. Hier geht's nach links hinauf. Am Hochstand vorbei kann man links über einen immer schmäler werdenden Weg zum **Ziegelkopf 05** aufsteigen. Der Weg ist unmarkiert, es gibt auch nicht viel zu sehen, da die Aussicht vom Blattwerk verdeckt wird. Dennoch ist es ein schöner, stiller Platz. Sollten wir aufsteigen, halten wir uns auf der Erhebung wieder rechts hinab. Andernfalls können wir auch untenherum auf einem Weg durch hohes Gras gehen. Achtung, wir folgen einem unmarkierten Pfad hinab. Die Pfadspuren sind jedoch sehr gut erkennbar. Unten treffen wir auf einen schönen breiten Waldweg, dem wir nach links folgen. Er bringt uns in zwanzig Minuten durch herrlichen Wald hinaus und bald auf festerem Weg hinab zum Weiler **Hinterbauernhof 06**.

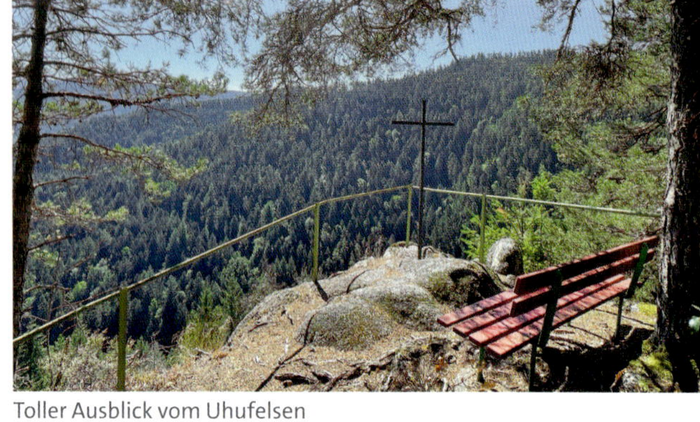

Toller Ausblick vom Uhufelsen

Wir biegen rechts ab und wandern auf breitem Forstweg hinauf Richtung Offenbacher Eckleweg (Holzwegweiser). An der nächsten Gabel scharf rechts und nun mit der gelben Raute zum **Offenbacher Eckle 07**. Hier wenden wir uns nach links kurz darauf rechtshaltend auf einen Pfad. Nach ein paar Minuten treffen wir wieder auf einen Forstweg, der uns schließlich zum **Fährlefelsen 08** führt. An der Bank können wir nochmals rasten, denn nun beginnt der zweite, knackige Anstieg für heute. Scharf links folgen wir der roten Raute auf einem steinigen Pfad in den Wald hinauf Richtung Hauenstein. Mühsam ist der Weg, den wir eine Viertelstunde ansteigen. Zwischendurch streifen wir mal einen bequemen Waldweg, dann stehen wir am Gipfel des **Karlstein 09**. Auf der anderen Seite steigen wir ab zur Kreuzung **Hauenstein 10**. Am Sträßlein wenden wir uns links, folgen nun der blauen Raute und nach der Rechtskurve links ab auf einen schmalen Waldweg. Der Weg wird bald breiter und wir folgen nun der blauen Raute stetig eine halbe Stunde, am Schluss über einen wunderschönen Waldpfad, bis zum **Adenbauerneckle 11**. An der großen Kreuzung folgen wir unserer Markierung nach links. An der nächsten Kreuzung geradeaus, danach linkshaltend auf einen schmalen Waldpfad. Eine Viertelstunde später sind wir wieder beim **Schlossweiher 01**.

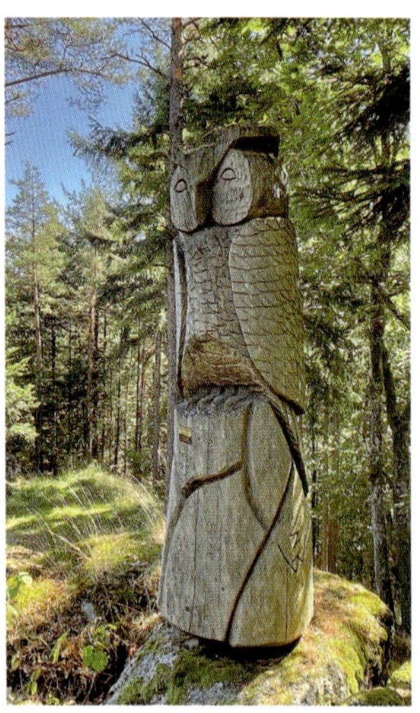

Uhu-Holzstele

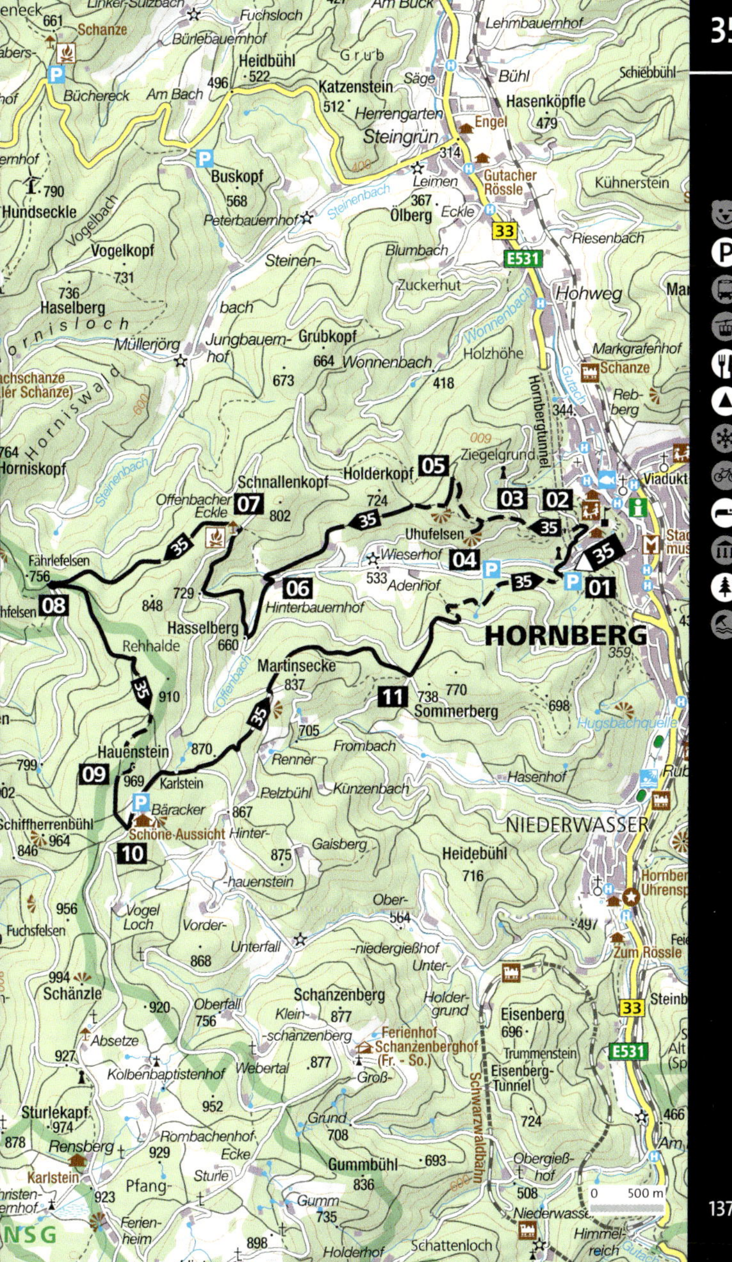
Grub
Linker-Sulzbach
Holzereck
427
Am Buck
Kirche
Fleckstein
661
Schanze
Fuchsloch
Bürlebauernhof
Lehmbauernhof
Heidbühl
522
Grub
496
Katzenstein
Säge
Bühl
Schiebbühl
Büchereck
Am Bach
512
Herrengarten
Hasenköpfle
479
Engel
Steingrün
314
Buskopf
568
Gutacher Rössle
Leimen
Kühnerstein
790
Hundseckle
Steinenbach
367
Eckle
Ölberg
Peterbauernhof
33
Riesenbach
Vogelbach
Vogelkopf
731
Blumbach
E531
Steinen-
736
Haselberg
Zuckerhut
Hohweg
bach
Hornisloch
Wonnenbach
Müllerjörg
Jungbauern-
hof
Grubkopf
664
Wonnenbach
Holzhöhe
Markgrafenhof
Schanze
673
418
Gutach
Reb-
berg
Hornisgwald
344
009
Ziegelgrund
764
Horniskopf
Hornbergtunnel
Viadukt
Steinenbach
05
Schnallenkopf
Holderkopf
Offenbacher
Eckle
07
03
02
802
724
35
Uhufelsen
35
Fährlefelsen
756
Wieserhof
04
35
35
533
Adenhof
729
06
848
Hinterbauernhof
01
08
Hasselberg
660
HORNBERG
Rehhalde
359
Offenbach
Martinsecke
35
837
910
738
770
11
Sommerberg
698
35
Hugsbachquelle
705
Frombach
870
Hauenstein
799
Renner
09
969
Karlstein
Hasenhof
Bäracker
Pelzbühl
Künzenbach
867
Schiffherrenbühl
Hinter-
964
Schöne Aussicht
NIEDERWASSER
846
10
875
Gaisberg
Heidebühl
-hauenstein
716
956
Vogel
Loch
Ober-
Fuchsfelsen
Vorder-
564
497
Unterfall
-niedergießhof
Zum Rössle
868
Unter-
994
Schänzle
Schanzenberg
Holder-
grund
Eisenberg
920
Oberfall
33
756
Klein-
877
696
-schanzenberg
Ferienhof
Schanzenberghof
(Fr. - So.)
Absetze
Trummenstein
927
E531
Webertal
877
Eisenberg-
Tunnel
Kolbenbaptistenhof
Groß-
Schwarzwaldbahn
952
Sturlekapf
974
Grund
708
724
466
878
Rensberg
Rombachenhof
929
Ecke
Karlstein
Gummbühl
693
Obergieß-
hof
Sturle
923
Pfang-
836
508
0
500 m
NSG
Ferien-
heim
Gumm
735
Niederwasser
898
Himmel-
reich
Gutach
Holderhof
Schattenloch
940
Hinter-
Unter-

36

VON HORNBERG ZU DEN SCHLOSSFELSEN

Traumhafte Steige durch zauberhafte Felslandschaften Hornbergs

 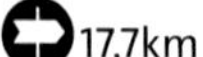 17,7km 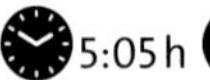 5:05 h 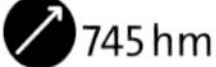 745 hm  745 hm  886, 888

START | Parkplatz Dieterlebauernhöhe; Zufahrt von Gremmelsbach über Unterrötenbach und Leutschenbach.
[GPS: UTM Zone 32 x: 444.581 m y: 5.336.125 m]
CHARAKTER | Lange Wanderung auf oft schmalen Steigen und Felswegen; stellenweise sehr steil. Gutes Schuhwerk ebenso wichtig wie Proviant und Wasser; viele Gegenanstiege.

Die Rundwanderung bedarf einiges an Ausdauer und auch Trittsicherheit. Von der Dieterlebauernhöhe wandern wir über den Windeckfelsen nach Hornberg. Oberhalb der Stadt geht's dann wieder südwärts, vornehmlich auf Steigen und Pfaden über die Schlossfelsen wieder zurück.

▶ Von der **Dieterlebauernhöhe** 01 gehen wir zunächst kurz nach Norden und biegen dann mit der blau-roten Raute ostwärts ab. Ein breiter Weg bringt uns in eineinhalb Kilometern hinab zur **Obersteighöhe** 02. Beim schönen Aussichtspunkt wenden wir uns nach links, nun

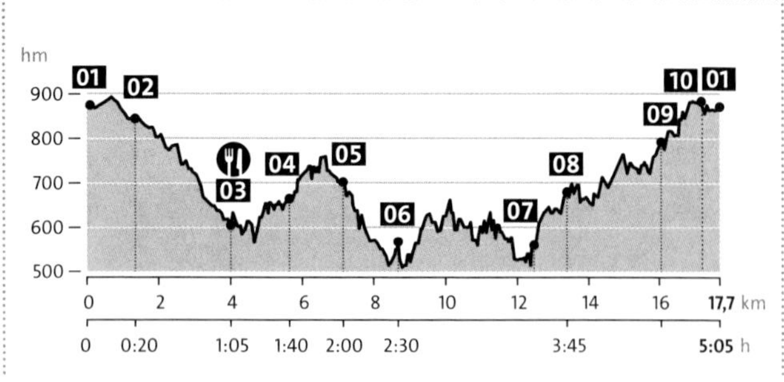

01 Dieterlebauernhöhe, 871 m; 02 Obersteighöhe, 850 m; 03 Gasthaus Lamm, 626 m; 04 Immelsbacher Höhe, 662 m; 05 Windeckfelsen, 694 m; 06 Gesundbrunnen, 543 m; 07 Kanzel, 557 m; 08 Bertaquelle, 694 m; 09 Unterer und Oberer Schlossfelsen, 783 m; 10 Kreuzacker, 865 m;

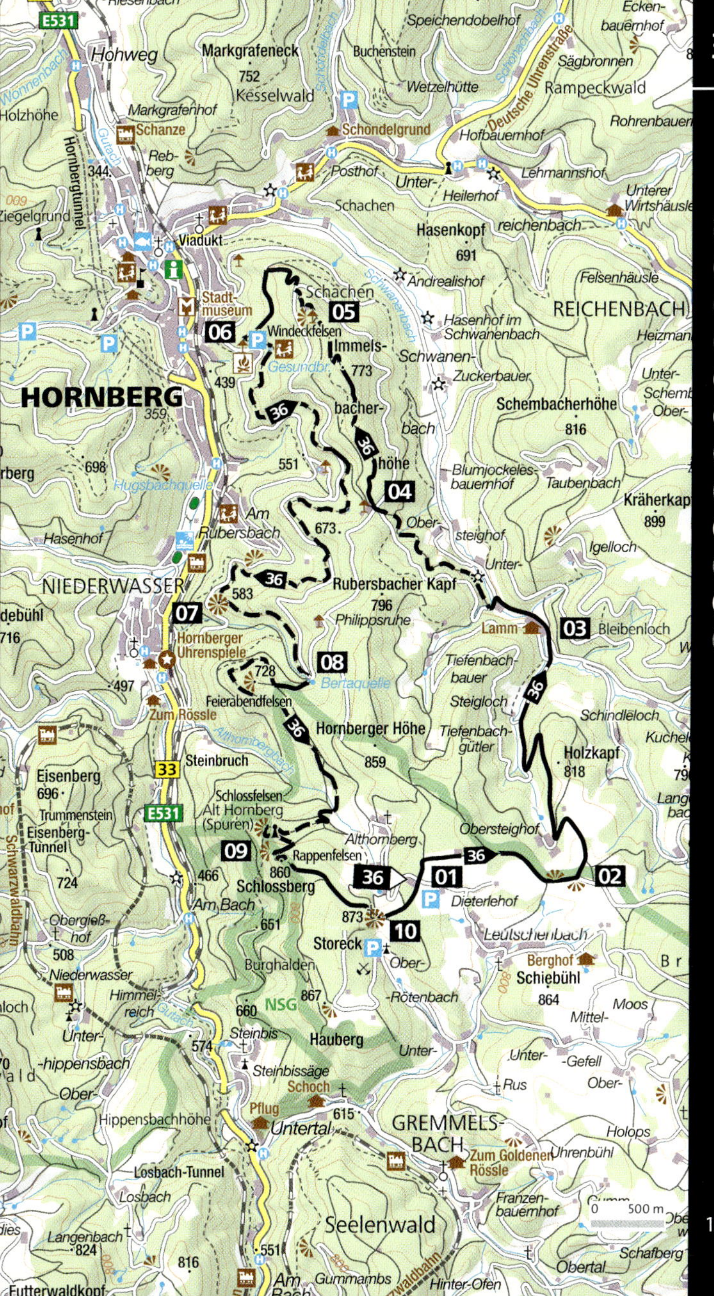

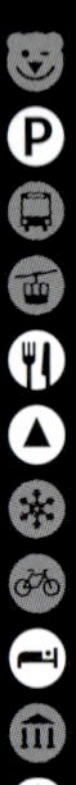

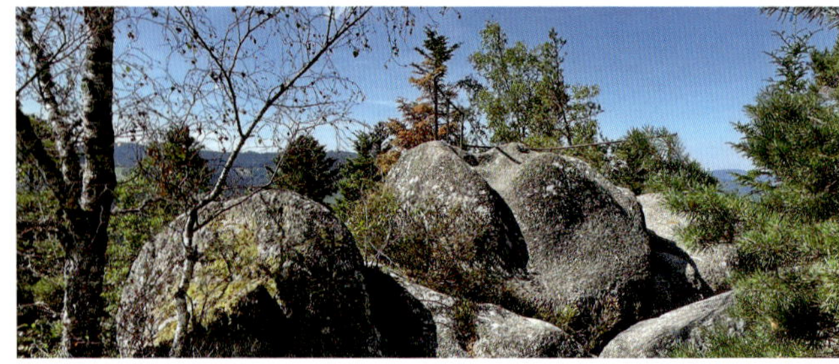

Felslandschaft am Rappenfelsen

mit der gelben Raute hinunter, am Weiler Obersteighof vorbei bis zum beschilderten Wegkreuz Steigloch. Wir treffen auf einen asphaltierten Weg, dem wir nach links folgen. Vorbei am **Gasthaus Lamm 03** wandern wir ein Stück auf dem Sträßlein am Schwanenbach entlang, beim Tiefenbacher Loch überqueren wir dann den Bach nach links. Knapp 100 Meter später geht's nach rechts auf einen Pfad. Wir steigen auf ihm an zur Kreuzung **Immelsbacher Höhe 04**. Von der Kreuzung mit den breiten Wegen und dem Hüttchen samt Grillplatz zweigt wiederum ein wurzeliger Pfad Richtung Windeckfelsen ab. Auf ihm steigen wir durch tolle Wald- und Felslandschaft auf zur Immelsbacher Höhe. Teils steil hinab geht's dann wieder in guten fünf Minuten zum **Windeckfelsen 05**. Steig und gelbe Raute bringen uns durchs Felsenmeer weiter hinab, lassen uns einen Forstweg queren und schließlich am Ende des breiter werdenden Weges „Am Fernsehumsetzer" nach links abbiegen. Die gelbe Raute bringt uns auf angenehmem Weg zum **Gesundbrunnen 06**, am Parkplatz vorbei und jetzt wieder auf der blau-roten Raute auf einen Steig. Er bringt uns wieder leicht bergan. Diesem Pfad folgen wir nun eine Zeit. Kurz nachdem wir das zweite Mal einen Forstweg gekreuzt haben, verlässt uns die blau-rote Raute und wir orientieren uns wieder an der gelben Raute. Eine Viertelstunde später treffen wir auf einen breiten Weg, folgen ihm kurz und halten uns dann rechts wieder über einen Pfad. Einmal noch kreuzen wir einen Forstweg, dann haben wir gut zehn Minuten später die **Kanzel 07** erreicht. Ab jetzt steigen wir wieder stetig an. An der **Bertaquelle 08** vorbei wandern wir kurz auf einem bequemen Weg, dann empfängt uns wieder ein Steig. Am Feierabendfelsen beginnt der Feierabendfelsenweg, der uns zum **Unteren und Oberen Schlossfelsen 09** und zum Rappenfelsen führt. Hier genießen wir die schönen Ausblicke und die verzauberte Landschaft mit moosbewachsenen Felsen. Allmählich wird der Steig zum Pfad, der Pfad zum Waldweg. Bald aus dem Wald heraus stehen wir am **Kreuzacker 10**; hier setzen wir uns nochmals nieder und genießen die Ruhe und die herrlichen Ausblicke. Dann wandern wir die letzten zehn Minuten noch einmal aussichtsreich zurück zum Parkplatz an der **Dieterlebauernhöhe 01**.

AUF DEN HÜNERSEDEL

Über einen Aussichtsturm zum Quellursprung ins Schuttertal

 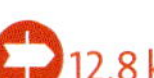 12,8 km  3:30 h  419 hm  419 hm 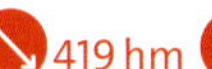  886, 888

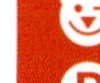

START | Wanderparkplatz Pfingsteck; von Freiamt fahren wir gut 8 km auf der L110 über Hintere Höfe bis Pfingsteck. Auf der rechten Seite dann bei Pfingsteck den kleinen Weg hinter zum Waldrand. [GPS: UTM Zone 32 x: 421.646 m y: 5.339.610 m]
CHARAKTER | Der Schlussanstieg zum Hühnersedel ist recht steil. Ansonsten zumeist über mal schmälere, mal breitere Waldwege und Pfade.

Der Hünersedel ist der 744 m hohe Hausberg von Freiamt. Auf ihm befindet sich der 29 m hohe Hünersedelturm. Er besteht aus heimischem Douglasienholz verbunden durch Metallteile, die den Treppenaufgang und die Aussichtsplattform stützen. Er bietet einen herrlichen Rundumblick über den Mittleren Schwarzwald, über die Rheinebene bis nach Straßburg und zu den Vogesen. Eine Dreiviertelstunde später stehen wir vor der Quelle der Schutter; sie wurde 1904 durch den Schwarzwaldverein Sektion Lahr gefasst. Sie fließt bei Kehl in die Kinzig, wenige Kilometer bevor diese ihrerseits in den Rhein mündet. Die 1866 erbaute Knie-

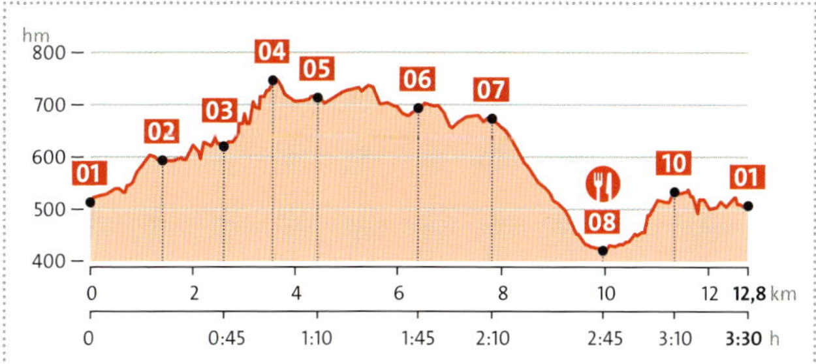

01 Wanderparkplatz Pfingsteck, 515 m; 02 Steinbruch, 597 m; 03 Brettentaler Eck, 600 m; 04 Hünersedel, 744 m; 05 Bei den Dürrhöfen, 712 m; 06 Schutterquelle, 694 m; 07 Schwabenkreuz, 668 m; 08 Schweighausen, 428 m; 09 Wassertretstelle, 471 m; 10 Kniesteinkapelle, 538 m;

Tipp

In Schweighausen befindet sich die Katholische Pfarrkirche St. Romanus. Die prächtige Ausstattung im Inneren stammt größtenteils aus der Mitte des 18. Jahrhunderts. Die älteste der vier Glocken stammt aus der Zeit von Pabst Innozenz X., Mitte des 17. Jahrhunderts.

steinkapelle erwartet uns am Ende der Rundwanderung. Die Sage erzählt, dass ein Einsiedler immer wieder hier betete. Durch das viele Knien sollen im Stein zwei Einbuchtungen entstanden sein, die bis heute noch zu sehen sind. Eine Umsiedlung des Steines nach Schweighausen scheiterte. Immer wieder kehrte er auf unerklärliche Weise wieder zurück zur Kniesteinkapelle.

▶ Vom **Wanderparkplatz Pfingsteck** 01 richten wir uns zunächst nach der blauen Raute Richtung Brettentaler Eck. Dazu folgen wir dem Teersträßlein bergauf. Auf der Höhe folgen wir dem Sträßlein nach links um die Kurve. Bald wandern wir über einen Schotterweg durch den lichten Wald bis zu einem **Steinbruch** 02. Danach geht es beim Waldaustritt links am Waldrand entlang weiter. Sonnenverwöhnt und mit schönen Blicken erreichen wir so das **Brettentaler Eck** 03. Hier wandern wir noch ein paar Meter geradeaus, dann weisen uns ein hölzernes Hinweisschild und die blaue Raute nach links. Ein schmaler Pfad bringt uns nun teils etwas steiler hinauf zum **Hünersedel** 04. Nach der Turmbesteigung laufen wir am Turm vorbei hinab Richtung Schutterquelle und weiter auf der blauen Raute. Geradeaus geht es am Waldrand entlang bis zu einer Gabelung. Das Wegschild weist uns nach links, nun mit der gelben Raute. An der Kreuzung **„Bei den Dürrhöfen"** 05 folgen wir jetzt dem Kandel-Höhenweg und dem Zweitälersteig nach links. Bald zweigt leicht rechts versetzt ein Pfad ab. Er führt parallel zum

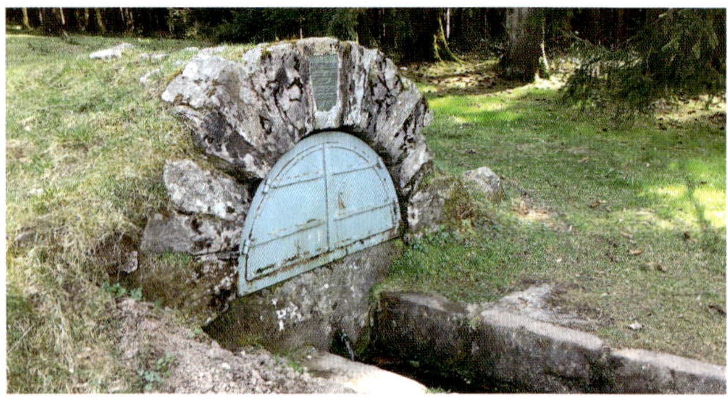

Die gefasste Schutterquelle

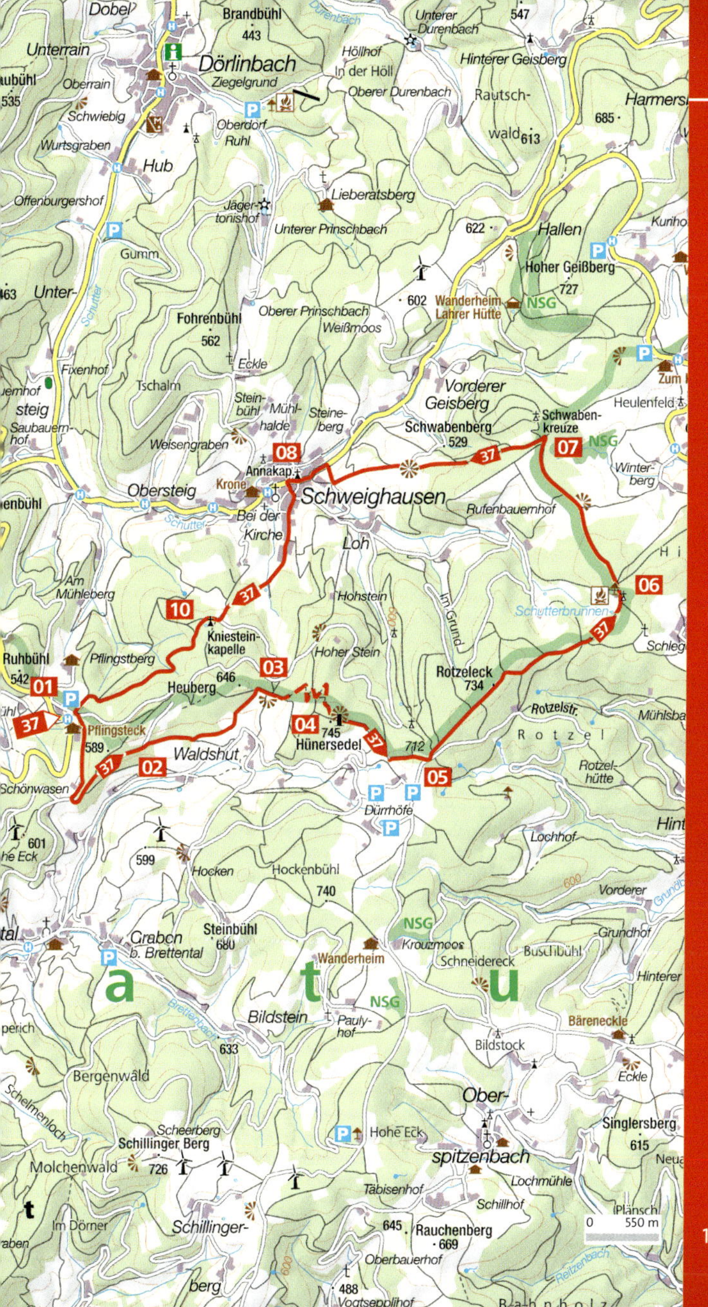
Dobel
Brandbühl
443
Unterrain
Dörlinbach
Ziegelgrund
Oberrain
Schwiebig
Wurtsgraben
Oberdorf
Ruhl
Hub
Unterer
Durenbach
Höllhof
In der Höll
Oberer Durenbach
547
Hinterer Geisberg
Rautsch-
wald
613
685
Lieberatsberg
Jäger-
tonishof
Offenburgershof
Unterer Prinschbach
622
Hallen
Hoher Geißberg
727
Gumm
Unter-
Schutter
602
Wanderheim
Lahrer Hütte
NSG
Fohrenbühl
562
Oberer Prinschbach
Weißmoos
Eckle
Fixenhof
Tschalm
steig
Saubauern-
hof
Stein-
bühl
Mühl-
halde
Steine-
berg
Vorderer
Geisberg
Schwabenberg
529
Schwaben-
kreuze
Heulenfeld
Weisengraben
08
Annakap.
Krone
Obersteig
Bei der
Kirche
Schweighausen
07
Winter-
berg
Rufenbauernhof
Loh
Am
Mühleberg
10
Kniestein-
kapelle
Hohstein
Im Grund
06
Schutterbrunnen
Ruhbühl
542
01
Pflingstberg
Heuberg
646
03
Hoher Stein
Rotzeleck
734
Pflingsteck
589
04
745
Hünersedel
712
Rotzelstr.
Rotzel
Waldshut
02
05
Schönwasen
Dürrhöfe
Rotzel-
hütte
601
599
Hocken
Hockenbühl
740
Lochhof
Vorderer
Grundhof
Graben
b. Brettental
Steinbühl
680
NSG
Krouzmoos
Wanderheim
Schneidereck
Buschbühl
Hinterer
Brettenbach
Bildstein
Pauly-
hof
NSG
Bäreneckle
633
Bildstock
Eckle
Bergenwald
Schelmenloch
Ober-
spitzenbach
Singlersberg
615
Scheerberg
Schillinger Berg
726
Molchenwald
Hohe Eck
Lochmühle
Täbisenhof
Schillhof
Im Dörner
Schillinger-
berg
645
Rauchenberg
669
Oberbauerhof
488
Vogtsepplihof
Bahnholz
0 550 m

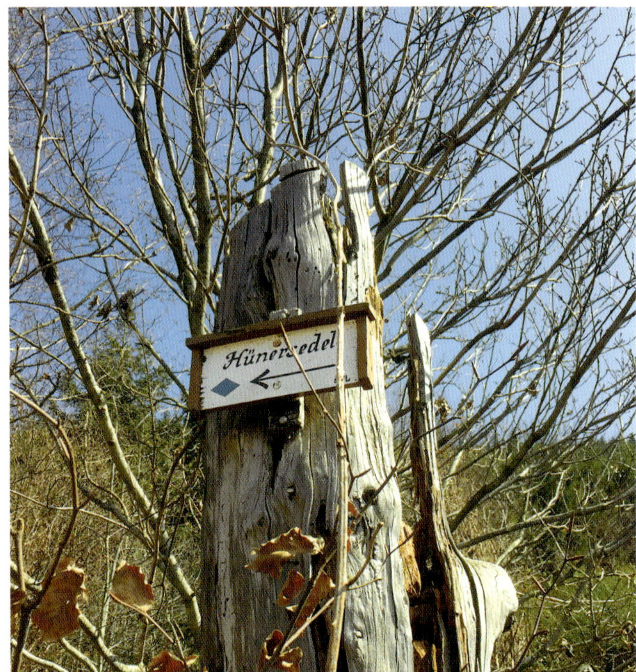

Wegweiser zum Hünersedel

Hauptweg einige Zeit durchs Unterholz, bis er sich wieder mit dem Hauptweg vereint. Schließlich stehen wir an der Quellfassung der **Schutterquelle** 06. Wir laufen den Weg weiter geradeaus und an der Schutzhütte vorbei einen schönen Waldweg leicht hinab. Die erste Abzweigung ignorieren wir, dann stehen wir etwas später am Wegschild **Schwabenkreuz** 07. Wir halten uns links Richtung Schweighausen. Hier geht es nun hinab, manchmal etwas steil. Die letzten Meter an der Straße entlang haben wir dann nach gut einer halben Stunde **Schweighausen** 08 erreicht. Auf der Bernardus-Stober-Straße geht es hinauf; hier gibt es ein sehr gutes Café am Eck, ein Päuschen lohnt sich! Dann wandern wir auf dem Kniesteinweg nach rechts aus dem Ort hinaus. Die gelbe Raute bringt uns über einen Schotterweg, nach einigen Minuten haben wir linker Hand die Gelegenheit, die müden Beine an einer **Wassertretstelle** 09 zu erfrischen. Dann geht es auf dem Schotterweg weiter hinauf in den Wald. Zehn Minuten später stehen wir vor der **Kniesteinkapelle** 10. Gleich nach der Kapelle halten wir uns an der Weggabelung links Richtung Pfingsteck und wandern auf schönen Wegen in zwanzig Minuten zum **Wanderparkplatz Pfingsteck** 01 zurück.

VON HEIMBACH ZUR RUINE LANDECK

Wald- und Weinwanderung zu einer stattlichen Ruine

 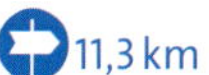 11,3 km 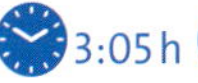 3:05 h 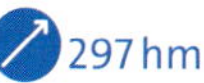 297 hm 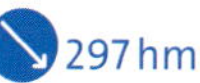 297 hm 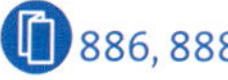 886, 888

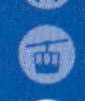

START | Den Parkplatz am Grillplatz oberhalb von Heimbach erreichen wir über den Ort Heimbach. Die Straße „Am Seiberg" bis zum Ende fahren, dann zwei Kehren hinauf. Der Parkplatz liegt direkt gegenüber des Grillplatzes.
[GPS: UTM Zone 32 x: 413.106 m y: 5.334.593 m]
CHARAKTER | Schöne Runde auf guten Waldwegen und -steigen. Das letzte Stück führt uns durch die Weinhänge und Obstplantagen. Hinter Landeck mal ziemlich steil; Rutschgefahr bei Nässe.

Die Rundwanderung bringt uns ein Stück auf dem St.-Gallus-Rundweg von Heimbach über Landeck. Dabei erhalten wir ein paar kulturhistorische Einblicke in die Geschichte Heimbachs, die eng mit der Steinbruchgeschichte verbunden ist. Einen Kalksteinbruch streifen wir dabei gleich oberhalb von Heimbach. Schon seit dem 14. Jahrhundert wurden in Heimbach Steine für das Freiburger Münster gebrochen und auf Ochsenkarren nach Freiburg transportiert. Im nächsten Ort erwartet uns die Burgruine Landeck; für die gut erhaltenen Ruinen der Spornburg werden Besichtigungen angeboten. Auf dem Rückweg erkunden wir dann das Wein- und Obstbaugebiet von Heimbach.

Wir starten am **Grillplatz** 01 oberhalb von Heimbach. Der

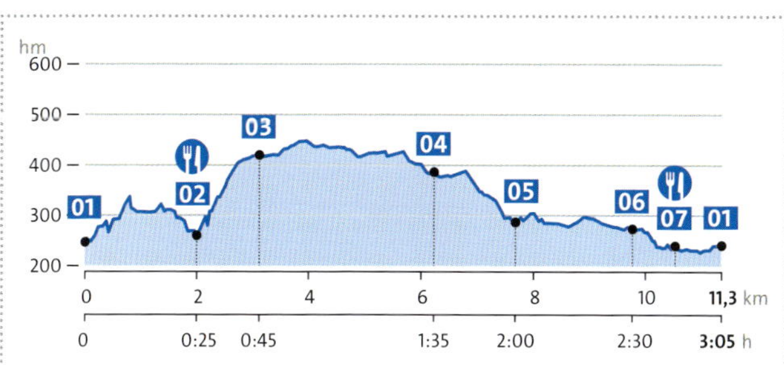

01 Parkplatz Grillplatz, 327 m; 02 Ruine Landeck, 276 m; 03 Aspen, 416 m; 04 Beim Kreuzweg, 381 m; 05 Forsterloh, 291 m; 06 Blumberg, 271 m; 07 Heimbach, 232 m;

Tipp

Wer Näheres über die Sandsteinbrüche um Heimbach erfahren möchte, der kann den St.-Gallus-Weg von Heimbach abwandern. Auf dem gesamten Weg sind zwanzig Infotafeln verteilt, die interessante Einblicke in die Geschichte Heimbachs geben. Eine Begleitbroschüre gibt es im Rathaus gegen eine geringe Schutzgebühr.

Schotterweg bringt uns durch lichten Wald zusammen mit dem St.-Gallus-Weg und der gelben Raute nach zehn Minuten zu einer Straße. Hier biegen wir scharf rechts ab und folgen dem Sträßlein circa 200 Meter, dann biegen wir links ab, an Wiesen und Wein vorbei in das Sträßlein „Am Vogelsang“. An der großen „Freiämter Straße“ halten wir uns links Richtung **Ruine Landeck** **02** hinein. Der „Schloßberg“ führt uns auf's Gelände der Ruine. Wir gehen die Freiämter Straße weiter entlang, nur 30 Meter nach der Rechtskurve biegen wir rechts ab. Bald bringen uns der Vierburgenweg und das gelbe Kreuz nun ansteigend und zweimal die K 5136 querend an einen breiteren Weg, dem wir kurz nach links, dann wieder nach rechts bis zur Weggabelung **Aspen** **03** folgen. Hier geht es nun mit der blauen Raute weiter Richtung „Beim Kreuz-

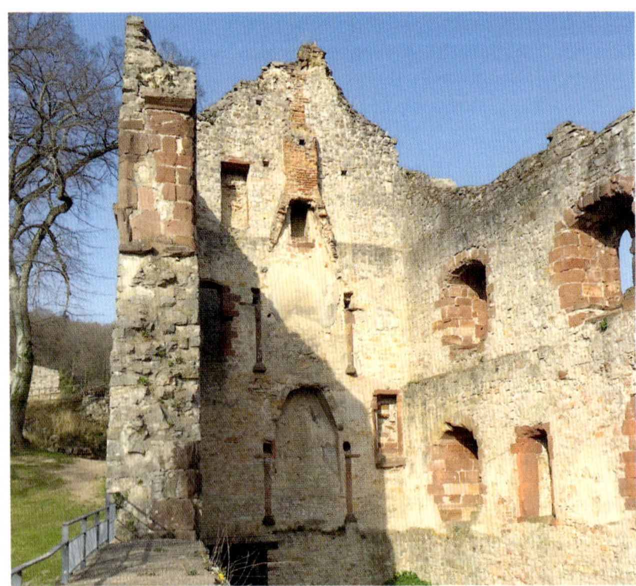

Mauerreste der Ruine Landeck

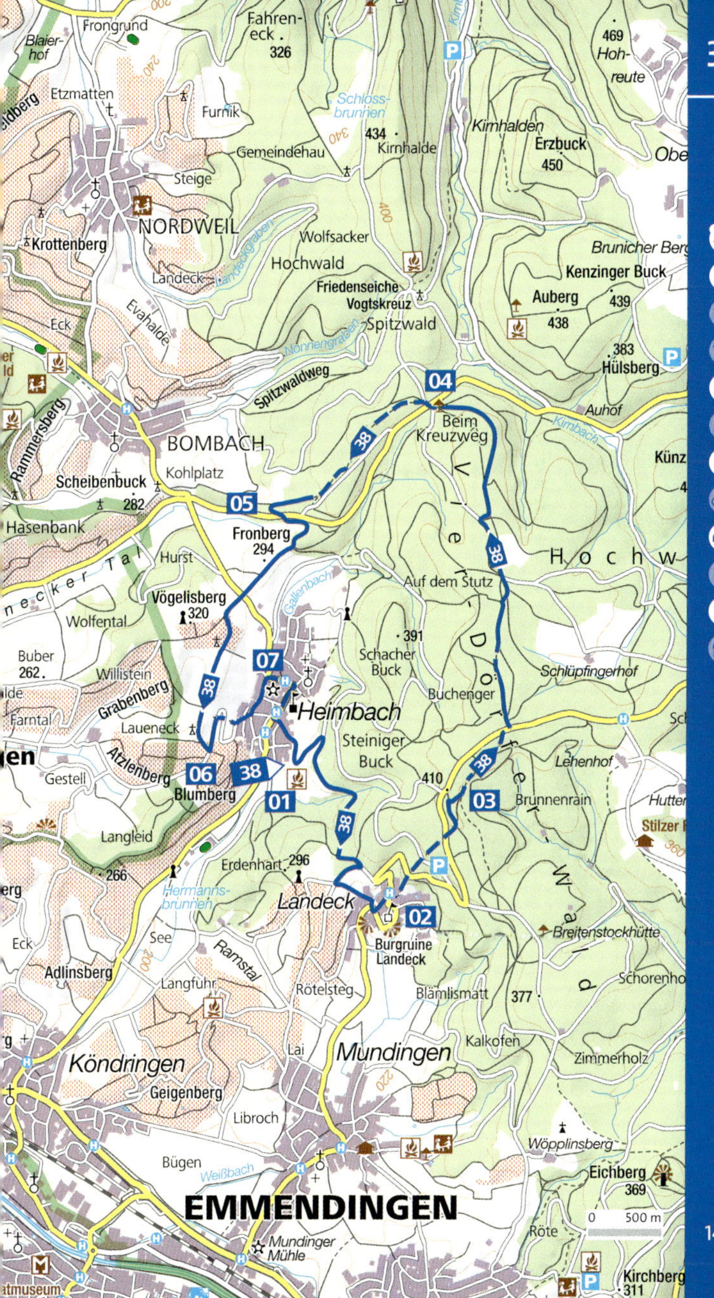
Frongrund
Blaierhof
Etzmatten
Fahreneck
326
Furnik
Schlossbrunnen
434
Kirnhalde
Kimhalden
Erzbuck
450
469
Hohreute
Gemeindehau
Steige
NORDWEIL
Krottenberg
Wolfsacker
Hochwald
Landeck
Landeckgraben
Friedenseiche
Vogtskreuz
Spitzwald
Brunicher Berg
Kenzinger Buck
Auberg
438
439
383
Hülsberg
Eck
Evahalde
Nonnengraben
Spitzwaldweg
04
Beim Kreuzweg
Auhof
Kimbach
Rammersberg
BOMBACH
Kohlplatz
Scheibenbuck
282
Hasenbank
05
Fronberg
294
Hurst
Vier-Dörfer-Wald
Hochw
Auf dem Stutz
Vögelisberg
320
Wolfental
Gallenbach
Buber
262
Willistein
Grabenberg
Farntal
07
391
Schacher Buck
Schlüpfingerhof
Buchenger
Heimbach
Laueneck
Atzlenberg
Gestell
06
Blumberg
38
01
Steiniger Buck
410
Lehenhof
03
Brunnenrain
Hutter
Stilzer
Langleid
266
Erdenhart
296
Landeck
Hermannsbrunnen
02
Burgruine Landeck
Breitenstockhütte
See
Eck
Ramstal
Adlinsberg
Langfuhr
Rötelsteg
Blämlismatt
377
Schorenho
Köndringen
Lai
Mundingen
Kalkofen
Zimmerholz
Geigenberg
Libroch
Wöpplinsberg
Bügen
Weißbach
Eichberg
369
EMMENDINGEN
0
500 m
Mundinger Mühle
Röte
Kirchberg
311

Info

Die Ruine Landeck liegt am Vierburgenweg: er führt über 31 km von Waldkirch nach Kenzigen und streift dabei die Burgen bzw. Ruinen Kastehburg, Hochburg, Landeck, Lichteneck. Auf diesen vier Burgen werden Führungen in historischen Gewandungen angeboten.

weg". Der Pfad kreuzt erneut die K 5136. Schließlich mündet er in einen breiteren Weg, dem wir geradeaus folgen. Gleich darauf an der Dreieckskreuzung geradeaus, an der nächsten Gabelung halten wir uns rechts, etwa einen halben Kilometer auf dem Rotenbuckweg, bis der Vierburgenweg wieder auf schmäleren Steigen nach rechts abzweigt und schließlich zur Kreuzung **„Beim Kreuzweg"** **04** mit überdachter Schutzhütte und Tafel T6 des St.-Gallus-Weges führt. Über die L 113 hinüber, an der Tafel T7 Grenzsteine Vierdörferwald vorbei weiter nun wieder auf der gelben Raute zur Kreuzung **Forsterloh** **05** hinab. Wir überqueren nochmals die L 113 und treten aus dem Wald hinaus. Mit tollen Blicken ins Tal, an der St.-Gallus-Tafel T8 vorbei, kreuzen wir die K 5115 und laufen durch die Weinhänge bis zur Gabelung Zielgrüble. Hier halten wir uns links und eine Viertelstunde später am **Blumberg** **06** wieder links. 250 Meter später kürzen wir über einen Pfad nach rechts ab und stoßen schließlich auf die Blumbergstraße. Wir folgen ihr nach links, bis wir wieder die K 5115 erreichen. Sie führt uns in Form der Dreibrunnenstraße und dann der Köndringer Straße in den Ort **Heimbach** **07**. Beim Rathaus sehen wir das Alte und Neue Schloss mit einem Steinbruch-Denkmal an der Schlossmauer. Sehenswert ist auch die St.-Gallus-Kirche. Schließlich biegen wir „Am Seiberg" links ab und wandern die Straße hinauf, nochmals mit schönen Blicken über Heimbach, bis zum **Grillplatz** und dem **Parkplatz** **01**.

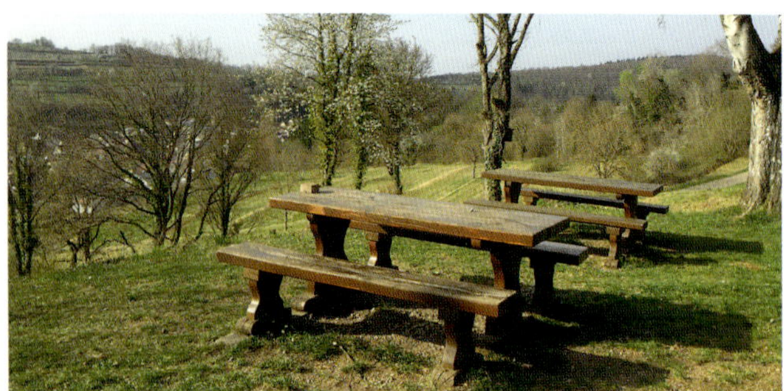

Schöner Rastplatz mit Blick auf Heimbach

VON TENNENBACH AUF DEN EICHBERG

Zu einem Aussichtsturm in geschichtsträchtiger Nachbarschaft

 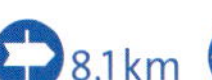 8,1 km 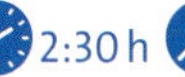 2:30 h 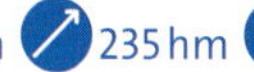 235 hm  235 hm 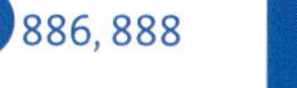 886, 888

START | Wanderparkplatz Tennenbach; von Sexau auf der L 110 Richtung Norden. Kurz hinter den Staudenhöfen an der Kreuzung links Richtung Tennenbach; Parkplatz auf der gegenüberliegenden Straßenseite an der T-Kreuzung.
[GPS: UTM Zone 32 x: 417.636 m y: 5.332.991 m]
CHARAKTER | Die kurze Runde bewegt sich vornehmlich auf angenehmen Waldwegen. Der Anstieg im Binzgenwald ist ein kurzes Stück steil. Die Ausblicke vom Eichbergturm sind fantastisch.

Auf dem Gebiet von Tennenbach befand sich ein gewaltiger Klosterkomplex. Laut Gründungsnotizen wurde das Zisterzienserkloster Tennenbach 1161 von Abt Hesso zusammen mit zwölf Mönchen aus dem Kloster Frienisberg errichtet und gehörte zu den bedeutendsten und größten Klöstern im südwestdeutschen Raum. Zu sehen sind heute nur noch kleine Klosterkapelle aus dem frühen 14. Jahrhundert und ein früheres Wirtschaftsgebäude, das Landgasthaus zum Engel. Sie sind das letzte Zeugnis einer bedeutenden Geschichte im Tennenbachtal.

▶ Vom **Wanderparkplatz Tennenbach** 01 brechen wir auf

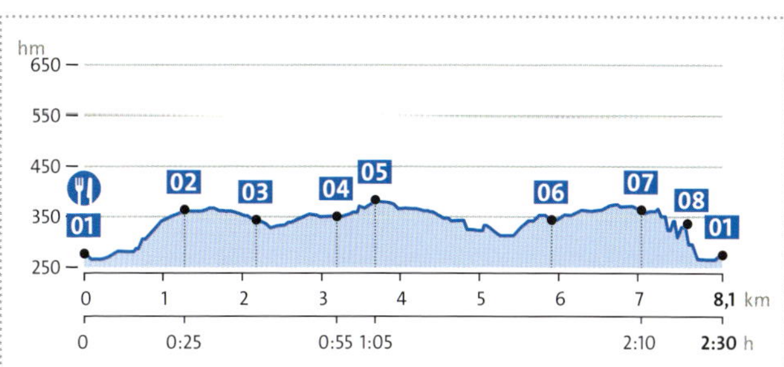

01 Parkplatz Tennenbach, 272 m; 02 Binzgenwald, 346 m; 03 Teufelsbrücke, 326 m; 04 Gebrannte Eiche, 343 m; 05 Eichbergturm, 360 m; 06 Emil-Scheer-Hütte, 324 m; 07 Wachtel, 341 m; 08 Laberhütte, 347 m;

Info

Der Eichbergturm ist die geographische Mitte des Landkreises Emmendingen. Der Turm hat eine Höhe von 53,20 Meter. Er überragt den Eichenwald mit seiner Kanzel um über 10 Meter und ist damit der höchste frei zugängliche Aussichtsturm Deutschlands. Aussichtskanzel befindet sich in 43,20 Meter Höhe und ist über 240 Stufen zu erreichen.

Richtung Eichbergturm. Dafür folgen wir der blauen Raute und der Straße zum Gasthof beim Engel vorbei nur wenige Meter, dann zweigt rechts ein Waldweg ab. Nach nur wenigen Hundert Metern schickt uns das Wanderschild nach links auf einen schmalen Pfad hinauf. Im Aufstieg queren wir einmal einen breiten Waldweg schräg nach links. Am zweiten Waldweg mit der Kreuzung **Binzgenwald** **02** wandern wir rechts herum weiter. Nach ein paar Minuten zweigt links ein Pfad ab. Er bringt uns mal schmäler, mal breiter wieder an den Waldweg, dem wir gut 300 Meter nach links folgen. Dann weist uns die blaue Raute wieder rechts auf einen Pfad. Den darauffolgenden Waldweg kreuzen wir schräg nach rechts. Nach zehn Minuten etwa erreichen wir die Kreuzung **Teufelsbrücke** **03**. Der Teufelsbrückleweg führt uns nun in zehn Minuten zur Kreuzung **„Gebrannte Eiche“** **04**. Wir wandern noch kurz geradeaus bis zum Marterl. Hier folgen wir der gelben Raute nach links, gleich an der nächsten Kreuzung wieder rechts und hundert Meter darauf nochmals links, die letzten Schritte bis zum **Eichbergturm** **05**. Nach der Turmbesteigung mit herrlichen Blicken über Freiamt, den Rohrhardsberg, den Kandel, den gesamten Schwarzwaldkamm bis zum Isteiner Klotz, die Vogesenkette und den Kaiserstuhl. Unser Weiterweg bringt uns zusammen mit der gelben Raute Richtung Maleck hinab zur

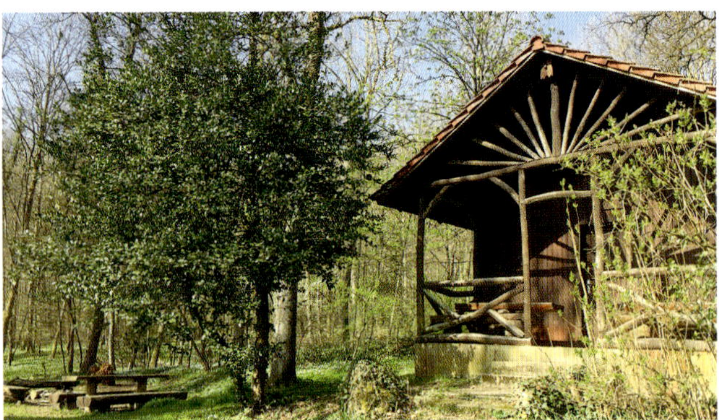

An der Emil-Scheer-Hütte

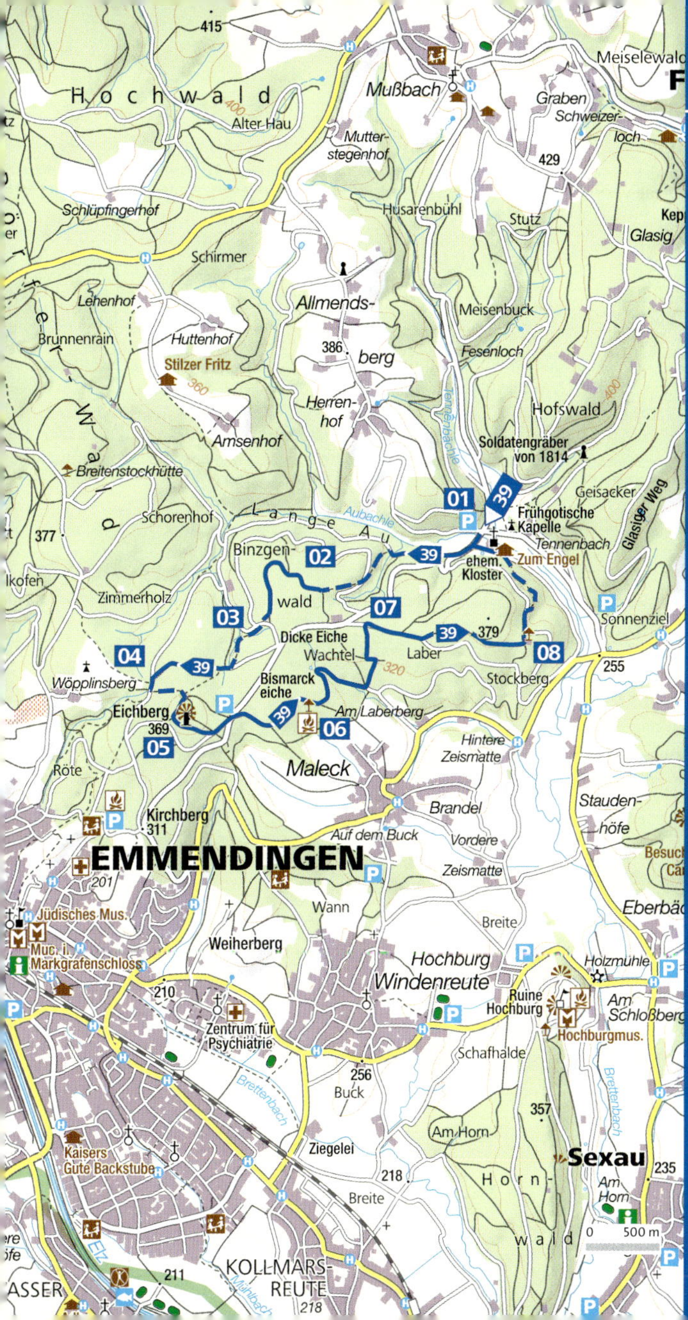

Hochwald
Alter Hau
Mußbach
Mutterstegenhof
Graben
Schweizerloch
Meiselewald
429
415
Schlüpfingerhof
Husarenbühl
Stutz
Glasig
Schirmer
Allmendsberg
386
Lehenhof
Huttenhof
Brunnenrain
Meisenbuck
Fesenloch
Stilzer Fritz
360
Herrenhof
Tennenbach
Hofswald
400
Amsenhof
Soldatengräber von 1814
Breitenstockhütte
Schorenhof
Lange Au
Aubächle
Geisacker
Glasiger Weg
01
39
Frühgotische Kapelle
Tennenbach
377
Binzgenwald
02
ehem. Kloster
Zum Engel
Zimmerholz
07
Sonnenziel
03
Dicke Eiche
39
379
08
04
39
Wachtel
Laber
320
255
Wöpplinsberg
Bismarck eiche
Stockberg
Eichberg
369
05
39
06
Am Laberberg
Hintere Zeismatte
Röte
Maleck
Brandel
Stauden-höfe
Kirchberg
311
Auf dem Buck
Vordere Zeismatte
EMMENDINGEN
201
Wann
Jüdisches Mus.
Breite
Eberbäc
Muc. i. Markgrafenschloss
Weiherberg
Hochburg Windenreute
Holzmühle
Ruine Hochburg
Am Schloßberg
210
Zentrum für Psychiatrie
Hochburgmus.
Schafhalde
256
Buck
Brettenbach
357
Am Horn
Kaisers Gute Backstube
Ziegelei
Sexau
235
218
Horn-wald
Am Horn
Breite
0 500 m
Elz
KOLLMARSREUTE
211
Mühlbach
218

Tennenbacher Straße. Wir überqueren sie schräg nach links und erreichen nach zehn Minuten die **Emil-Scheer-Hütte** 06. Ungefähr 75 Meter nach der Hütte halten wir uns an der Gabel links Richtung Tennenbach. Der Waldweg bringt uns hinab, nach der Rechtskehre schickt uns das Wanderschild nach links einen Pfad wieder hinauf. An der darauffolgenden Pfad-T-Kreuzung halten wir uns links weiter aufwärts. Kurz danach wandern wir auf einem erdigen, zerfurchten Waldweg nach links weiter, doch nur gut 50 Meter, dann leitet uns das Wegzeichen nach rechts. An der T-Kreuzung **Wachtel** 07 wenden wir uns nach rechts Richtung Laberhütte. An der folgenden Weggabelung halten wir uns rechts leicht abwärts, bei der **Laberhütte** 08 biegen wir links ab. Der Weg führt hinab, nach nur wenigen Minuten leitet uns ein Pfad nach rechts, nun steil abwärts. Am Waldrand empfängt uns ein schöner Waldweg und ein toller Blick auf die Zisterzienserkapelle des ehemaligen Klosters Tennenbach. Wir wenden uns nach links und gehen beim Gasthaus Zum Engel vorbei in wenigen Minuten zurück zum **Wanderparkplatz Tennenbach** 01.

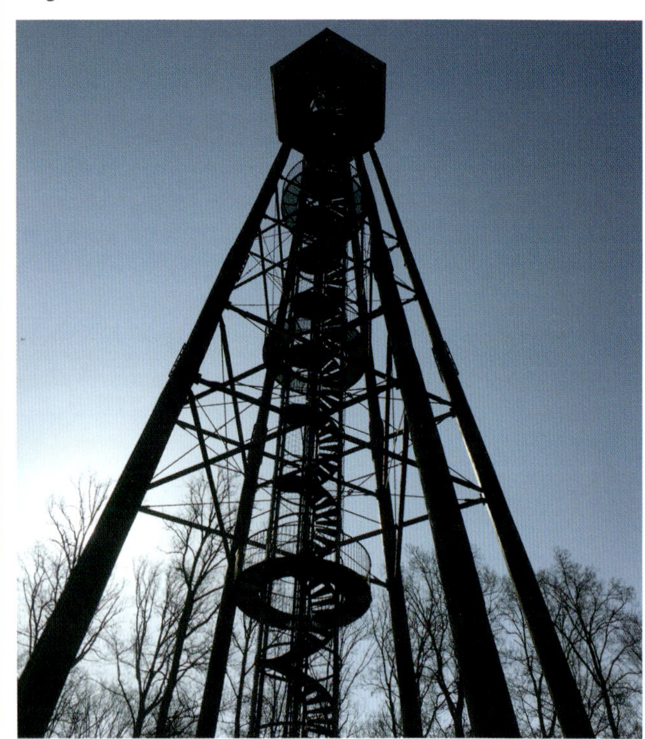

Der Eichbergturm

VON ENDINGEN AM KAISERSTUHL NACH BÖTZINGEN

Weinpanorama um den Katharinenberg

  13 km  3:30 h  400 hm  400 hm 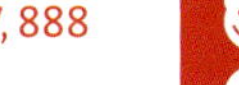 887, 888

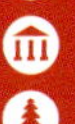

START | Endingen am Kaiserstuhl; Parkplätze „Am Langen Buck“ außerhalb der Altstadtzone.
[GPS: UTM Zone 32 x: 403.372 m y: 5.332.865 m]
CHARAKTER | Gemütliche Weinberg- und Waldwanderung. Steiler Anstieg zur Katharinenkapelle.

Unsere Wanderung steht ganz im Zeichen des Weines. So erkunden wir zu Beginn und auch zum Ende der Tour die tollen Weinberge der kleinen Weinbaugemeinden Endingen und Bötzingen am Kaiserstuhl. Wir durchstreifen die sanften Rebhänge, die den höheren bewaldeten Bergen dieses einst vulkanischen Gebirges vorgelagert sind. Über den Dächern, Türmen und Toren der alten Weinstadt Endingen am Kaiserstuhl besuchen wir den 492 Meter hohen Katharinenberg und seine Kapelle.

▶ Los geht's in **Endingen am Kaiserstuhl** 01. Vom Parkplatz „Am Langen Buck“ – hier kann man kostenfrei länger parken – gehen wir nordwärts zur Hauptstraße und dann rechts durchs Törli, dem einzigen noch erhaltenen Stadt-

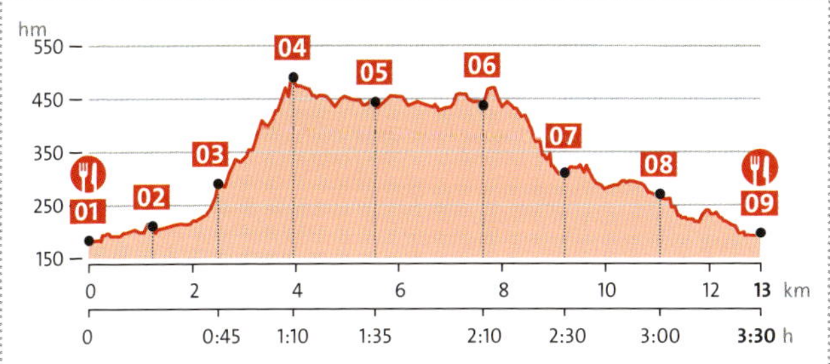

01 Endingen am Kaiserstuhl , 185 m; 02 Erleweiher, 204 m; 03 Beim Erleloch, 285 m; 04 Katharinenkapelle, 483 m; 05 Bahlinger Eck, 436 m; 06 Blassendobel Süd, 440 m; 07 Hagengasse, 306 m; 08 Buchloch, 263 m; 09 Bahnhof Bötzingen, 190 m;

tor Endingens. Am Marktplatz schwenken wir nach rechts und richten uns nun nach der Wegmarkierung des Premiumweges Kaiserstuhlpfad, der uns nun eine ganze Weile führen wird. Er gibt uns nun die Richtung nach Süden vor. Nach dem schönen Marktplatz geht's immer in Gehrichtung geradeaus. So erreichen wir nach einer Viertelstunde allmählich bei den Tennisplätzen den Stadtrand von Endigen. Wir gehen beim Minigolfplatz vorbei und beim **Erleweiher** 02 links zwischen den Weihern hindurch. Dann bringt uns die Kastanienallee zum Schützenvereinshaus von Endingen. Anschließend passieren wir die Marienquelle und das kleine Naturschutzgebiet im Erletal, dann beginnt der Anstieg in den Wald hinauf. Bei der Kreuzung **Beim Erleloch** 03 biegen wir rechts ab, dann steigen wir auf dem Premiumweg immer steiler durch den Wald bergan, bis wir nach 20 Minuten den Katharinenberg erreichen. Bei der **Katharinenkapelle** 04 laden Tische und Bänke zur Rast ein; es gibt sogar einen Kiosk, der allerdings nur am Wochenende und an Feiertagen geöffnet hat. Vor allem auch nur März–Juli und September–November. Wir setzen unseren Weg auf dem Kaiserstuhlpfad fort. Ein schmaler Weg bringt uns auf dem Katharinenpfad wieder hinab und an den Waldrand. Hier wenden wir uns nach links und wandern begleitet von herrlichen Blicken auf den Kaiserstuhl in einer Viertelstunde zum **Bahlinger Eck** 05. Am Parkplatz vorbei kreuzen wir die Straße und wandern nach einem kurzen Waldstück auf der Höhe am Waldrand entlang, wieder mit tollen Aussichten über die Schelinger Höhe. An der Kreuzung Öhmdsmatten laufen wir nicht zur Robert-Maier-Hütte, sondern bleiben geradeaus. Wir verlassen den Kaiserstuhlpfad und folgen der gelben Raute wei-

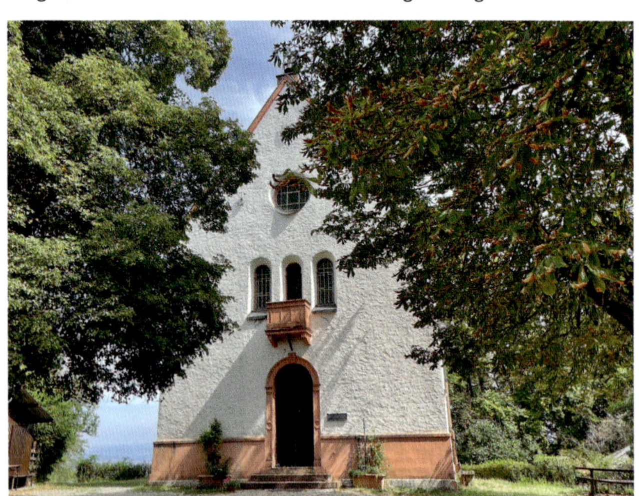

Bei der Katharinenkapelle

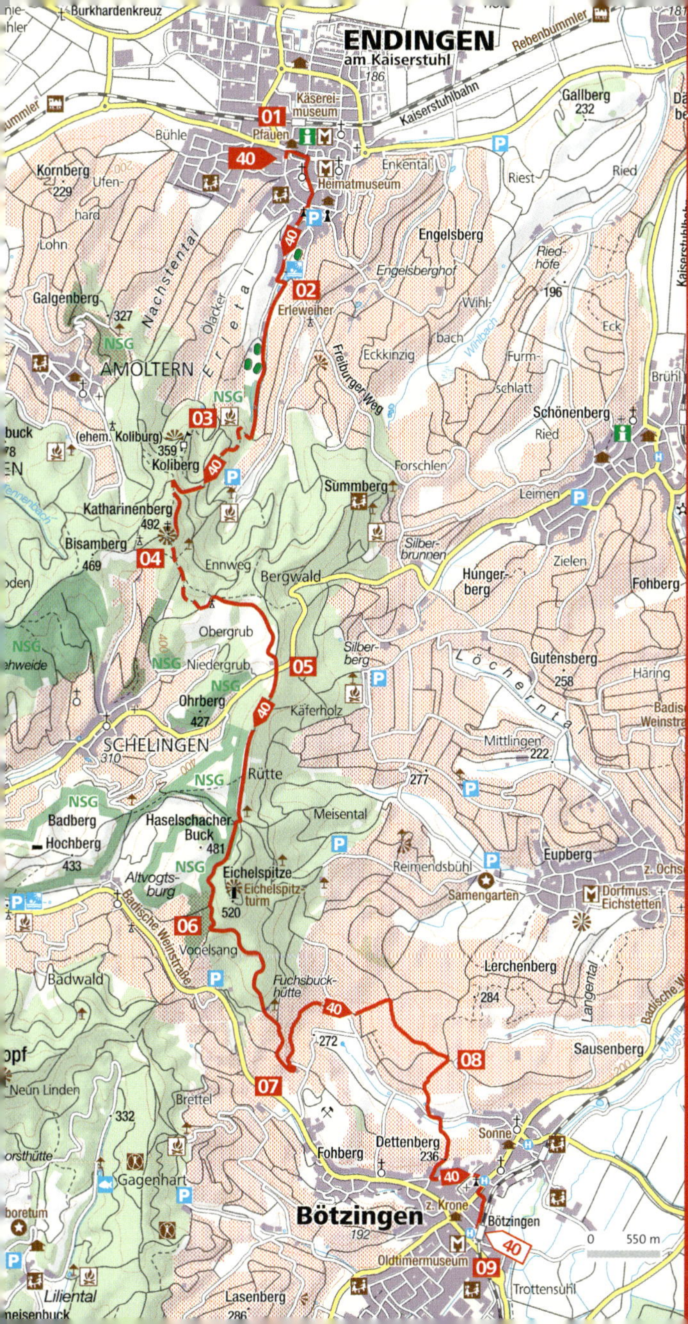

ENDINGEN
am Kaiserstuhl
186
Burkhardenkreuz
Rebenbummler
Kaiserstuhlbahn
Käserei-
museum
01
Pfauen
Bühle
40
Kornberg
229
Ufen-
hard
Lohn
Enkental
Heimatmuseum
Riest
Ried
Gallberg
232
Engelsberg
Engelsberghof
Ried-
höfe
196
Nachstental
Olacker
Erletal
02
Erleweiher
Galgenberg
327
NSG
AMOLTERN
Freiburger Weg
Eckkinzig
Wihl-
bach
Furm-
schlatt
Eck
Brühl
NSG
03
(ehem. Koliburg)
359
Koliberg
40
Schönenberg
Ried
Forschlen
Summberg
Leimen
Katharinenberg
492
Bisamberg
469
04
Ennweg
Bergwald
Silber-
brunnen
Hunger-
berg
Zielen
Fohberg
Obergrub
NSG
Niedergrub
NSG
05
Silber-
berg
Löchernntal
Gutensberg
258
Häring
Ohrberg
427
40
Käferholz
SCHELINGEN
310
Mittlingen
222
277
Rütte
NSG
NSG
Badberg
Hochberg
433
Haselschacher
Buck
481
Meisental
NSG
Altvogts-
burg
Eichelspitze
Eichelspitz-
turm
520
Reimendsbühl
Samengarten
Eupberg
Dorfmus.
Eichstetten
06
Badische Weinstraße
Vogelsang
Badwald
Fuchsbuck-
hütte
40
Lerchenberg
284
Langental
272
08
Sausenberg
07
Neun Linden
332
Brettel
Fohberg
Dettenberg
236
Sonne
Gagenhart
40
z. Krone
Bötzingen
Bötzingen
192
0 550 m
40
Oldtimermuseum
09
Trottensuhl
Liliental
Lasenberg
286

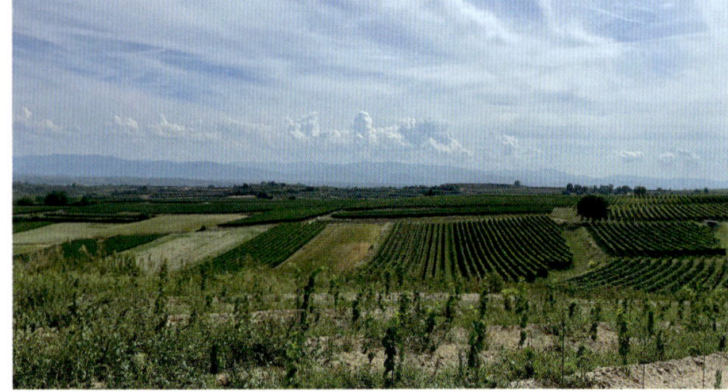

Weinberge so weit das Auge reicht

ter am Waldrand entlang. Beim Wegschild Blassendobel Nord haben wir die Möglichkeit, dem Eichelspitzturm (zweithöchste Erhebung im Kaiserstuhl) über einen steilen Pfad scharf nach links einen Besuch abzustatten. Andernfalls laufen wir ein paar Meter weiter zum **Blassendobel Süd** **06** und folgen der gelben Raute hier nach links. Wir steigen nun gut zehn Minuten hinab zur Fuchsbuckhütte. Hier verlassen wir den Wald und betreten die schönen Weinhänge von Eichstätten und Bötzingen. Wir folgen dem Weg in Gehrichtung nochmals knappe zehn Minuten abwärts bis zur Kreuzung **Hagengasse** **07**. Dort biegen wir scharf nach links und wandern unserer Markierung folgend durch die Weinberge. Die Route beschreibt einen Rechtsbogen und verläuft dann ostwärts, bis wir an einer Kreuzung mit dem Wegschild Kreuzweg stehen. Hier laufen wir nach rechts nochmal gut 500 Meter abwärts. An der Kreuzung **Buchloch** **08** biegen wir rechts ab und folgen der gelben Raute in ein paar Minuten bis zu einem breiten Weg und einem Weingut. Wir wenden uns nach links, und gleich am Ende des Weingutes nach rechts. Am Wegschild „Sonnenhalde/Bötzingen" biegen wir links ab und laufen über den Kirchweg beim Friedhof vorbei. Nach dem Friedhof halten wir uns rechts und erreichen nur wenige Minuten darauf den **Bahnhof Bötzingen** **09**. Zurück geht es dann mit der S-Bahn ohne Umstieg nach Endingen.

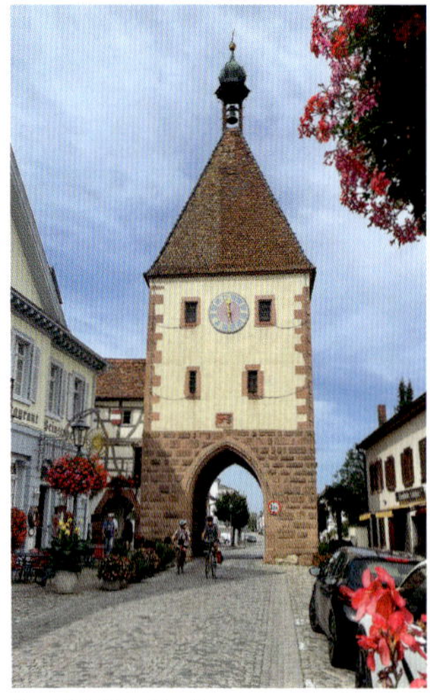

Das Törli in Endingen

AUF DEN ROHRHARDSBERG

Über U(h)rwaldsteige auf den Höchsten im Mittleren Schwarzwald

 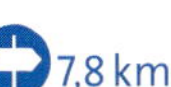 7,8 km  2:10 h  380 hm 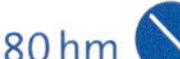  380 hm 887, 888

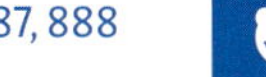

START | Wanderparkplatz Mühlebühl; von Schonach über die Obertalstraße Richtung Oberprechtal. Parkplatz in der Rechtskehre. [GPS: UTM Zone 32 x: 437.260 m y: 5.330.935 m]
CHARAKTER | Einfache kurze Runde mit überschaubaren Höhenmetern. Angenehme Pfade.

Als höchste Erhebung im Mittleren Schwarzwald und ausgewiesen als NATURA-2000-Schutzgebiet bietet der Rohrhardsberg ein attraktives Ziel. Mit seinen Borstgrasrasen, Mooren, Auen- und Schluchtwäldern bietet der Rohrhardsberg wertvollen Lebensraum für seltene Wildtiere. Auch der Auerhahn hat hier wieder ein Zuhause gefunden.

▶ Wir starten am Wanderparkplatz **Mühlebühl** 01. Zunächst folgen wir der Obertalstraße ein Stück abwärts, am Infoschild vorbei und nach der Bushaltestelle links über die Elz und gleich rechts auf einen Pfad an ihrem Ufer entlang hinab. Unser Wegzeichen ist die gelbe Raute. Sie bringt uns auf einem Steig hinab, dabei werfen wir immer wieder einen Blick zum Bächlein und den **Elzfällen** 02 zu unserer Rechten. Abschnittsweise springt der muntere Bach über kleinere Kaskaden hinunter. Nach zehn Mi-

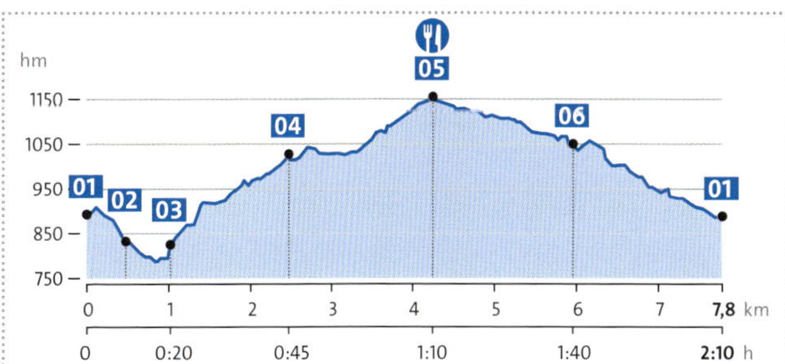

01 Mühlebühl, 890 m; 02 Elzfälle, 880 m; 03 Kreuzackergut, 793 m; 04 Am Schlagbaum, 1011 m; 05 Rohrardsberg, 1163 m; 06 Am Skilifthang, 1045 m;

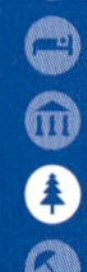

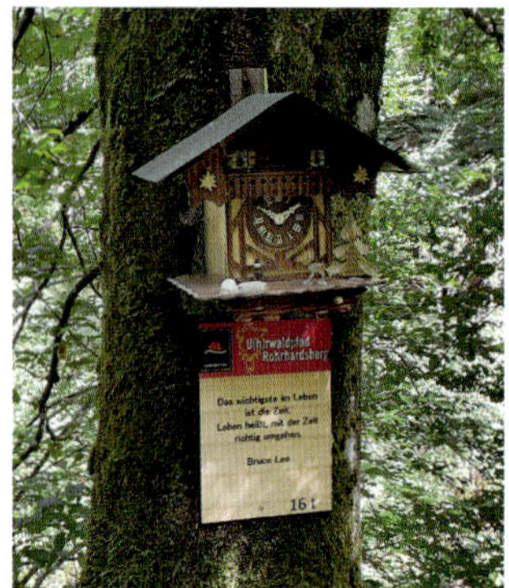

Kuckucksuhr bei den Elzfällen

nuten erreichen wir einen Rast- und Spielplatz an einem kleinen Speicherbecken. Wir wandern auf breiterem Weg geradeaus, beim Nasslager rechts herum und beim **Kreuzackergut** 03 biegen wir links ab. Über ein Sträßlein wandern wir zur Rechtskehre, bei der wir über einen Feld-, Wald- und Wiesenweg aufwärts weiter wandern. An einer Holzheuschrecke vorbei und über den Armendsbach hinüber gelangen wir zum Ochsenhof. Wir kreuzen den Querweg schräg nach rechts, am Ochsenhof vorbei und erreichen nur ein paar Hundert Meter weiter die Kreuzung **„Am Schlagbaum“** 04. Wer möchte kann geradeaus und dann leicht links mit der blauen Raute einen Abstecher zum Siebenfelsen machen. Das ist ein kleiner, aber sehr prägnanter Felsturm aus scheinbar sieben übereinanderliegenden Granitblöcken. Hin und zurück ist es ein Umweg von circa 20 Minuten. Andernfalls geht's mit der blauen Raute auf einem Steig nach links. Bald folgen wir einem asphaltierten Sträßchen, am Schänzlehof vorbei und weiter Richtung Gasthaus Schwedenschanze. Hier können wir uns eine kleine Pause gönnen. Es sind dann nur noch ein paar Meter auf den **Rohrhardsberg** 05. An der großen Kreuzung biegen wir links ab und wandern auf einem Waldweg ostwärts. Der Weg wird immer schmäler und leitet uns schließlich nach circa zwanzig Minuten als Steig aus dem Wald heraus, **„Am Skilifthang“** 06 unter dem Skilift hindurch und über die Wiese wieder in den Wald. Etwas später queren wir einen Forstweg, dann führt uns der schöne Wurzelsteig in Kehren zu einem Sträßlein. Nach links am Unteren Skiliftparkplatz vorbei und dann geht's wieder über einen Pfad nach rechts. Wir passieren eine herrliche Wiese und laufen über Stufen hinab, dann kommen wir zur Elz. Immer wieder tauchen hier auch Kuckucksuhren am Wegesrand auf – kein Wunder, wir laufen ein Stück auf dem Genießerpfad U(h)rwaldpfad Rohrhardsberg. Kurz nach der Bachquerung haben wir den Parkplatz **Mühlebühl** 01 wieder erreicht.

Info

Nasslager dienen zur umweltfreundlichen Werterhaltung. Da Holz in frischem Zustand ein verderbliches Produkt ist, aber nicht gleichmäßig über das ganze Jahr hinweg geerntet werden kann, wird es an sogenannten Nasslagern umweltfreundlich zwischengelagert und konserviert.

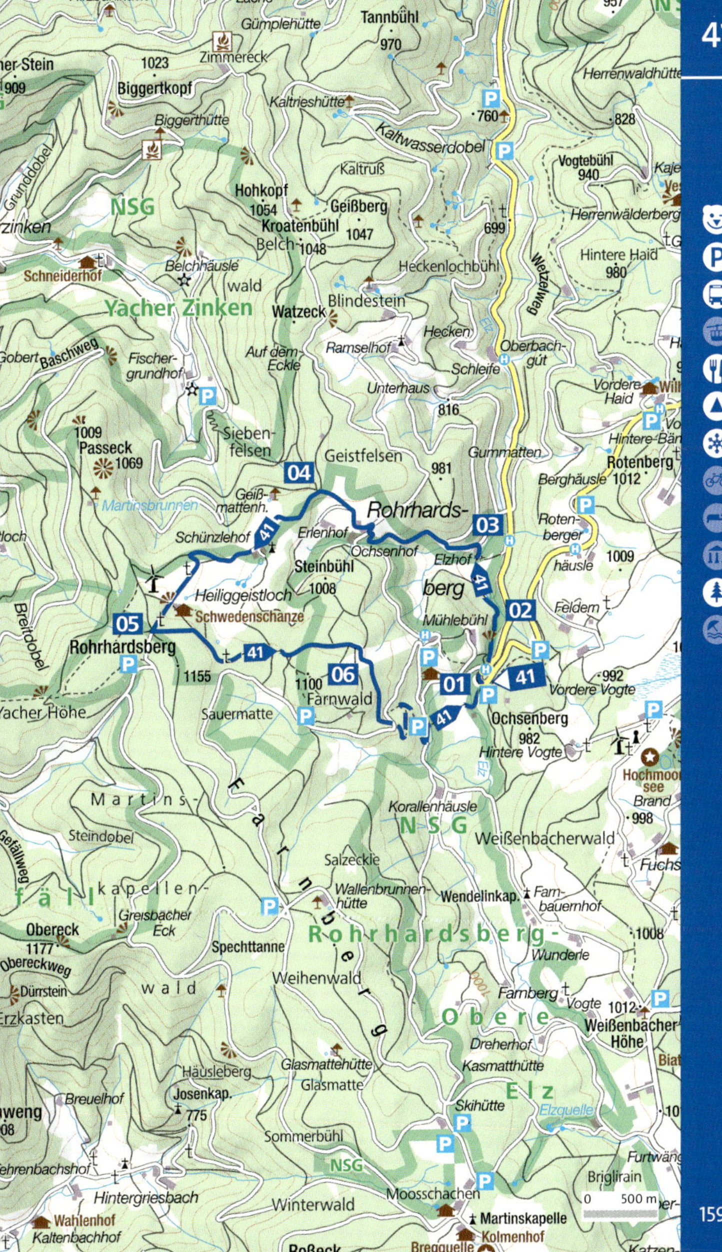

Hirzbühlhütte
995
Lache
Schwabenfelsen
Gümplehütte
Tannbühl
970
Zimmereck
1023
Biggertkopf
Kaltrieshütte
760
Biggerthütte
Kaltwasserdobel
Kaltruß
NSG
Hohkopf
1054
Geißberg
Kroatenbühl
1047
699
Belch
1048
Belchhäusle
Heckenlochbühl
Schneiderhof
wald
Wetzelweg
Yacher Zinken
Watzeck
Blindestein
Hecken
Baschweg
Fischer-
grundhof
Auf dem
Eckle
Ramselhof
Oberbach-
gut
Schleife
Unterhaus
816
Sieben-
felsen
1009
Passeck
1069
Geistfelsen
981
Gummatten
04
Martinsbrunnen
Geiß-
mattenh.
Rohrhards-
03
41
Erlenhof
Ochsenhof
Elzhof
Schünzlehof
Steinbühl
1008
berg
Heiliggeistloch
Schwedenschanze
Mühlebühl
02
05
Rohrhardsberg
1155
1100
06
Farnwald
01
Sauermatte
Ochsenberg
982
Hintere Vogte
Martins-
Steindobel
Farnberg
Korallenhäusle
NSG
Weißenbacherwald
Salzeckle
Wallenbrunnen-
hütte
Wendelinkap.
Farn-
bauernhof
fäll
kapellen-
Greisbacher
Eck
Obereck
1177
Obereckweg
Spechttanne
Rohrhardsberg-
Wunderle
Weihenwald
Farnberg
Vogte
1012
Dürrstein
wald
Erzkasten
Obere
Dreherhof
Glasmattehütte
Glasmatte
Kasmatthütte
Häusleberg
Breuelhof
Josenkap.
775
Elz
Skihütte
Elzquelle
Sommerbühl
NSG
Hintergriesbach
Winterwald
Mooschachen
Wahlenhof
Kaltenbachhof
Martinskapelle
Kolmenhof
Roßeck
Bregquelle
Donauursprung
0 500 m
957
Herrenwaldhütte
828
Vogtebühl
940
Herrenwälderberg
Hintere Haid
980
Vordere
Haid
Rotenberg
1012
Berghäusle
Roten-
berger
häusle
1009
Feldern
992
Vordere Vogte
Hochmoor
see
Brand
998
Fuchs
1008
Weißenbacher
Höhe
Briglirain

42

UM DEN BLINDENSEE

Über die Höhen zu einem Hochmoorsee

  10,5 km  2:55 h 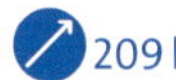 209 hm  240 hm  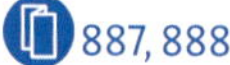 887, 888

START | Parkplatz auf der Blindenhöhe; Zufahrt von Schonach über die Turntalstraße. [GPS: UTM Zone 32 x: 438.472 m y: 5.330.712 m]
CHARAKTER | Einfache Rundwanderung auf meist breiten Forstwegen und asphaltierten Sträßchen.

Auf den moorigen Feuchtflächen rund um den tintenschwarzen und fast kreisrunden See wachsen Krüppelkiefern und seltene Pflanzen wie Wollgras, Moosbeere, Fieberkraut, Fettklee, Erika und sogar Sonnentau. Das Gebiet um den vollständig vermoorten See ist Naturschutzgebiet.

▶ Wir starten am **Parkplatz Blindensee** 01 und gehen zuerst mit der roten Raute kurz die Straße entlang Richtung Vordere Vogte, dann biegen wir links auf einen asphaltierten Weg ab. Er bringt uns bald auf einem geschotterten Weg am Waldrand entlang und dann durch den Wald zu einer weiteren Teerstraße. Hier an der Weggabelung **Farnberg** 02 biegen wir rechts ab und folgen nun der gelben Raute am Waldrand entlang und an Wiesen vorbei. Nach einer knappen halben Stunde gelangen wir zum **Unteren Skiliftparkplatz** 03. Hier halten wir uns rechts und auf einem Waldweg bald über herrliche Wiesen. Wir nähern uns der Obertalstraße, wandern aber geradewegs an ihr vorbei. Ab hier folgen wir wieder der blauen Raute und queren am

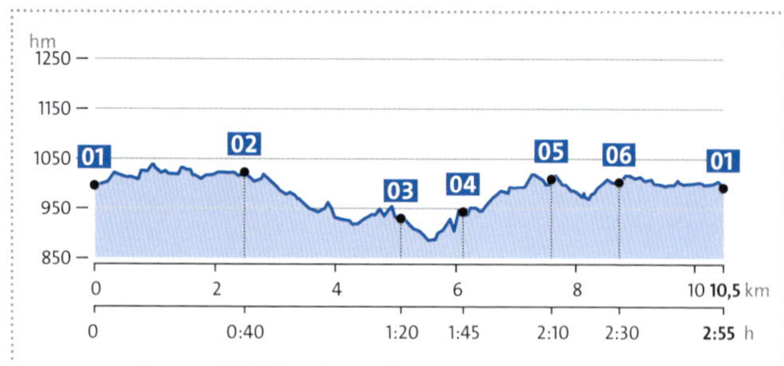

01 Parkplatz Blindensee, 1000 m; 02 Farnberg, 1023 m;
03 Unterer Skilifparkplatz, 937 m; 04 Hummelloch , 942 m;
05 Gitschbühl, 1009 m; 06 Blindenhöhe, 1007 m;

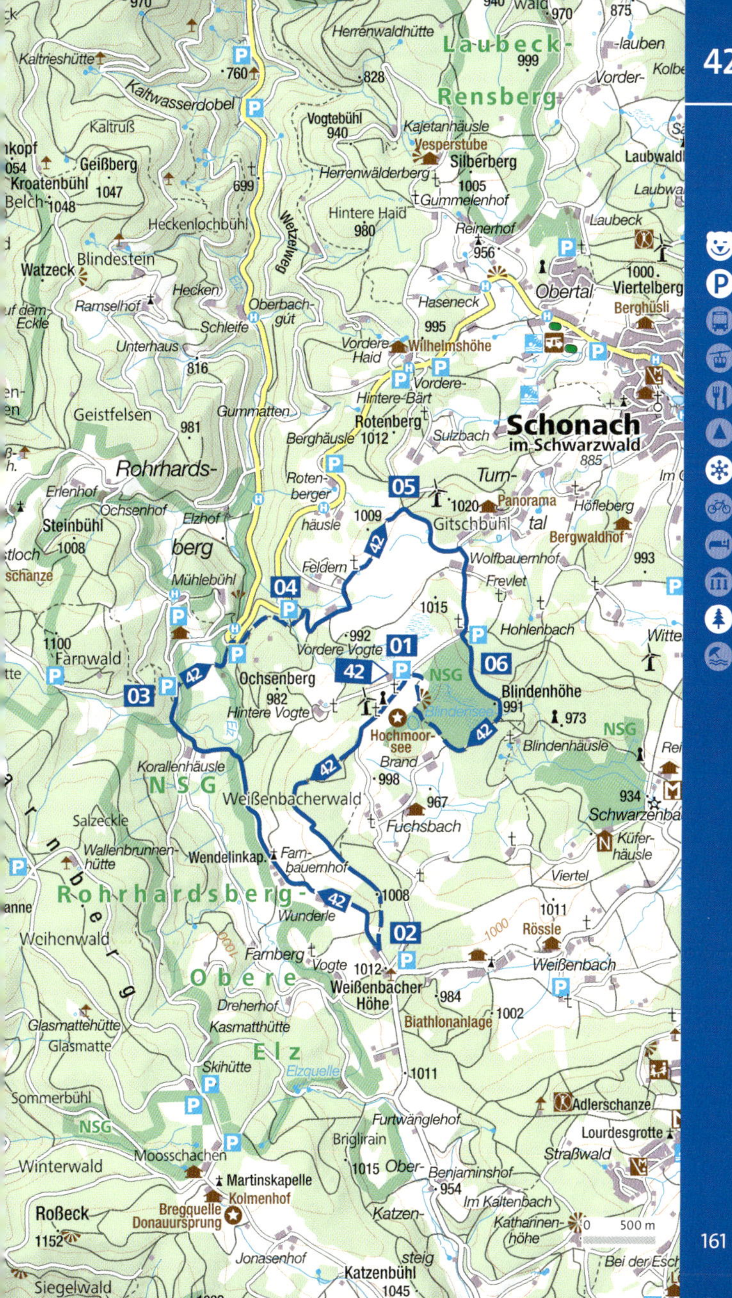
Schonach
im Schwarzwald
Laubeck-
Rensberg
Rohrhardsberg
Obere
Elz
NSG
Blindensee
Hochmoor-
see
Weißenbacher
Höhe
Biathlonanlage
Elzquelle
Bregquelle
Donauursprung
Martinskapelle
Kolmenhof
Wilhelmshöhe
Vesperstube
Panorama
Bergwaldhof
Berghüsli
Rössle
Adlerschanze
Lourdesgrotte
01
02
03
04
05
06
42
0 500 m

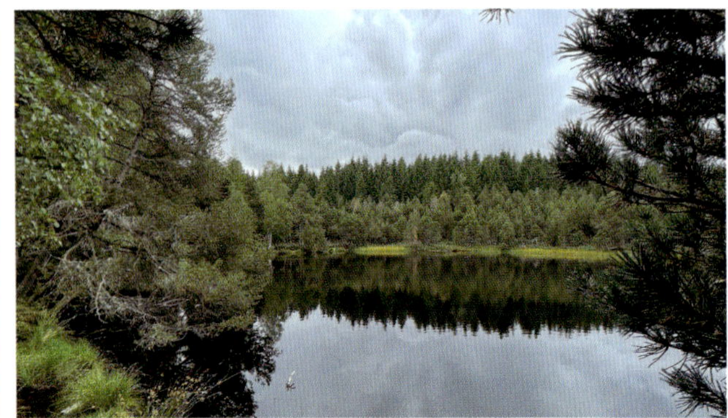

Der Blindensee

Hummelloch 04 den Hummellochbach. An der Kreuzung mit den Waldwegen halten wir uns links, wenige Hundert Meter später biegen wir vorm Weiler Feldern rechts ab. An einem schönen Flurkreuz vorbei wandern wir auf einem Feldweg über die Wiesen. Schließlich stehen wir an der Kreuzung **Gitschbühl** 05. Wir biegen nach rechts auf den Forstweg ab, laufen wieder in den Wald und auf der Turntalstraße nach rechts. Wir folgen dem Sträßlein bis zur **Blindenhöhe** 06. Hier nehmen wir die zweite Möglichkeit nach links in den Wald. Schöne Waldwege am Rande des Moores führen uns bald in einem Rechtsbogen zu den Bohlenstiegen am Blindensee. Wir durchqueren das kleine Hochmoor und sind wenig später wieder am **Parkplatz Blindensee** 01.

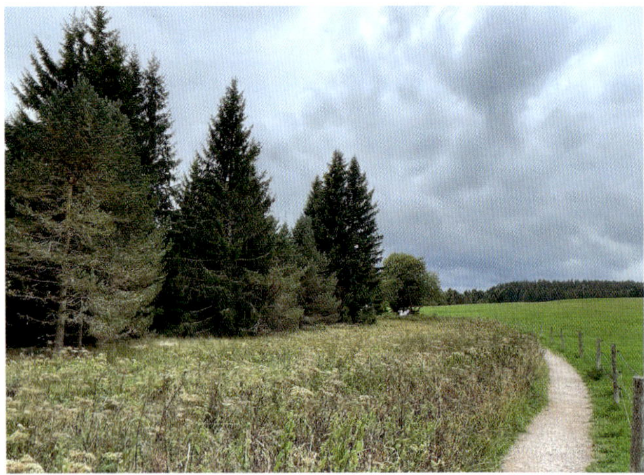

Durchs Moor zum Blindensee

AUF DEN BREND

Aussicht, Felsen und zwei Quellsprünge

  13,6 km 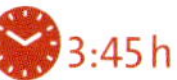 3:45 h 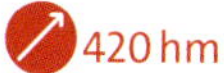 420 hm 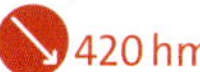 420 hm  887, 888 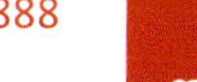

START | Parkplatz bei der Martinskapelle; Zufahrt von Furtwangen über die K 5730 (Katzensteigstraße) und nach links auf den Neuweg abbiegen.
[GPS: UTM Zone 32 x: 437.182 m y: 5.327.640 m]
CHARAKTER | Mittelschwere Wanderung; einfache Wege, aber nicht zu unterschätzende Wegstrecke.

Der Brendturm wurde 1905 vom Schwarzwaldverein gebaut. Er liegt auf der Route des Westweges und befindet sich auf dem Brend, der höchsten Erhebung der Stadt Furtwangen. Die Sicht ist herrlich – über Kandel, Schauinsland und Feldberg kann man an guten Tagen bis in die Vogesen sehen. Die beiden Quellen von Donau und Elz sind ein weiteres Highlight auf der schönen Waldrunde. Starten werden wir diesmal von oben, was aber nicht heißen soll, dass nicht einige Höhenmeter dabei sind.

▶ Wir starten von fast ganz oben. Am Parkplatz bei der **Martinskapelle** 01 folgen wir der roten Raute Richtung Norden auf den Forstweg Brücklerainweg. Er führt ins Tal der Elz hinunter und zu seiner Quelle. Ein kleiner Stein und eine Sitzgelegenheit markieren den Ursprung der **Elzquelle** 02. Weiter geht's auf dem Forstweg durch schönen Wald, bis wir an eine Gabelung mit Wegschild gelangen. Es zeigt uns an, dass wir uns im Naturschutzgebiet Briglrain befinden. Weiter geht's

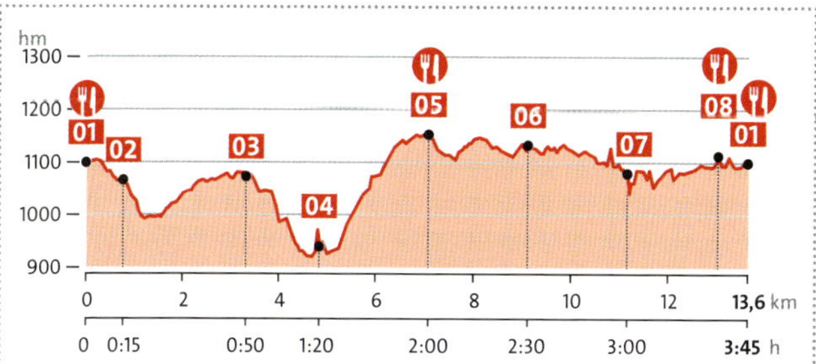

01 Martinskapelle , 1099 m; 02 Elzquelle, 1060 m;
03 Katharinenhöhe, 1068 m; 04 Piuskapelle, 935 m; 05 Brend, 1151 m;
06 Günterfelsen, 1133 m; 07 Unterm Rosseck, 1076 m; 08 Bregquelle, 1089 m;

Info

Es gibt eigentlich zwei Quellen, die als Donauquellen betrachtet werden: Symbolisch die des Donaubachs in Donaueschingen und hydrologisch die des größeren Quellflusses Breg an der Martinskapelle bei Furtwangen. Heute wird der Beginn der namentlichen Donau im Zusammenfluss von Breg und Brigach gesehen. Die Breg ist mit 46 km der längste und wasserreichste Quellfluss der Donau.

bis zur asphaltierten Straße, dann biegen wir mit der blauen Raute kurz nach links, um gleich darauf wieder rechts auf einen Schotterweg abzubiegen. Erst am Waldrand entlang, dann stets geradeaus durch den Wald, gehen wir auf die **Katharinenhöhe** 03 samt Reha-Zentrum. Hier biegen wir nun mit der gelben Raute rechts ab und wandern über ein Sträßchen durch das lichtdurchflutete Tal. Der Katzensteigstraße folgen wir nach links, kurz darauf biegen wir bei der Haltestelle Hummelhof wieder rechts ab und besuchen am Wegesrand die **Piuskapelle** 04 ein wenig oberhalb. Dann setzen wir unseren Weg fort. Bald erreichen wir wieder den Wald und wandern auf schönen Waldwegen bald recht steil hinauf zum Naturfreundehaus Brend. Hier haben wir schon mal eine Möglichkeit für Kaffee und Kuchen. Nach links geht es übers Sträßlein schließlich zum **Brend** 05, dem Aussichtsturm und der Berggaststätte. Nachdem wir alles, was hier so dargeboten wird, voll genossen haben, laufen wir hinter dem Brendturm vorbei über die Wiese und dann durch den Wald wieder zum Naturfreundehaus. Hier geht's geradeaus hinab; ein Forstweg und die rote Raute führen uns in gut 15 Minuten zum **Günterfelsen** 06. Dann geht's wieder auf den Forstweg und bei der nächsten

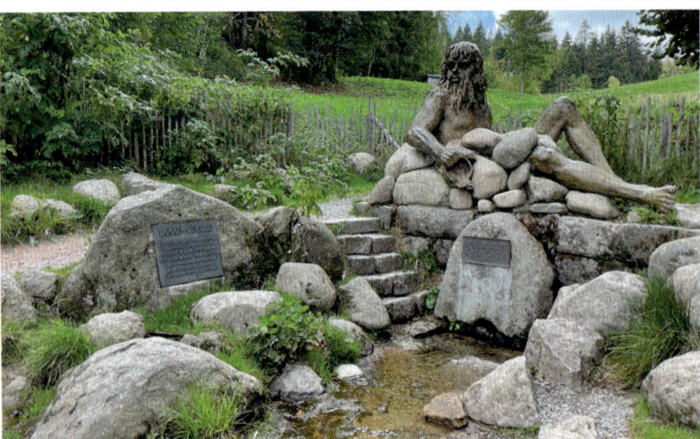

Gefasste Quelle der Breg

Weggabelung, dem Kolmenkreuz (auch mit hübschem Eisenkreuz am Wegrand), biegen wir links ab Richtung Roßeck. Hier wird es ein bisschen ruhiger; nicht viele gehen diese kleine Zusatzrunde. So können wir den herrlichen Wald und die Landschaft umso mehr genießen – es gibt einige Bänke, an denen man mit schöner Aussicht rasten kann. An der Gabel Siegelwald halten wir uns rechts; dann laufen wir **Unterm Roßeck** 07 in einer Rechtskurve auch tatsächlich „unter" dem Roßeck vorbei. Beim Naturschutzgebiet Moosschachen – es heißt nicht umsonst so, betrachtet man sich die Umgebung – geht's nach links wieder zurück zu unserem Ausgangspunkt. Bevor wir zum Parkplatz gehen steigen wir noch hinunter zur **Bregquelle** 08, haben die Möglichkeit einzukehren und statten auch der **Martinskapelle** 01 noch einen Besuch ab.

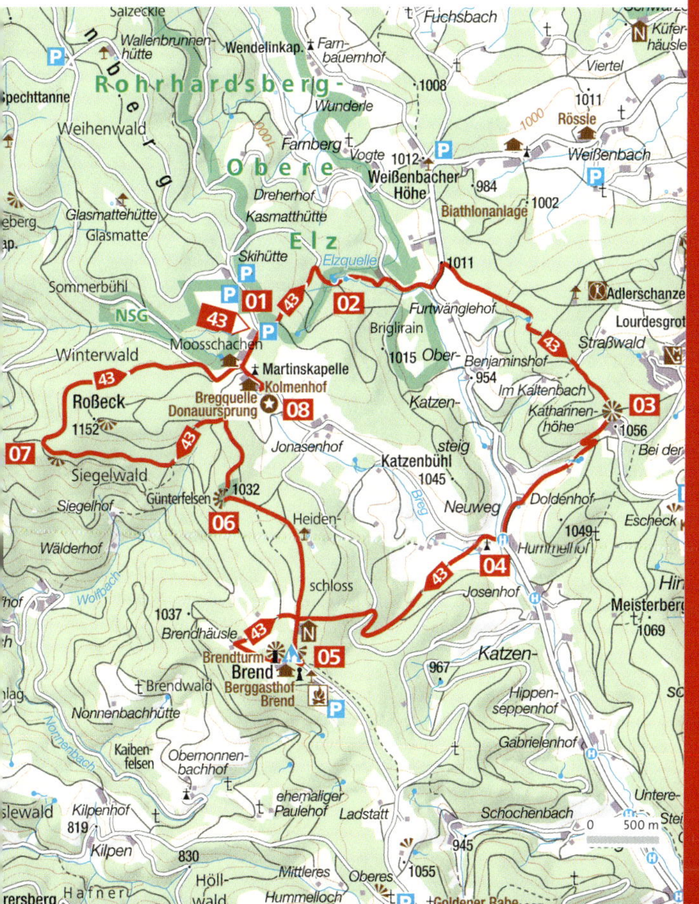

44

VON SIMONSWALD AUF DEN KANDEL

Durchs Ettersbachtal zum Kandel

 19,3 km  5:45 h 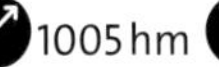 1005 hm  1005 hm 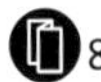 887, 888

START | Simonswald; Parkplatz am Sägplatz beim Kulturhaus Simonswald. [GPS: UTM Zone 32 x: 429.625 m y: 5.327.847 m]
CHARAKTER | Sehr lange Wanderung, die Kondition erfordert. Einkehr nur auf dem Kandel; Vorsicht auf den schmalen Pfaden.

Steil geht es in den Wäldern auf den Nordhängen des Kandel zu. Wir wählen bei dieser Runde einen bequemen Aufstiegsweg am Ettersbach entlang. Der Rückweg leitet uns über schöne Pfade durch die wilden Hangwälder zurück nach Simonswald.

Wir starten in **Simonswald** 01 am Sägplatz und folgen der gelben Raute über die Wilde Gutach. Dann halten wir uns kurz links ins Ettersbachtal, nur wenige Meter später geht's wieder links über einen Pfad hinauf zum **„Am Eckle“** 02. Hier scharf rechts und weiter auf dem steinigen und steilen Jägerpfad, bis wir auf den breiten Ochsenwaldweg treffen. Hier am **Eckle** 03 richten wir uns nach diesem Weg. Er bringt uns ganz entspannt empor. Bald streifen wir die **Historische Sägmühle Ettersbachhof** 04 und wandern nun stetig am Ettersbach entlang. Eine Stunde später passieren wir die **Gold-**

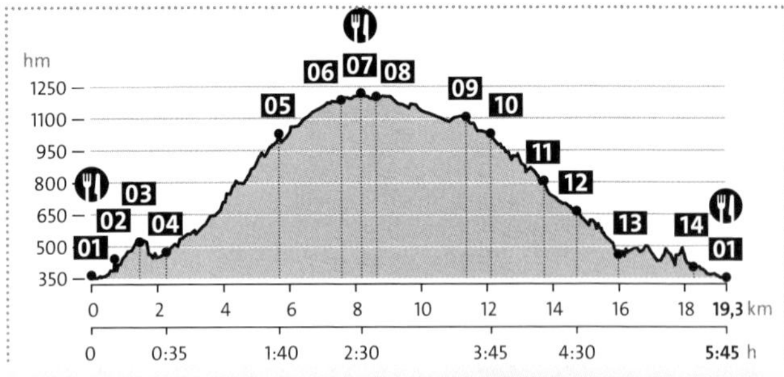

01 Simonswald, 354 m; 02 Am Eckle, 442 m; 03 Eckle, 539 m; 04 Historische Sägmühle, 472 m; 05 Goldbachhütte, 989 m; 06 Kandelkapelle , 1178 m; 07 Kandel, 1230 m; 08 Kandelwiese, 1200 m; 09 Wolfsgrubenkapf, 1100 m; 10 Gustav-Beck-Hütte, 1032 m; 11 Rotacker, 800 m; 12 An der Eck, 663 m; 13 Gasse, 447 m; 14 Ettersbach, 407 m;

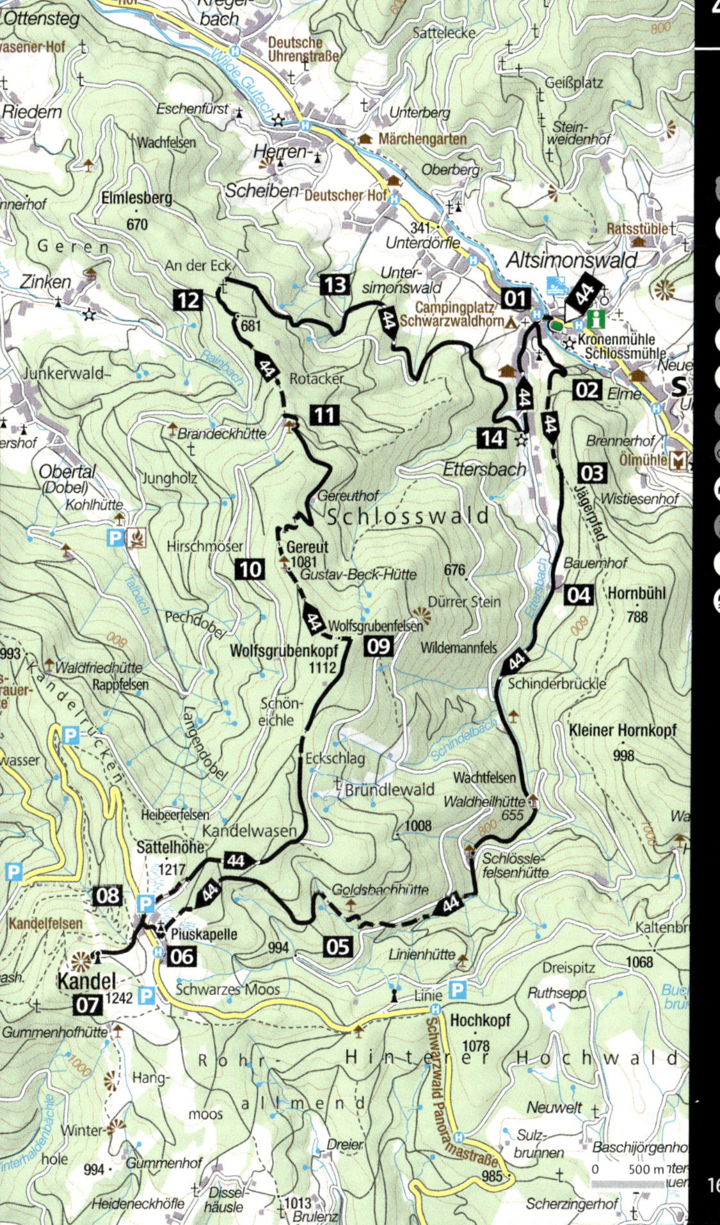
Bleibach
Zum Löwen
Schwarzwälder Hof
Kregelbach
Lochhäusle
Am Hörnlepfad
Mooseck
Ottensteg
Wasener-Hof
Sattelecke
Deutsche Uhrenstraße
Wilde Gutach
Geißplatz
Riedern
Eschenfürst
Unterberg
Stein-weidenhof
Wachfelsen
Märchengarten
Herren-
Oberberg
Scheiben
Deutscher Hof
Elmlesberg
670
Ratsstüble
341
Unterdörfle
Geren
Altsimonswald
An der Eck
Zinken
Unter-simonswald
13
12
01
681
Campingplatz Schwarzwaldhorn
Kronenmühle
Schlossmühle
Junkerwald-
Rainbach
Rotacker
02
Elme
11
14
Brandeckhütte
Brennerhof
Ölmühle
Ettersbach
03
Obertal (Dobel)
Jungholz
Wistiesenhof
Kohlhütte
Gereuthof
Jägerpfad
Schlosswald
Hirschmöser
Gereut
1081
10
Bauernhof
Gustav-Beck-Hütte
676
Talbach
04
Hornbühl
788
Dürrer Stein
Pechdobel
Wolfsgrubenfelsen
Wolfsgrubenkopf
1112
09
Wildemannfels
Ettersbach
993
Waldfriedhütte
Rappfelsen
Schinderbrückle
Kandelrücken
Schön-eichle
Kleiner Hornkopf
998
Langendobel
Schindelbach
Eckschlag
Bründlewald
Wachtfelsen
Waldheilhütte
655
Heibeerfelsen
1008
Kandelwasen
Sattelhöhe
1217
Schlössle-felsenhütte
08
Goldsbachhütte
Kandelfelsen
Piuskapelle
Kaltenbr
994
05
06
Linienhütte
1068
Dreispitz
Kandel
1242
07
Schwarzes Moos
Ruthsepp
Linie
Hochkopf
1078
Gummenhofhütte
Rohr-
Hinterer Hochwald
Schwarzwald Panoramastraße
Hang-
moos
allmend
Neuwelt
Winter-
hole
Dreier
Sulz-brunnen
Baschijörgenho
994
Gummenhof
985
0
500 m
Heideneckhöfle
Dissel-häusle
1013
Brulenz
Scherzingerhof
Kandelberg
Sägeck
Urgrabenhof
Brosi

Tipp

Am Ortseingang von Simonswald befindet sich die Historische Ölmühle. Das Kulturdenkmal aus dem 18. Jahrhundert ist im Stil eines Heidenhauses erbaut. Es steht wie auf einer Insel und wird von der Wilden Gutach und dem Mühlenkanal umrahmt. Von Ostern bis Allerheiligen hat die Mühle Donnerstag bis Samstag geöffnet.

bachhütte **05**. Der Ettersbach hat uns kurz vorher verlassen, dafür fließt jetzt immer wieder mal der Goldsbach neben uns. Wir kreuzen ihn nach der gleichnamigen Hütte und queren den Waldweg geradeaus. Die gelbe Raute bringt uns zur Kreuzung Kandelwasen und nun mit der blauen Raute bis zum Kandelhof und der **Kandelkapelle** **06**. Wir biegen scharf nach rechts um die Kurve und haben in wenigen Minuten die Berggasstätte erreicht. Über die Straße laufen wir noch zum Pavillon vom **Kandel** **07** hinauf. Dann gönnen wir uns im Berggasthaus Kandel eine kleine Pause. Der Rückweg bringt uns nun zunächst über einen Wiesenpfad über die **Kandelwiese** **08**. Wir treffen ein paar Minuten später auf den Sattelweg; kurz vor der Kreuzung Sattel halten wir uns jedoch rechts auf die Schindelbergstraße. Die blaue Raute bringt uns nun linkshaltend zum **Wolfsgrubenkapf** **09**. Hier geht's um eine Linkskurve und bald steiler abwärts vorbei an der **Gustav-Beck-Hütte** **10**. Zweihundert Meter später steigen wir nach rechts in Serpentinen bergab. Am Einödhof halten wir uns links und steigen nochmals zickzack bergab zur Kreuzung **Rotacker** **11**. Hier steigen wir mit der blauen Raute auf schmalen Pfaden nochmals steiler bergab, bis wir an der Kreuzung **„An der Eck“** **12** nach rechts schwenken. Von hier aus ist es noch circa ein Kilometer mit der blauen Raute bis zur **Gasse** **13**. Hier treffen wir auf die gelbe Raute und folgen ihr auf einem Waldweg, der nach ein paar Minuten dem Boeschweg nach links folgt, bald kurz aus dem Wald hinaus und am Waldrand entlang. Wieder am **Ettersbach** **14** leitet uns der asphaltierte Weg nach links. An ein paar Häusern vorbei überqueren wir wenig später wieder die Bärenbrücke zurück zum Parkplatz in **Simonswald** **01**.

Die Wilde Gutach in Simonswald

KANDELRUNDE

Felsenrundweg um den Kandel

 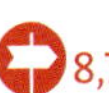 8,7 km  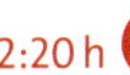 2:20 h 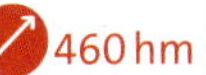 460 hm 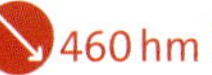 460 hm 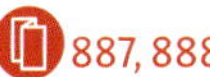 887, 888

START | Parkplatz an der Berggaststätte Kandel.
[GPS: UTM Zone 32 x: 426.726 m y: 5.323.977 m]
CHARAKTER | Kurze Wanderung, jedoch Trittsicherheit auf schmalen und steinigen Pfaden unerlässlich.

Der Kandelgipfel ist der höchste Berg im Mittleren Schwarzwald. Er liegt sehr exponiert, dadurch wirkt er viel eindrucksvoller als seine Nachbarn auf ähnlicher Höhe. Er ist ein beliebtes Ausflugsziel für Wanderer, Radler und Skifahrer. Seit 2021 lädt nahe des Gipfels die nagelneue Bergwelt Kandel zu Speis und Trank.

▶ Los geht's am Parkplatz bei der neu errichteten **Bergwelt Kandel** 01. Wir passieren den Gasthof und halten uns danach rechts auf einem Pfad und der gelben Raute Richtung Kandelquelle und Hesselfelsele. Über einen wurzeligen Pfad gehen wir an den Kandelquellen vorbei am Nordhang entlang durch den Wald. An der Pfadgabel halten wir uns rechts hinab zum **Hessfelsele** 02. Dann geht es genauso schmal, wurzelig und steinig weiter zum **Großen Kandelfelsen** 03. Die Route führt weiter am Hang entlang auf dem schönen Pfad mit der gelben Raute. Gut eine halbe Stunde wandern wir auf dem „Damenpfad" dahin, kreuzen dabei mehrmals breitere Wege und erreichen schließlich auf den letzten Metern auf einem angenehmen

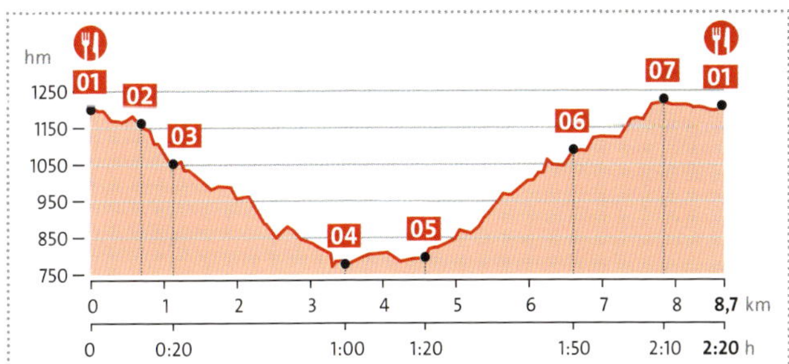

01 Bergwelt Kandel, 1200 m; 02 Hessfelsele, 1174 m;
03 Großer Kandelfelsen, 1093 m; 04 Langeckhütte, 792 m; 05 Moosbühl, 816 m;
06 Bei der Thomashütte, 1082 m; 07 Kandel, 1241 m;

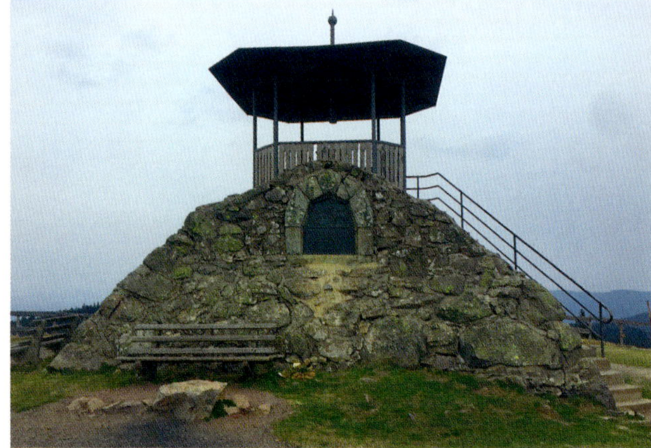

Mystische Stimmung am nebelverhangenen Kandel

Waldweg die **Langeckhütte** 04. An der Kreuzung halten wir uns um die Linkskurve und wandern geradeaus hinab, bis wir nach knapp zwanzig Minuten **Moosbühl** 05 erreichen. Wir biegen scharf nach links auf einen breiteren Pfad ab. Der Präsident-Thoma-Weg, wie das Weglein hier heißt, bringt uns bald wurzeliger und steiniger, teils wieder durch felsiges Gebiet zur Kreuzung **„Bei der Thomashütte“** 06. Hier gibt es ein tolles Aussichtsbänkchen an der Hütte. Hier stoßen wir auf einen breiteren Weg. Wir halten uns rechts und lassen uns von der blauen Raute zum Gipfel des **Kandel** 07 führen. Nach herrlichen Blicken spazieren wir zurück zur **Bergwelt Kandel** 01.

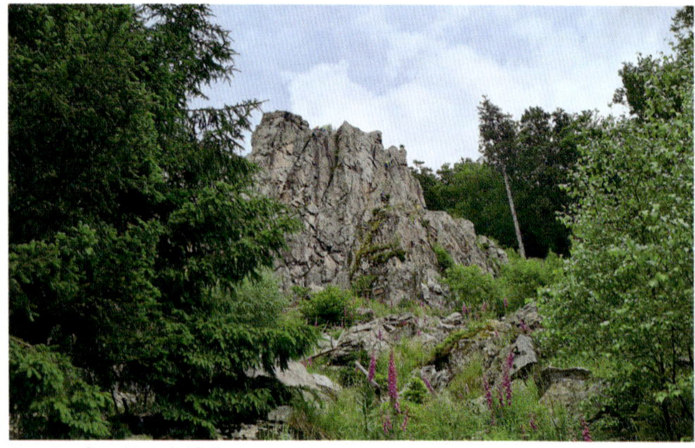

Am Großen Kandelfelsen

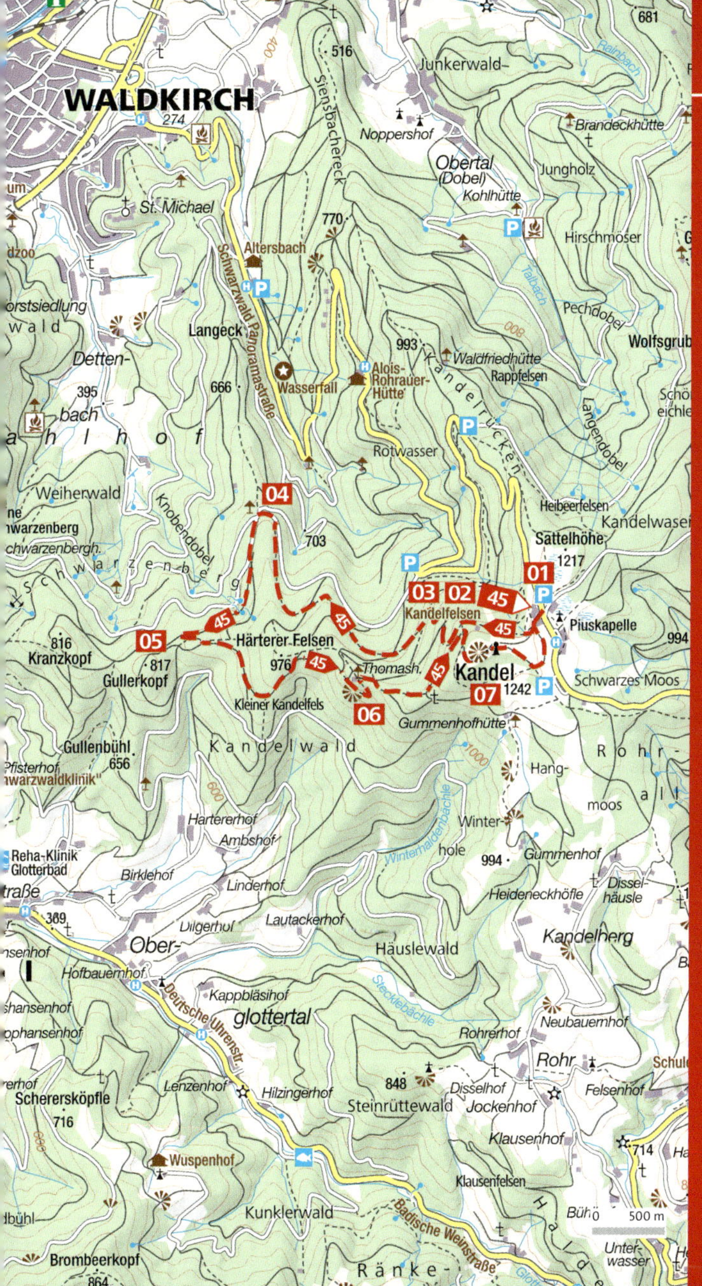

WALDKIRCH
St. Michael
Altersbach
Schwarzwald Panoramastraße
Langeck
Wasserfall
Alois-Rohrauer-Hütte
Siensbachereck
Junkerwald
Noppershof
Obertal (Dobel)
Kohlhütte
Jungholz
Brandeckhütte
Hirschmöser
Pechdobel
Wolfsgrub
Waldfriedhütte
Rappfelsen
Kandelrücken
Langendobel
Rotwasser
Heibeerfelsen
Kandelwasen
Sattelhöhe
1217
Piuskapelle
Kandelfelsen
Kandel
1242
Schwarzes Moos
Härterer Felsen
976
Thomash.
Kleiner Kandelfels
Gummenhofhütte
Knobendobel
703
Weiherwald
Schwarzenberg
Kranzkopf
816
Gullerkopf
817
Kandelwald
Gullenbühl
656
Hartererhof
Ambshof
Reha-Klinik Glotterbad
Birklehof
Linderhof
Dilgerhof
Lautackerhof
Häuslewald
Winterhaldenbächle
Hang-moos
Rohr-all
Winter-hole
994
Gummenhof
Heideneckhöfle
Disselhäusle
Kandelberg
Ober-glottertal
Hofbauernhof
Deutsche Uhrenstr.
Kappbläsihof
Stecklebächle
Rohrerhof
Neubauernhof
Rohr
Felsenhof
848
Disselhof
Jockenhof
Steinrüttewald
Lenzenhof
Hilzingerhof
Scherersköpfle
716
Wuspenhof
Klausenhof
Klausenfelsen
Kunklerwald
Badische Weinstraße
Brombeerkopf
864
Ränke-
Halde
Unter-wasser
Lindlehof
714
0
500 m
01
02
03
04
05
06
07
45

VON GLOTTERTAL ZUR SILBERGRUBE

Auf Bergmannspfaden durchs Suggental

 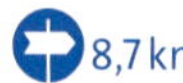 8,7 km  2:35 h  340 hm  340 hm  887, 888

START | Tourist-Information Glottertal, neben der Eichberghalle in der Talstraße. [GPS: UTM Zone 32 x: 421.342 m y: 5.322.216 m]
CHARAKTER | Lediglich am Anfang gibt es einen schmalen, mäßig steilen Pfad. Dann verläuft die Runde auf Wald- und Wirtschaftswegen und Teerwegen. Nach Schlosswaldeck und dem Schlossberg wird der Abstieg streckenweise steil.

Die gemütliche Runde führt uns zum mittelalterlichen Silberbergwerk im Suggental, das auf eine über 700-jährige Bergbaugeschichte zurückblicken kann. Die Forschungsgruppe des „Silberbergwerk Suggental e.V." arbeitet seit 1985 an der Freilegung des Suggentäler Grubengebäudes. Zwei Teilstrecken der ehemaligen Silbergrube wurden dabei schon freigelegt: Der St.-Anna-Stollen mit 80 m Länge und der St.-Josephie-Stollen mit 450 m. Auf Teilen führt der Weg über den Silbersteig Suggental durch eine faszinierende Landschaft, die von der Bergbaukultur über und unter der Erde mitgestaltet wurde.

Bei der **Tourist-Information 01** von Glottertal überqueren wir zunächst die Talstraße. Die gelbe Raute führt uns hinter dem großen Supermarkt vorbei zum Sportplatz. Dann geht es teils sehr steil geradeaus aufwärts Richtung Rinzberg. Ein Zickzackpfad bringt uns nach einer Viertelstunde an einem breiten Schot-

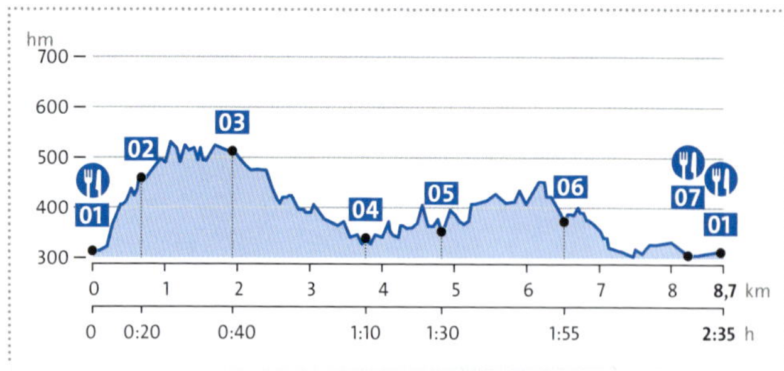

01 Tourist-Information Glottertal, 313 m; 02 Rinzberg, 450 m; 03 Schlosswaldeck, 495 m; 04 Besucherbergwerk Silbergrube, 342 m; 05 Naturdenkmal , 371 m; 06 Schlossberg, 420 m; 07 St. Blasius, 305 m;

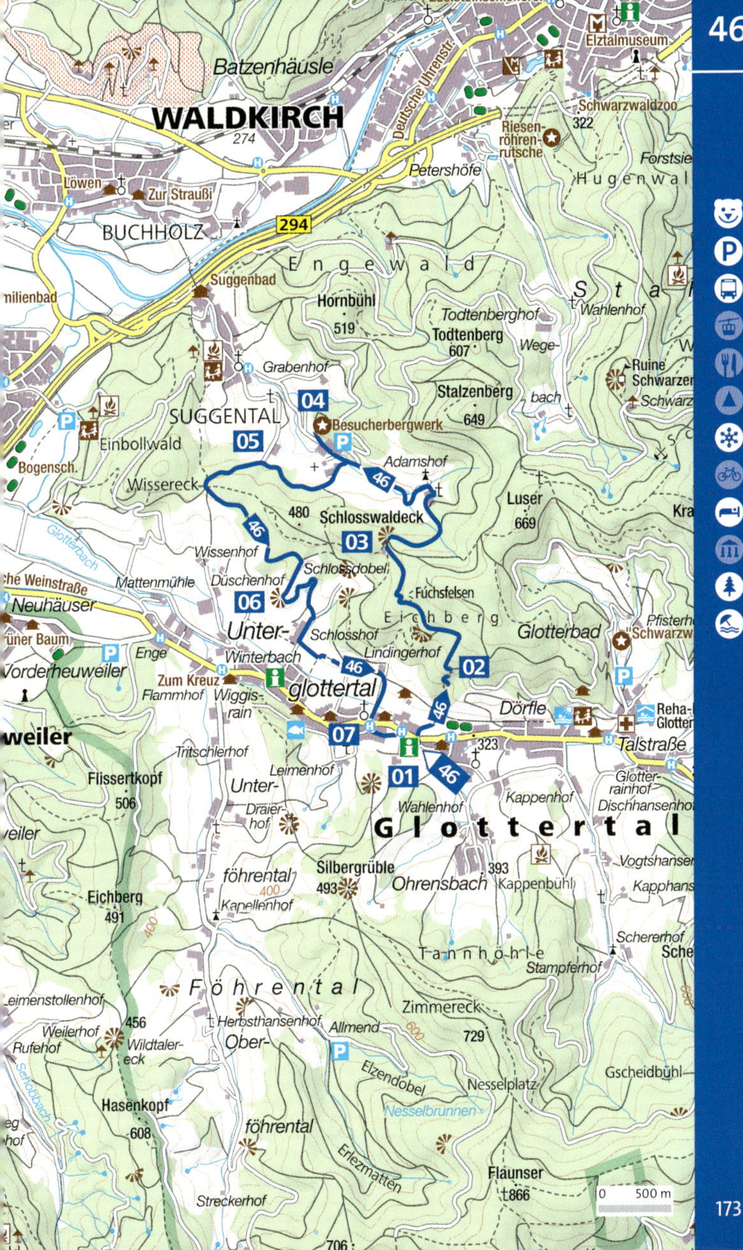
WALDKIRCH
Batzenhäusle
Edelsteinschleiferei
Elztalmuseum
Schwarzwaldzoo
Riesen-röhren-rutsche
Petershöfe
Deutsche Uhrenstr.
Löwen
Zur Strauß
BUCHHOLZ
294
Engewald
Suggenbad
Hornbühl
519
Todtenberghof
Todtenberg
607
Grabenhof
Stalzenberg
649
SUGGENTAL
Besucherbergwerk
Einbollwald
Adamshof
Wissereck
Schlosswaldeck
Luser
669
Wissenhof
Schlossdobel
Mattenmühle
Düschenhof
Fuchsfelsen
Eichberg
Unter-
glottertal
Schlosshof
Lindingerhof
Glotterbad
Winterbach
Zum Kreuz
Flammhof
Wiggis-rain
Dörfle
Talstraße
Tritschlerhof
Leimenhof
Flissertkopf
506
Draierhof
Wahlenhof
Kappenhof
Glotterrainhof
Glottertal
Silbergrüble
493
Ohrensbach
Kappenbühl
393
Eichberg
491
föhrental
Kapellenhof
Tannhöhle
Stampferhof
Schererhof
Föhrental
Zimmereck
729
Leimenstollenhof
Weilerhof
Rufehof
Wildtaler-eck
Herbsthansenhof
Ober-
Allmend
Elzendobel
Nesselplatz
Gscheidbühl
Nesselbrunnen
Hasenkopf
608
föhrental
Erlezmatten
Flaunser
866
Streckerhof
Oberwald
706
Hohstegkopf
0 500 m

Tipp

Der Stollen kann jedes Jahr Anfang September im Rahmen des Stollenfestes besichtigt werden. Auf Anfrage sind auch Führungen unterm Jahr möglich, jedoch nur am Wochenende. Anfragen und Anmeldungen mindestens 14 Tage vorher unter info@silberberg-werk-suggental.com.

terweg am **Rinzberg** 02. Diesem folgen wir nach links Richtung Fuchsfelsen. Nur wenige Minuten später halten wir uns an der Gabelung „Unterm Fuchsfelsen“ rechts weiter hinauf Richtung Schlosswaldeck. Keine hundert Meter später halten wir uns links auf einen Pfad. Der schöne Waldpfad bringt uns in 15 Minuten an ein Wanderschild. Beim **Schlosswaldeck** 03 geht es rechter Hand weiter über einen breiten Waldweg hinab Richtung Adamshof. Bald darauf passieren wir seine Häuschen und laufen die Teerstraße weiter hinunter, begleitet von schönen Blicken ins Tal. An der Gabelung beim Reschhof gehen wir zunächst noch ein paar Minuten geradeaus, um dem **Besucherbergwerk Silbergrube** 04 einen kurzen Besuch abzustatten. Dann kehren wir zur Gabelung zurück und laufen rechts hinauf Richtung Wissereck nun auf dem Silbersteig. Beim Reschhof geht es vorbei und nach wenigen Minuten geradeaus in den Wald hinein. Ein schöner Wald- und Wiesenweg mit herrlichen Ausblicken bringt uns zum Vogelsanghof. Hier biegen wir links ab und stehen kurz darauf vor einem knorrigen, doch noch immer mächtigem **Naturdenkmal** 05, einer über 350 Jahre alten Kastanie. An der darauffolgenden Kreuzung Wissereck, mit Bank zum Rasten, biegen wir links ab, nun an den Weinbergen entlang mit der gelben Raute Richtung Schlossberg. Eine Viertelstunde später haben wir **Schlossberg** 06 erreicht. Von nun an bieten sich tolle Tiefblicke auf Glottertal. An der Weggabelung wenden wir uns nach rechts hinab Richtung Schlosshof. Nach der schönen Wanderung durch die Weinberge biegen wir nach den ersten paar Häusern am Wegschild Schlosshof links ab Richtung Glottertal-Zentrum. Eine Viertelstunde später geht es rechts das Teersträßlein entlang direkt auf **St. Blasius** 07 zu. An der imposanten Katholischen Pfarrkirche überqueren wir die Hauptstraße und laufen dann nach links zwischen Häusern und Wiesen zurück zur **Tourist-Information Glottertal** 01.

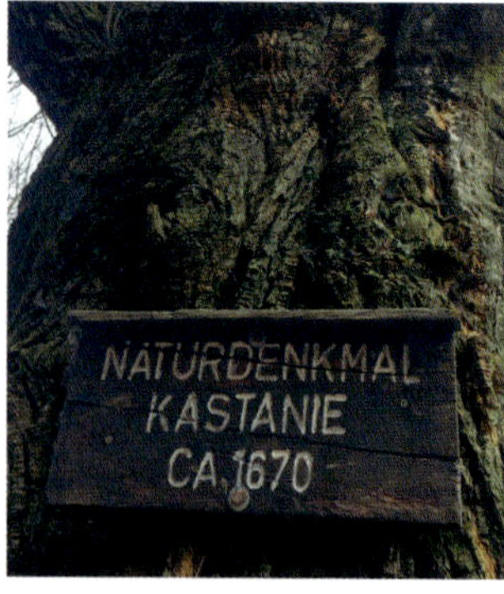

Naturdenkmal der alten Kastanie

VON GLOTTERTAL ZUR RUINE SCHWARZENBURG

Wald- und aussichtsreich mit Schwarzwaldblick

  12,1 km 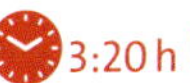 3:20 h 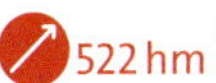 522 hm 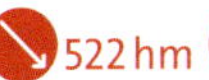 522 hm 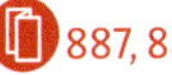 887, 888

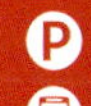
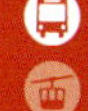
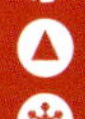
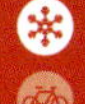

START | Parkplatz Panorama-Freibad Glottertal in der Talstraße. [GPS: UTM Zone 32 x: 422.503 m y: 5.322.249 m]
CHARAKTER | Die Wanderung ist gleich zu Anfang recht kräftezehrend, denn es geht über eine Stunde aufwärts. Den Aufstieg absolvieren wir über meist breite Wald- und Wirtschaftswege, der Abstieg nimmt uns mit teils sehr steilen Pfaden in Anspruch. Unterwegs gibt es keine Einkehr, also Proviant nicht vergessen.

Diese schöne Runde führt uns anfangs anspruchsvoll stets bergauf zur Ruine Schwarzenburg. Sie wurde zwischen Anfang und Mitte des 12. Jahrhunderts vom edlen Konrad von Waldchilicha erbaut. Neben der Kastelburg ist die Schwarzenburg die weniger bekannte, zweite Burgruine von Waldkirch. Von der Anlage sind noch Reste des Schalenturms, der Burgkapelle, des Palas sowie der Wirtschaftsgebäude erhalten, der Burgfried ist komplett abgegangen. Neben herrlichen Aussichten auf das Glottertal – gerade zu Anfang – müssen wir im zweiten Teil achtsam unsere Schritte setzen auf den wurzeligen und steilen Waldpfaden. Am

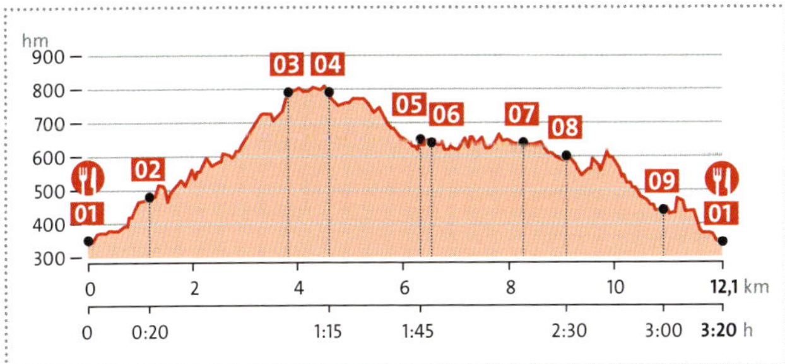

01 Parkplatz Schwimmbad, 344 m; 02 Altenvogts Elme, 481 m; 03 Im Kandelwald, 720 m; 04 Gullerkopf, 815 m; 05 Schwarzenberghütte, 620 m; 06 Ruine Schwarzenburg, 647 m; 07 Luser, 640 m; 08 Schwarzwaldklinik-Blick, 551 m; 09 Kneippbecken, 440 m;

Weidberg bietet sich ein grandioser Blick auf die ehemalige Filmkulisse der Schwarzwaldklinik, die bei einigen Erinnerungen an die Serie aus den 1980er Jahren wach werden lässt.

Wir starten beim **Schwimmbad** 01 von Glottertal und laufen zuerst Richtung Osten, bald an einem Minigolfplatz vorbei und direkt danach links und gleich darauf rechts vor zur Reha-Klinik. An der Straße geht es dann links hinauf Richtung „Altenvogts Elme" mit der gelben Raute am Bach entlang und an der Klinik vorbei. Bald wandern wir auf schmalem Teerpfad, der nach wenigen Minuten bei den Bänken scharf rechts abbiegt. 15 Minuten später gelangen wir an einen breiten Waldweg zur Kreuzung **„Altenvogts Elme"** 02, dem wir nach rechts Richtung Gullerwald folgen. Er bringt uns hinab, doch kurz darauf an der nächsten Gabelung wieder links aufwärts. Nun wandern wir mit schönen Blicken am Waldrand entlang. Nach zwanzig Minuten stehen wir an der Kreuzung Gullerwald und richten uns nach links Richtung Gullerkopf. An der Weggabelung Gullerbühl halten wir uns rechts und erreichen nach einer Viertelstunde die Kreuzung **„Im Kandelwald"** 03. Wir halten uns links noch immer Richtung Gullerkopf erst nochmals hinauf, dann abwärts, bis wir schließlich die Rastbänke am **Gullerkopf** 04 erreicht haben. Hier wechseln wir unsere Markierung. Nun richten wir uns nach dem Zweitälersteig und der blauen Raute scharf links Richtung Ruine Schwarzenburg. Jetzt geht es abwärts, an der folgenden Gabel geradeaus und weiter hinab. Bei der nächsten Kreuzung halten wir uns geradeaus etwas schräg nach rechts versetzt. Ein schmälerer Weg bringt uns weiter abwärts. Er wird immer steiler und schmäler, kreuzt dabei einmal einen Waldweg schräg nach rechts, ein zweites Mal einen Waldweg schräg nach

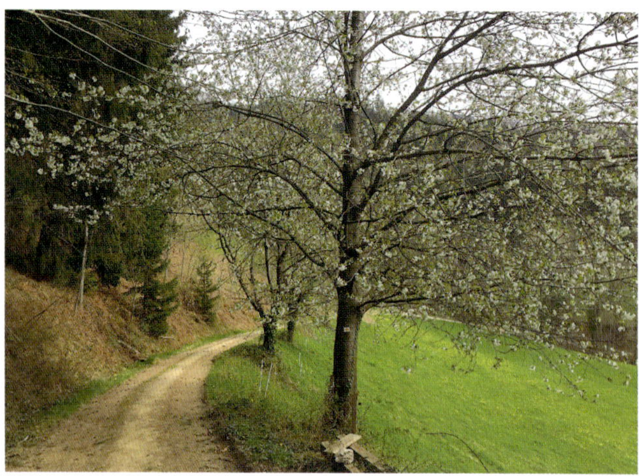

Einsame Wege ins hintere Glottertal

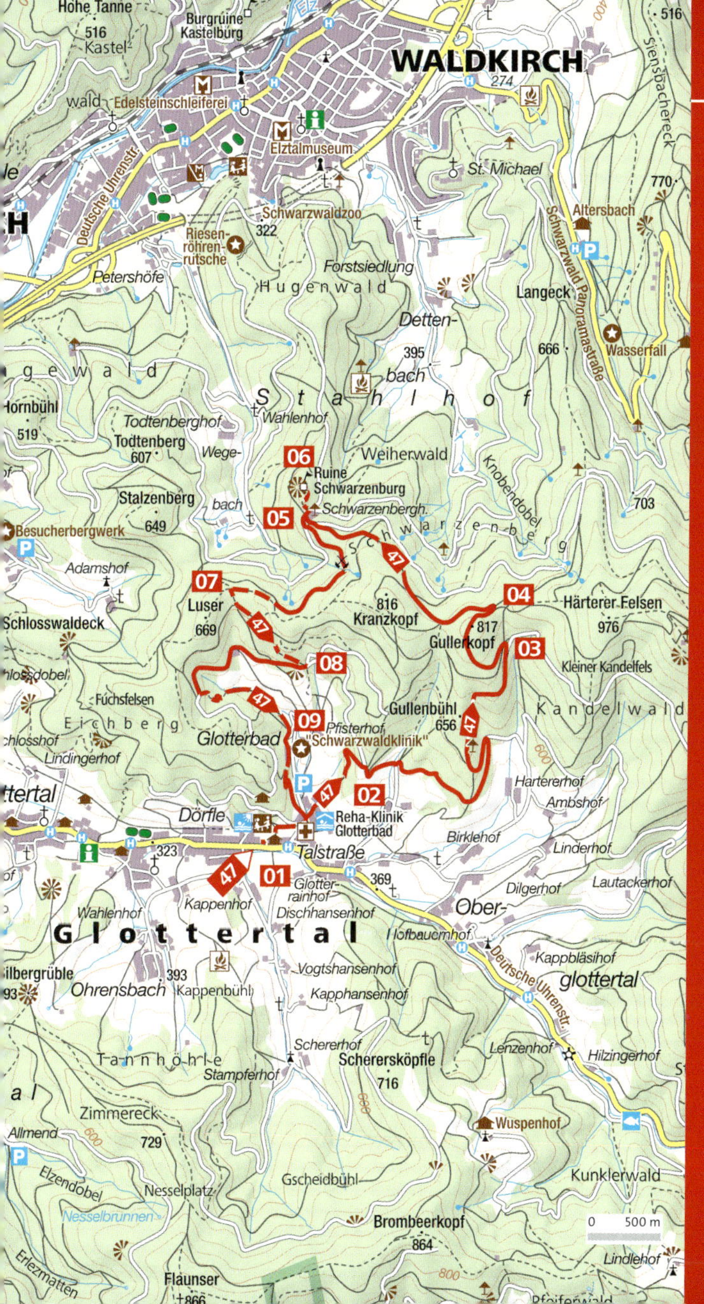
Hohe Tanne
516
Kastel-
wald
Burgruine
Kastelburg
Edelsteinschleiferei
Elztalmuseum
WALDKIRCH
274
516
Siensbachereck
Deutsche Uhrenstr.
St. Michael
770
Schwarzwaldzoo
322
Riesen-
röhren-
rutsche
Altersbach
Petershöfe
Forstsiedlung
Hugenwald
Schwarzwald Panoramastraße
Langeck
Wasserfall
Detten-
395
bach
666
gewald
Hornbühl
519
Todtenberghof
Todtenberg
607
Stahlhof
Wahlenhof
Weiherwald
Wege-
bach
Stalzenberg
649
06
Ruine
Schwarzenburg
Schwarzenbergh.
05
Knobendobel
703
Besucherbergwerk
Schwarzenberg
Adamshof
47
07
Luser
669
816
Kranzkopf
04
Härterer Felsen
976
817
Gullerkopf
03
Schlosswaldeck
47
08
Kleiner Kandelfels
Fuchsfelsen
47
Kandelwald
Eichberg
09
Pfisterhof
Gullenbühl
656
47
Glotterbad
"Schwarzwaldklinik"
Lindingerhof
600
Hartererhof
47
02
Ambshof
Dörfle
Reha-Klinik
Glotterbad
Birklehof
323
Talstraße
Linderhof
47
01
Glotter-
rainhof
369
Dilgerhof
Lautackerhof
Kappenhof
Wahlenhof
Dischhansenhof
Ober-
Glottertal
Hofbauernhof
Kappbläsihof
glottertal
393
Vogtshansenhof
Ohrensbach
Kappenbühl
Kapphansenhof
Deutsche Uhrenstr.
Schererhof
Tannhöhle
Stampferhof
Schererskopfle
716
Lenzenhof
Hilzingerhof
Zimmereck
Allmend
600
729
Wuspenhof
Elzendobel
Nesselplatz
Gscheidbühl
Kunklerwald
Nesselbrunnen
Brombeerkopf
864
0 500 m
Erlezmatten
Flaunser
866
800
Lindlehof
Pfeiferwald

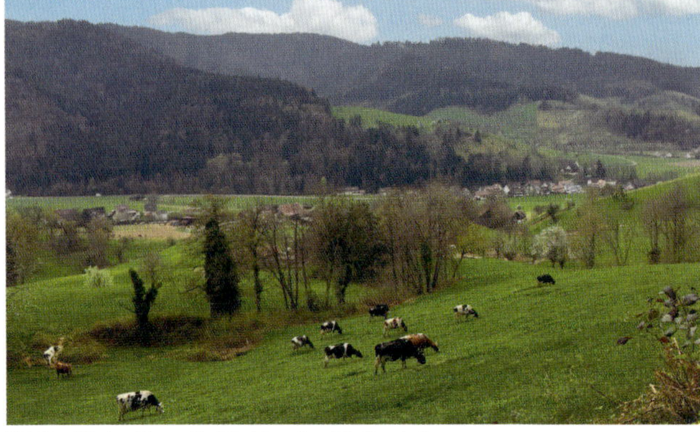
Weite Blicke über die Weiden im Glottertal

links. Wenige Minuten danach erreichen wir die **Schwarzenberghütte** 05. Von hier aus sind es nur ein paar Minuten hinauf zur **Ruine Schwarzenburg** 06. Nach deren Besuch folgen wir dem Weg weiter bis zur Gabelung nur ein paar Meter südlich der Schwarzenberghütte. Wir nehmen den „Oberen Luserweg" mit der gelben Raute, also den linken, der uns nach einer Viertelstunde zur Kreuzung „Über dem Heuweg" bringt. Hier gesellt sich die blaue Raute wieder zu uns und bringt uns auf steinigem Waldpfad zum Rastplatz **„Luser"** 07. Hier kreuzen sich gleich mehrere Wege. Wir entscheiden uns für den breiten Pfad nach links mi der gelben Raute Richtung „Am Luser". Ein paar Minuten geht es sehr steil hinab. Achtung! Sowohl bei Nässe als auch in trockenem Zustand kann der Weg gefährlich rutschig werden. Am breiten Waldweg biegen wir links ab Richtung Badwald. Nicht einmal hundert Meter weiter leitet uns die gelbe Raute nach rechts auf den Viktor-von-Scheffel-Weg über einen Pfad hinab. Wenige Minuten danach halten wir uns an der Kreuzung Badwald rechts weiter abwärts Richtung Weidberg. Es wird nochmals steil, dann stehen wir an einem breiten Waldweg; vor uns tut sich der **Schwarzwaldklinik-Blick** 08 auf. Wir wenden uns nach rechts Richtung Badwaldhütte. Eine Viertelstunde später biegen wir an der Badwaldhütte scharf links ab und wandern einen schmalen, teils steilen Pfad im Zickzack hinab. An der ehemaligen Filmkulisse der Schwarzwaldklinik halten wir uns rechts Richtung „Am Schießrain", noch kurz über die Teerstraße hinauf, die schnell in einen Schotterweg übergeht. Am **Kneippbecken** 09 geht es vorbei bald auf schmälerem Weg. Wir folgen ihm nun stetig geradeaus, ignorieren die gelbe Raute, die links abgeht – sie gesellt sich bald wieder zu uns. Zuletzt steigen wir auf einem Pfad hinab und gelangen wieder zur Reha-Klinik. Auf bekanntem Weg gehen wir in wenigen Minuten zurück zum **Schwimmbad** 01 von Glottertal.

ZU DEN HIRSCHBACH- UND ZWERIBACHFÄLLEN

Wasserfalltour mit Weitblicken

 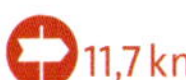 11,7 km  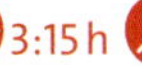 3:15 h 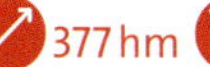 377 hm  377 hm 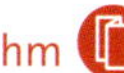 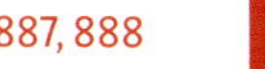 887, 888

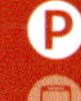
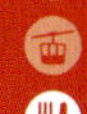

START | Wanderparkplatz Hirschmattenweg; Anfahrt von St. Peter. Ein kleines Teersträßchen über Schmittenbach hinauffahren. [GPS: UTM Zone 32 x: 429.900 m y: 5.320.087 m]
CHARAKTER | Teer- und Waldwege. Bei den Wasserfällen schmale, felsige und teils rutschige Steige mit vielen Wurzeln und Steinen; Trittsicherheit ist sehr wichtig.

Auf dieser Runde kommen wir in den Genuss von gleich zwei beeindruckenden Wasserfällen im Vorderen Hochwald über St. Peter. Zwar verläuft die Tour ein Stück auf einer geteerten Straße, der Weg ist aber dennoch wunderschön und führt zudem am Plattenhof vorbei, einem tollen Höhengasthaus. Da die Straße in einer Sackgasse im Wald endet, ist sie auch – zumindest bis zum Plattenhof – wenig bis gar nicht befahren. Der Weg im Bannwald um die Wasserfälle herum gleicht einem Urwald und ist mystisch und spannend.

Wir beginnen die schöne Runde am Wanderparkplatz **Hirschmattenweg** 01. Unser Zeichen ist die gelbe Raute Richtung Hirschbachfälle. Zunächst laufen wir die Zufahrtsstraße wieder ein kurzes Stück zurück, dann biegen wir links auf einen schö-

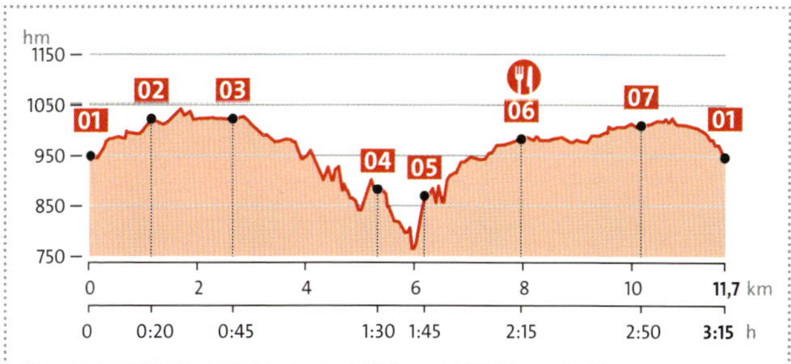

01 Hirschmattenweg, 955 m; 02 Vogesenkapelle, 1016 m; 03 Rotes Kreuz, 1022 m; 04 Hirschbachfälle, 890 m; 05 Zweribachfälle, 825 m; 06 Plattenhof, 981 m; 07 Jockenweg, 1010 m;

nen, schmalen und wurzeligen Waldweg ab. Wir wandern über Wiesen und dann wieder durch den Wald bis zur **Vogesenkapelle** **02**. An der großen Kreuzung danach halten wir uns rechts und wandern bald auf dem breiteren Kapfenbergweg. An der Kreuzung **Rotes Kreuz** **03** biegen wir links ab; es geht wieder auf einem idyllischen Weg in den Wald hinein. Wir kreuzen den Kohlbachweg, 300 m später biegen wir bei Hirschmatte rechts ab und wandern allmählich auf dem Hauptweg abwärts. Bei der Bannwaldhütte nach eineinhalb Kilometern kreuzt ein schmaler Weg. Wir folgen ihm nach links und stehen wenig später am Hohwartfelsen, der uns schöne Blicke auf das unter uns liegende Tal ermöglicht. Ein paar Minuten später stehen wir beim kleinen **Hirschbachwasserfall** **04**. Jetzt geht's ziemlich steil und steinig gut zehn Minuten hinab, an der Pfadgabel beim ehemaligen Brunnenhof dann wieder ebenso steil hinauf, zuletzt über ein paar Treppen bis zum beeindruckenden **Zweribachwasserfall** **05**. Wir gehen beim Wasserfall vorbei über ein Brücklein, dann steigen wir noch immer recht steil und steinig hinauf bis an den Waldrand. Dort erwartet uns ein asphaltierter Weg, den wir nun zum Plattenhof einschlagen. Über den Langeneckerhof und später den Hogenhof und am Plattensee vorbei erreichen wir das schöne Höhengasthaus **Plattenhof** **06**. Nach einer Pause führt uns die Straße bis zum Gschwinghof mit der Bushaltestelle. Hier halten wir uns links an Wiesen entlang. An der Kreuzung Jockenhof wandern wir über den Jockenweg nach rechts. An der Kreuzung **Jockenweg** **07** biegen wir links auf den Brückleweg ab. Einen halben Kilometer weiter halten wir uns an der nächsten Kreuzung rechts auf den Hirschbühlweg. Auf ihm gehen wir das letzte Stück zurück zum Parkplatz am **Hirschmattenweg** **01**.

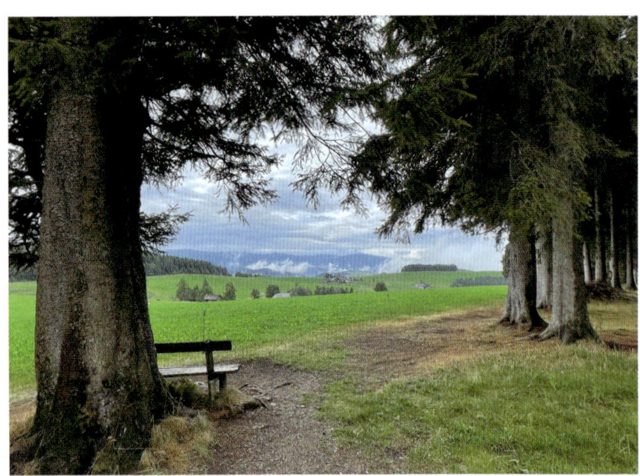

Nebel steigt aus dem Tal von St. Peter auf

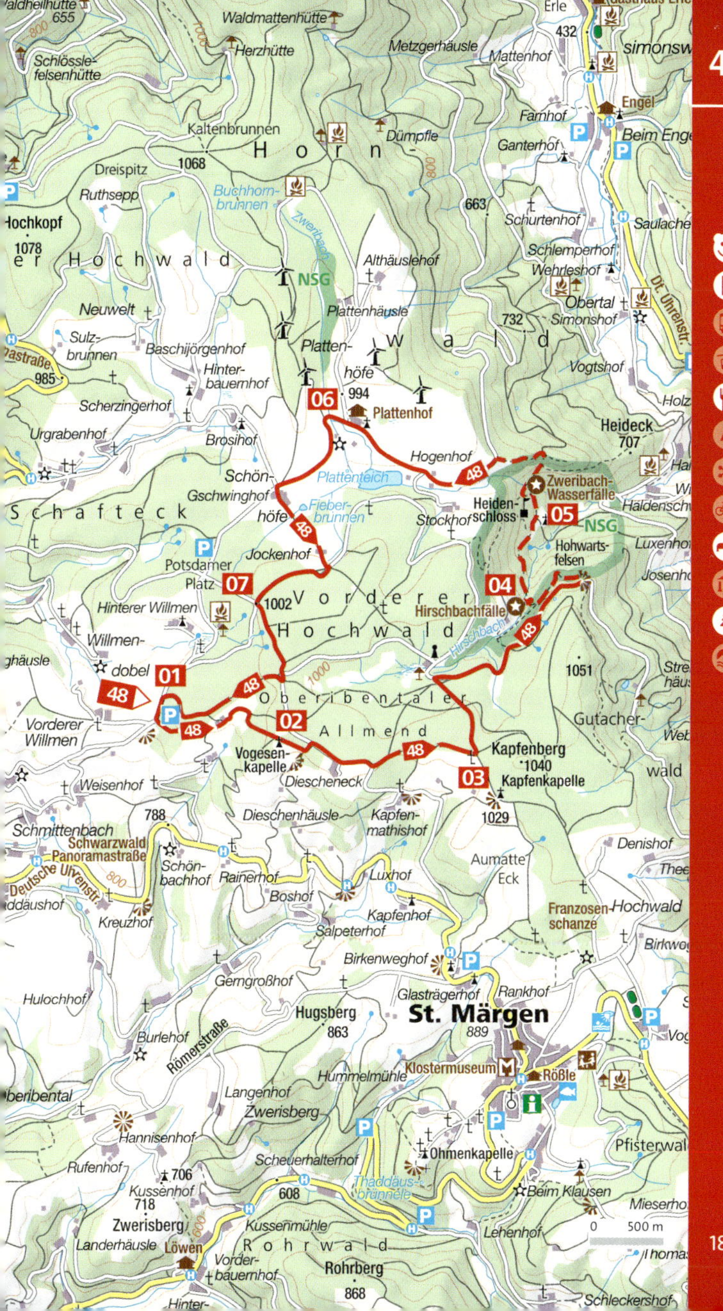

Waldmattenhütte
Herzhütte
Schlössle-felsenhütte
Metzgerhäusle
Mattenhof
Erle
432
simonsw
Engel
Farnhof
Beim Enge
Ganterhof
Kaltenbrunnen
1068
Dümpfle
H o r n -
Dreispitz
Ruthsepp
Buchhorn-brunnen
Zweribach
663
Schurtenhof
Saulache
Hochkopf
1078
Hochwald
NSG
Althäuslehof
Schlemperhof
Wehrleshof
Obertal
Simonshof
Dt. Uhrenstr.
Neuwelt
Plattenhäusle
732
Sulz-brunnen
Baschijörgenhof
Platten-höfe
w a l d
Vogtshof
985
Hinter-bauernhof
06
994
Plattenhof
Scherzingerhof
Heideck
707
Urgrabenhof
Brosihof
Hogenhof
48
Zweribach-Wasserfälle
Schön-höfe
Plattenteich
Heiden-schloss
05
Haldensch
Gschwinghof
S c h a f t e c k
Fieber-brunnen
Stockhof
NSG
Hohwarts-felsen
Luxenhof
Jockenhof
Josenhof
Potsdamer Platz
07
1002
04
Hirschbachfälle
V o r d e r e r
H o c h w a l d
Hirschbach
Hinterer Willmen
Willmen-dobel
1051
01
1000
O b e r i b e n t a l e r
A l l m e n d
02
Gutacher-wald
Vorderer Willmen
Vogesen-kapelle
Kapfenberg
1040
Kapfenkapelle
03
Diescheneck
Weisenhof
788
Dieschenhäusle
Kapfen-mathishof
1029
Schmittenbach
Schwarzwald Panoramastraße
Schön-bachhof
Rainerhof
Aumatte Eck
Denishof
Deutsche Uhrenstr.
Boshof
Luxhof
Kreuzhof
Kapfenhof
Franzosen-schanze
Hochwald
Salpeterhof
Birkenweghof
Gerngroßhof
Glasträgerhof
Rankhof
Hulochhof
Hugsberg
863
St. Märgen
889
Burlehof
Römerstraße
Hummelmühle
Klostermuseum
Rößle
Langenhof
Zwerisberg
Hannisenhof
Ohmenkapelle
Pfisterwal
Rufenhof
706
Scheuerhalterhof
Kussenhof
718
608
Thaddäus-brünnele
Beim Klausen
Mieserho
Zwerisberg
Kussenmühle
Lehenhof
0 500 m
Landerhäusle
Löwen
R o h r w a l d
Vorder-bauernhof
Rohrberg
868
Schleckershof

49

VON GÜTENBACH ZUM BALZER HERRGOTT

Durch die Teichschlucht zu einem ganz besonderen Wallfahrtsziel

 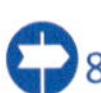 8,3 km  2:15 h 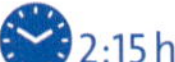 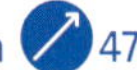 470 hm  470 hm  887, 888

START | Gütenbach; Wanderparkplatz am Ortseingang. Von Simonswald kommend rechts.
[GPS: UTM Zone 32 x: 435.483 m y: 5.321.490 m]
CHARAKTER | Kurze Runde; die Steige in der Teichschlucht verlangen Trittsicherheit. Bei Hochwasser ist der Steig zu meiden.

Abenteuerlich und wildromantisch geht's am Anfang der Runde in der Teichbachschlucht zu. Bei unserem nächsten Ziel sind wir dann eher andächtig im Angesicht des eingewachsenen Jesus Christus. Die Entstehung der in die Weidebuche eingewachsenen Christusfigur ist bis heute nicht vollständig geklärt. Man ist sich nicht einmal sicher, ob das zugehörige Kreuz aus Eisen, Holz oder gar Stein gewesen ist. Der Korpus wurde vermutlich in einer Steinhauerei in Pfaffenweiler hergestellt.

▶ Vom Wanderparkplatz am Ortseingang von **Gütenbach** 01 laufen wir den Teerweg hinab in die **Teichschlucht** 02. Dann geht's über die Brücke hinüber und am Teichbach auf dem Zweitälersteig entlang. Bei der **Pfaffmühle** 03 biegen wir scharf nach links. Unterhalb mündet

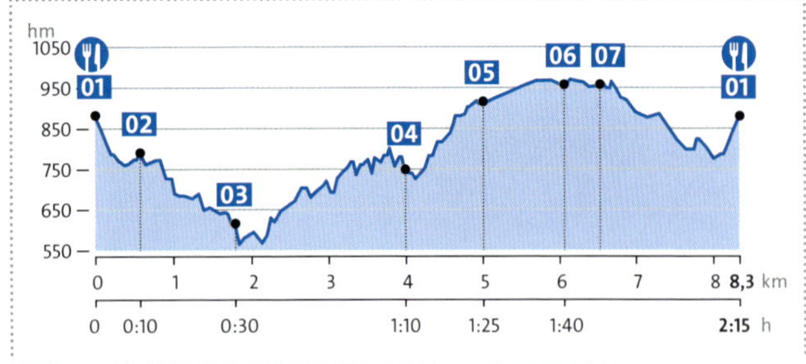

01 Gütenbach, 844 m; 02 Teichschlucht, 763 m; 03 Pfaffmühle, 567 m; 04 Mörderloch, 777 m; 05 Balzer Herrgott, 915 m; 06 Wanderparkplatz Balzer Herrgott, 961 m; 07 Gaisenpfädle, 954 m;

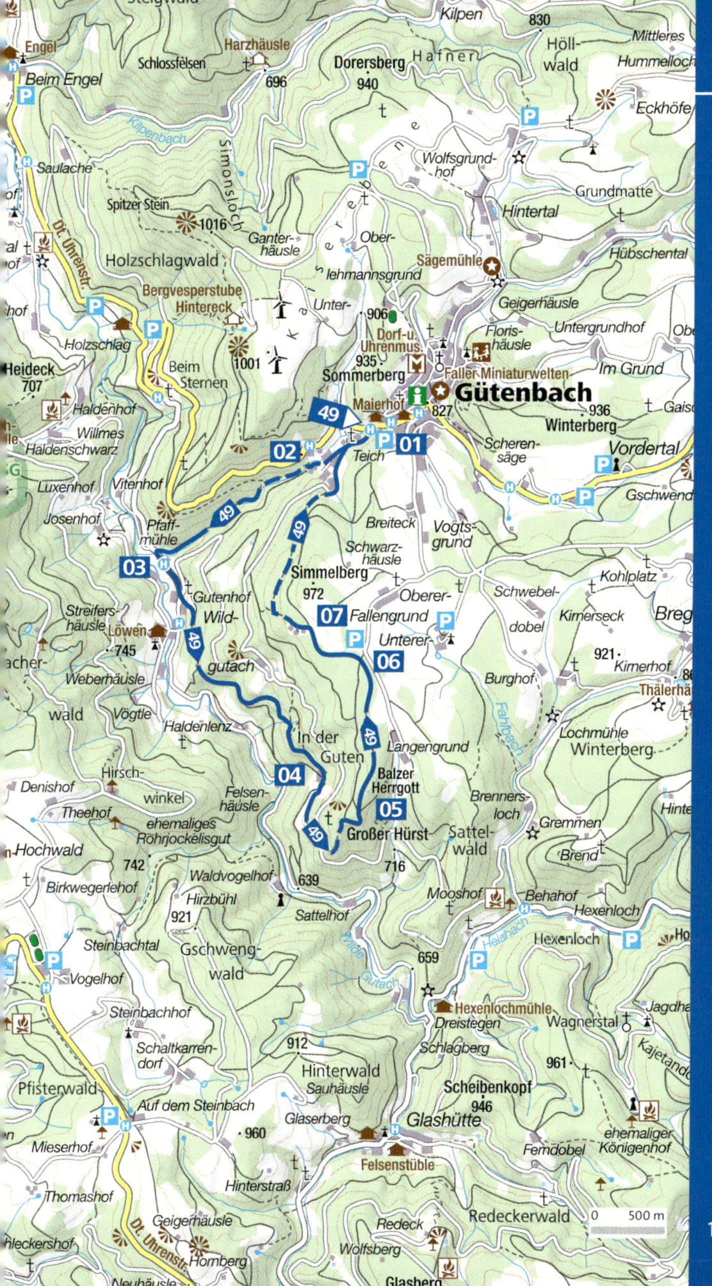
Gütenbach
Simmelberg
Großer Hürst
Sommerberg
Winterberg
Holzschlagwald
Glashütte
Scheibenkopf
Hexenlochmühle
Felsenstüble
Bergvesperstube Hintereck
Harzhäusle
Faller Miniaturwelten
Dorf-u. Uhrenmus.
Sägemühle
Maierhof
Löwen
Engel
Dt. Uhrenstr.
Wilde Gutach
0 500 m

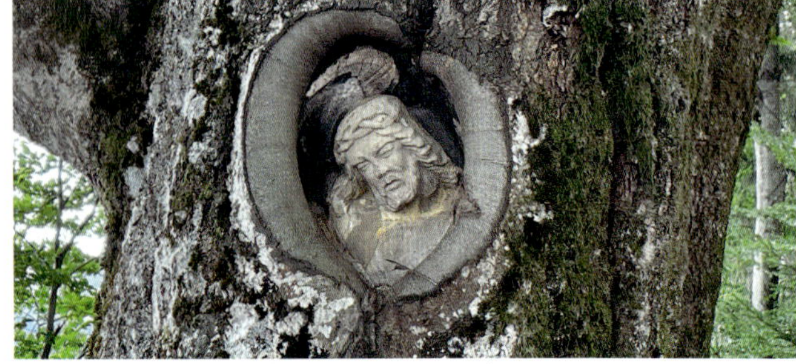

Der Balzer Herrgott ist für immer eingewachsen

der Teichbach in die Wilde Gutach. Wir wandern ein paar Minuten die Straße entlang, dann biegen wir am Gutenhof links ab und folgen einem Schotterweg jetzt mit der gelben Raute. Nur wenige Meter weiter biegen wir scharf rechts ab und steigen auf dem Forstweg an. (Zu Recherchezeiten war die Route mit der gelben Raute gesperrt aufgrund von Forstarbeiten; auf dem umgeleiteten Weg kommt man jedoch auch bequem zum Ziel). Wir folgen nun stetig diesem Hauptweg, an einer Weggabel nach einer Viertelstunde halten wir uns links, eine weitere Viertelstunde später erreichen wir das **Mörderloch** 04. Die gelbe Raute hat sich wieder zu uns gesellt, wir halten uns an der folgenden Gabel ein paar Meter weiter links. Den folgenden Querweg passieren wir schräg nach links, dann wandern wir über einen erst schmalen, dann breiteren Waldweg weiter. Er leitet uns nun kurvig hinauf zum **Balzer Herrgott** 05. Stets geradeaus wandern wir auf dem Forstweg einen Kilometer weiter aus dem Wald hinaus und am **Wanderparkplatz Balzer Herrgott** 06 vorbei. Hier biegen wir links ab und erreichen wenig später die Abzweigung auf das **Gaisenpfädle** 07. Wir folgen ihm schräg nach links und lassen uns von dem Pfad durch den Wald leiten. An der Gabelung „Am Kreuzfelsen" kennen wir uns wieder aus und laufen auf bekanntem Weg das letzte Stück zum Parkplatz **Gütenbach** 01 zurück.

Info

Viele Legenden ranken sich um die Figur und ihre Geschichte. Neben einigen anderen Mutmaßungen ist wohl die wahrscheinlichste die ein paar junger Burschen: Vom Königenhofs im Wagnerstal trugen sie die Christusfigur (schon ohne Arme und Beine, die wurden wohl samt Hof bei einer Lawine zerstört) zum heutigen Ort an eine junge Buche. Viele Jahre später befestigten ihn dann zwei Gütenbacher Uhrmachergesellen am Baum. Im Laufe von über einhundert Jahren wuchs dann die Buche um den Sandsteintorso herum.

VON ST. PETER ZU DEN UHUFELSEN

Aussichtsreiche Runde zwischen Eschbachtal und Ibental

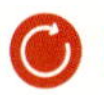
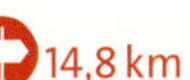

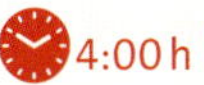

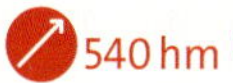

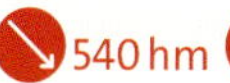

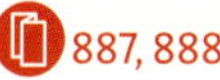

START | Parkplatz in St. Peter beim Roßweiher; Zähringer Straße/Ecke Schulweg. [GPS: UTM Zone 32 x: 427.937 m y: 5.318.518 m]
CHARAKTER | Wunderschöne Wald- und Höhenwanderung, die uns viele tolle Ausblicke und kleine Überraschungen bereithält.

Auf der langen Runde durch die Wälder bei St. Peter besuchen wir zuerst über den Kreuzweg beim Hochgericht die schöne Wallfahrtskapelle Maria Lindenberg. Schöne und aussichtsreiche Waldwege bringen uns dann zur Schwärzlehofkapelle. Erst gemütlich, dann auf steilen, wenig bekannten Pfaden geht's hinab ins Eschbachtal. Dabei lassen wir uns einen kurzen Besuch bei der Eschbachkirche nicht entgehen. Der lange, mühsame Anstieg durch den Hummelwald belohnt uns im Anschluss mit einem schönen Rastplatz bei der Lindlehöhe. Auf den Waldpfaden zum Uhufelsen wird's nochmals kurz steil, dann genießen wir den Blick fast senkrecht hinab ins Tal. Breite Waldwege lassen die Runde angenehm ausklingen.

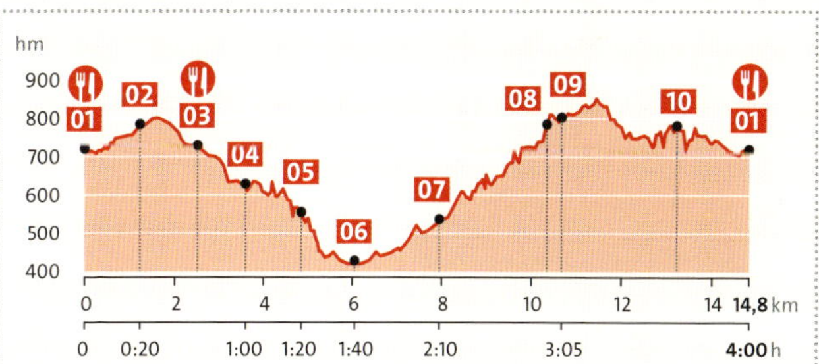

01 St. Peter, 716 m; **02** Hochgericht, 800 m; **03** Wallfahrtskapelle Lindenberg, 734 m; **04** Schwärzlehofkapelle, 632 m; **05** Scherpeter Rank, 538 m; **06** St. Jakobus, 432 m; **07** Grillplatz Scherlenzendobel, 547 m; **08** Hummelwald, 748 m; **09** Lindlehöhe, 852 m; **10** Uhufelsen, 749 m;

Tipp

Für die kleineren Wanderer gibt es beim Wald nahe des Eckpeterhofes einen liebevoll angelegten Wichtelweg, an dem sie erkunden und auch mitbauen können. Dafür einfach beim Kreuzweg dem Teerweg nach links folgen. Beim Eckpeterhof gibt es auch viele Tiere wie Alpakas, Schweine, Kühe und Hühner. Auch Möglichkeiten zum Übernachten werden angeboten.

▶ Gegenüber dem Parkplatz in **St. Peter** 01 gehen wir mit der gelben Raute die Straße „Roter Weg" hinauf. „Am Birkenrain" biegen wir dann rechts ab, an der nächsten Möglichkeit halten wir uns links in die Spittelhofstraße. Stetig aufwärts führt sie uns aus dem Wohngebiet hinaus auf den „Wanderweg Lindenberg". Zwischen Wiesen und Weiden hindurch leitet uns ein Teerweglein bald links an eine Kreuzung. Wir halten uns schräg rechts auf den Teerweg Richtung Renzenhof, gleich darauf weiter geradeaus über einen schottrigen Weg zwischen Wiesen hindurch aufwärts, dem Kreuzweg auf dem **Hochgericht** 02 folgend. An der Teerstraße biegen wir links ab und erreichen so in zehn Minuten die **Wallfahrtskapelle Lindenberg** 03. An der Kapelle bringt uns ein breiter Pfad geradeaus weiter, kurz darauf gelangen wir an eine Kreuzung mit herrlicher Aussicht und einer Rastbank. Unser Zeichen führt uns weiter Richtung Schwärzlehofkapelle über einen schönen Waldweg, mal durch lichteren Wald, mal am Waldrand entlang bis zur **Schwärzlehofkapelle** 04. Hier halten wir uns rechts Richtung Schwerpeter Rank. Durch den Weiler geht's hinab bald auf einem Asphaltsträßchen. Nach zwanzig Minuten stehen wir beim Wanderschild **Scherpeter Rank** 05. Ein braunes Holzschild verweist uns auf einen schmalen Pfad, der sich durch den Wald hinabschlängelt Richtung Eschbachkirche. Wir wagen den ansonsten unmarkierten Abstecher und gelangen nach einem kurzen Stück an eine Bank, gleich darauf stoßen wir auf einen breiteren Waldweg. Wir folgen ihm nach rechts hinab, nun mit dem Wegzeichen der Jakobsmuschel. Noch zwei „Jacobusbänke" laden beim steilen Abstieg geradeaus hinab zum Verweilen ein, dann treffen wir auf die Talstraße in Obertal. Nach links statten wir der Eschbachkirche **St. Jakobus** 06 in gut 5 Minuten einen Besuch ab. Dann kehren wir am

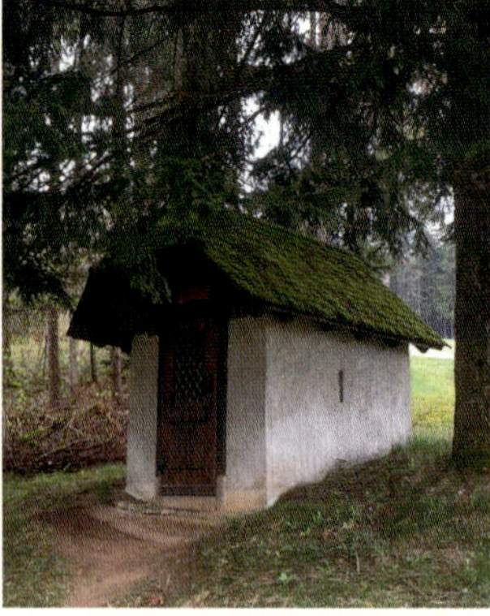

An der Schwärzlehofkapelle

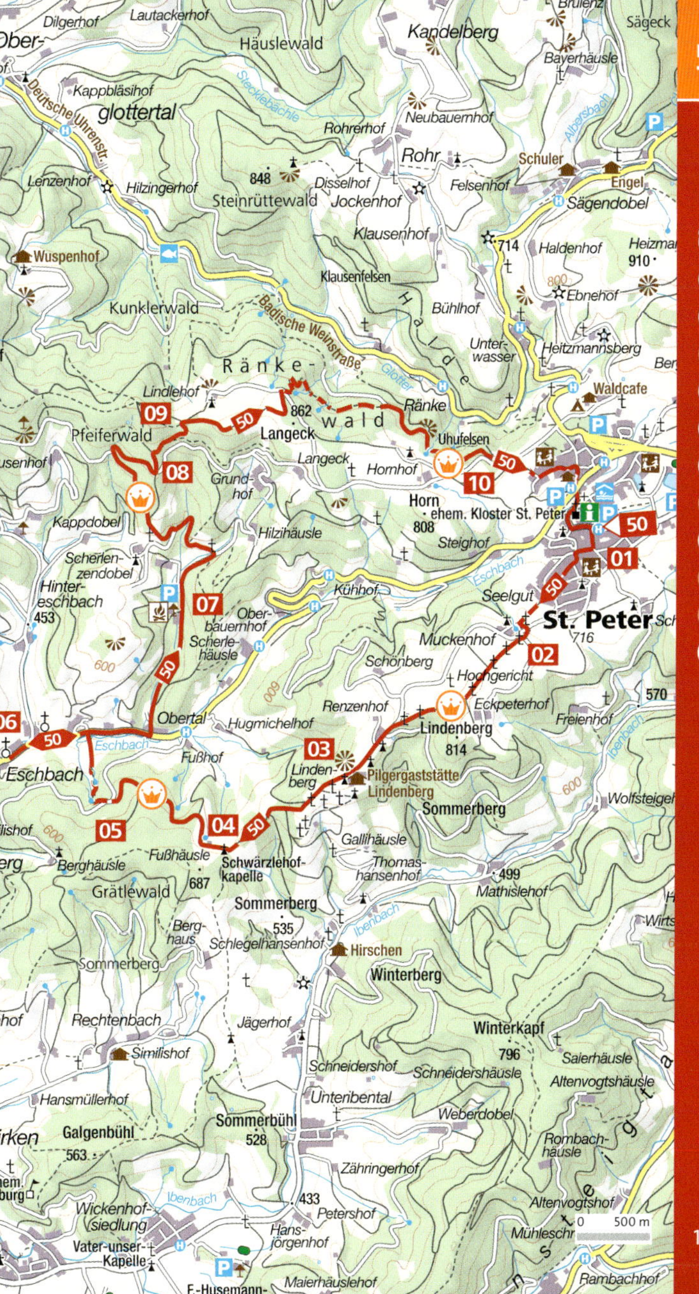

Kandelberg
Häuslewald
glottertal
Deutsche Uhrenstr.
Steinrüttewald
Rohr
Sägendobel
Wuspenhof
Kunklerwald
Badische Weinstraße
Ränke-wald
Langeck
Pfeiferwald
Uhufelsen
Horn
ehem. Kloster St. Peter
St. Peter
Kappdobel
Hinter-eschbach
Obertal
Eschbach
Lindenberg
Pilgergaststätte Lindenberg
Sommerberg
Schwärzlehof-kapelle
Grätlewald
Hirschen
Winterberg
Winterkapf
Rechtenbach
Similishof
Unteribental
Sommerbühl
Galgenbühl
Wickenhof-siedlung
Vater-unser-Kapelle
F.-Husemann-Klinik
Maierhäuslehof
Petershof
Zähringerhof
Rambachhof
0 500 m

Eschbach entlang ins Obertal zurück, um uns an den Aufstieg zur Lindlehöhe zu machen. Dafür gehen wir zunächst auf dem Teerweg in Obertal links hinauf Richtung Scherlenzendobel und Grillplatz. Nach dem Sägewerk hat uns trotz des asphaltierten Untergrundes die Natur wieder, wir werden begleitet von Vogelgezwitscher und dem Rauschen des Scherlenzendobelbaches. Wir passieren einen Wanderparkplatz mit dem Grillplatz **Scherlenzendobel** **07**. Nach zwanzig Minuten halten wir uns an der Gabelung am alten Gehöft links um die Kurve und folgen dem Sträßlein weiter am Hang entlang. Circa 100 Meter nach einer Linkskehre geht es rechts hinauf über einen Wirtschaftsweg und bald wieder begleitet von tollen Aussichten ins Tal. Nach 15 Minuten erreichen wir eine Weggabelung, wandern um eine Rechtskehre auf den Langeck-Weg, an der folgenden Kreuzung biegen wir scharf links ab und weiter aufwärts. Nur wenige Minuten danach stehen wir an der Kreuzung **Hummelwald** **08**. Die gelbe Raute schickt uns geradeaus weiter hinauf Richtung Lindlehöhe über einen breiten Waldpfad. An der Gabelung Grundhofwald fünf Minuten später halten wir uns rechts am Waldrand entlang weiter hinauf. Eine Viertelstunde später haben wir die **Lindlehöhe** **09** erreicht. Bei der Bank am Waldeintritt folgen wir dem Schild Richtung Uhufelsen nach links, kurz darauf beim Trimm-Dich-Schild biegen wir links ab und am Waldweg geht's nochmals links am Holzkreuz vorbei. Nach nur 75 Metern führt die gelbe Raute über einen Pfad rechts hinab, quert den Teerweg und führt dann im Zickzackkurs einen Pfad in den Wald hinab. Er mündet an einem breiten Waldweg, dem wir bis zur Gabelung Ränkwald folgen. Weiter geradeaus gelangen wir nach circa 5 Minuten zum **Uhufelsen** **10** mit grandiosen Tiefblicken. Dann bringt uns der Waldweg allmählich aus dem Wald hinaus, am Waldrand über einen roten Sandweg die Wiese hinab und nach St. Peter. Im Wohngebiet halten wir uns links und erreichen so in ein paar Minuten das Ortszentrum von St. Peter. Wir gehen um das Kloster herum zurück zum Parkplatz **St. Peter** **01**.

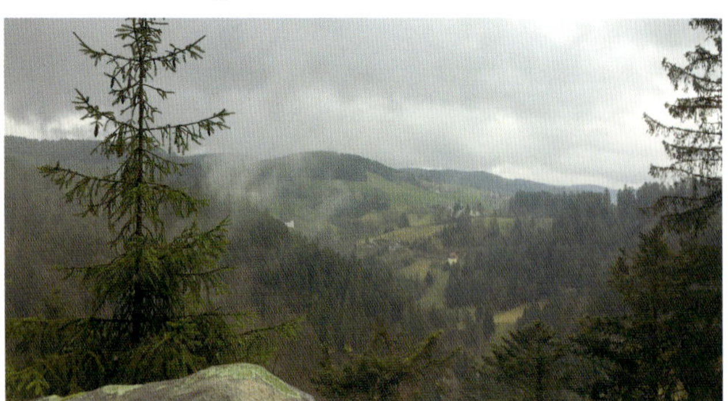

Tolle Blicke vom Uhufelsen

VON ST. PETER NACH HIMMELREICH

Aussichtsreiche Wanderung auf wenig begangenen Wegen

 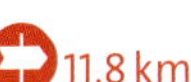 11,8 km 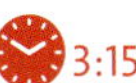 3:15 h 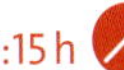 135 hm 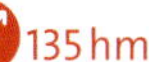 400 hm 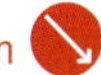 887, 888

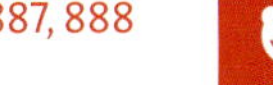

START | St. Peter; Parkplatz in der Nähe der Bushaltestelle Zähringer Straße/Ecke Roter Weg.
[GPS: UTM Zone 32 x: 427.937 m y: 5.318.518 m]
CHARAKTER | Einfache Wald- und Höhenwanderung meist über schöne Pfade und Waldwege. Um die Ruine herum geht's steil zu, hohe Rutschgefahr bei Nässe.

Von der einst strategisch wichtigen Festung und wohl der größten Burganlage der Region ist heute nicht mehr viel übrig. Im 11. Jahrhundert war die Burg Wiesneck noch im Besitz der Wiesnecker, diese wurden aber bald von den Zähringern verdrängt. Nachdem sie im Dreißigjährigen Krieg schwer Schaden genommen hatte, wurde sie nur noch als Steinbruch verwendet. Heute liegt die Ruine einsam und ist ein noch nicht überlaufenes, lohnendes Ziel. Auf dem mittleren Wegstück werden wir von den tollsten Ausblicken begleitet. Eine wahre Genusstour!

Wir beginnen unsere Wanderung in **St. Peter** 01 am Parkplatz beim Zähringer Eck. Zunächst

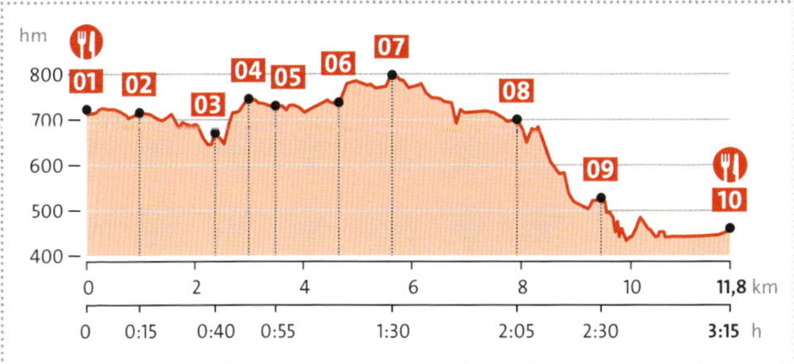

01 St. Peter, 718 m; 02 Schweighofmühle, 707 m; 03 Steinhäusle, 695 m; 04 Hannissenhöhe, 724 m; 05 Wolfsteige, 724 m; 06 Oberhalb Wirtshäusle, 717 m; 07 Winterkapf, 779 m; 08 Kappeneck, 663 m; 09 Ruine Wiesneck, 499 m; 10 Bahnhof Himmelreich, 450 m;

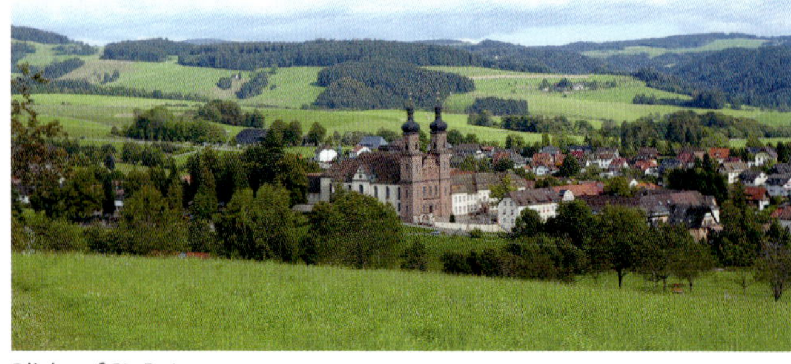

Blick auf St. Peter

folgen wir dem Roten Weg hinauf; am Ortsrand geht es auf einem Sandweg links, dann gleich rechtshaltend über die Wiese. Beim Vogelbach und der Gabelung **Schweighofmühle** 02 wandern wir weiter geradeaus Richtung ehemaligem Steinhof. Wir wandern nun stetig auf diesem Weg mit der gelben Raute, streifen ab und an den Wald und erreichen nach gut eineinhalb Kilometern ein Teersträßchen. Ihm folgen wir nach rechts, doch nur bis zur Linkskehre. Hier, beim Wegschild **Steinhäusle** 03, geht's nun geradeaus auf einem etwas schmäleren Waldweg hinauf. Wir kreuzen einmal einen Waldweg, dann gelangen wir auf die **Hannissenhöhe** 04. Wir wenden uns nach rechts Richtung Wolfsteige. Auch unser Ziel, Himmelreich, ist hier schon ausgeschildert. Nach wenigen Minuten befinden wir uns nun auf dem Weg, der uns nun bis zur Ruine Wiesneck leiten wird: der **Wolfsteige** 05. Vorerst eben folgen wir unserer Beschilderung, bis wir zehn Minuten später an die Gabelung **„Oberhalb Wirtshäusle"** 06 gelangen. Wir folgen der Wolfsteige weiter leicht rechts geradeaus auf mal schmäleren, mal breiteren Wegen und bald leicht ansteigend, mal durch den Wald, dann wieder am Waldsaum entlang. Mit dem **Winterkapf** 07 haben wir den höchsten Punkt unserer Wanderung erreicht. Ab hier wandern wir nun wieder auf schmalen Wegen abwärts, ignorieren alle Abzweigungen, bis wir gut knapp zweieinhalb Kilometer weiter unterhalb des **Kappenecks** 08 nach einer sanften Rechtskurve an einer Kreuzung links abbiegen. Schon kurz darauf führt uns die gelbe Raute wieder nach rechts, lässt uns ein paarmal breitere Wege kreuzen und bringt uns schließlich an die Kreuzung Wiesnecksatte. Von hier aus haben wir in wenigen Minuten die **Ruine Wiesneck** 09 erreicht. Nach einer Erkundungstour um die Burgreste herum folgen wir dem Pfad abwärts bis zum Häuslemaierhofweg. Hier nach links, an der nächsten Kreuzung halten wir uns nochmals links und laufen an der Kolonie Wiesneck vorbei. Beim Wanderschild „Heissbrunnen" halten wir uns rechts, kurz am Wagensteigbach entlang bis zur Hauptstraße, der L 128. Wir folgen ihr nach rechts. Zehn Minuten später biegen wir links in die Himmelreichstraße ein und gelangen kurz darauf zum **Bahnhof Himmelreich** 10.

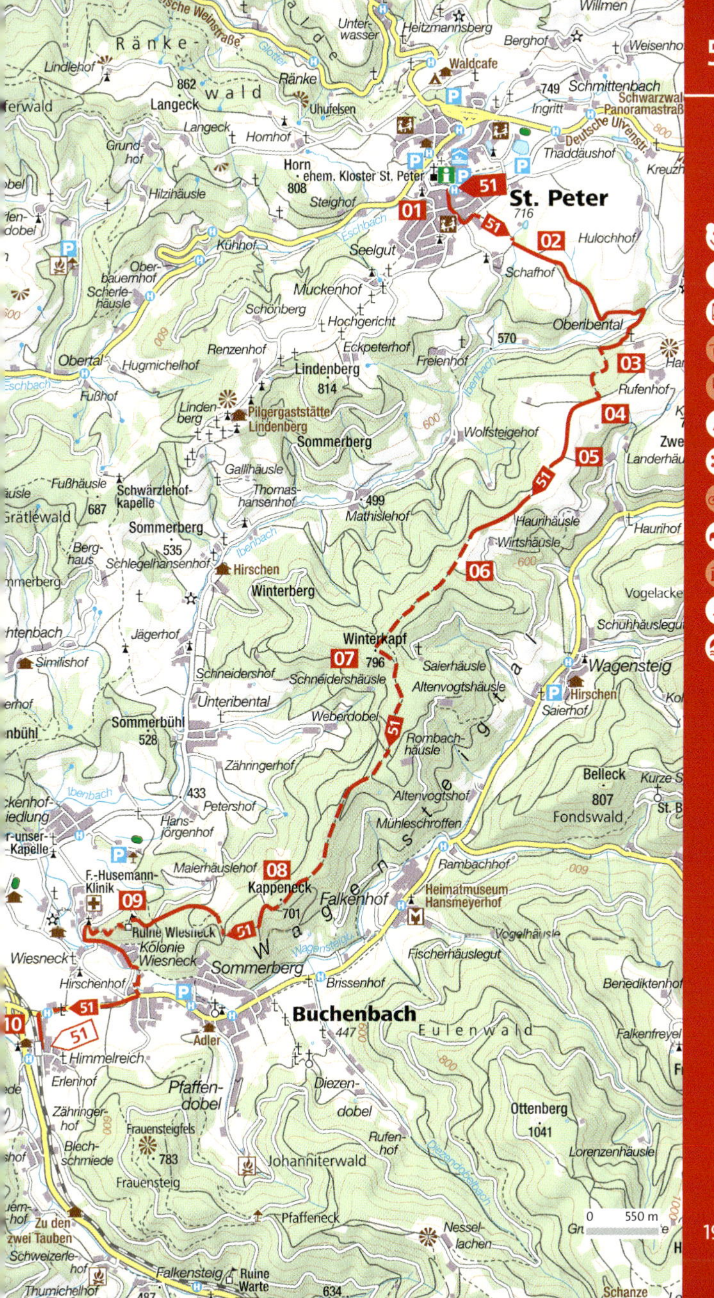

Bühlhof
Vorderer Willmen
Ränke-
wald
Badische Weinstraße
Glotter
Unterwasser
Heitzmannsberg
Berghof
Weisenhof
Lindlehof
862
Ränke
Waldcafe
749
Schmittenbach
Langeck
Uhufelsen
Ingritt
Schwarzwald-Panoramastraße
Deutsche Uhrenstraße
Grundhof
Langeck
Hornhof
Thaddäushof
Kreuzhof
Horn
808
ehem. Kloster St. Peter
51
St. Peter
716
01
Hilzihäusle
Steighof
51
02
Hulochhof
Eschbach
Kühhof
Seelgut
Schafhof
Oberbauernhof
Scherlehäusle
Muckenhof
Schönberg
Hochgericht
Oberibental
570
Eckpeterhof
Freienhof
Renzenhof
03
Obertal
Hugmichelhof
Lindenberg
814
Eschbach
Fußhof
Ibenbach
Rufenhof
Pilgergaststätte Lindenberg
Lindenberg
04
600
Sommerberg
Wolfsteigehof
05
Landerhäusle
51
Gallihäusle
Fußhäusle
Schwärzlehofkapelle
Thomashansenhof
499
Mathislehof
687
Grätlewald
Haurihäusle
Haurihof
Sommerberg
Wirtshäusle
535
Berghaus
Schlegelhansenhof
600
Hirschen
06
Ibenbach
Winterberg
Vogelacker
Schuhhäuslegut
Jägerhof
Winterkapf
Similishof
07
796
Saierhäusle
Wagensteig
Schneidershof
Schneidershäusle
Altenvogtshäusle
Hirschen
Unteribental
Saierhof
Weberdobel
Sommerbühl
528
51
Rombachhäusle
Zähringerhof
Belleck
807
Fondswald
Kurze
433
Ibenbach
Altenvogtshof
Petershof
Hansjörgenhof
Mühleschroffen
Maierhäuslehof
Rambachhof
600
08
F.-Husemann-Klinik
Kappeneck
Falkenhof
Heimatmuseum Hansmeyerhof
09
701
Ruine Wiesneck
51
Vogelhäusle
Kolonie Wiesneck
Wagensteig
Wiesneck
Sommerberg
Fischerhäuslegut
Hirschenhof
Brissenhof
Benediktenhof
51
Buchenbach
10
447
Eulenwald
Adler
600
Falkenfreyel
51
Himmelreich
800
Erlenhof
Pfaffendobel
Diezendobel
Zähringerhof
Ottenberg
1041
600
Frauensteigfels
Lorenzenhäusle
Blechschmiede
783
Rufenhof
Johanniterwald
Diezendobelbach
Frauensteig
1000
Zu den zwei Tauben
Pfaffeneck
0
550 m
Nessellachen
Schweizerlehof
Falkensteig
Ruine Warte
Thumichelhof
487
634
Schanze

ZUR SCHLANGENKAPELLE BEI STEGEN

Auf einsamen Wegen durchs Steuretal

 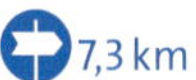 7,3 km  2:00 h  242 hm 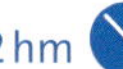 242 hm  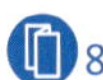 887, 888

START | Wanderparkplatz beim Waldweberweg in Stegen. [GPS: UTM Zone 32 x: 422.449 m y: 5.315.200 m]
CHARAKTER | Kurze und einfache Runde, die uns auf einfachen Pfaden in angenehmer Steigung zur Schlangenkapelle bringt. Der Rückweg führt aussichtsreich durchs einsame Steuretal.

Vom **Wanderparkplatz Stegen** 01 folgen wir dem Teerweglein zunächst an der Heimgartensiedlung und dann an Wiesen vorbei Richtung Wittental und Schlangenkapelle auf der rot-weißen Raute, dem Querweg Freiburg–Bodensee. Nach zwanzig Minuten erreichen wir eine Kreuzung und biegen rechts ab Richtung Wittental. Kurz vor dem Ortsschild von **Wittental** 02 halten wir uns links. Am Wanderparkplatz vorbei halten wir uns nach circa 150 Metern rechts und folgen der gelben Raute einem Schotterweg hinauf. In einer Linkskurve geht es dann rechter Hand auf einen schmalen, erdigen Waldsteig weiter aufwärts. Nach ein paar Minuten kann man rechter Hand einen Abstecher zur Hannisbank machen. Wir wandern weiter hinauf und gelangen 5 Minuten später an einen Waldweg. Hier nach rechts, an der nächsten Gabel halten wir uns links weiter steil hinauf. Der Weg verschmälert sich und bringt uns in auf und ab an einigen Grenzsteinen entlang. An der Gabelung halten wir uns rechts auf einen schmalen Waldweg, ein paar Minuten später treten wir aus dem

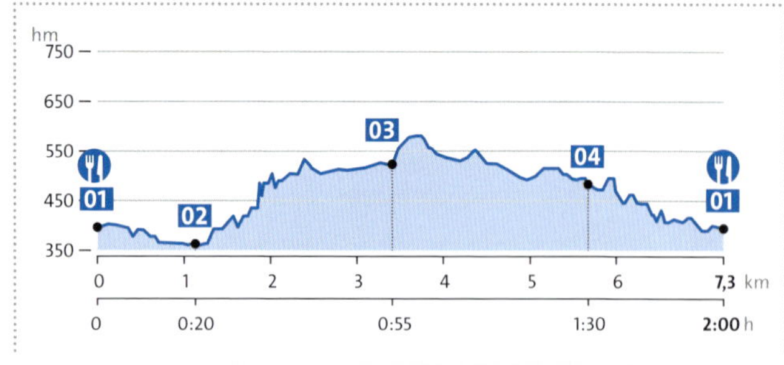

01 Wanderparkplatz Stegen, 380 m; 02 Wittental, 367 m;
03 Schlangenkapelle, 542 m; 04 Dreieckskreuzung, 526 m;

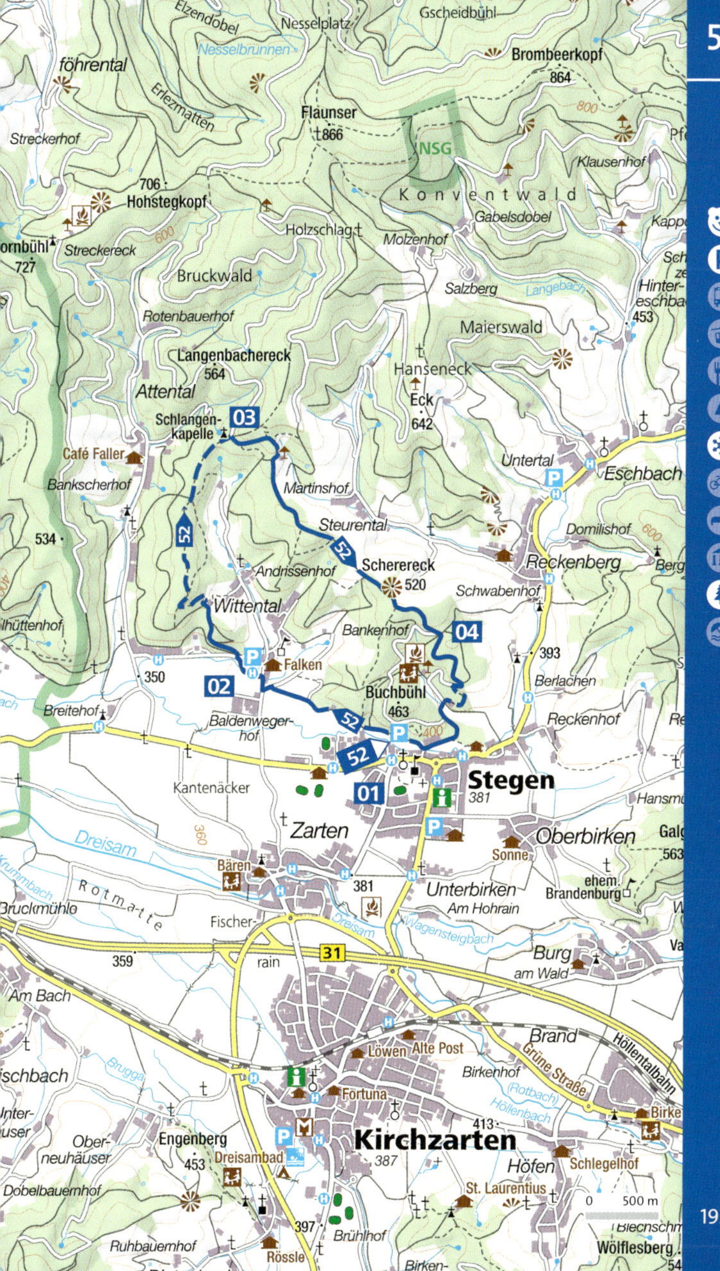

Elzendobel
Nesselplatz
Gscheidbühl
Nesselbrunnen
Brombeerkopf
864
föhrental
Erlezmatten
Flaunser
866
800
NSG
Streckerhof
Klausenhof
Konventwald
706
Hohstegkopf
Gabelsdobel
Holzschlag
Molzenhof
ornbühl
727
Streckereck
600
Salzberg
Langebach
Hinter-
eschbach
453
Bruckwald
Rotenbauerhof
Maierswald
Langenbachereck
564
Hanseneck
Attental
Eck
642
Schlangen-
kapelle
03
Café Faller
Untertal
Eschbach
Bankscherhof
Martinshof
Steurental
Domilishof
600
534
52
Schererreck
520
Reckenberg
Andrissenhof
Schwabenhof
Wittental
Bankenhof
04
393
Falken
Berlachen
350
02
Buchbühl
463
Breitehof
Baldenweger-
hof
Reckenhof
400
Kantenäcker
Stegen
381
01
Zarten
Oberbirken
360
Dreisam
Sonne
Bären
381
Unterbirken
ehem.
Brandenburg
Rotmatte
Bruckmühle
Am Hohrain
Fischer-
rain
Dreisam
Wagensteigbach
359
31
Burg
am Wald
Am Bach
Brand
Höllentalbahn
Löwen
Alte Post
Grüne Straße
Brugga
Birkenhof
(Rotbach)
Höllenbach
Fortuna
413
Engenberg
Ober-
neuhäuser
Kirchzarten
Dreisambad
453
387
Höfen
Schlegelhof
Dobelbauernhof
St. Laurentius
0
500 m
397
Brühlhof
Wölflesberg
Ruhbauernhof
Rössle
Dietenbach
Birken-
reute

Wald hinaus. Über die Wiese am Hang entlang lohnt sich ein Blick nach rechts hinten über die Schulter! Zehn Minuten später stehen wir an der **Schlangenkapelle 03**. Wir folgen dem Weg weiter hinauf bis er in einen breiteren Waldweg mündet, dem wir geradeaus Richtung „Unterm Waseck" folgen. Gleich an der nächsten Gabelung halten wir uns links wieder aufwärts. An der Wegkreuzung „Unterm Waseck" wandern wir geradeaus hinab nach Stegen. Auf und ab geht es nun mal durch den lichten Wald, mal am Waldrand entlang. Nach einiger Zeit quert er eine Wiese mittels eines abgezäunten Pfades, dann bringt uns der Waldweg wieder hinauf in den Wald. Eine halbe Stunde später ab Verlassen der Schlangenkapelle erreichen wir eine **Dreieckskreuzung 04**. Hier führt uns ein Pfad nach einem kleinen Linksbogen wieder hinab. Bald empfängt uns wieder der Wald. Ein Holzschild zeigt an, dass wir nach Stegen auf dem richtigen Weg sind. An einer großen Kreuzung mit Bank von der Wandergruppe Stegen folgen wir der gelben Raute geradeaus gemütlich auf breitem Waldweg bergab. Kurz nach der scharfen Rechtskurve laufen

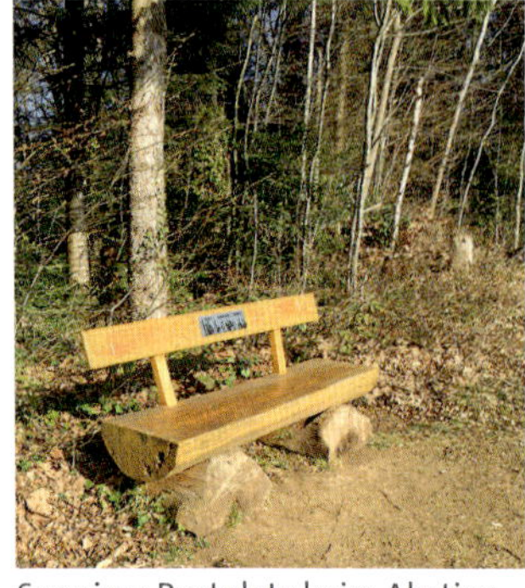

Sonniger Rastplatz beim Abstieg nach Stegen

wir unmarkiert nach links einen Stichweg hinein. Er bringt uns zum Waldrand mit einer Bank. Hier wechseln wir nach rechts auf einen schönen, unmarkierten doch gut erkennbaren Pfad, der uns durch den Wald hinabbringt und wieder auf den breiten Weg trifft. Wir folgen dem Weg nach links, nun wieder mit der gelben Raute Richtung Stegen. Zehn Minuten später haben wir den Ortsrand erreicht. Wir passieren einen Bienenstand mit Infotafeln rund ums Imkern. Schließlich bringt uns das Teersträßlein in wenigen Minuten zurück zum **Wanderparkplatz Stegen 01**.

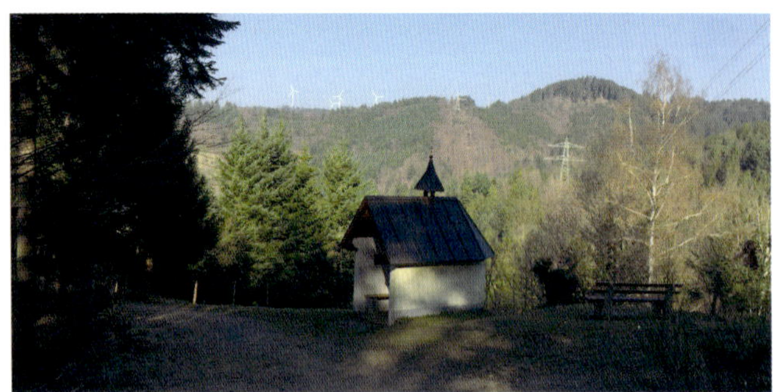

Der Morgen dämmert über der Schlangenkapelle

VON FREIBURG AUF DEN ROSSKOPF

Ausgedehnte Waldwanderung vor den Toren Freiburgs

  17,8 km 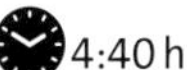 4:40 h  641 hm 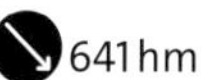 641 hm  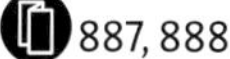 887, 888

START | Ausgangspunkt ist der Parkplatz am Spielplatz Altbach bei Freiburg-Zähringen. Wir folgen der Pochgasse bis zum Ende des Wohngebietes; hier befindet sich der Parkplatz auf der rechten Seite. [GPS: UTM Zone 32 x: 416.018 m y: 5.319.286 m]
CHARAKTER | Lange Runde größtenteils auf breiten Waldwegen; Trittsicherheit über schmale Pfade ist zwischen St. Ottilien und dem Martinsfelsen gefragt. Im Wald zwischen Zähringen und Herdern herrscht Wegewirrwarr, hier ist Orientierung von Nöten.

Die Rundwanderung bringt uns im Sommer durch die angenehm schattigen Wälder bei Freiburg. Dabei streifen wir einige Besonderheiten in diesem Gebiet. Die Kapelle St. Ottilien ist eines der ältesten Wallfahrtsziele Deutschlands. Erstmalig erwähnt 1428 wurde sie im Laufe der Jahrhunderte immer wieder erweitert bzw. durch mehrere Kriege zerstört und wiederaufgebaut. 1714 wurde sie nach Westen vergrößert und die bis dahin freistehende Odilienquelle mit einer Gestaltung als Grotte in das Bauwerk integriert. Nur eine Viertelstunde entfernt erwartet uns dann die kleine St.-Wendelin-Kapelle von 1895. Danach kommen wir auf

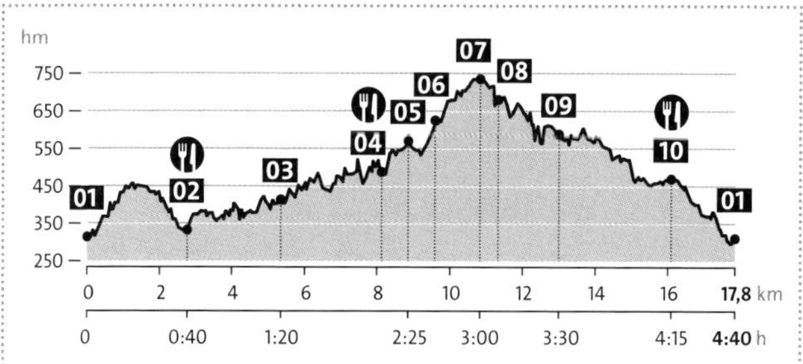

01 Parkplatz Spielplatz Altbach, 303 m; 02 Panorama Hotel, 353 m; 03 Sieben Linden, 410 m; 04 St. Ottilien, 484 m; 05 St.-Wendelins-Kapelle, 562 m; 06 Roßkopfsattel, 587 m; 07 Roßkopfturm, 737 m; 08 Martinsfelsen, 718 m; 09 Heidelbeerbühl, 588 m; 10 Ruine Zähringen, 478 m;

den Roßkopf. Der gleichnamige Turm bietet mit seinen 34 m Höhe einen tollen Rundumblick unter anderem auf Freiburg. Vom Martinsfelsen hat man einen herrlichen Blick aufs nördliche Breisgau. Zuletzt besuchen wir den mittelalterlichen Stammsitz der Zähringer Herzöge – die Ruinenreste der Burg Zähringen.

Vom **Parkplatz am Spielplatz Altbach 01** gehen wir erst einmal den Steinbruchweg hinauf. Die gelbe Raute und der Weinwanderweg leiten steil auf dem Waldweg hinauf. An der Gabel nach zehn Minuten geht es geradeaus weiter, doch kurz darauf an der nächsten leitet uns der Weg scharf links über einen Pfad Richtung „Weißes Kreuz" aufwärts. Ein paar Minuten später erreichen wir das Denkmal auf dem Harbuck, das an die Zähringer Opfer im Ersten und Zweiten Weltkrieg erinnert. Der Pfad führt uns weiter bis zu einem breiten Waldweg. Hier gehen wir geradeaus bald steil aufwärts und alle Abzweige ignorierend. Oben mündet er in einen weiteren Waldweg, dem wir geradeaus folgen Richtung Sieben Linden. Nach wenigen Minuten biegen wir mit der gelben Raute scharf rechts auf einen Waldweg hinab ab. Ungefähr 75 Meter weiter halten wir uns wieder links auf einen Pfad. Dann stoßen wir auf einen breiten Weg. Wir folgen ihm wenige Meter nach rechts, dann wechseln wir nochmals nach links auf einen Pfad hinab. An der folgenden Pfad-T-Kreuzung halten wir uns links, dann stets geradeaus bis zur Straße hinab. Auf der gegenüberliegenden Straßenseite steht ein gelbes Gebäude. Wir gehen daran vorbei und ein paar Minuten leicht bergan zum **Panorama Hotel 02**. In einer Linkskurve passieren wir den Hoteleingang, dann empfängt uns ein Schotterweg. Gleich darauf weist uns ein Wegschild am bunten Bauwagen weiter geradeaus Richtung Sieben Linden auf dem Breisgauer Weinweg. Nach zehn Minuten halten wir uns am Grottenweiher rechts, dann folgen wir dem breiten Weg eine halbe Stunde bis zum Rastplatz **Sieben Linden 03**. Nach einer kurzen Pause wandern wir auf dem „Querweg Freiburg–Bodensee" weiter Richtung St. Ottilien. Nach nur 200 Metern zweigt linker Hand der Vogelsangweg ab, ein schmaler Pfad, der den Hauptweg ein wenig nach unten versetzt begleitet. Schließlich erreichen wir **St. Ottilien 04** mit seiner interessanten Kapelle und dem einladenden Gasthaus mit herrlichem sonnigem Biergarten. Unser Weiterweg lässt uns direkt am Ende des Gasthauses, am kleinen, hölzernen Unterstellhüttchen scharf links abbiegen. Ein extrem steiler Pfad führt erst kurz seitlich des Gebäudes hinauf. Schnell stößt er auf einen Waldweg: der Blick nach links zeigt uns schon das nächste Wanderschild, das uns nach rechts über einen Pfad weiter hinaufführt Richtung

Tipp

Den Schlüssel für den Burgturm erhält man im Restaurant.

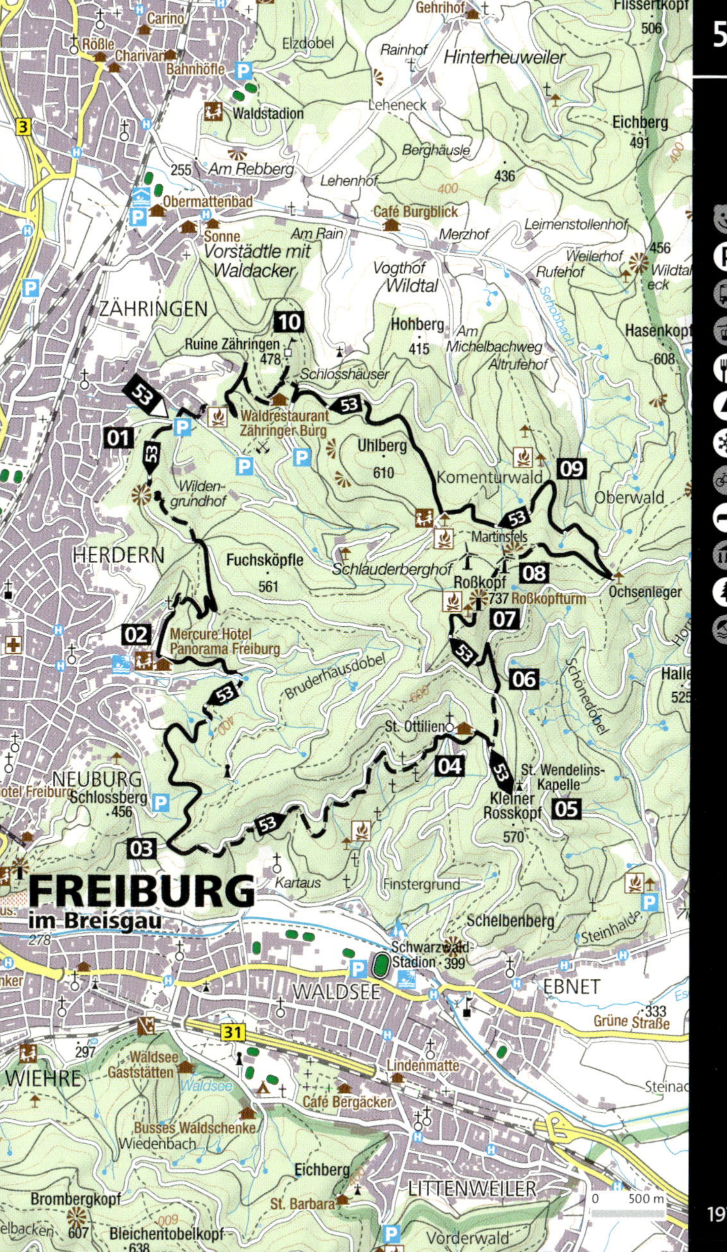

FREIBURG
im Breisgau
ZÄHRINGEN
HERDERN
NEUBURG
WALDSEE
WIEHRE
EBNET
LITTENWEILER
Hinterheuweiler
Vorstädtle mit Waldacker
Vogthof Wildtal
Ruine Zähringen 478
Waldrestaurant Zähringer Burg
Schlosshäuser
Uhlberg 610
Komenturwald
Martinsfels
Roßkopf 737 Roßkopfturm
Ochsenleger
Oberwald
Fuchsköpfle 561
Schlauderberghof
Mercure Hotel Panorama Freiburg
Bruderhausdobel
St. Ottilien
St. Wendelins-Kapelle
Kleiner Rosskopf 570
Schönedobel
Schlossberg 456
Kartaus
Finstergrund
Schelbenberg
Schwarzwald-Stadion 399
Grüne Straße
Lindenmatte
Café Bergäcker
Waldsee Gaststätten
Busses Waldschenke
Wiedenbach
Eichberg
St. Barbara
Brombergkopf 607
Bleichentobelkopf 638
Vorderwald
Hohberg 415
Am Michelbachweg
Altrufehof
Hasenkopf 608
Weilerhof
Rufehof
Leimenstollenhof
Merzhof
Café Burgblick
Am Rain
Sonne
Obermattenbad
Waldstadion
Am Rebberg 255
Lehenhof
Berghäusle
Leheneck
Rainhof
Gehrihof
Elzdobel
Flissertkopf 506
Eichberg 491
Carino
Rößle
Charivari
Bahnhöfle
Wildengrundhof
Schobbach
Steinhalde
01
02
03
04
05
06
07
08
09
10
0 500 m

St.-Wendelins-Kapelle. Den folgenden Waldweg überqueren wir geradeaus, nun weiter auf einem breiteren Waldweg, noch immer bergan. Beim Wegschild „Oberer Kohlwald" laufen wir geradeaus, um der nahe gelegenen **St.-Wendelins-Kapelle 05** einen Besuch abzustatten. Dann kehren wir zur Abzweigung zurück und steigen bergan Richtung Roßkopf. Steil bringt uns der Pfad hinauf, einmal kreuzen wir dabei einen Waldweg, dann erreichen wir den **Roßkopfsattel 06**. Weiter geht's geradeaus über den breiten Weg hinüber auf einen etwas schmäleren Weg. Oben an einem weiteren, breiten Waldweg biegen wir links ab. Nur wenige Minuten später biegen wir am Wanderschild scharf rechts auf einen Pfad aufwärts ab. Bald hat uns jedoch der breite Waldweg wieder, dem wir nun stetig bis zum Roßkopf und dem **Roßkopfturm 07** folgen. Nach einer kurzen Rast mit schönen Rundumblicken wandern wir weiter geradeaus am Turm vorbei auf einem breiten Pfad Richtung Martinsfelsen. Beim Windrad geht's weiter geradeaus, kurz darauf haben wir den **Martinsfelsen 08** erreicht. Er gewährt uns einen tollen Blick ins nördliche Breisgau. Der Pfad bringt uns weiter zum Ochsenleger Rosmarintanne. Am Schutzhüttchen biegen wir links ab hinab Richtung Heidelbeerhütte. Wir treffen auf die Martinsfelsenstraße, der wir nach links weiter folgen. Über einen breiten Waldweg erreichen wir schließlich den **Heidelbeerbühl 09**. Die Route leitet uns weiter Richtung Rotecksruhe. An der T-Kreuzung „Rotecksruhe Nord" gehen wir rechts weiter zur Ruine Zähringer Burg. Am Ende des Waldes, kurz vor der T-Kreuzung, schickt uns ein Schild scharf nach rechts. Geradeaus wandern wir hinauf, an der Gabelung rechts herum, dann nur noch wenige Meter bis zur **Ruine Zähringen 10**. Nach Erkundung der Ruine bringt uns der Rückweg bis zu eben letzter Gabelung. Nun folgen wir der gelben Raute geradeaus hinab zum Gasthaus Zähringen. Am Parkplatz schickt uns das Wanderschild nach rechts hinab. An der Kreuzung nach ca. 300 Metern biegen wir links ein, Achtung, hier keine Markierung. Der Weg bringt uns in ein paar Minuten an den Ortsrand. Bevor wir den Teer betreten, biegen wir links ab und wandern auf schmalem Pfad hinab zu einem Teersträßlein. Diesem folgen wir nach rechts in wenigen Schritten zurück zum **Parkplatz am Spielplatz Altbach 01**.

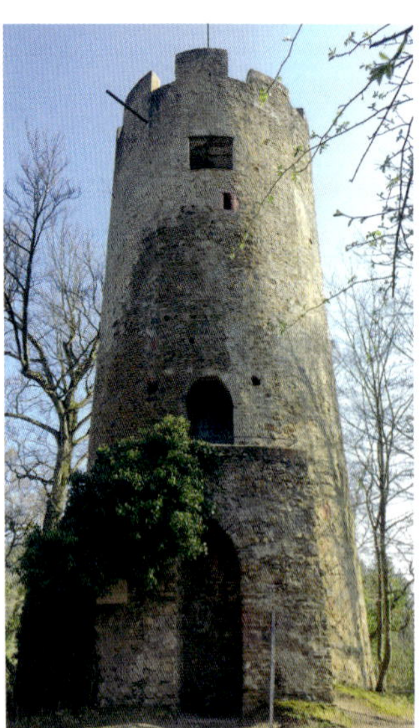

Turm der Ruine Zähringen

BERGHAUSER MATTEN UND EBRINGER SCHNEEBERG

Burgruine über pittoreskem Naturidyll

  10,7 km 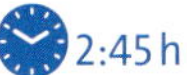 2:45 h  385 hm  385 hm 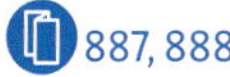 887, 888

START | Parkplatz an der Berghauser Kapelle; von Ebringen über die Umgehungsstraße Ebringen erreichbar.
[GPS: UTM Zone 32 x: 409.425 m y: 5.311.483 m]
CHARAKTER | Die Runde bringt uns meist angenehm über Schotterwege und geteerte Sträßlein. Ab Ebringen langer Anstieg auf den Schönberg, teils auf Pfaden.

Das NSG Berghauser Matten zwischen Ebringen und Wittnau ist Teil der Schönberggruppe. Bis Anfang der 1990er Jahre wurde das Gebiet von der französischen Armee als Truppenübungsplatz genutzt. So hat dort die Intensivierung der Landwirtschaft noch nicht mit gleicher Härte zugeschlagen wie andernorts. Hier existieren auf engstem Raum unterschiedliche Lebensräume nah beieinander. Zum Schutzgebiet gehören Weidehänge und Halbtrockenrasen – auch heute noch von Schafen beweidet – sowie Streuobstflächen, Glatthaferwiesen, Waldbereiche, Gebüsche, Grünland, einige Kleingewässer und Röhrichtbestände. Das Schutzgebiet ist reich an seltenen Pflanzen- und Tierarten wie dem Riesenschachtelhalm, Sonnenröschen, Neuntöter oder dem Weinhähnchen.

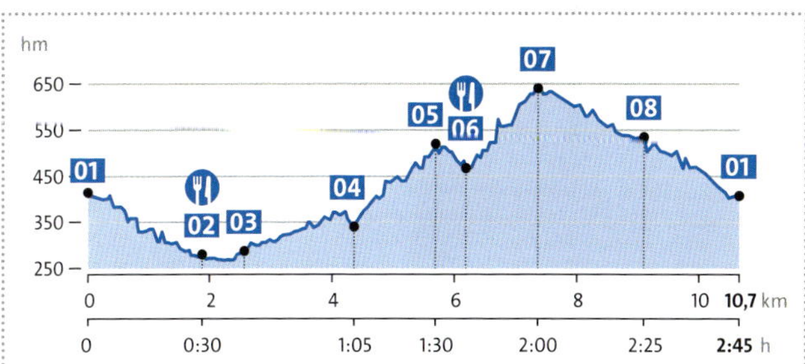

01 Berghauser Kapelle, 411 m; **02** Ortsrand Ebringen, 267 m; **03** Schloss, 281 m; **04** NSG Vogelsang, 337 m; **05** Ruine Schneeburg, 493 m; **06** Schönberghof, 478 m; **07** Schönberg, 624 m; **08** NSG Berghauser Matten, 511 m;

Info

Die Berghauser Kapelle zum hl. Trudpert ist recht stattlich ausgestattet. Lange Zeit war die Wallfahrt „Maria vom guten Rat", eine Darstellung am linken Seitenaltar der Kapelle, von regionaler Bedeutung. 1748 wurde die kleine Kapelle von einem unbekannten Baumeister errichtet. In ihrem Inneren ist sie reich ausgestattet mit schwarzem Marmoraltar, vergoldeten Rokokoengeln und bunt marmorierten Seitenaltären; ein wahres Kleinod!

Wir beginnen unsere Wanderung am Parkplatz bei der **Berghauser Kapelle** 01. Zunächst folgen wir der gelben Raute ein Stück an der Straße entlang, dann über den Kreuzweg hinab durch die Weinberge an den Ortsrand von **Ebringen** 02. Über den Klämmleweg, dann links in die Schulstraße und wieder rechts in den Wiedenhutweg erreichen wir die Schönbergstraße. Hier nach links, ein kurzes Stück weiter den Sommerbergweg hinein gelangen wir ans **Schloss** 03. Hier folgen wir nun den gelben Trauben in roter Raute, dem Markgräfler Weinwegele, durch die Weinberge nach links. Der Weg beschreibt nach wenigen Hundert Metern eine Rechtskurve und bringt uns hinauf bis zum Waldrand und zum **Naturschutzgebiet Vogelsang** 04. Ab hier folgen wir bei der Weggabelung einem schmäleren Weglein, nun wieder mit der gelben Raute. In steilem Anstieg bringt es uns in einer Viertelstunde zur **Ruine Schneeburg** 05. Nur noch wenige Schritte von der Ruine ganz sanft abwärts, dann biegen wir am Weg links ein und stehen an der Gabelung **Schönberghof** 06. Über die Straße können wir einen Abstecher zu einer gemütlichen Einkehr im Gasthaus Schönberghof machen. Andernfalls bringt uns der Weg dreihundert Meter weiter, am Abzweig Ladhöfle, nach rechts bald im Zickzack hinauf. Am Hedwigsbrunnen vorbei geht's weiter zum Oberen Schönberg und zuletzt über schmale Pfade zum Gipfel des **Schönbergs** 07. Der Aufstiegsweg bringt uns zurück zur Abzweigung und der Markierung. Wir queren die Ostflanke des Schönbergs und biegen am Wegschild Langhardtpfad links ab. Wir gehen Richtung Süden und erreichen bald das **Naturschutzgebiet Berghauser Matten** 08. Dem schönen Panoramaweg folgen wir dann zurück zur **Berghauser Kapelle** 01.

Langsam beginnt der Frühling

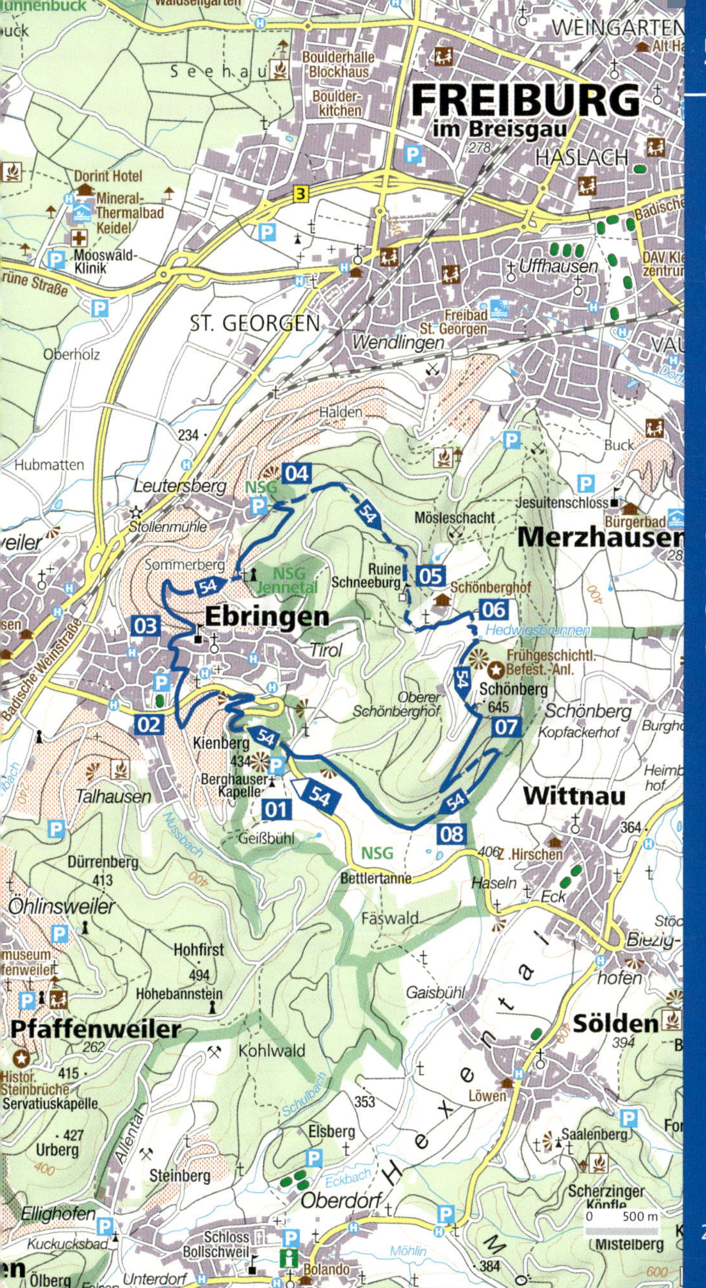
FREIBURG
im Breisgau
Weingarten
Haslach
St. Georgen
Wendlingen
Uffhausen
Merzhausen
Ebringen
Wittnau
Sölden
Pfaffenweiler
Bollschweil
Oberdorf
Leutersberg
Sommerberg
Stollenmühle
Talhausen
Öhlinsweiler
Kienberg
434
Berghauser Kapelle
Geißbühl
Schönberg
645
Ruine Schneeburg
Schönberghof
Oberer Schönberghof
Mösleschacht
Jesuitenschloss
Hedwigsbrunnen
Frühgeschichtl. Befest.-Anl.
Kopfackerhof
NSG Jennetal
NSG
Tirol
Halden
Bettlertanne
Fäswald
Gaisbühl
Hexental
Dürrenberg
413
Hohfirst
494
Hohebannstein
Kohlwald
Elsberg
Steinberg
Urberg
Servatiuskapelle
Histor. Steinbrüche
Ellighofen
Kuckucksbad
Schloss Bollschweil
Unterdorf
Ölberg
Bolando
Möhlin
Eckbach
Schulbach
Nussbach
Allental
Saalenberg
Scherzinger Köpfle
Mistelberg
Löwen
Z. Hirschen
Haseln
Eck
Biezighofen
Buck
Bürgerbad
Freibad St. Georgen
Dorint Hotel
Mineral-Thermalbad Keidel
Mooswald-Klinik
Boulderhalle Blockhaus
Boulder-kitchen
Waldseilgarten
Seehau
Oberholz
Hubmatten
Badische Weinstraße
DAV Kletterzentrum
Heimbachhof
Burghof
01
02
03
04
05
06
07
08
54
0 500 m

55

VOM TITISEE AUF DEN HOCHFIRST

Schöne Waldwanderung zu einem Aussichtsturm

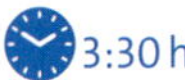

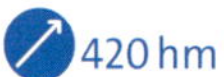

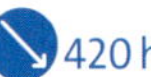

START | Wanderparkplatz am Titisee.; a der B 317 von Neustadt kommend kurz vor dem See auf der linken Seite.
[GPS: UTM Zone 32 x: 437.350 m y: 5.305.265 m]
CHARAKTER | Einfache Runde auf Waldwegen, Sträßchen und Pfaden.

Der weithin bekannte Titisee entstand in der letzten Eiszeit. Vor 10.000 Jahren erstreckte sich der Gletscher vom Feldberg bis in den heutigen Titisee hinein. Das vom Gletscher ausgehobelte Becken und die Endmoräne bilden heute den Titisee. Gerade im Hochsommer eignet er sich hervorragend für eine kleine Abkühlung nach einer schweißtreibenden Wanderung auf den Hochfirst.

Wir starten am Wanderparkplatz an der B 317 gegenüber des **Titisees** 01. Wir steigen auf dem breiten Schotterweg über die Rodelbahn an. Dann wandern wir sanft rechts- und linkskurvig, bis wir aus dem Wald hinauskommen und an ein Teersträßlein treffen. Hier am Alpenblick wenden wir uns nach links, bald am Waldrand entlang. Den darauffolgenden Turmweg queren wir geradeaus, vorbei am Haus **Waldhotel Saig** 02. Dann folgen wir dem breiten Weg eine halbe Stunde geradeaus zur Balzenwaldhütte. Wir biegen scharf nach links mit der roten Raute mit weißem Längsbalken und

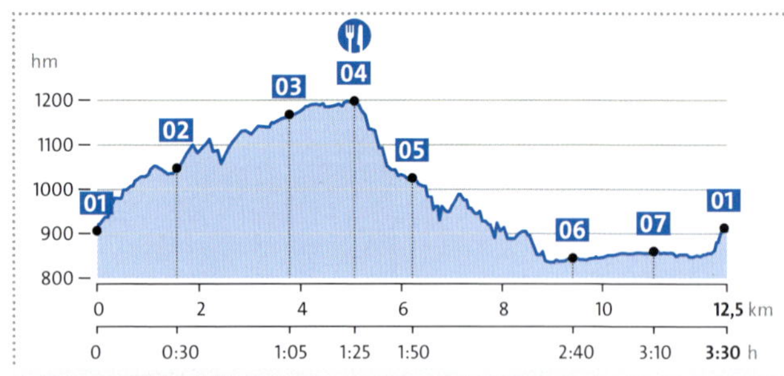

01 Titisee, 870 m; 02 Waldhotel Saig, 1046 m; 03 Vögelefelsen, 1152 m; 04 Hochfirst, 1197 m; 05 Saiger Kreuz, 1022 m; 06 B317, 851 m; 07 Kurpark, 856 m;

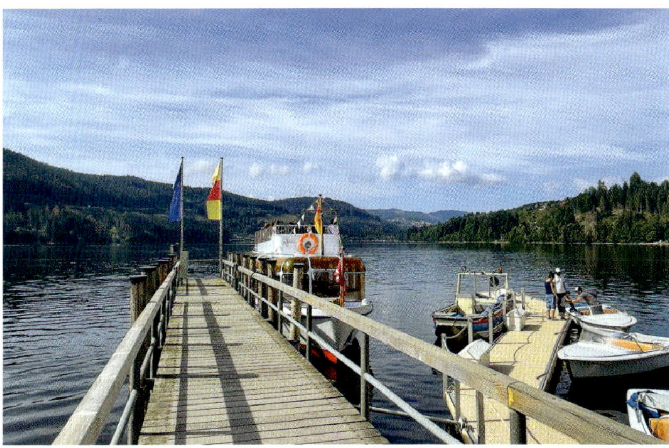

Bootsanleger am Titisee

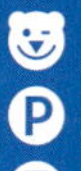
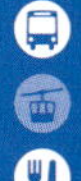

gut 300 Meter später geht's links einen Stichweg zum **Vögelefelsen** 03. Am besten wir laufen einmal um die Felsformation herum, denn dann kann man sie in ihrer vollen Pracht bewundern. Zurück auf dem Weg geht's nun stetig geradeaus, an einer Weggabel halten wir uns leicht links auf einen naturnahen Weg. Er leitet uns direkt zum **Hochfirst** 04. Hier gönnen wir uns erst mal eine kleine Pause – Turmbesteigung natürlich eingeschlossen. Vom Gasthaus führt uns der Mittelweg weiter Richtung Saiger Kreuz. Auf schmalem Pfad wandern wir durch den Wald hinab, bis wir auf eine T-Kreuzung knapp vor der Zufahrtsstraße zum Hochfirst treffen. Wir biegen nach links ab und stehen kurz darauf am **Saiger Kreuz** 05. Wir folgen der Saiger Straße 300 Meter, dann biegen wir am Langebachweg links auf einen Pfad ab. Er leitet uns nach 100 Metern scharf nach links. Dann folgen wir ihm nun so lange, bis er in einen breiten Schotter- und Waldweg mündet (nach ca. zwanzig Minuten). Der bringt uns das letzte Stück hinab an die **B 317** 06. Wir kreuzen die Bundesstraße, gehen ein Stück parallel zu ihr und halten uns an der Seebachstraße dann leicht rechts auf den Erlebnis-

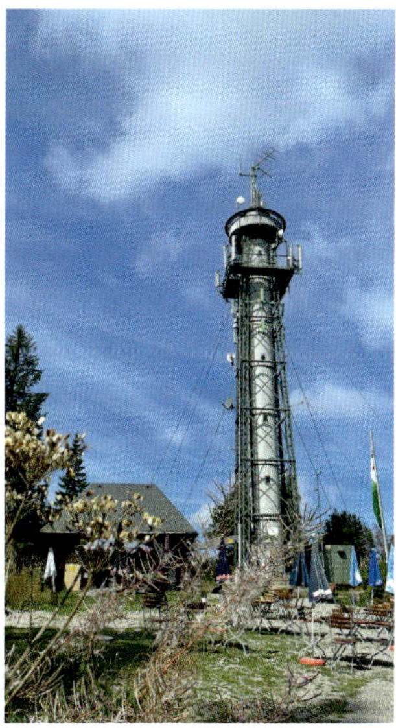

Der Hochfirstturm

pfad Wasser. Nach wenigen Hundert Metern verlassen wir ihn jedoch schon wieder nach rechts und stoßen kurz darauf auf den Rieslehofweg. Wir folgen ihm nach rechts, an der Jägerstraße links und dann gleich wieder rechts. Die Parkstraße bringt uns am netten kleinen **Kurpark** 07 vorbei. Dann geht's über die Strandbadstraße zum Ufer des Titisees. Wir flanieren an der Promenade entlang, trinken vielleicht einen Kaffee und schauen den bunten Booten auf dem See zu. Dann brechen wir wieder auf, am See entlang und in wenigen Minuten zurück zum Wanderparkplatz am **Titisee** 01.

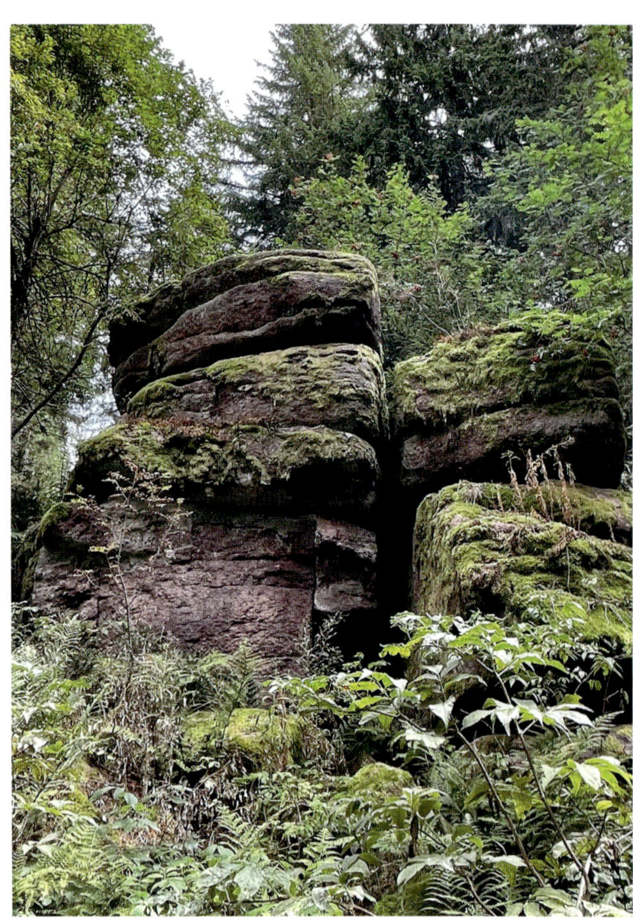

Der Vögelefelsen auf dem Hochfirst

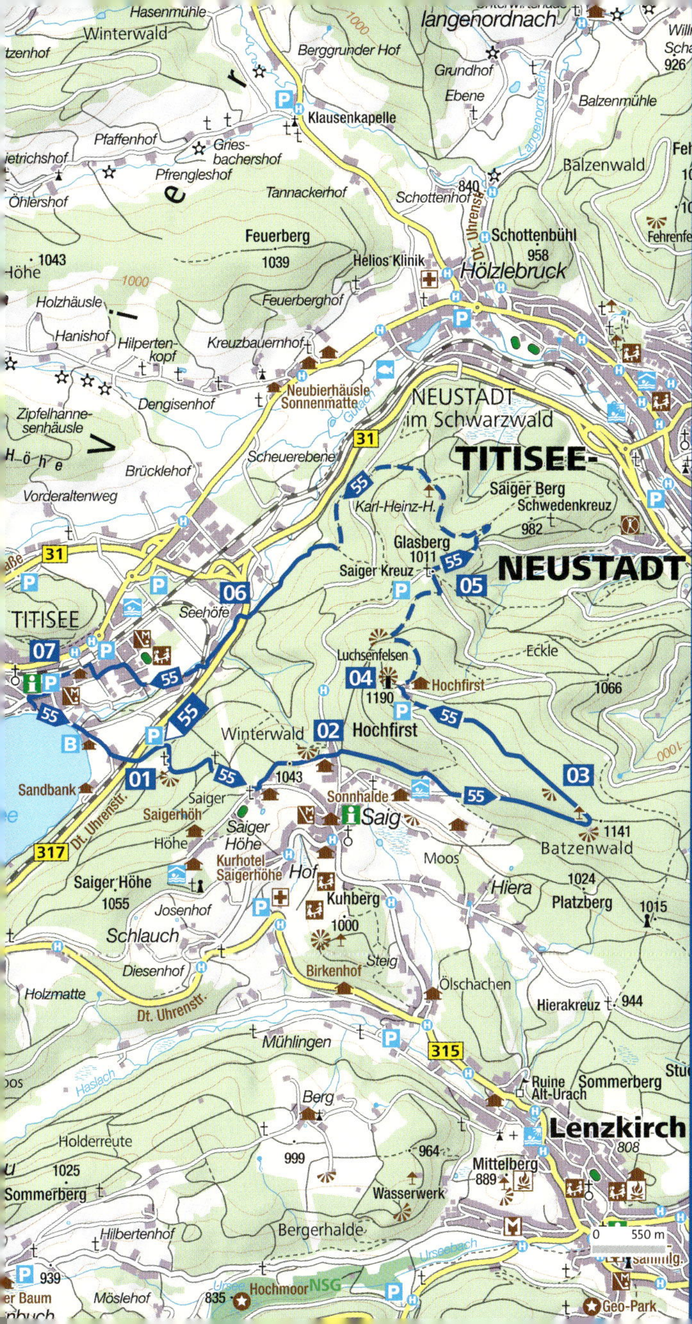

Hasenmühle
Winterwald
Langenordnach
Berggrunder Hof
Grundhof
Ebene
Balzenmühle
Klausenkapelle
Pfaffenhof
Griesbachershof
Pfrengleshof
Tannackerhof
Schottenhof
840
Balzenwald
Öhlershof
Feuerberg
1039
Helios Klinik
Schottenbühl
958
Hölzlebruck
Fehrenfe
1043
Höhe
1000
Holzhäusle
Feuerberghof
Hanishof
Hilpertenkopf
Kreuzbauernhof
Neubierhäusle
Sonnenmatte
Gutach
NEUSTADT im Schwarzwald
Dengisenhof
Zipfelhannesenhäusle
31
TITISEE-
NEUSTADT
Scheuerebene
Brücklehof
Karl-Heinz-H.
Saiger Berg
Schwedenkreuz
982
Vorderaltenweg
Glasberg
1011
Saiger Kreuz
TITISEE
Seehöfe
Eckle
Luchsenfelsen
Hochfirst
1190
1066
Winterwald
Hochfirst
1043
Sandbank
Saiger
Sonnhalde
Saig
1141
Batzenwald
Saigerhöh
Saiger Höhe
Moos
Höhe
Kurhotel Saigerhöhe
Hof
Hiera
1024
Platzberg
1015
Saiger Höhe
1055
Josenhof
Kuhberg
1000
Schlauch
Steig
Diesenhof
Birkenhof
Ölschachen
Holzmatte
Dt. Uhrenstr.
Hierakreuz
944
Mühlingen
315
317
Ruine Alt-Urach
Sommerberg
Haslach
Berg
Lenzkirch
808
Holderreute
999
964
Mittelberg
889
1025
Sommerberg
Wasserwerk
Hilbertenhof
Bergerhalde
Ursee
Hochmoor NSG
939
835
Möslehof
Geo-Park
0 550 m

Alternativer Wolf- und Bärenpark
Bei diesem Park ist der Name schon Programm: Die Stiftung für Bären setzt sich in erster Linie für Bären ein. Aber auch Wölfe und Luchse bleiben nicht auf der Strecke. Die Stiftung unterhält den Alternativen Bärenpark Worbis in Thüringen seit 1996 und den Alternativen Wolf- und Bärenpark Schwarzwald seit 2010. Die dort lebenden Bären und Wölfe wurden aus schlechten Haltungen gerettet und finden hier in den Freigehegen ein neues Zuhause. Den Besucher erwartet hier also kein gewöhnlicher Tierpark. Neben dem Beobachten von Wolf, Bär und Luchs gibt es einen Naturspielplatz, einen Forscherpfad sowie Führungen und Events.
Alternativer Wolf- und Bärenpark Schwarzwald
Rippoldsauer Straße 36/1
77776 Bad Rippoldsau-Schapbach
Tel. 07839/91038-0
www.baer.de

Baumwipfelpfad Bad Wildbad
Mit einer Gesamtlänge von 1.250 Metern und einer Höhe von bis zu 20 Metern schlängelt sich der Pfad durch den imposanten Bergmischwald auf dem Sommerberg. Dabei kann man sein Wissen auf zahlreichen Lern- und Erlebnisstationen erweitern. Höhepunkt ist der 40 Meter hohe, architektonisch einmalige Aussichtsturm. Der Rundumblick vom Turm aus ist fantastisch.
Baumwipfelpfad Schwarzwald
Peter-Liebig-Weg 16 – Sommerberg
75323 Bad Wildbad
Tel. 7081/925094-0
www.baumwipfelpfade.de

Bergbahnen im Schwarzwald
Mit der Schmalspurbahn oder dem Sessellift auf den Gipfel – so bequem kann es auch im Schwarzwald vonstatten gehen. Ein paar bekannte Bahnen, denen wir auch auf Touren in diesem Wanderführer begegnen, sollen hier Erwähnung finden.

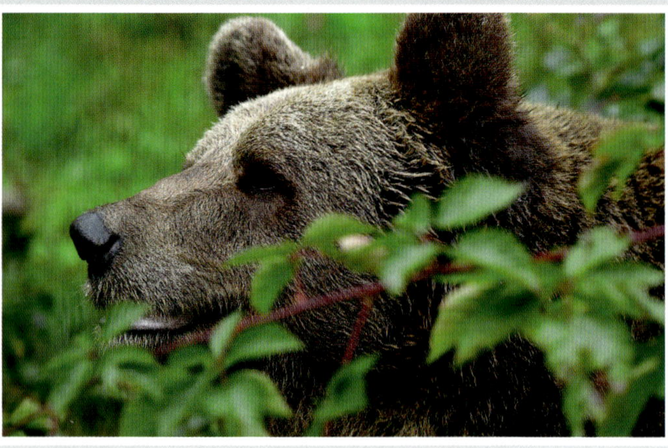

Meister Petz fühlt sich im Alternativen Bärenpark wohl

Die Merkurbergbahn erschließt den Baden-Badener Hausberg. Sie ist eine der längsten Standseilbahnen Deutschlands und überwindet auf über einem Kilometer eine Steigung von bis zu 54 %. Die Talstation ist an das öffentliche Verkehrsnetz angeschlossen. Von der Bergstation erreicht man bequem in wenigen Minuten den Gipfel des Merkur. Der Ruhestein-Sessellift bringt uns im Nationalpark Schwarzwald auf den Ruhestein. Bei der Ankunft auf dem Seekopf hat man dann bequem 100 Höhenmeter überwunden. Parallel zum Lift steigt der Westweg durchs Naturschutzgebiet „Wildsee-Hornisgrinde“ in Serpentinen auf bzw. ab. Die Sommerbergbahn schließlich ist nicht nur die schnellste, sondern auch die komfortabelste Verbindung zwischen dem Kurort Bad Wildbad und dem Sommerberg. In weniger als zehn Minuten überwindet die Bahn gute 300 Höhenmeter auf das Höhenerholungsgebiet.

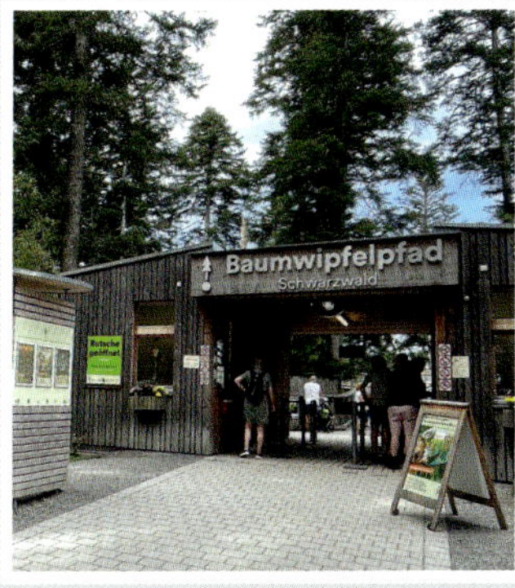

Baumwipfelpfad auf dem Sommerberg bei Bad Wildbad

Besucherbergwerk Schauinsland
Mit gut 100 km Länge und auf über 22 Etagen verteilt ist das Besucherbergwerk Schauinsland das größte Bergwerk im Schwarzwald. Über 800 Jahre lang wurde hier nach Silber, Blei und Zink gegraben. Das Museums-Bergwerk weist alle für den Metallerz-Bergbau typischen Bergbauperioden auf und sorgte im Mittelalter für Wohlstand und Reichtum. Die Schließung und Demontage der Grube erfolgte 1954. Seit 1976 hat die Forschergruppe Steiber mit rein privaten Mitteln und großem ehrenamtlichem Engagement in über 250.000 Arbeitsstunden das Bergwerk für die Öffentlichkeit wieder flottgemacht. Durch die Sprengung neuer Grubenbaue gibt es inzwischen einen erweiterten Museumsbereich. Dank dieser Arbeit ist der Schauinsland ein bedeutendes Kulturgut geworden, das unter Denkmalschutz steht. Aber noch immer finden montan-historische und geologische Untersuchungen statt. Es werden reguläre Führungen mit unterschiedlichen Längen angeboten sowie Sonderführungen. Vorherige Anmeldung ist erwünscht.
Forschergruppe Steiber
Museums-Bergwerk Schauinsland
Tel. 0761/26468
steiber@schauinsland.de
www.schauinsland.de

Bäder
Schon die Römer entdeckten vor über 2.000 Jahren in Baden-Baden die ersten Thermalbäder. Heute ist das Bäderviertel mit den beiden Thermalbädern in der Altstadt ein großer Anziehungspunkt. Aus 2000 m Tiefe sprudeln täglich 800.000 Liter des heilsamen Quellwassers in die Therme und auch in das historische Römisch-Irische Friedrichsbad. Die Badebecken haben Temperaturen zwischen 18° C und 38° C. Bei den Caracalla Thermen gibt es im Innenbereich eine Felsengrotte, ein

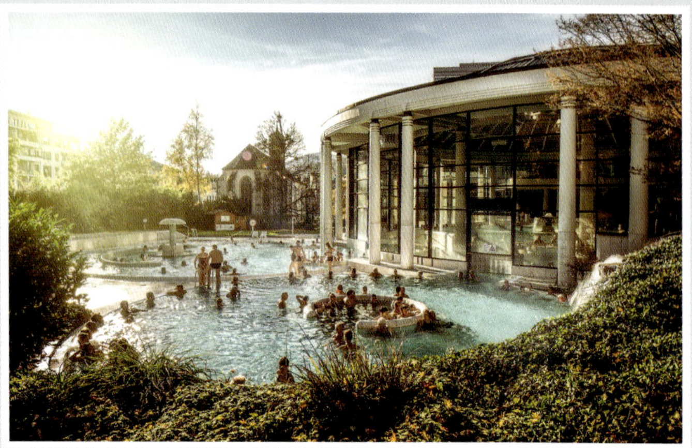

Caracalla Therme in Baden-Baden

Aromadampfbad und einen Sole-Inhalations-Raum. Im Außenbereich erwarten den Besucher zwei Whirlpools, ein Strömungskanal und zwei Marmorbecken. Zudem gibt es eine große Saunalandschaft.
Carasana Bäderbetriebe GmbH
Römerplatz 1
76530 Baden-Baden
Tel. 07221/2759-40
info@carasana.de
www.carasana.de

Deutsches Uhrenmuseum
Die Kuckucksuhr – nur eines von vielen Bildern, das einem gleich in den Kopf schießt, wenn man an den Schwarzwald denkt. Das Deutsche Uhrenmuseum in Furtwangen erweitert unseren Blick auf die kleinen und großen tickenden Begleiter des täglichen Lebens. Schwerpunkt des Museums ist neben der Uhrenproduktion im Schwarzwald auch die Geschichte und Entwicklung der Uhren weltweit. Das Spektrum ist dabei enorm und reicht von Stonehenge bis zur Atomuhr. Mit mehr als 8.000 Objekten und 1.000 Ausstellungsstücken wird diese Geschichte veranschaulicht; damit reiht sich das Deutsche Uhrenmuseum unter die vier größten Uhrenmuseen weltweit ein.
Deutsches Uhrenmuseum
Robert-Gerwig-Platz 1
78120 Furtwangen
Tel. 07723/9202800
email@deutsches-uhrenmuseum.de
www.deutsches-uhrenmuseum.de

Dorotheenhütte Wolfach
Die Glasbläserzunft zählte viele Jahrhunderte zu den bedeutendsten Handwerkszweigen des Schwarzwaldes. Die Dorotheenhütte ist heute die letzte aktive Mundblashütte des Schwarzwaldes.
Bei Temperaturen von 1.400° Celsius wird der Quarzsand zu flüssigem Glas. Bei einem Besuch kann man live miterleben, wie aus der Glasschmelze wertvolle Gläser, Vasen und andere Dinge traditionell angefertigt werden – mundgeblasen und von Hand geschliffen. Das Glasmuseum zeigt rund 2.000 Jahre

Glasgeschichte und präsentiert zahlreiche Gläser aus längst aufgegebenen Schwarzwälder Glashütten. Die ausgestellte Sammlung historischen Christbaumschmuckes ist die größte ihrer Art in der ganzen Region.
Dorotheenhütte Wolfach
Glashüttenweg 4
77709 Wolfach
Tel. 07834/8398-0
info@dorotheenhuette.de
www.dorotheenhuette.info

Freilichtbühne Hornberg
Wer kennt nicht den Ausspruch „Es geht aus wie das Hornberger Schießen". Das kann man live miterleben; auf der Freilichtbühne finden von Juni bis August das „Hornberger Schießen" sowie eine Familien- und Abendaufführung statt. Vor der Naturkulisse hoch über Hornberg zeigen die Darsteller des Historischen Vereins in Originalkostümen ihr Können. Außerhalb der Vorführungen ist die Freilichtbühne jederzeit frei zugänglich und die Kulisse kann besichtigt werden. Automatische Bandansage, ob bei unsicherer Wetterlage gespielt wird.
Freilichtbühne Hornberg
Am Storenwald 24
78132 Hornberg
Tel. 07833/79322
info@freilichtbuehne-hornberg.de

Infozentrum Kaltenbronn
Informationen und Erlebnisse rund um das Moor und den Kaltenbronn sowie des Naturparks Schwarzwald Mitte/Nord werden im gleichnamigen Infozentrum in Form einer interaktiven Dauerausstellung spannend verpackt. Vergangene Jahrtausende und deren Zeitzeugen im Hochmoor und die Entwicklung seiner Tier- und Pflanzenwelt werden anschaulich dargestellt. Wechselnde Dauerausstellungen um ein bestimmtes Themengebiet wie zuletzt dem „Moor" geben dem Besucher weitere interessante Informationen. Zudem bietet das Infozentrum ganzjährig geführte Wanderungen, naturkundliche Exkursionen und Kinderprogramme an.
Infozentrum Kaltenbronn
Kaltenbronn 600
76593 Kaltenbronn
Tel. 07224/655197
info@infozentrum-kaltenbronn.de
www.infozentrum-kaltenbronn.de

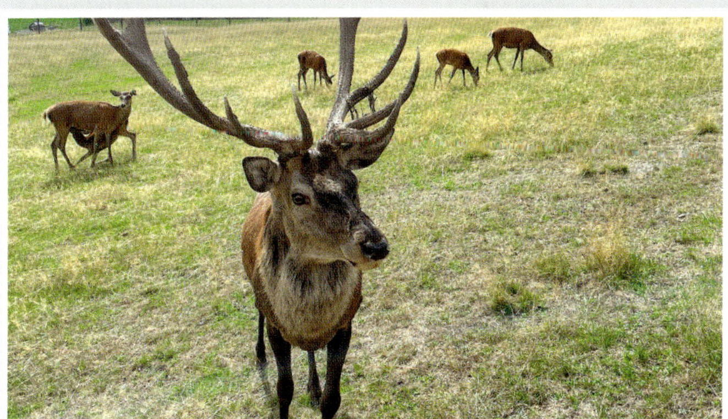

Rotwildgehege beim Infozentrum Kaltenbronn

Nationalparkzentrum Schwarzwald
Der Nationalpark Schwarzwald besteht seit 2014. Am Ruhestein wurde 2022 eine neues Nationalparkzentrum eingeweiht – vorher war es in der denkmalgeschützten Villa Klump untergebracht. Das NP-Zentrum bietet viele Veranstaltungen und Führungen, an denen man nach vorheriger Online-Anmeldung teilnehmen kann. Mit der neuen, interaktiven Ausstellung zum wilder werdenden Wald, einem Kino, der „Brücke der Wildnis", der Tourist-Information mit Shop der Nationalparkregion und einem Café ist das neue Nationalparkzentrum ein spannendes Tagesziel inmitten der wunderschönen Natur des Nordschwarzwalds.
Nationalparkzentrum Ruhestein
Ruhestein 1
72270 Baiersbronn
Tel. 7449/92998-444
veranstaltung@nlp.bwl.de
www.nationalpark-schwarzwald.de

Radeln und Mountainbiken
Das Mountainbiken und Radwandern wird immer beliebter – so auch im Schwarzwald. Es gibt inzwischen eine Vielzahl an beschilderten Radrouten, die teilweise auch mit den öffentlichen Verkehrsmitteln kombiniert werden können. Der bekannteste Höhen-Radwanderweg ist wohl der Schwarzwald-Radweg, der die Route des Westweges anvisiert. Er verläuft über 375 Kilometer zwischen Karlsruhe und Lörrach auf dem Schwarzwaldkamm auf zumeist für den Kraftverkehr gesperrten Asphaltstraßen und befahrbaren Forstwegen. Die Radwege und -routen sind im Nördlichen und Mittleren Schwarzwald bestens ausgeschildert. Erwähnung sollen auch der Naturparkradweg Mitte/Nord finden und der Nagoldtalradweg. Viele größere Unterkünfte verleihen auch bereits Fahrräder.

Mehliskopf an der Schwarzwaldhochstraße
Die Schwarzwaldhochstraße verläuft über 60 km von Freudenstadt nach Baden-Baden. Sie zählt als schönste Touristenstraße des Schwarzwaldes und besteht seit über 75 Jahren. Entlang der Strecke gibt es zahlreiche touristische Highlights wie den Mummelsee, den Lotharpfad oder den Wildnispfad an der Bühlerhöhe. Das Freizeitzentrum am Mehliskopf liegt ebenfalls genau auf seiner Route. Für Wagemutige gibt es einen Abenteuerklettergarten, mit der Sommerrodelbahn kann man vom Mehliskopf hinabsausen. Gegen Voranmeldung können auch Mountainbikes geliehen werden, mit denen man die Gegend erkunden kann.
Freizeitzentrum Mehliskopf
Schwarzwaldhochstraße
77815 Bühl-Sand
Tel. 07226/1300
mail@mehliskopf.de
www.mehliskopf.de

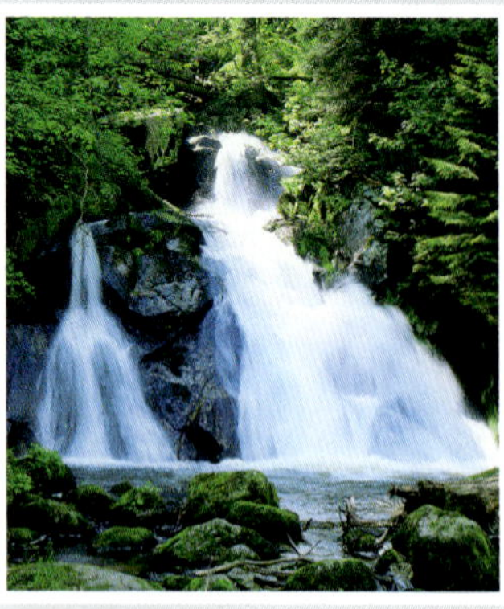

Der Untere Hauptfall der Triberger Wasserfälle

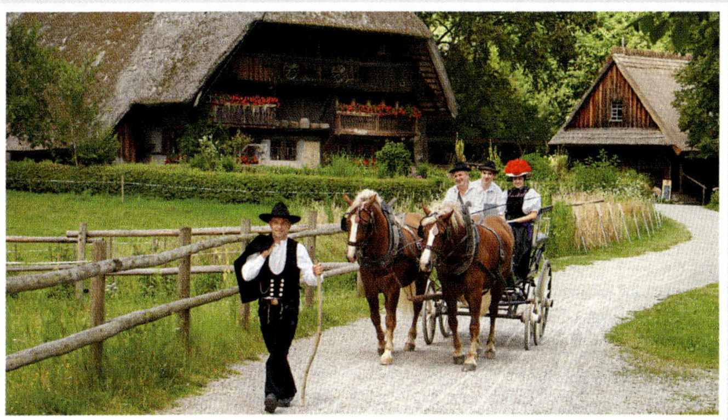

Veranstaltung zum Thema Reisen im Schwarzwald

Triberg und Triberger Wasserfälle
Das Städtchen Triberg hat als Ausflugsziel einiges zu bieten. Die Triberger Wasserfälle gelten als die höchsten Wasserfälle Deutschlands. Mit einer Fallhöhe von 163 m und sieben Fallstufen locken sie ihre Besucher an. Auf den Wegen um die Wasserfälle gibt es Infotafeln mit Wissenswertem über die Tier- und Pflanzenwelt sowie die Geschichte der Wasserfälle. Der Zutritt zu den Wasserfällen ist gebührenpflichtig. Auf einer Fläche von 1.600 m² zeigt das Schwarzwaldmuseum das kulturelle und wirtschaftliche Leben der Schwarzwälder in Vergangenheit und Gegenwart. Nicht zu vergessen das Triberg-Land, eine interaktive Modellbauanlage mit beeindruckenden Nachbauten. Bei einem Stadtspaziergang lohnen die barocke Wallfahrtskirche mit dem Mesnerhäuschen und der prachtvolle holzgeschnitzte Rathaussaal.
Stadt Triberg
Tourismustinformation
Wallfahrtstraße 4
78098 Triberg im Schwarzwald
Tel. 07722/8664-90
www.triberg.de

Freilichtmuseum Vogtsbauernhof
Der Vogtsbauernhof ist ein Freilichtmuseum und versteht sich als kulturelles Forum für den ganzen Schwarzwald. Dabei soll dem Besucher die Kulturgeschichte aller ländlichen Regionen des Schwarzwaldes nähergebracht werden. Wichtige Kulturgüter werden erhalten und für Einheimische und Besucher zugänglich gemacht. Auf den Schwarzwälder Bauernhöfen des 16. bis 18. Jahrhunderts eröffnet sich ein faszinierender Einblick in bäuerliches Wohnen und Leben, in ländliche Kultur und Technik des Schwarzwaldes. Die Gebäude können größtenteils begangen werden. Abwechselnd werden verschiedene, traditionelle Handwerke vorgeführt. Zudem gibt es Museumsführungen und Führungen zu bestimmten Themen.
Schwarzwälder Freilichtmuseum
Vogtsbauernhof
77793 Gutach (Schwarzwaldbahn)
Tel. 07831/46793500
info@vogtsbauernhof.de
www.vogtsbauernhof.de

ÜBERNACHTUNGSMÖGLICHKEITEN

€ unter 30 EUR €€ 30-60 EUR €€€ über 60 EUR
(Pro Pers/ DZ/ inkl. Frühstück)

Bad Herrenalb...Plz 76332, Tel. (0)7083
Hotel Harzer €€, Kurpromenade 1, Tel. 92560, www.hotel-harzer.de
Hotel Kühler Brunnen €€, Ettlinger Str. 22, Tel. 2302, www.kuehler-brunnen.de
Hotel Sonnenhof €€, Bleichweg 9, Tel. 500620, www.bad-herrenalb-sonnenhof.de
Hotel-Café Waldschlösschen €€, Im Wiesengrund 7, Tel. 2396, www.waldschloesschen.net

Bad Liebenzell...Plz 75378, Tel. (0)7052
Waldhotel Post €€, Hölderlinstr. 1, Tel. 93200, www.waldhotelpost.de
Hotel am Bad-Wald €€, Reuchlinweg 17, Tel. 93271-0, www.hotelambadwald.de
Aparthotel Hochwald €€, Am Hochwald 11, Tel. 92930, www.hochwald-eppel.de

Bad Wildbad...Plz 75323, Tel. (0)7081
Hotel Sonnenhof €€, Bismarckstraße 23, Tel. 92960, www.sonnenhof-badwildbad.de
Hotel Alte Linde €€, Wilhelmstraße 74, Tel. 9296200, www.altelinde.de
Hotel Bergfrieden €€, Bätznerstraße 78, Tel. 170404, www.hotelbergfrieden.de

Baden-Baden...Plz 76530, Tel. (0)7221
Hotel Bischoff €€, Römerplatz 2, Tel. 306-0, www.hotelbischoff.de
Hotel Römerhof €€, Sophienstraße 25, Tel. 3008990, www.roemerhof-baden-baden.de
Hotel Laterne €€€, Gernsbacher Str. 10-12, Tel. 3060, www.hotel-laterne.de
Hotel Rebenhof €€€, Weinstraße 58, Tel. 96310, www.hotel-rebenhof.de
Hotel am Sophienpark €€€, Sophienstraße 14, Tel. 3560, www.hotel-am-sophienpark.de

Baiersbronn...Plz 72270, Tel. (0)7442
Sackmann Genusshotel €€, Murgtalstraße 602, Tel. 2890, www.hotel-sackmann.de
Hotel Rose €€, Bildstöckleweg 36, Tel. 84940, www.hotelrose.de
Hotel Gasthof Falken €€, Oberdorfstraße 95, Tel. 84070, www.hotel-falken.de
Wellnesshotel Krone €€, Freudenstädter Str. 32, Tel. 84110, www.krone-baiersbronn.de

Bühl.. ....Plz 77815, Tel. (0)7223
Hotel Kohlers Engel €€, Vimbucher Str. 25, Tel. 93990, www.engel-vimbuch.de
Hotel Sternen €€, Hauptstraße 32, Tel. 98650, www.sternen-buehl.de
Badischer Hof €€, Hauptstraße 36, Tel. 808780, www.heimat-gastro.de

Bühlertal...Plz 77830, Tel. (0)7223
Hotel Bergfriedel €€-€€€, Haabergstraße 23, Tel. 72270, www.bergfriedel.de
Hotel Grüner Baum €€, Hauptstraße 31, Tel. 943000,

www.gruener-baum-buehlertal.de
Hotel Gasthaus Adler €€, Hauptstraße 1, Tel. 99890,
www.hotel-adler-buehlertal.de

Enzklösterle..Plz 75337, Tel. (0)7085
Hotel Enztal €€, Freudenstädter Str. 67, Tel. 180, www.enztalhotel.de
Hotel Zum Hirsch €€, Freudenstädter Str. 2, Tel. 7261, www.hirsch-enztal.de
Hotel Schwarzwaldhof €€, Freudenstädter Str. 9, Tel. 1708,
www.hotel-schwarzwaldhof.de

Freiburg..Plz 79100, Tel. (0)761
Hotel Barbara €€, Poststraße 4, Tel. 296250, www.hotel-barbara.de
Hotel Kreuzblume €€, Konviktstr. 31, Tel. (0) 172 - 69 522 79,
www.kreuzblume-freiburg.de
Mercure Hotel Panorama €€, Wintererstraße 89, Tel. 51030, www.allaccor.com
Hotel Schiller €€, Hildastraße 2, Tel. 703370, www.schiller-hotel.de

Freudenstadt...Plz 72250, Tel. (0)7441
Hotel Schwarzwald €€, Helene-Frey-Weg 2, Tel. 939 0,
www.hotel-schwarzwald-freudenstadt.com
Hotel Adler €€, Forststr. 15, Tel. 91520, www.adler-fds.de
Fritz Lauterbad €€, Am Zollernblick 1, Tel. 950990, www.fritz-lauterbad.de

Gernsbach...Plz 76593, Tel. (0)7224
Hotel Sternen €€, Staufenberger Str. 111, Tel. 3308, www.sternen-staufenberg.de
Schloss Eberstein €€-€€€, Schloss Eberstein 1, Tel. 995950,
www.hotel-schloss-eberstein.de
Hotel Restaurant Sonne €€, Lautenfelsentraße 23, Tel. 2602,
www.schwarzwaldsonne.de

Gutach...Plz 77793, Tel. (0)7685
Hotel Silberkönig €€, Silberwaldstraße 24, Tel. 7010, www.silberkoenig.de

Hausach...Plz 77756, Tel. (0)7831
Hotel Gasthaus Zur Eiche €€, Gustav-Rivinius-Platz 1, Tel. 229,
www.eiche-hausach.de
Hotel Blume, Eisenbahnstraße 26, Tel. 286, www.hotelblume.de

Triberg im Schwarzwald...Plz 78098, Tel. (0)7722
Hotel Pfaff €€, Hauptstraße 85, Tel. 4479, www.hotelpfaff.com
Hotel Ketterer €€, Friedrichstraße 7, Tel. 860580, www.hotel-ketterer.de
Hotel Garni Central €€, Hauptstraße 64, Tel. 4360, www.hotel-central-triberg.eu

Wolfach..Plz 77709, Tel. (0)7834
Naturparkhotel Adler St. Roman €€-€€€, St. Roman 14, Tel. 07836 93780,
www.naturparkhotel-adler.de
Hotel-Restaurant Krone €€, Hauptstraße 33, Tel. 83780, www.krone-wolfach.de
Kirnbacher Hof €€, Bahnhofstraße 6, Tel. 6111, www.kirnbacher-hof.de

TOURISMUSINFORMATIONEN

Nationalparkzentrum Ruhestein
Ruhestein 1
72270 Baiersbronn
Tel. 07449/929980
info@nlp.bwl.de
www.nationalpark-schwarzwald.de

Nationalpark Schwarzwald
Verwaltung - Postanschrift
Schwarzwaldhochstraße 2
77889 Seebach

Naturpark Südschwarzwald e. V.
Haus der Natur
Dr.-Pilet-Spur 4
79868 Feldberg
Tel. 07676/9336-10
info@naturpark-suedschwarzwald.de
www.naturpark-suedschwarzwald.de

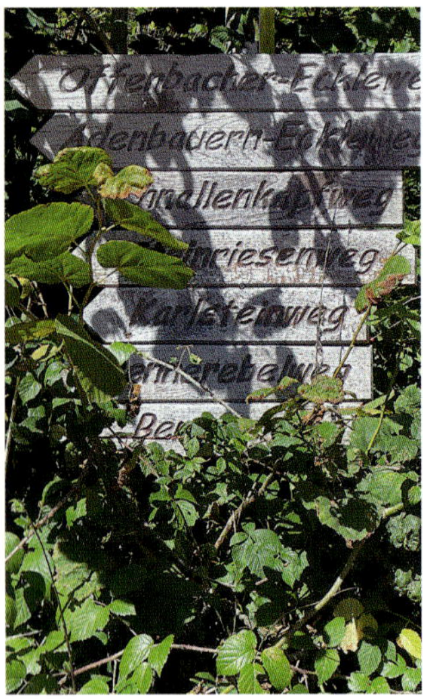

Eine schon ältere Wegbeschilderung

Naturpark Schwarzwald Mitte/Nord
Im Haus des Gastes
Hauptstraße 94
77830 Bühlertal
Tel. 07223/957715-0
info@naturparkschwarzwald.de
www.naturparkschwarzwald.de

Schwäbischer Albverein e.V.
Hospitalstraße 21b
Hauptgeschäftsstelle (Albvereinshaus)
70174 Stuttgart
Tel. 07112/2585-0
info@schwaebischer-albverein.de

Schwarzwaldverein e.V.
Schlossbergring 15
79098 Freiburg
Tel. 0761/38053-0
info@schwarzwaldverein.de
www.schwarzwaldverein.de

Schwarzwald Tourismus GmbH
Kompetenzzentrum Tourismus
Wiesentalstraße 5
79115 Freiburg
Tel. 0761/896460
mail@schwarzwald-tourismus.info
www.schwarzwald-tourismus.info

Hochschwarzwald Tourismus GmbH
Freiburger Straße 1
79856 Hinterzarten
Tel. 07652/12060
info@hochschwarzwald.de
www.hochschwarzwald.de

Tourismus Marketing GmbH
Baden-Württemberg
Esslinger Straße 8
70182 Stuttgart
Tel. 0711/238580
info@tourismus-bw.de
www.tourismus-bw.de/regionen-und-staedte/regionen/schwarzwald

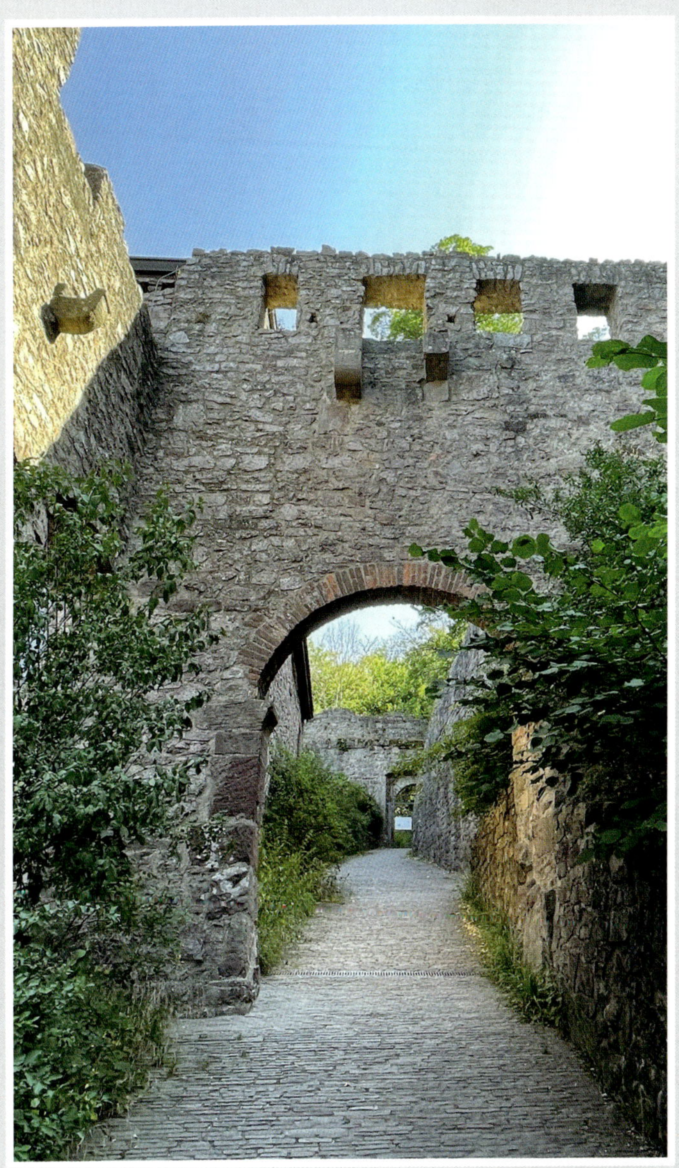
Tordurchgang im Schloss Hohenbaden

IMPRESSUM

1. Auflage 2023 Verlagsnummer 5011 ISBN 978-3-99121-846-3

Text und Fotografie: Lisa Aigner

Bildnachweis: Alle Bilder stammen von der Autorin
Ausnahmen: S. 8: Schwarzwälder Freilichtmuseum Vogtsbauernhof; S. 9: Arne Kolb, Nationalpark Schwarzwald; S. 18, 68, 74: Charly Ebel, Nationalpark Schwarzwald; S. 170 unten: Susanne Hill; S. 190: Horst Dauenhauer; S. 206: Hofmann; S. 208: CARASANA Bäderbetriebe GmbH

Titelbild: Sommerabend im Schwarzwald
(© marcelheinzmann - stock.adobe.com)

Grafische Herstellung: Julia Bihar
Wanderkartenausschnitte: © KOMPASS-Karten GmbH
OpenStreetMap Contributors (www.openstreetmap.org)

KOMPASS-Karten GmbH
Karl-Kapferer-Straße 5, A-6020 Innsbruck
www.kompass.de/service/kontakt

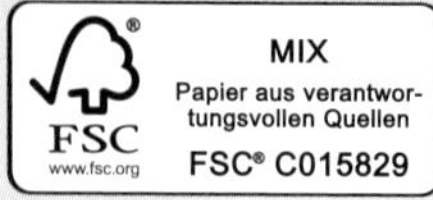